L'EUROPE ET LE MONDE
XVIe, XVIIe, XVIIIe siècle

Cet ouvrage est publié dans la collection U, série Histoire moderne.

Dans la même collection, couvrant chacun un des siècles considérés dans ce livre, trois ouvrages permettront au lecteur d'approfondir certains aspects de l'histoire du XVIe, XVIIe ou XVIIIe siècle :
B. BENNASSAR et J. JACQUART, *Le XVIe siècle.*
F. LEBRUN, *Le XVIIe siècle.*
J. DELUMEAU, *L'Italie, de la Renaissance à la fin du XVIIIe siècle.*
M. DENIS et N. BLAYAU, *Le XVIIIe siècle.*
Également dans la même collection, un lexique indispensable pour l'étude de la France d'Ancien Régime :
G. CABOURDIN et G. VIARD, *Lexique historique de la France d'Ancien Régime.*

Chez le même éditeur
F. BRAUDEL, *Civilisation matérielle, Économie et Capitalisme (XVe-XVIIIe siècle).*
F. BRAUDEL, *La Méditerranée et le monde méditerranéen à l'époque de Philippe II.*
P. GOUBERT et J. ROCHE, *Les Français et l'Ancien Régime.*
    T. 1. *La Société et l'État.*
    T. 2. *Culture et Société.*
F. LEBRUN, *La vie conjugale sous l'Ancien Régime.*
J. MEYER, *L'Europe et la conquête du monde (XVIe-XVIIIe siècle).*
R. MUCHEMBLED, *Le temps des supplices. De l'obéissance sous les rois absolus (XVe-XVIIIe siècle).*
R. MUCHEMBLED, *Société et mentalités dans la France moderne (XVIe-XVIIIe siècle).*
P. RAGON, *Les amours indiennes ou l'imaginaire du conquistador.*

François Lebrun

L'EUROPE ET LE MONDE

XVIe, XVIIe, XVIIIe siècle

Troisième édition mise à jour

4e tirage

ARMAND COLIN

Illustration de couverture :

D'après l'« Allégorie de l'Europe », gravure extraite
de la *Cosmographie* de Sébastien Münster
(1489-1552).

© Ph. Roger-Viollet.

© Armand Colin Éditeur, Paris, 1987
3e édition mise à jour, 1990
ISBN : 2-200-31272-5

Armand Colin Éditeur, 5, rue Laromiguière - 75241 Paris Cedex 05

SOMMAIRE

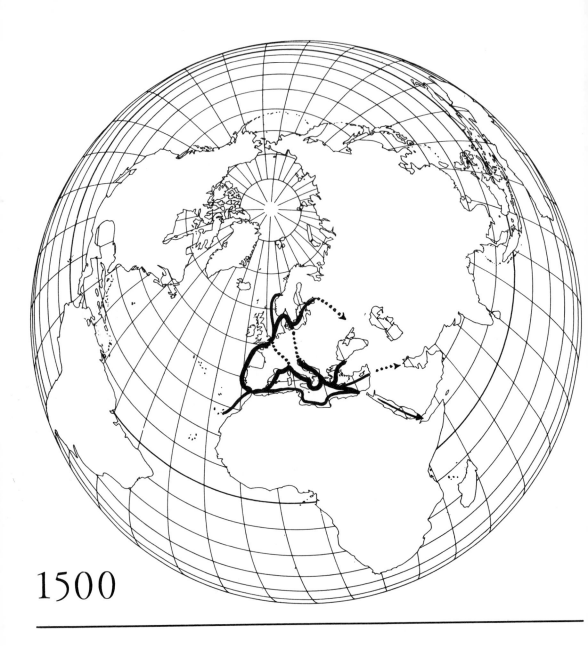

1500

L'EUROPE ET LE MONDE : 1500-1775

D'après Fernand BRAUDEL, *Civilisation matérielle, économie et capitalisme, XVᵉ-XVIIIᵉ siècle*, t. III, p. 18-19.

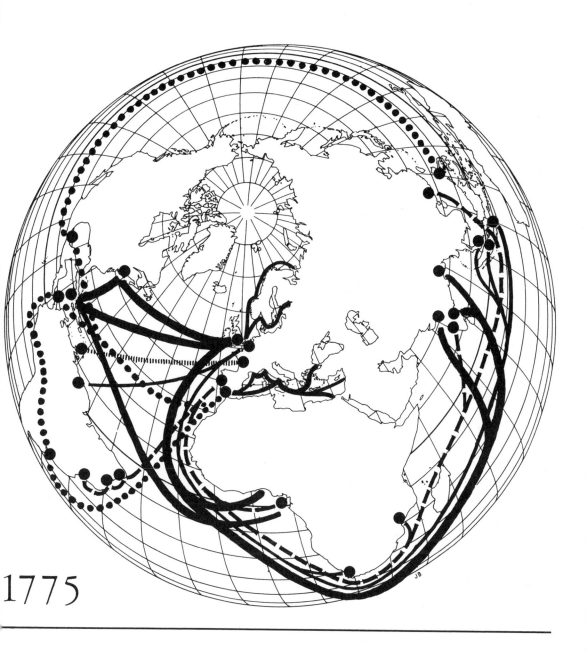

1775

AVANT-PROPOS

12 octobre 1492, Christophe Colomb découvre un nouveau monde inconnu jusqu'alors des Européens; 5 mai 1789, les états généraux s'ouvrent à Versailles, première étape de la Révolution française. Entre ces deux dates – qui en valent d'autres –, la tradition universitaire française enserre ce qu'il est convenu d'appeler depuis le XIXe siècle, les *temps modernes,* l'*époque contemporaine* étant censée aller de 1789 à nos jours. Ces expressions, justifiées en 1850, voire en 1880 ou en 1910, sont devenues de plus en plus inadéquates, car à rebours du sens commun qui, de Furetière à Robert, définit *moderne* comme « qui n'est pas ancien », « qui est du temps de celui qui parle ». On ne voit pas pourquoi, aujourd'hui, les XVIe, XVIIe et XVIIIe siècles continueraient à être désignés sous l'étiquette *temps modernes,* incompréhensible au non-initié à qui elle évoque les temps que nous vivons, quand ce n'est pas le film de Charlie Chaplin.

Reste qu'il n'est pas facile de trouver un autre terme pour désigner l'époque qui s'écoule entre la fin du XVe et la fin du XVIIIe siècle. C'est pourquoi le présent livre, éludant la difficulté, mais évitant toute ambiguïté, porte simplement pour titre *L'Europe et le monde : XVIe, XVIIe, XVIIIe siècle.* Le propos que sous-entend un tel titre peut paraître ambitieux : c'est l'histoire du monde qui sera traitée, même si l'Europe se taille la part du lion, ce qui est moins le résultat d'un européocentrisme sans doute inévitable et que je ne cherche pas à nier, que la reconnaissance d'une évidence, à savoir que ces trois siècles sont, avec le siècle suivant, ceux de la domination de l'Europe sur le monde.

Mais il convient de réduire le propos à une visée modeste : ce livre veut être un manuel s'adressant en priorité – mais non exclusivement – aux étudiants entrant à l'université pour y commencer des études supérieures d'histoire. En effet, depuis 1984, ceux-ci ont pour tout bagage ce qu'ils ont appris au collège et au lycée dans le cadre des programmes entrés en vigueur en 1977. Or, en voulant faire passer dans l'enseignement secondaire les meilleurs acquis de la science historique depuis trente ans et en mettant, de ce fait, l'accent sur l'histoire thématique ou structurelle au détriment de l'histoire chronologique, ces *nouveaux programmes*, quelles qu'aient été les bonnes intentions de leurs auteurs, se sont révélées dommageables, et cela d'autant plus que, dans le même temps, l'enseignement de l'histoire était devenu pratiquement facultatif à l'école élémentaire. C'est dire que si les meilleurs des bacheliers entrant désormais en première année d'histoire à l'université connaissent bien certaines questions, la plupart, sinon tous, manquent cruellement de cette connaissance minimale du tissu événementiel sans laquelle toute réflexion historique est condamnée au verbiage, à l'anachronisme et au contresens. Le but de ce livre est de leur fournir une toile de fond, brossée largement, sur laquelle ils pourront ensuite appuyer l'étude plus précise de telle période ou de tel thème à l'intérieur des trois siècles ainsi couverts.

Je me suis donc efforcé de présenter honnêtement faits importants et grands traits structurels en évitant toute discussion érudite. Quelques tableaux généalogiques et une chronologie succincte rappelant les dates les plus importantes ont pour but de faciliter compréhension et mémorisation. De même, un glossaire fournit le sens des mots ou des expressions difficiles ou spécialisés non expliqués dans le texte et marqués d'un astérisque. Afin de rester dans les limites d'un manuel, la bibliographie est volontairement réduite à quelques titres essentiels; le lecteur soucieux d'approfondir tel ou tel point pourra se reporter à ces livres ainsi qu'à ceux dont ils fournissent la référence. Parmi les titres figurent ceux de quelques atlas historiques. En effet, si grand que soit le mérite pédagogique des remarquables cartes de Jacques Bertin, le recours à un atlas est indispensable, en marge de nombreux chapitres, pour localiser avec précision les noms géographiques cités. Mais la culture historique ne s'acquiert pas seulement par l'étude de livres d'histoire : lire ou relire quelques grands témoins, visiter un musée ou une exposition et étudier leur catalogue, lire ou voir un roman ou un film historiques réussis (il y en a) peut apprendre beaucoup. C'est pourquoi place leur est faite dans la bibliographie sous forme de quelques brèves suggestions.

Il est évident qu'un livre de ce genre, qui est d'abord le fruit d'une expérience d'enseignant, emprunte sa substance à de très nombreux travaux, anciens et récents, et que je ne puis donc citer ici tous ceux auxquels je suis redevable. Enfin, j'ajouterai qu'en 1967-1972 Armand Colin publiait, dans sa collection « U », trois manuels consacrés au XVIᵉ, au XVIIᵉ et au XVIIIᵉ siècle, avec des objectifs très voisins des miens aujourd'hui. Ces trois manuels nécessairement plus détaillés que le présent livre ne font pas double emploi avec celui-ci qui ambitionne seulement d'être leur héritier rajeuni et allégé, sans pour autant dispenser de recourir à eux. Puisse-t-il, en tout cas, rendre les mêmes services à de nouvelles « générations » d'étudiants, mais aussi à tous ceux qui, à un titre ou à un autre, s'intéressent à trois siècles d'histoire qui ne sont sans doute plus pour nous les « temps modernes », mais qui n'en sont pas moins les racines de notre modernité.

BIBLIOGRAPHIE

Des livres

1. *Sur l'ensemble de la période* – Les ouvrages suivants peuvent être très utiles, même si la plupart d'entre eux datent de dix, quinze ou vingt ans :
o Collection « Le monde et son histoire », dirigée par Maurice MEULEAU (Bordas-Laffont, 1967-1968; rééd. Laffont-Bouquins, 1984-1985) : t. 2, Luce PIETRI et Marc VENARD, *La Fin du Moyen Age et les débuts du monde moderne;* t. 3, Louis BERGERON, *Les Révolutions européennes et le partage du monde.*
o Collection U (A. Colin, 1967-1972) : Bartolomé BENNASSAR et Jean JACQUART, *Le XVIᵉ siècle;* François LEBRUN, *Le XVIIᵉ siècle;* Noël BLAYAU et Michel DENIS, *Le XVIIIᵉ siècle.*
o Collection « Peuples et Civilisations » (P.U.F.) : Robert MANDROU, *Louis XIV en son temps* (2ᵉ éd., 1978); Albert SOBOUL, Guy LEMARCHAND, Michèle FOGEL, *Le Siècle des Lumières* (2 vol., 1977).
o Collection « Histoire de l'Europe » (Horvath, en cours) : Jean MEYER, *L'Europe des Lumières* (1989).

2. *Sur la civilisation* – Trois brillantes synthèses vieilles de 20 ans, mais toujours suggestives et récemment rééditées :
o Jean DELUMEAU, *La Civilisation de la Renaissance* (Arthaud, 1967; rééd., Arthaud-Poche, 1985).
o Pierre CHAUNU, *La Civilisation de l'Europe classique* (Arthaud, 1966; rééd., Arthaud-Poche, 1984).
o Pierre CHAUNU, *La Civilisation de l'Europe des Lumières* (Arthaud, 1971; rééd., Flammarion-Champs, 1982).

3. *Sur la démographie* – Deux mises au point récentes :
o Michaël W. FLINN, *The European demographic system, 1500-1820* (Brighton, Harvester Press, 1981).
o Jacques DUPAQUIER (sous la dir.), *Histoire de la population française, t. 2, De la Renaissance à 1789,* Paris, P.U.F., 1988.

4. *Sur l'économie* – Un maître livre :
o Fernand BRAUDEL, *Civilisation matérielle, Économie et Capitalisme, XVᵉ-XVIIIᵉ siècles* (A. Colin, 3 vol., 1979).

5. *Sur l'histoire de la France :*
o Jean MEYER, *La France moderne de 1515 à 1789* (Fayard, 1985).
o Robert MANDROU, *La France aux XVIIᵉ et XVIIIᵉ siècles* (P.U.F., Nouvelle Clio, nouv. éd., 1988).
o Hubert MÉTHIVIER, *L'Ancien Régime en France, XVIᵉ-XVIIᵉ-XVIIIᵉ siècles* (P.U.F., 1981).
o Pierre GOUBERT et Daniel ROCHE, *Les Français et l'Ancien Régime* (A. Colin, 2 vol., 1984).
o Guy CABOURDIN et Georges VIARD, *Lexique historique de la France d'Ancien Régime* (A. Colin, 1978).

Bibliographie

6. *Sur l'histoire de quelques pays européens :*
○ Kenneth MORGAN, *Histoire de la Grande-Bretagne* (A. Colin, 1985).
○ Bartolomé BENNASSAR, *Histoire des Espagnols* (A. Colin, 2 vol., 1985).
○ Jean DELUMEAU, *L'Italie de Botticelli à Bonaparte* (A. Colin, 1974).
○ Collection « Lexique historique » (A. Colin) : *de la Grande-Bretagne* (1975), *de l'Italie* (1976), *de l'Europe danubienne* (1977).

Des dictionnaires et encyclopédies

○ *Encyclopaedia Universalis* (16 vol., 1968-1973 : nouv. éd., 1987-1988).
○ *La Grande Encyclopédie Larousse* (20 vol., 1971-1976).
○ Michel MOURRE, *Dictionnaire encyclopédique d'histoire* (Bordas, 8 vol., 1978 ; nouv. éd., 1986).

Des atlas

○ *Le Grand Atlas de l'histoire mondiale* (Albin Michel-Encyclopaedia Universalis, 1979).
○ *Atlas historique Larousse* (sous la direction de Georges DUBY, 1978).
○ Colin McEVEDY, *Atlas de l'histoire moderne jusqu'à 1815* (Laffont, 1985).
○ *Atlas historique. Histoire de l'humanité* (sous la direction de Pierre VIDAL-NAQUET et Jacques BERTIN), Paris, Hachette, 1987.

Des recueils de textes et de documents

○ François BILLACOIS et collab., *Documents d'histoire moderne* (A. Colin, 2 vol., 1970).
○ *Les Mémoires de l'Europe,* sous la direction de Jean-Pierre VIVET, tomes II, III et IV (R. Laffont, 1971-1972).
○ Les dossiers de la *Documentation photographique* (Documentation française, en cours).

Des grands témoins

Les uns illustres en leur temps, les autres modestes ou obscurs ; par exemple et pour s'en tenir aux seuls Français : parmi les premiers, Retz, Mme de Sévigné, Saint-Simon, Rousseau, Chateaubriand ; parmi les seconds, Valentin Jameray-Duval, Jacques Ménétra.

Des musées

Par exemple, à Paris, le musée de l'histoire de France (aux Archives nationales), le musée Carnavalet, le musée des Arts et Traditions populaires ; en province, les musées régionaux d'histoire (tel le musée de Bretagne, à Rennes).

Des romans et des films

Il ne s'agit, bien sûr, que d'un choix largement subjectif :
1. *Léon l'Africain* (Amin MAALOUF, 1986), *L'Œuvre au noir* (Marguerite YOURCENAR, 1968), *La Nuit baroque* (Jiri SOTOLA, 1969, trad. fr., 1976), *L'Allée du roi* (Françoise CHANDERNAGOR, 1981), *Ces Messieurs de Saint-Malo* (Bernard SIMIOT, 1983), *Le Parfum* (Patrick SÜSKIND, 1986).

2. *Aguirre, la colère de Dieu* (Werner HERZOG, 1972), *Le Retour de Martin Guerre* (Daniel VIGNE, 1982), *La Kermesse héroïque* (Jacques FEYDER, 1935), *Molière* (Ariane MNOUCHKINE, 1978), *Les Camisards* (René ALLIO, 1972), *Barry Lindon* (Stanley KUBRICK, 1979), *Amadeus* (Milos FORMAN, 1984), *Mission* (Roland JOFFÉ, 1986).

Une revue de vulgarisation

○ *L'Histoire* (mensuel).

1

LE MONDE A LA FIN DU XVᵉ SIÈCLE

A la fin du XVᵉ siècle, en dépit du puissant facteur d'unité que constitue le christianisme, le rêve médiéval d'une Europe chrétienne unie sous la double autorité du pape et de l'empereur tend à s'évanouir devant le morcellement des États, monarchies féodales ou petites principautés. Après les désastres du XIVᵉ et de la première moitié du XVᵉ siècle, la population européenne connaît une croissance générale, qui n'est qu'une récupération, dans le cadre de structures démographiques qui ne changeront pas avant la fin du XVIIIᵉ siècle. L'économie est dominée par le secteur agricole, même dans les pays où l'activité artisanale et commerciale a pris une grande ampleur. A l'est, les Turcs poursuivent leur expansion. L'Asie est le continent des contrastes et l'Amérique est encore inconnue des Européens.

13

L'OCCIDENT CHRÉTIEN : LE MORCELLEMENT POLITIQUE

Les tendances de l'évolution politique – Vers 1490, la **paix** est rétablie presque partout en Europe après les nombreux conflits qui avaient marqué le XIVe siècle et les trois premiers quarts du XVe : fin des guerres hussites en 1434, de l'interminable guerre franco-anglaise, dite de Cent Ans, en 1453, du conflit entre les rois de France et les ducs de Bourgogne en 1477, de la guerre civile anglaise, dite des Deux-Roses, en 1485, sans oublier la paix de Lodi qui, en 1454, rétablit pour un temps un équilibre fragile entre les divers États italiens et le mariage d'Isabelle de Castille et de Ferdinand d'Aragon qui met fin en 1469 à la rivalité des deux royaumes espagnols. Dans cette Europe longtemps déchirée et provisoirement en paix, le catholicisme romain partagé par tous constitue un puissant facteur d'unité : de la Scandinavie à la péninsule italienne, du Portugal à la Pologne, l'Europe reste d'abord la **Chrétienté**. De plus, le latin est la langue commune non seulement aux clercs, mais à tous les lettrés à quelque pays d'Europe qu'ils appartiennent. Certes, dans quelques-uns de ceux-ci commence à se développer une langue nationale (en Italie avec Dante et Pétrarque, en France avec Villon, en Angleterre avec Chaucer), mais ces langues, dites vulgaires, ne servent encore que pour les genres réputés bas, roman, poésie ou mémoires. C'est en latin que les cours sont donnés dans toutes les universités européennes, c'est en latin que sont rédigés tous les actes officiels, c'est en latin que lettrés et savants de toutes les nations publient leurs ouvrages ou correspondent entre eux.

Pourtant, cette unité souffre de l'affaiblissement progressif depuis le XIIIe siècle des deux puissances à prétention universelle que sont **l'empereur et le pape**. L'empereur du Saint Empire romain de nation germanique, héritier de Charlemagne et des empereurs romains, est en principe le souverain de toute la Chrétienté ; mais le centre et la base de sa puissance sont depuis longtemps réduits à l'Allemagne. Encore cette puissance doit-elle céder peu à peu devant la force centrifuge des États allemands, principautés territoriales et villes. A partir de la Bulle d'or de 1356, l'empereur est élu par sept princes électeurs qui, depuis 1438, choisissent le chef de la Maison de Habsbourg. Quant au pape, son autorité spirituelle et temporelle apparaît bien diminuée : l'exil à Avignon (1305-1378), le grand schisme d'Occident (1378-1417), la prétention des conciles de Constance (1414-1418) et de Bâle (1431-1448) de se dire supérieurs au pape, l'impossibilité de ranimer dans la Chrétienté l'idéal de croisade contre les Turcs (échec de Pie II en 1464), l'incapacité de répondre au désir de profondes réformes religieuses exprimé de toutes parts, la participation des pontifes aux combinaisons politiques de la péninsule italienne, le *népotisme pratiqué sans vergogne par certains d'entre eux ont contribué à cette perte de prestige.

Mais l'unité européenne souffre surtout du renforcement des divers **États souverains**. Le pouvoir y revêt des formes diverses. Certains États groupent de vastes ensembles territoriaux sous l'autorité d'un même prince. Dans ces monarchies féodales héréditaires, comme l'Angleterre, la France, la Castille, l'Aragon, le roi, souverain chrétien consacré par l'Église et suzerain de tous ses vassaux, jouit d'importantes ressources financières et militaires, proportionnelles à la population de son royaume. Il jouit aussi de pouvoirs étendus, que limitent pourtant les ambitions des grands féodaux, le respect des privilèges et coutumes, la nécessité de consulter états, diète, cortès ou parlement. Quelques monarchies ont conservé la forme élective : outre le Saint Empire, c'est le cas notamment de la Pologne, de la Bohême et, jusqu'à un certain point, de l'État pontifical. D'autres États sont réduits à une ville et à son arrière-pays, plus ou moins vaste : c'est le cas de nombreuses villes souveraines en Italie et en Allemagne. Le pouvoir y est détenu soit par une oligarchie (les deux cents familles de patriciens de Venise, par exemple), soit par un prince ecclésiastique, archevêque ou évêque, soit par un chef de guerre qui a conquis l'État par la force en confisquant l'autorité à son profit et qui réussit ou non à créer une dynastie. Ainsi s'évanouit le rêve médiéval d'Europe chrétienne unie sous la double autorité du pape et de l'empereur.

Les monarchies anglaise et française – En 1485, au lendemain de la bataille de Bosworth au cours de laquelle le roi Richard III est battu et tué, Henri Tudor devient roi d'**Angleterre** sous le nom d'Henri VII. Héritier de la Maison de Lancastre, il épouse l'année suivante Élisabeth d'York, réconciliant ainsi les deux grandes familles rivales. Bien qu'une partie de la noblesse ait disparu au cours de la guerre civile, le roi doit faire face au début de son règne à plusieurs révoltes féodales; elles sont toutes réprimées, notamment en 1487 et en 1490-1499. Pour reconstruire le royaume, Henri VII s'efforce d'abord de restaurer le pouvoir royal. Il gouverne avec son conseil privé où il appelle qui il veut et où siègent notamment le chancelier, le trésorier, le garde du sceau privé et quelques grands seigneurs et hommes d'Église. Dans les comtés, il s'appuie sur la gentry dans laquelle il choisit, par des commissions limitées dans le temps, les titulaires des *justice of peace*. Par ailleurs, il augmente considérablement ses moyens financiers grâce à une meilleure perception des revenus féodaux, un accroissement du produit des douanes, une réorganisation de la gestion des domaines de la Couronne. De ce fait, il peut se dispenser, pendant la plus grande partie de son règne, de convoquer le parlement dont le vote est indispensable pour toute levée de subsides extraordinaires.

Le retour à la paix permet le relèvement économique du pays. Il se manifeste d'abord dans les campagnes où la reconstruction favorise la constitution de grandes propriétés au détriment des petites exploitations individuelles ou communales : c'est le début du mouvement des *enclosures qui se développe, malgré l'opposition d'une partie de l'opinion et même du gouvernement, avec le recul des terres à blé au profit des pâturages à moutons en vue de la production de la viande et surtout de la laine. L'industrie de la draperie prend alors une grande extension. L'Angleterre, jusqu'ici exportatrice de laine, vend désormais ses draps en grande quantité sur le continent. Ce commerce d'exportation, ainsi que l'importation de certains produits comme les vins, est assuré, depuis Londres, Bristol, Southampton, par les marchands anglais (notamment la compagnie des *Merchants Adventurers*) dont Henri VII favorise l'activité grâce à deux Actes de navigation (1485, 1489) qui accordent aux navires anglais le monopole de l'importation des vins. Ainsi l'Angleterre, encore peu peuplée, est-elle vers 1500 un pays pacifié et prospère dont la vocation maritime commence à s'affirmer. Quant à l'Irlande, bien que sous suzeraineté anglaise, elle est pratiquement indépendante, cependant que le royaume d'Écosse est déchiré par la lutte qui oppose l'aristocratie à la monarchie affaiblie des Stuarts.

En **France**, Louis XI meurt en 1483 après avoir vaincu les révoltes des féodaux, rétabli l'autorité royale et annexé au domaine de vastes territoires (Bourgogne, Franche-Comté, Picardie, Artois, Maine, Anjou, Provence, Roussillon). Pendant son règne, le royaume, qui est le plus vaste, le plus peuplé et l'un des plus riches d'Europe, a poursuivi son relèvement, réparant peu à peu les ruines accumulées au cours de la guerre de Cent Ans. Le fils de Louis XI, Charles VIII, n'a que treize ans à son avènement, et le pouvoir est exercé par sa sœur et son beau-frère, Anne et Pierre de Beaujeu. Ceux-ci doivent faire face au mécontentement de tous ceux qui ont eu à se plaindre de Louis XI : clergé et « tiers état » (l'expression apparaît pour la première fois dans les textes) qui réclament des états généraux qui se tiennent effectivement à Tours en 1484, mais dont les prétentions restent verbales; féodaux qui, derrière le duc Louis d'Orléans, mènent une « guerre folle » dont les Beaujeu viennent facilement à bout. En 1491, Charles VIII épouse la duchesse Anne de Bretagne, préparant ainsi la réunion de cette province à la France. Mais, en 1492, le roi écarte pratiquement sa sœur des affaires : il est impatient de régner par lui-même et de faire reconnaître, les armes à la main, les prétentions sur Naples qu'il tient de Charles d'Anjou, fils du roi René.

L'Europe centrale et septentrionale – **L'Empire** englobe l'Allemagne, l'Autriche, la Bohême et ses dépendances, la plus grande partie de l'ancienne Lotharingie (Pays-Bas, Lorraine, Alsace, Franche-Comté, Savoie) et même, théoriquement, les Cantons suisses (10, puis 13 à partir de 1513) et une grande partie de l'Italie du Nord. Mais tout cet ensemble est morcelé en plusieurs centaines d'États (350 environ pour la seule Allemagne) dont les princes se considèrent comme pratiquement souverains et qui constituent trois corps ou collèges. Le premier comprend les sept électeurs, c'est-à-dire les archevêques de Trèves, de Mayence et de Cologne, le roi de Bohême, le duc de Saxe, le comte palatin du Rhin et le margrave de Brandebourg. Le second regroupe quelque 300 principautés ecclésiastiques et laïques, notamment l'archiduché d'Autriche et le duché de Bavière, et le troisième, une cinquantaine de villes libres, comme Lübeck, Augsbourg, Nuremberg, Francfort. Les représentants de ces trois collèges constituent la diète germanique qui ne peut être convoquée que par l'empereur, mais qui est le plus souvent réduite à l'impuissance du fait des dissensions entre ses membres. Maximilien de Habsbourg, élu en 1486, du vivant de son père, roi des Romains, c'est-à-dire futur empereur, accède à l'Empire en 1493 sous le nom de

16

Maximilien Iᵉʳ. Chef de la Maison d'Autriche, il possède, à ce titre, comme États héréditaires, outre une partie de l'Alsace méridionale, l'archiduché d'Autriche et les duchés alpins de Styrie, de Carinthie, de Carniole et du Tyrol. De plus, il a épousé en 1477 Marie de Bourgogne, fille et seule héritière de Charles le Téméraire. A la mort de celle-ci et après accord avec Louis XI (1482), les Pays-Bas, la plus belle partie de l'héritage bourguignon, reviennent à son fils Philippe, dit le Beau. Celui-ci, né en 1478, reçoit effectivement de son père le gouvernement des Pays-Bas en 1495 et, l'année suivante, épouse Jeanne, fille de Ferdinand d'Aragon et d'Isabelle de Castille.

A l'est de l'Empire, le royaume de **Pologne** et le grand-duché de Lithuanie constituent un seul État très vaste, mais relativement peu peuplé, qui s'étend de la Baltique à la mer Noire et de la Silésie à la Moscovie. Bien qu'élective, la couronne de Pologne est dans la famille des Jagellons depuis 1386. Le pays connaît une période brillante depuis la victoire sur les Chevaliers Teutoniques (traité de Thorn, 1466). La capitale, Cracovie, est un grand foyer intellectuel et artistique et le port de Dantzig, largement autonome sous suzeraineté polonaise, est en pleine prospérité. Slave et catholique, l'État polono-lithuanien s'efforce de faire face à la fois à la triple menace germanique, moscovite et ottomane. En **Bohême,** dont dépendent la Moravie et la Silésie, les nobles ont choisi comme roi Ladislas II (1471-1516), de la famille des Jagellons. En **Hongrie,** le roi Mathias Corvin (1458-1490), homme d'État et humaniste, semble ignorer le danger turc et mène une politique agressive à l'égard de ses voisins, la Bohême, l'Autriche et même les derniers petits États chrétiens des Balkans. A sa mort, la couronne de Hongrie passe au roi de Bohême Ladislas II. Dans ces États d'Europe centrale, Pologne, Bohême, Hongrie, de même que dans les États allemands à l'est de l'Elbe et en Moscovie, la noblesse reconstitue, au XVᵉ siècle, d'immenses domaines et aggrave la condition des paysans contraints à de lourdes corvées. Ce second servage entraîne, pour tous ces pays d'Europe centrale et orientale, une stagnation économique et sociale qui va durer plusieurs siècles.

L'**Europe scandinave,** Danemark, Norvège, Suède, est unie sous un même roi depuis l'Union de Kalmar (1397). Toutefois, les Suédois supportent mal la domination danoise et se soulèvent à différentes reprises. D'autre part, les marchands allemands de la Hanse continuent à contrôler le commerce baltique malgré les efforts des souverains scandinaves qui établissent notamment un péage sur le Sund.

L'Europe méditerranéenne – A la fin du XVᵉ siècle, **la péninsule italienne** l'emporte sur toutes les autres régions de l'Europe par sa richesse et l'éclat de sa civilisation. Venise, Milan, Gênes, Florence, Rome sont non seulement des villes qu'enrichissent l'industrie, le commerce et la banque; ce sont aussi les centres les plus brillants de la Renaissance artistique et de l'humanisme du Quattrocento. Mais l'établissement des Turcs à Constantinople et dans les Balkans est une menace pour la prospérité italienne, fondée en partie sur les relations avec l'Orient.

Surtout, à l'heure où se renforcent les grandes monarchies d'Europe occidentale, l'Italie reste profondément morcelée. Outre de petites seigneuries constituées autour d'une famille (par exemple les Gonzague à Mantoue, les Este à Ferrare), sept États se partagent la péninsule : le duché de Savoie-Piémont, de part et d'autre des Alpes; les républiques marchandes de Gênes et de Venise, celle-ci grande puissance maritime avec ses colonies d'Adriatique et de Méditerranée orientale, mais aussi terrestre avec ses possessions de Terre Ferme; le duché de Milan, dirigé par les Sforza qui ont évincé les Visconti en 1447-1450, au cœur de la riche Lombardie agricole et industrielle; les États de l'Église; le royaume de Naples, aux mains d'une branche de la famille d'Aragon vainqueur de René d'Anjou en 1442, cependant que le roi Ferdinand d'Aragon lui-même possède la Sicile et la Sardaigne.

Le mariage, en 1469, d'Isabelle de **Castille** avec Ferdinand d'Aragon prépare l'union des deux royaumes. En 1474, Isabelle devient reine de Castille; en 1479, Ferdinand devient roi d'Aragon. Les deux souverains, à qui le pape confère en 1494 le titre de Rois Catholiques, soumettent les nobles, réduisent les cortes, renforcent l'Inquisition qui fait la chasse aux juifs et aux marranes (juifs théoriquement convertis au christianisme), achèvent la *reconquista par la prise de Grenade et patronnent le premier voyage de Christophe Colomb en 1492. Leur règne constitue une étape capitale dans l'unification de l'Espagne. Au Portugal voisin, le roi Jean II (1481-1495), de la dynastie des Aviz, poursuit l'exploration méthodique des côtes d'Afrique commencée depuis le début du siècle.

L'OCCIDENT CHRÉTIEN : LES HOMMES ET L'ÉCONOMIE

Le nombre et la répartition des hommes – Dans le monde de la fin du XVᵉ siècle peuplé peut-être de 400 millions d'habitants, l'Europe compte sans doute entre 70 et 80 millions d'hommes répartis de façon très inégale. En gros, une Europe de forte densité s'oppose à une Europe de peuplement plus lâche. L'Europe dense, avec 30 à 40 habitants au km², comprend l'Italie septentrionale et centrale, les Pays-Bas, la France, l'Allemagne rhénane et danubienne et, à un moindre degré, l'Angleterre. Sur les bords de la Méditerranée, en Europe du Nord et au-delà de l'Elbe, les densités sont beaucoup plus faibles : 14 peut-être dans la péninsule ibérique, un peu plus en Allemagne orientale, beaucoup moins en Scandinavie, en Pologne, en Italie du Sud. Ces variations dans l'occupation de l'espace et dans la mise en valeur du sol entraînent une hiérarchie dans la puissance des États. La France, avec ses quelque 16 millions d'habitants, est le pays le plus peuplé de l'Europe, bien avant l'Espagne et l'Angleterre et même l'ensemble des États allemands ou même l'ensemble des États italiens, et cette primauté démographique explique largement le rôle de premier plan qu'elle commence à jouer et surtout jouera aux siècles suivants, sur le continent.

Cette population est avant tout rurale (sauf en Italie septentrionale et centrale et aux Pays-Bas), et les villes sont petites. Vers 1500, seuls Paris et Naples dépassent 100 000 habitants. Venise et Milan en approchent. Florence, Rome, Gênes, Palerme, Anvers, Londres ont quelque 50 000 habitants; Bruxelles, Rouen, Lyon, quelque 40 000. Avec 20 000 à 30 000 habitants, Cologne, Prague, Séville sont de grands centres urbains.

Dans la seconde moitié du XVe siècle, la population européenne connaît une hausse générale. Toutefois, cette hausse n'est le plus souvent qu'une simple récupération après les années d'apocalypse qu'ont connues la plupart des pays d'Europe depuis la Peste Noire de 1348-1350 qui a fait disparaître le tiers de la population en quelques mois, et, pour la France et les pays voisins, le début de la guerre de Cent Ans. Cette hausse-récupération a été rendue possible, après 1450 environ, par une conjoncture plus favorable (recul provisoire des trois grands fléaux, peste, famine et guerre) dans des structures démographiques inchangées.

Les structures démographiques – Les structures démographiques anciennes – ce que l'on a appelé « le système démographique européen des années 1500-1820 » – sont bien connues pour le XVIIe et le XVIIIe siècle grâce aux registres paroissiaux de baptêmes, mariages et sépultures, tenus souvent depuis la fin du XVe siècle, mais bien conservés et exploitables surtout depuis 1650 environ. Ces structures sont déjà en place vers 1500 et très proches de ce qu'elles seront entre 1650 et 1750. Elles se caractérisent essentiellement par une natalité et une mortalité élevées. Beaucoup plus encore qu'aujourd'hui, la **nuptialité** conditionne la **natalité.** Les naissances hors mariage sont très peu nombreuses : généralement moins de 2 % de l'ensemble des naissances dans les paroisses rurales, autour de 5 % dans les villes. Les premiers mariages, qui unissent le plus souvent deux jeunes gens d'une même paroisse ou de deux paroisses limitrophes et dont on sait par ailleurs qu'ils résultent davantage du choix des parents que de celui des intéressés eux-mêmes, sont célébrés tardivement. Certes, à la fin du XVe siècle, les âges moyens au premier mariage sont certainement un peu plus précoces que ce qu'ils deviendront plus tard (au XVIIIe siècle, 29-30 ans pour les garçons, 25-26 ans pour les filles). Pourtant, le mariage tardif se met en place, constituant l'élément clé du système démographique ancien. En effet, en amputant d'une dizaine d'années par rapport à un mariage pubertaire la période de fécondité des femmes, l'âge tardif des filles au premier mariage est, selon le mot de Pierre Chaunu, « la grande arme contraceptive de l'Europe classique ». Par ailleurs, l'allaitement maternel, qui est la règle à la campagne, c'est-à-dire pour plus de 80 % de la population, contribue à freiner la fécondité dans la mesure où une femme qui allaite est, le plus souvent, provisoirement stérile. Enfin, l'âge moyen des mères à la dernière naissance est de l'ordre de quarante ans, parfois même légèrement moins. Ceci explique que, dans le meilleur des cas (quand la famille n'est pas rompue par la mort du père ou de la mère avant que celle-ci ait atteint quarante ans), le nombre moyen d'enfants, dans ce type de familles dites « complètes », est de l'ordre de sept, ce qui correspond à une naissance tous les deux ans. Ce nombre moyen tombe à quatre ou cinq si l'on envisage l'ensemble des familles, c'est-à-dire à côté des familles « complètes », celles rompues prématurément par le décès de l'un ou l'autre des époux.

Mais ce nombre moyen de quatre ou cinq, très important en soi, est tout juste suffisant pour assurer le remplacement des générations, tant est forte la **mortalité** aux premiers âges. La mortalité infantile est de l'ordre de 25 %, ce qui signifie qu'un enfant sur quatre meurt avant d'atteindre l'âge d'un an. Cette terrible ponction, forte surtout à la naissance et lors du premier mois, résulte notamment des conditions dans lesquelles se déroulent de trop nombreux accouchements : absence de sages-femmes qualifiées, méconnaissance des règles de l'hygiène. Au-delà d'un an, la mortalité reste très forte pendant toute l'enfance, en particulier au moment du sevrage, si bien que, sur 1 000 enfants nés vivants, guère plus de 500 survivent à quinze ans. C'est dire que, sur les quatre ou cinq enfants de la famille européenne moyenne, deux, au mieux trois, seront susceptibles de remplacer leurs propres père et mère. Passée l'adolescence, la mort marque quelque peu le pas, mais la mortalité reste sévère. En témoigne, par exemple, l'importance du veuvage et du remariage qui en est la conséquence : un mariage sur quatre, au moins, est un remariage. Au total, l'espérance de vie à la naissance est de l'ordre de vingt-cinq ans. Une hygiène publique et privée encore rudimentaire, une alimentation trop souvent insuffisante en quantité et en qualité, l'impuissance de la médecine et de ses divers représentants, tels sont les principaux facteurs de mortalité.

Pourtant, en temps ordinaire, le nombre des décès est très légèrement inférieur à celui des naissances, ce qui pourrait permettre un léger essor de la population. Malheureusement, à intervalles plus ou moins réguliers, de brutales **crises démographiques** viennent remettre en cause cette timide amorce d'expansion. Pour des raisons variables et souvent conjuguées – épidémies, surtout de peste, disettes dégénérant en famines, méfaits des gens de guerre –, le nombre des décès est durant quelques mois le double, le triple, le quadruple de ce qu'il est en temps normal, cependant que le chiffre des mariages, et parfois celui des conceptions, diminue ou même s'effondre. Une fois la crise passée, une multiplication des mariages et bientôt des naissances efface peu à peu les effets de celle-ci. Au total, mortalité « ordinaire » et mortalité de crise se conjuguent dans le long terme pour condamner la population à la stagnation, avec d'importantes variations dans le moyen terme.

Les structures économiques – L'ancien système économique se caractérise par la prédominance écrasante de l'économie **agricole**. Selon les pays, 80 à 90 % de la population vivent à la campagne et plus des quatre cinquièmes de ces ruraux sont effectivement des paysans ayant la lourde charge de nourrir l'ensemble de la population. Au-delà de la variété qu'introduit dans les cultures secondaires la diversité des reliefs, des sols et des climats (vigne ici, lin ou chanvre là, pastel ailleurs), l'agriculture européenne est essentiellement céréalière. Que la plus grande partie des terres cultivables, cernées par les bois et les landes, soit consacrée à la production des céréales (froment, seigle, orge, blé noir), c'est une nécessité absolue, compte tenu de la faiblesse des rendements due surtout à l'insuffisance des engrais. Ceux-ci, constitués presque exclusivement par le fumier, sont en quantité trop limitée pour ne pas rendre obligatoire la pratique de la jachère qui permet à la terre de se reposer. Seules quelques régions échappent à cette servitude grâce à l'ingéniosité de leurs habitants ou à la richesse de leur sol : c'est le cas de la Flandre, de la Hollande, de la plaine anglaise et de certaines plaines alluviales. La mauvaise qualité des semences, le caractère rudimentaire de l'outillage, l'insuffisance des attelages, en nombre et en qualité, contribuent également à la faiblesse des rendements (en matière de blé-froment, le rapport moyen de la récolte à la semence est de l'ordre de 5 pour 1). L'insuffisance de l'élevage apparaît à bien des égards comme le problème central lié à tous les autres : comment en effet le bétail, source d'engrais et de travail, pourrait-il être nombreux et de bonne qualité alors qu'il doit se contenter le plus souvent de la maigre nourriture de la jachère, des chaumes, des sous-bois, des landes? Prairies et fourrages sont trop rares, mais ne peuvent être multipliés sans danger au détriment des emblavures. On aboutit ainsi à ce que l'on a pu appeler à juste titre le « cercle vicieux » de l'agriculture de l'économie de type ancien. L'importance de la forêt, qui fournit bois et pacages, et l'existence très largement répandue de pratiques communautaires complètent le tableau, à très grands traits, d'une économie agricole qui n'a pratiquement pas évolué depuis le XIIe siècle.

Le travail **industriel** est une activité urbaine. Certes, l'artisanat rural existe, mais il est sous la dépendance étroite de la ville. Deux traits peuvent aider à définir cette « industrie » : le caractère artisanal et la prédominance de ce que l'on appellera, au XIXe siècle, les industries de consommation sur les industries d'équipement. Le caractère artisanal apparaît d'abord dans la médiocrité de l'outillage et des techniques. L'essentiel reste la main de l'ouvrier, quelle que soit l'importance des forces animale, hydraulique et éolienne comme énergies auxiliaires. Typiquement artisanale est aussi la dispersion en petits ateliers : échoppes ou « métiers » textiles des artisans des. villes, petites forges au bois disséminées un peu partout, à proximité d'une rivière ou d'une forêt. Les grandes entreprises concentrées sont encore tout à fait exceptionnelles, telles les mines d'alun de Tolfa, dans les États du pape, découvertes en 1461 et devenues rapidement une entreprise de plusieurs centaines d'ouvriers. Enfin, dans ce système artisanal, les maîtres artisans sont indépendants, puisqu'ils sont à la fois propriétaires de leurs moyens de production (atelier, outillage) et vendeurs de leurs produits finis; en même temps, ils sont organisés en institutions professionnelles de défense, appelées métiers, jurandes, guildes ou corporations.

Mais cette structure artisanale n'exclut pas les progrès du capitalisme au niveau même de la production. C'est ainsi que dans l'industrie textile le rôle du marchand-fabricant tend à devenir prépondérant : il fait travailler de nombreux artisans dispersés à qui il procure la matière première et qu'il rémunère pour le travail fourni, se chargeant ensuite de commercialiser le produit ainsi fabriqué. Le textile est au premier rang des industries de consommation : toiles de lin ou de chanvre, draps de laine, premières cotonnades. Relayant l'Italie, l'Espagne et les Pays-Bas, l'Angleterre et la France deviennent de grands pays producteurs. A côté du textile, l'autre secteur important est le bâtiment, avec les industries de luxe qui gravitent autour de lui : ébénisterie, verrerie, faïence et porcelaine, soieries et tapisseries. Quant à l'industrie minière et métallurgique, elle vient loin derrière le textile ou le bâtiment pour la valeur des produits créés. Pourtant, une relative concentration et la mise en place progressive de techniques nouvelles (premiers hauts fourneaux) caractérisent ce secteur. Le charbon de bois est le combustible indispensable, mais les Liégeois et les Anglais commencent à utiliser la houille, ou charbon de terre, pour certaines opérations (mais pas encore pour la réduction du minerai). L'Allemagne moyenne, l'évêché de Liège, la Suède, l'Angleterre, la France sont les principaux producteurs.

Les difficultés et les lenteurs des relations **commerciales** sont un autre trait spécifique de l'économie ancienne. Difficultés des transports terrestres d'abord : les lourds attelages et les bêtes de somme circulent péniblement sur des routes qui ne sont que des chemins mal entretenus, fondrières l'hiver, pistes empoussiérées l'été. Moins les régions traversées sont peuplées, plus le voyage est long et périlleux : on circule plus vite et avec moins de risque en Europe occidentale qu'en Europe centrale. Chaque fois que cela est possible, on préfère la voie d'eau : les rivières, plus ou moins navigables, sont partout utilisées, malgré la gêne que constituent les moulins, les péages et, dans certains cas, l'irrégularité du régime. C'est la voie maritime, cabotage ou relations lointaines, qui est le mode de locomotion privilégié, en dépit des lenteurs et des incertitudes (risques de naufrage, de maladie, de capture). Les grandes voies du commerce international sont la Méditerranée, dominée par les marchands vénitiens et génois, la Baltique et la mer du Nord dominées par les marchands allemands de la Hanse (dont Lübeck est le centre), mais aussi l'Atlantique qui, par Gibraltar, le golfe de Gascogne et la Manche, relie l'Europe méditerranéenne à l'Europe du Nord. Cette route maritime éclipse peu à peu les grandes routes terrestres à travers les Alpes. Les relations commerciales se heurtent à d'autres obstacles. A bien des égards, les méthodes de la majorité des marchands restent routinières. On pratique encore largement, pour régler les achats, le transfert d'encombrantes espèces monétaires, voire même le troc; la tenue des livres de commerce laisse à désirer. Cependant, la plupart des grands marchands internationaux utilisent la lettre de change et la comptabilité à partie double et se groupent éventuellement en puissantes compagnies.

Enfin, l'économie ancienne doit à la prédominance de l'agriculture sa fragilité. Il suffit d'une mauvaise récolte, due à un hiver rigoureux ou, plus souvent, à un été pourri, pour que se déclenche une **crise de subsistances.** Celle-ci retentit inévitablement sur toute l'économie. La chute de la production céréalière entraîne la disette et la hausse brutale du prix des grains. Les paysans sont les premières victimes : les plus pauvres se trouvent réduits à la mendicité, les plus nombreux se voient frustrés de ce qui est consacré d'ordinaire à la consommation familiale et contraints d'acheter leur blé ou leur pain au prix fort; le petit nombre de ceux qui ont généralement un excédent de récolte commercialisable s'en trouve privé ; tous remettent à des jours meilleurs les dépenses autres qu'alimentaires. Seuls quelques accapareurs spéculent sur la misère commune. Dans ces conditions, les répercussions en ville sont immédiates et tragiques : hausse du prix du pain, mévente générale, sous-production, chômage, misère, surmortalité et parfois soulèvement populaire. Ainsi, simple accident météorologique à l'origine, la crise cyclique affecte bientôt toute l'économie d'une région, voire, dans les cas les plus graves, celle d'un État entier. Par sa fréquence, grossièrement décennale, et l'importance de ses effets, elle appartient à la structure même de l'économie d'ancien type.

LE RESTE DU MONDE

La puissance ottomane et l'Europe orientale – En 1481 meurt le sultan Mahomet II qui, depuis la prise de Constantinople en 1453, n'a cessé d'augmenter la puissance territoriale de l'**Empire ottoman.** Grâce à la redoutable infanterie des *janissaires, il s'est emparé des dernières principautés grecques (Morée du Sud en 1460, Trébizonde en 1461), a détruit les derniers États indépendants des Balkans (Serbie en 1459, Bosnie en 1463), a vassalisé la Valachie et la Moldavie en 1462, puis la Crimée en 1475, a pris d'assaut les comptoirs italiens (Phocée en 1455, Lesbos en 1462, Caffa en 1475). Ainsi, les relations des Européens avec l'Asie par la Méditerranée orientale sont sinon coupées, du moins rendues plus difficiles et plus coûteuses. Surtout, la menace sur l'ensemble de l'Europe chrétienne se fait de plus en plus pressante : Otrante, en Italie, est occupée quelques mois (1480-1481) et rien ne sépare plus les Ottomans de la plaine hongroise. Quant aux peuples asservis des Balkans (Grecs, Serbes, Roumains, Bulgares), ils ont, certes, perdu leur indépendance, mais les Turcs leur ont laissé leur langue, leur religion (le christianisme orthodoxe), parfois leur propre administration, se contentant d'occuper militairement les points importants et de prélever sans ménagements capitation et autres impôts.

Au nord de la Crimée sous vassalité turque et à l'est de la Pologne, le grand-duché de **Moscovie,** ou grande principauté de Moscou, ne s'étend encore que sur une partie de la plaine russe autour de Moscou. Ivan III (1462-1505) se fait le « rassembleur de la terre russe ». Il annexe plusieurs principautés proches de sa capitale, impose sa suzeraineté à plusieurs princes jusque-là vassaux de la Lithuanie, se fait reconnaître « souverain de toute la Russie » par le roi de Pologne, rejette le joug des Mongols de la Horde d'or (1480). Enfin, après son mariage, en 1472, avec la nièce du dernier empereur byzantin, il se présente comme l'héritier des empereurs de Byzance et le défenseur naturel de tous les chrétiens orthodoxes. Cependant, la Moscovie reste encore un État continental, très à l'écart de l'Europe, sans ouverture ni sur la mer Noire ni sur la mer Baltique (dont les rives orientales appartiennent soit à la Suède, soit aux chevaliers Teutoniques).

L'Afrique et l'Asie – L'**Afrique septentrionale,** du Maroc à l'Égypte, est connue depuis longtemps des Européens. C'est le domaine de l'Islam, mais des relations commerciales se sont établies en dépit de l'opposition fondamentale qui continue à opposer Islam et Chrétienté : des marchands chrétiens sont installés notamment à Marrakech, à Tunis, à Alexandrie. Ils échangent les produits européens, au Maghreb contre l'or de Guinée qu'apportent les caravanes soudanaises, à Alexandrie contre la soie et les épices d'Extrême-Orient apportées par les marchands arabes. De plus, Ceuta est forteresse portugaise depuis 1415. Au-delà du Sahara, c'est l'immense **continent noir,** inconnu des Européens à l'exception de son littoral occidental que les Portugais explorent peu à peu. L'Islam y progresse depuis l'Inde, l'Égypte et le Maghreb, et a atteint le Tchad et le Nigeria. A côté du groupement en tribus, quelques grands empires noirs se sont constitués autour de Tombouctou, puis ont disparu : l'empire du Mali au XIVe siècle, puis l'empire de Gao au XVe. Plus au sud, le royaume du Congo, avec une large façade côtière, et, en Afrique orientale, le royaume du Monomotapa, sur le Zambèze, ne résisteront pas au contact avec les Portugais.

L'**Asie** est le continent des contrastes, avec d'immenses zones presque vides et livrées au nomadisme et trois principaux foyers humains, le Japon, la Chine et l'Inde. Au Japon, les shoguns Ashikaga, au pouvoir depuis 1338, sont incapables de doter le pays d'un gouvernement fort, ce qui n'empêche pas la reprise des échanges commerciaux fructueux avec le continent. La Chine, avec près de 70 millions d'habitants, est presque aussi peuplée que l'Europe. Sous la dynastie des Ming depuis 1368, le pays est divisé en provinces, préfectures et cantons. Tous les magistrats et fonctionnaires sont agents du pouvoir central et recrutés par concours. A la cour, le rôle des eunuques est prépondérant, notamment à chaque changement de règne. La société, très hiérarchisée, est divisée en ordres : au sommet, les fonctionnaires, puis les paysans, enfin les artisans et les marchands. En fait, les paysans, de beaucoup les plus nombreux, sont aussi les plus malheureux. Alors qu'au XIVe siècle les marchands chinois sillonnent la mer de Chine et une partie de l'océan Indien, à la fin du XVe la Chine tend de plus en plus à se replier sur elle-même. La péninsule indienne, peuplée de quelque 100 millions d'habitants, est divisée en États musulmans et hindous rivaux. Bien adaptés au pays, les chefs musulmans font régner la prospérité. Partout, une brillante civilisation résulte de la coexistence de l'hindouisme et de l'Islam, les princes, quels qu'ils soient, protégeant le plus souvent artistes et écrivains des deux communautés.

Cependant, tout autour de l'**océan Indien,** des côtes orientales d'Afrique à l'Insulinde, de l'Inde à Madagascar, l'expansion de l'Islam se poursuit pacifiquement par l'intermédiaire des marchands arabes ou musulmans. De leur côté, depuis le XIIIe siècle et la constitution en Asie de l'empire mongol, des marchands chrétiens, surtout génois et vénitiens, commercent directement avec l'Extrême-Orient grâce à la « route de la soie » qui relie la Chine à la Crimée et à l'Asie Mineure à travers toute l'Asie centrale. Gênes et Venise possèdent des comptoirs en Crimée (Caffa notamment) et des colonies (groupes de quelques marchands) en Inde et en Chine. Mais ce commerce est perturbé à la fin du XIVᵉ siècle par les conquêtes de Tamerlan (1336-1405); et les marchands européens sont de plus en plus tributaires des marchands arabes qui, par la mer Rouge ou le golfe Persique, apportent les produits d'Asie en Méditerranée orientale, à Alexandrie, Tripoli, de Syrie ou Smyrne.

Le monde inconnu des Européens – Le voyage de Christophe Colomb en 1492 est la première étape de la découverte par les Européens d'un nouveau monde, inconnu d'eux jusqu'alors. A la fin du XVᵉ siècle, l'Amérique est un continent peuplé de plusieurs millions d'habitants, mais très inégalement occupé puisque 80 % de cette population vivent sur les hauts plateaux, du Mexique au Pérou. Cette différence dans l'occupation du sol traduit aussi un vif contraste entre les civilisations relativement rudimentaires des Indiens d'Amérique du Nord, des Caraïbes ou du Chili, et les civilisations évoluées des Mayas, des Aztèques et des Incas. Les **Mayas,** installés dans la péninsule du Yucatan, ont créé aux XIIᵉ-XIIIᵉ siècles, avec l'appui des Toltèques, un puissant empire, siège d'une brillante civilisation (monuments religieux de Palenque et de Chichen-Itza). Mais, à la suite d'une série de révoltes au début du XVᵉ siècle, l'empire maya s'est divisé en plusieurs petits États qui n'offriront qu'une très faible résistance aux conquérants européens.

L'**empire aztèque** est de création récente : c'est au XIVᵉ siècle que les Aztèques venus du Nord ont peu à peu étendu leur domination à tous les peuples des plateaux du Mexique central, depuis leur capitale, Tenochtitlan, qui compte 500 000 habitants vers 1500. L'économie repose sur la culture du maïs et du manioc, du cacao, du coton et du tabac, et sur l'exploitation et le travail de l'or, de l'argent et du cuivre. La société est soigneusement hiérarchisée, depuis les prêtres et les guerriers, tous Aztèques, jusqu'aux esclaves, appartenant aux peuples vaincus. La religion, qui emprunte beaucoup de ses éléments aux Mayas et aux Toltèques, est dominée par de nombreux dieux, notamment Huitzilopochtli et Quetzalcoatl, à qui il faut offrir des sacrifices humains au sommet de temples pyramidaux. Les victimes sont fournies par les guerres contre les peuplades voisines. Les Aztèques sont ainsi condamnés à la conquête, mais de ce fait leur empire fondé sur la violence reste fragile, les peuples soumis attendant l'occasion de se révolter.

Sur les hauts plateaux péruviens, l'empire Quichua ou **Inca** est à son apogée. Depuis Cuzco, la capitale, les Quichuas ont étendu leur domination sur tout le littoral et les vallées andines, de Quito à l'actuelle Bolivie. L'empire est dirigé par une caste sacerdotale, les Incas, fils du Soleil, et par leur chef, l'Inca suprême. Les deux tiers des terres leur appartiennent et sont exploitées par corvées. La religion est fondée sur le culte du Soleil. Toute la vie est soigneusement réglementée par une armée de fonctionnaires nommés par l'Inca suprême, cette centralisation étant facilitée par un excellent réseau routier. A la fin du XVᵉ siècle, l'empire Inca est en pleine prospérité. Ainsi, les grandes civilisations précolombiennes présentent, à côté de traits archaïques (ignorance de la roue, du fer, absence d'écriture, rareté des animaux domestiques), des caractères très évolués :

croyances religieuses et formes d'organisation socio-politique très élaborées, connaissances poussées en astronomie, en architecture, en métallurgie des métaux non ferreux, en tissage, en céramique. Le contact avec les Européens sera désastreux pour ces civilisations nullement préparées à ce choc brutal.

2

LES GRANDES DÉCOUVERTES

Mus par des mobiles à la fois économiques et religieux, les Portugais cherchent à atteindre l'Asie par mer en contournant le continent africain. Ils y réussissent après un siècle d'exploration méthodique de la côte occidentale d'Afrique : en 1498, Vasco de Gama arrive en Inde après avoir doublé le cap de Bonne-Espérance. De son côté, Christophe Colomb, cherchant pour le compte des rois d'Espagne la route de l'Asie par l'ouest, se heurte à un nouveau monde, inconnu jusque-là des Européens. Les grandes découvertes aboutissent ainsi à l'éclatement de l'Europe sur le monde et à la mise en place d'une économie mondiale dont l'Europe est le moteur et le bénéficiaire.

LES MOYENS ET LES BUTS DES GRANDES DÉCOUVERTES

Les moyens et les buts des grands voyages maritimes de découverte sont inséparables les uns des autres : ces voyages n'auraient pu avoir lieu sans que soit réuni un minimum de conditions techniques, mais surtout sans que de puissants mobiles ne poussent les découvreurs sur des mers inconnues et pleines de mystères. De plus, moyens et buts ont évolué au cours de l'aventure, c'est-à-dire depuis les premiers voyages portugais du début du XVᵉ siècle jusqu'au tour du monde de Magellan-El Cano en 1519-1522.

Les moyens techniques – Aucune révolution technique n'est à l'origine des grandes découvertes, mais la mise en œuvre progressive de **connaissances** et d'outils acquis souvent depuis longtemps et perfectionnés au gré des besoins et de l'expérience. S'il est vrai que les hommes du Moyen Age ont cru longtemps que la Terre était un disque plat, cette opinion a reculé dès le XIIIᵉ siècle grâce notamment aux travaux d'Albert le Grand et de Roger Bacon qui en reviennent à l'affirmation des Grecs, d'Aristote (IVᵉ siècle av. J.-C.) à Ptolémée (IIᵉ siècle ap. J.-C.), selon laquelle la Terre est une sphère, dont la circonférence à l'équateur est d'ailleurs sous-évaluée par Ptolémée. Au début du XVᵉ siècle, l'humaniste Pierre d'Ailly reprend les idées de Ptolémée dans son *Imago mundi,* ouvrage composé vers 1410 et largement diffusé au cours du siècle, avant d'être imprimé en 1483.

Par ailleurs, depuis le début du XIVᵉ siècle, les caraques et les galères méditerranéennes, mues à la rame et à la voile latine triangulaire, s'aventurent dans l'Atlantique, par le détroit de Gibraltar, vers les ports de l'Europe du Nord-Ouest, bien qu'elles soient mal adaptées aux grandes houles océanes. De leur côté, pénètrent en Méditerranée les coques de la mer du Nord et de la Baltique, vaisseaux ronds de haut bord, pourvus d'un ensemble complexe de voiles carrées et, depuis le XIIIᵉ siècle, du gouvernail d'étambot. Tirant parti de cette double expérience, les Portugais mettent progressivement au point, vers 1420-1440, la **caravelle,** vaisseau de petite taille, de forme allongée, doté d'un bordage élevé, d'un gouvernail d'étambot et de voiles latines. Au cours du siècle, la caravelle devient un peu plus grande et est pourvue d'une voilure mixte (voiles carrées pour l'allure, voiles latines pour la manœuvre), mais elle reste un navire de petit tonnage (100 à 150 tonneaux), dont les qualités maîtresses, essentielles dans les voyages de découverte, sont la maniabilité et la capacité de naviguer par tous les vents.

Les techniques de **navigation** sont celles utilisées depuis longtemps en Méditerranée : la boussole, invention chinoise introduite au XIIIᵉ siècle par l'intermédiaire des Arabes; les cartes portulans, œuvres des cartographes génois ou catalans, qui indiquent la position précise des ports et la route à suivre pour aller de l'un à l'autre; la navigation à l'estime en fonction de la vitesse calculée empiriquement. En effet, la navigation astronomique ne semble pas antérieure à 1480. En revanche, avant cette date, les Portugais multiplient, au sol, les calculs de la latitude grâce à l'astrolabe, instrument d'origine arabe permettant d'observer la position des astres et de déterminer leur hauteur au-dessus de l'horizon. Cette technique sert surtout à dresser des cartes sûres des côtes d'Afrique, ce qui rendra moins difficiles les voyages ultérieurs. A partir de 1480 environ, les navigateurs calculent, à bord, la latitude au moyen soit de l'astrolabe, soit d'instruments simplifiés comme l'arbalète ou le bâton de Jacob. Quant à la longitude, son calcul ne peut être fait correctement avant la seconde moitié du XVIIIe siècle, faute de chronomètres.

Les mobiles économiques – Ce sont donc bien les mobiles, qui sont l'essentiel de l'aventure. Depuis le XIVe siècle, l'Europe souffre d'une pénurie chronique de **métaux précieux** que la reconstruction d'après 1450 ne fait qu'aggraver, avec l'essor de la population, le développement des échanges commerciaux, le progrès du luxe dans les classes supérieures de la société, les dépenses des princes (l'artillerie, entre autres, coûte cher). L'argent tiré des mines d'Europe centrale dont l'exploitation est poussée activement pendant tout le XVe siècle, l'or surtout en provenance de Guinée ne peuvent faire face à ces besoins accrus, et les premiers développements du crédit (notamment l'usage de la lettre de change) ne suffisent pas à compenser cette famine monétaire. C'est pourquoi les Portugais forment le projet d'accéder directement à l'or du golfe de Guinée en descendant le long des côtes d'Afrique jusqu'à la « côte de l'or ». Plus tard, Colomb et tous les découvreurs (sans parler ensuite des conquistadores) sont animés, eux aussi, par cette fièvre de l'or, cette obsession du métal doré du Cathay et de Cipango (la Chine et le Japon de Marco Polo) et du pays de l'Eldorado. Incontestablement, la soif de l'or, indispensable aux grands échanges internationaux, constitue le premier et le principal mobile économique des grandes découvertes.

La recherche des **épices** est moins importante et plus tardive. Certes, les besoins de l'Europe en ce domaine sont évidents. Poivre, clou de girofle, cannelle, noix muscade, etc., tous produits des pays de l'océan Indien, de l'Inde à l'Insulinde, servent, dans l'alimentation, pour masquer le goût des viandes mal conservées, et plus encore dans la pharmacie. Mais ces besoins, de même que ceux en indigo et en soie, sont depuis longtemps assurés par les marchands italiens qui se les procurent dans leurs comptoirs de Crimée et surtout dans les ports de Méditerranée orientale où les apportent les marchands arabes. Si l'expansion ottomane a privé Gênes de son comptoir de Caffa, par contre elle n'a guère menacé le trafic italo-arabe. La preuve en est que, malgré une demande croissante, le prix des épices n'augmente que faiblement en Europe au cours du XVe siècle. Pourtant, après 1460 environ, les Portugais envisagent d'atteindre directement les pays de l'océan Indien producteurs d'épices, afin de court-circuiter les marchands italiens et de se procurer les produits d'Asie à bien meilleur compte. Colomb, à son tour, fait le même calcul. Enfin, parmi les mobiles économiques qui poussent les Portugais, il faut faire une place aux besoins en esclaves pour leurs plantations sucrières de l'Algarve et surtout de Madère (occupée à partir de 1430) et des Açores (occupées entre 1432 et 1457).

Les mobiles religieux – A ces mobiles économiques s'ajoutent et se mêlent des mobiles religieux qui participent à la fois de l'esprit de croisade et de l'esprit de mission. L'esprit de **croisade** reste très vivant chez les Portugais et les Espagnols, engagés depuis des siècles dans la lutte contre l'Islam. Les premiers, qui ont achevé leur « reconquista » dès le XIIIᵉ siècle, prennent pied en 1415 sur le sol de l'Afrique musulmane en s'emparant de Ceuta, et leur désir d'explorer la côte africaine, puis de contourner le continent, répond, à côté des mobiles économiques, à l'idée de prendre à revers le monde musulman en s'alliant au royaume chrétien du mythique prêtre Jean, identifié à l'Éthiopie. Quant à Isabelle de Castille, en nommant en avril 1492 Christophe Colomb vice-roi de toutes les terres qu'il découvrira, elle entend poursuivre en quelque sorte la « reconquista » terminée sur le sol ibérique trois mois plus tôt par la prise de Grenade. Mais à côté de cet esprit de croisade se fait jour un esprit de *mission. Ceux qu'il anime entendent convertir les infidèles sans violence, en leur prêchant l'évangile. Ainsi, au désir de refouler l'Islam, s'ajoute celui de gagner de nouvelles terres et de nouvelles âmes à la vraie foi. Dans l'esprit des découvreurs et des conquistadores, il n'y a aucune antinomie entre les mobiles religieux et les mobiles économiques. Colomb écrit tout naturellement pour justifier son projet d'atteindre l'Asie : « On aura vite fait de convertir à notre sainte foi un grand nombre de peuples et de gagner en même temps de grandes possessions et richesses. » Et, en 1534, Jacques Cartier ayant abordé le continent nord-américain, en baie de Gaspé, plante une croix de trente pieds de haut au croisillon de laquelle se trouve un écusson à fleur de lys et une inscription « Vive le roi de France », affirmant donc en même temps la prise de possession de ces terres lointaines au nom du roi de France et la volonté d'apporter l'évangile à leurs habitants.

Ainsi, animés par le double désir inextricablement lié de s'enrichir et de propager la foi du Christ, hantés par les récits mythiques qui circulent depuis des siècles sur ces pays mystérieux d'Orient peuplés d'êtres fantastiques et remplis de richesses fabuleuses, tirant parti des conditions techniques existantes et qu'ils améliorent peu à peu, Portugais et Espagnols se lancent dans l'aventure de la découverte du monde.

L'AVENTURE DES GRANDES DÉCOUVERTES

La découverte des côtes africaines et de la route des Indes – L'inspirateur de la politique portugaise de découverte est le prince Henri (1394-1460), dit le Navigateur, second fils du roi Jean Iᵉʳ. Il est fait chevalier lors de la prise de Ceuta en 1415, puis s'installe à Sagres, au cap Saint-Vincent, à l'extrémité méridionale du Portugal, où il s'entoure de savants, de cartographes, de marins. Son but est d'équiper des expéditions qui, en observant jalousement le secret, devront aller toujours plus loin le long de la côte africaine, à la fois pour essayer de prendre l'Islam à revers et d'atteindre les régions aurifères du golfe de Guinée. Le cap

Bojador est reconnu en 1434, le cap Vert en 1445. La mort d'Henri en 1460 marque un relatif ralentissement. Pourtant, le delta du Niger est atteint en 1472, l'équateur en 1475. Mais le but, désormais, est d'arriver jusqu'aux marchés de l'océan Indien en contournant l'Afrique. Le roi Jean II (1481-1495) reprend la tradition d'Henri le Navigateur, et les étapes décisives sont franchies sous son règne. En 1482, l'embouchure du Congo est atteinte, cependant que, cette même année, est fondé, sur le golfe de Guinée, le comptoir de Sao Jorge da Mina (Saint-Georges d'Elmina) qui devient le centre du trafic guinéen (or, poivre, esclaves). En 1486, le tropique du Capricorne est franchi. En 1487, Bartolomeu Dias part avec trois caravelles, s'écarte de la côte au-delà de la Guinée, double sans la remarquer la pointe extrême de l'Afrique et atteint la côte du Natal; au retour, il longe le littoral sud-africain, découvre le cap des Tempêtes (auquel Jean II préférera donner le nom de cap de Bonne-Espérance) et rentre à Lisbonne à la fin de 1488. Enfin, en juillet 1497, **Vasco de Gama** part avec quatre caravelles et 160 hommes. Il prend, lui aussi, au large pour tirer parti des vents de l'Atlantique Sud, touche Sainte-Hélène, double le cap de Bonne-Espérance, puis longe la côte orientale d'Afrique par Sofala, Mozambique, Mombasa et Melinda. C'est de ce dernier port qu'il part, sous la conduite d'un pilote indien, pour la côte de Malabar qu'il atteint à Calicut le 20 mai 1498. Il rentre par Mogadiscio et Zanzibar et est de retour à Lisbonne le 30 août 1499, avec 80 hommes seulement et deux navires remplis d'épices.

La découverte du Nouveau Monde – Né à Gênes en 1451, d'un père tisserand, **Christophe Colomb** a déjà une expérience de marin lorsqu'il s'installe au Portugal en 1476, au moment où commence à y prendre corps le projet d'atteindre l'Inde en contournant l'Afrique. Il voyage (Madère, Guinée, Irlande, peut-être Islande) et épouse en 1479 la veuve d'un marin portugais qui l'introduit dans le milieu des savants et des navigateurs. Peu à peu, encouragé par son frère Diego, cartographe à Lisbonne, par les travaux d'un cosmographe florentin, Toscanelli, et par la lecture de Pierre d'Ailly, il en vient à l'idée que le Japon et la Chine sont relativement proches de l'Europe (il les situe, en gros, à l'emplacement de la Californie, du fait de l'erreur de Ptolémée reprise par Pierre d'Ailly) et que, par conséquent, il est possible de les atteindre en naviguant vers l'ouest. Il s'adresse en 1485 à Jean II qui, tout prêt de réussir dans son projet africain, refuse de patronner une expédition concurrente. Colomb offre alors ses services à Isabelle de Castille qui ne se laisse convaincre par son obstination et sa conviction qu'en 1492, après la prise de Grenade. Par les accords du 17 avril, à Santa-Fé, il reçoit, en échange du financement de l'expédition, le titre d'amiral de la mer océane et des privilèges considérables sur les terres à découvrir : la qualité de vice-roi et un huitième sur toutes les richesses à exploiter. L'expédition est préparée avec la collaboration des frères Pinczon, armateurs à Palos.

Parti le 3 août 1492, avec trois caravelles montées par une centaine d'hommes, Colomb, après une escale aux Canaries (possessions espagnoles), fait route plein ouest et touche terre le 12 octobre à San Salvador, une des îles Bahamas, persuadé d'avoir atteint l'Asie. Après deux mois de navigation dans la mer des Antilles, au cours desquels il découvre Hispaniola (Saint-Domingue) et Cuba, il rentre en Europe en se laissant porter par les courants (Gulf Stream) vers les latitudes moyennes, puis en profitant des vents d'ouest de l'Atlantique Nord. Cette route, que lui dicte sa science nautique ou son intuition, sera celle qu'emprunteront pendant quatre siècles les grands voiliers rentrant en Europe. Arrivé à Palos le 15 mars 1493 (après une escale imprévue à Lisbonne), Colomb est reçu en triomphateur par les Espagnols et les Rois Catholiques qui s'empressent d'obtenir du pape Alexandre VI une bulle (*Inter cœtera,* mai 1493) déclarant espagnoles toutes « les terres fermes ou îles découvertes ou à découvrir » au-delà du méridien passant à cent lieues à l'ouest des Açores. Mais, dès le 7 juin 1494, par le traité hispano-portugais de Tordesillas, le roi Jean II de Portugal fait reporter, à son profit, la ligne définie par le pape, à 270 lieues plus à l'ouest.

Au cours des trois voyages qu'il entreprend ensuite (1493-1496; 1498-1500; 1502-1504), Colomb découvre quelques-unes des grandes et des petites Antilles, le delta de l'Orénoque et enfin les rivages de l'Amérique centrale, du Honduras au golfe de Darien. Il meurt à Valladolid en 1506, sans avoir soupçonné, semble-t-il, qu'il n'avait pas atteint les Indes d'Asie, mais découvert un nouveau monde. Pourtant, très vite, la vérité se fait jour en Europe et, en 1507, Martin Wald-seemüller publie à Saint-Dié une *Cosmographie* dans laquelle il fait état de ce monde nouveau qu'il baptise **Amérique** en hommage à Amerigo Vespucci, navigateur d'origine florentine qui, en 1501-1502, a dirigé une expédition sur la côte à l'ouest de l'Orénoque et a publié à son retour un récit de son voyage. L'Amérique est née. Pourtant, conséquence de l'erreur de Colomb, on continuera longtemps à désigner le nouveau continent sous le nom d'Indes, dites occidentales pour les distinguer de celles d'Asie, dites désormais orientales.

Le premier tour du monde – Si, du vivant même de Colomb, on comprend peu à peu que celui-ci avait découvert un continent faisant écran entre l'Europe et l'Asie, le doute n'est plus permis lorsque, le 25 septembre 1513, Balboa, traversant l'isthme de Panama avec 90 hommes, découvre un océan dont il prend possession au nom du roi d'Espagne. Reste à contourner l'obstacle américain et à trouver la route des Indes vers l'ouest. **Magellan,** Portugais passé au service de l'Espagne, reçoit de Charles Quint les moyens de réaliser son projet de contourner l'Amérique par le sud. Parti de San Lucar, en Espagne, le 20 septembre 1519, avec cinq vaisseaux et 236 hommes d'équipage, il atteint le rio de la Plata en janvier 1520, hiverne en Patagonie et, en octobre, pénètre dans le détroit qui portera son nom, entre le continent et l'archipel de la Terre de Feu. Le 28 novembre, après une terrible navigation de 38 jours, il atteint l'océan qu'il traverse en diagonale en direction du nord-ouest et qu'il baptise Pacifique tant la mer paraît calme par contraste avec l'Atlantique Sud. Le 16 mars 1521, il aborde une des îles de l'archipel des Philippines : il convertit le roi au catholicisme et lui fait reconnaître la suzeraineté du roi d'Espagne, mais le 17 avril il est tué au cours d'un engagement avec les indigènes. Son lieutenant, Sébastien d'El Cano, reprend la mer avec le seul vaisseau qui subsiste, traverse l'océan Indien et double le cap de Bonne-Espérance en réussissant à éviter les Portugais, maîtres jaloux de la route du Cap. Il arrive enfin en Espagne le 6 septembre 1522, avec 35 survivants. Étonnant exploit, le voyage de Magellan et d'El Cano apporte, pour la première fois, la preuve expérimentale de la sphéricité de la Terre. Mais ses résultats concrets ne sont pas comparables à ceux des voyages de Vasco de Gama et surtout de Colomb : si Magellan assure au roi d'Espagne des droits sur les lointaines Philippines, la route qu'il a ouverte vers l'Asie est beaucoup trop longue et difficile pour concurrencer la route portugaise par l'Afrique.

L'exploration du Nouveau Monde – Après les voyages de Colomb, une grande partie du continent américain est peu à peu explorée par les **Espagnols,** en même temps que s'édifie leur empire colonial : découverte, exploration, conquête, exploitation sont menées presque simultanément et Cortez et Pizarre sont des découvreurs autant que des conquérants. Pourtant, c'est un Portugais, non un Espagnol, qui reconnaît la côte du Brésil : dès 1500, Cabral qui, pour la première fois après Vasco de Gama, se rend en Inde par la route ouverte par celui-ci deux ans plus tôt, atteint le littoral brésilien, dont il prend possession au nom de son souverain, avant de rallier le Cap; plus que le hasard de la navigation, il s'agit sans doute de la volonté délibérée de reconnaître la zone dévolue aux Portugais par le traité de Tordesillas. Les principales expéditions espagnoles de découverte sont celles de Balboa à travers l'isthme de Panama en 1513, d'Almagro au Chili en 1533, de De Soto dans le sud du bassin du Mississippi en 1539, de Coronado en Californie en 1540, d'Orellana en Amazonie en 1541-1542, d'Aguirre à nouveau en Amazonie en 1560-1561.

Jaloux des succès portugais et espagnols, **Anglais et Français,** de leur côté, cherchent, dans le nord de l'Amérique négligé par les Ibériques, le passage vers l'Asie. Dès 1497, Giovanni Cabotto, marin génois passé au service de l'Angleterre sous le nom de John Cabot, décide, avec l'appui financier d'armateurs de Bristol et l'accord du roi Henri VII, de rechercher une route maritime septentrionale vers la Chine. Il longe la côte méridionale de Terre-Neuve et débarque probablement dans l'île du Cap-Breton. L'année suivante, il suit la côte américaine jusqu'au cap Delaware, mais ne trouve pas le passage espéré. Son fils, Sébastien Cabot, aventurier et mythomane, a peut-être fait une expédition dans la région du Labrador et de la baie d'Hudson en 1508-1509. La France entre en scène tardivement. En 1523-1524, le navigateur florentin Giovanni da Verrazano est chargé par François Ier d'atteindre « le Cathay et l'extrême orient de l'Asie ». Aidé financièrement par des marchands italiens de Lyon, il reconnaît les côtes médianes de l'Amérique du Nord, entre Caroline et Maine, notamment l'estuaire de l'Hudson, mais ne trouve, lui non plus, aucun passage vers l'Asie. En 1534, le Malouin Jacques Cartier, chargé à son tour par François Ier de trouver le passage du Nord-Ouest, découvre le Saint-Laurent qu'il remonte jusqu'au site de Montréal, mais qui ne constitue pas une ouverture vers la Chine; ses deux voyages suivants (1535-1536; 1541-1543) apparaissent également décevants, puisque les rives du Saint-Laurent ne recèlent même pas d'or. Dans la seconde moitié du XVIᵉ siècle, les Anglais s'obstinent encore dans la recherche du fameux passage. Les nombreuses tentatives de Frobisher, Davis, Hudson, Baffin, entre 1576 et 1616, sont, à cet égard, autant d'échecs, mais aboutissent à une meilleure connaissance de l'extrémité septentrionale du continent nord-américain.

LES CONSÉQUENCES DES GRANDES DÉCOUVERTES

Les conséquences hors d'Europe : la création des empires coloniaux portugais et espagnol – Vasco de Gama, puis Cabral sont arrivés dans l'Inde en marchands, soucieux seulement d'y installer des comptoirs, à l'instar des Italiens en Méditerranée orientale, et de passer des accords commerciaux avantageux avec les souverains locaux. Mais très vite, l'hostilité des marchands musulmans de la côte orientale d'Afrique et de la côte indienne de Malabar, peu soucieux de perdre leur fructueux monopole, amène le roi de Portugal à édifier par la force un véritable empire colonial s'étendant à une grande partie de l'**océan Indien.** Le premier vice-roi de l'Estado da India, Almeida (1505-1509), prend pied à Sofala et à Mozambique, mais compte surtout sur la maîtrise de la mer : « Plus vous tiendrez de forteresses, écrit-il au roi de Portugal, plus faible sera votre pouvoir (...) Aussi longtemps que vous serez puissant sur mer, vous tiendrez l'Inde comme vôtre. » En revanche, son successeur, Albuquerque (1509-1515), s'engage, avec l'accord du roi, dans une politique de conquêtes. Il s'empare d'Ormuz dès 1508 et y fonde une forteresse. En 1510, il enlève Goa aux musulmans avec l'aide des hindous et en fait la capitale de l'Estado da India. Diu, Calicut sont prises et transformées en ports fortifiés. En 1511, il s'empare de Malacca et prend pied aux Moluques, le paradis des épices. Par contre, il échoue devant Aden et ne peut, de ce fait, s'assurer le contrôle de la mer Rouge. Ainsi, depuis les Açores et Madère jusqu'à l'Insulinde, en passant par les côtes occidentale et orientale d'Afrique, la côte de Malabar et Ceylan, l'empire colonial portugais est constitué d'une série de forteresses dominant leur arrière-pays et servant de points d'appui à une flotte militaire qui assure par la force le respect du monopole commercial contre tous les concurrents, européens ou asiatiques. Mais la tâche est singulièrement difficile, car les Portugais ne sont que quelques milliers dans l'océan Indien et ne contrôlent pas la mer Rouge.

Bien différente est l'exploitation de **l'Amérique** par les Espagnols. Le Nouveau Monde est à découvrir, à conquérir (du moins contre les deux empires aztèque et inca), à peupler, à convertir, à exploiter. A l'origine, cette tâche immense est moins l'œuvre des souverains espagnols (Isabelle morte en 1504, Ferdinand mort en 1516, Charles Quint trop occupé en Europe) que d'une poignée de conquistadores animés de sentiments complexes où se mêlent l'audace poussée jusqu'à l'inconscience, l'espoir de gagner richesses et puissance par tous les moyens, même les plus brutaux, le désir sincère de propager la religion chrétienne. Trois étapes principales peuvent être distinguées. La première est marquée par la conquête des **Antilles** (1492-1519). Hispaniola (Saint-Domingue), qui sera jusque vers 1525 le centre de la puissance espagnole, est d'abord occupée et exploitée, puis Porto Rico à partir de 1508 et Cuba à partir de 1512. Mais l'exploitation des trois grandes Antilles, surtout en vue d'en tirer l'or des rivières, se heurte bientôt à la chute dramatique de la population indigène due au choc microbien plus encore qu'aux mauvais traitements. C'est la raison pour laquelle les Rois Catholiques autorisent dès 1501 l'introduction d'esclaves noirs.

La deuxième étape est la conquête du **Mexique** par Fernand Cortez entre 1519 et 1521. Parti de Cuba en passant outre aux instructions reçues, Cortez débarque sur la côte mexicaine le 10 février 1519, avec 500 hommes, 30 chevaux et 10 canons (chevaux et canons, inconnus des peuples précolombiens, provoqueront leur frayeur). Il soumet les Tlaxcaltèques, ennemis des Aztèques, et s'en fait des alliés contre ces derniers. L'empereur Moctezuma hésite à résister et Cortez entre sans combat dans Tenochtitlan (future Mexico) le 8 novembre 1519. Mais les maladresses et les brutalités des Européens provoquent une terrible révolte. Dans la nuit du 30 juin 1520 (la *Noche triste*), ceux d'entre eux qui n'ont pas été massacrés doivent fuir la ville. Cortez, que rien ne peut abattre, prépare la revanche en s'appuyant sur toutes les tribus adversaires des Aztèques. A la suite d'un siège méthodique de Tenochtitlan, il reprend la ville le 12 août 1521. Cuatemoc, successeur de Moctezuma, est fait prisonnier et exécuté peu après. L'empire aztèque s'est effondré. Devant ce succès, les préventions des autorités espagnoles à l'égard de Cortez disparaissent pour un temps. Celui-ci est nommé par Charles Quint capitaine général de la Nouvelle Espagne en 1522 et entreprend non sans brutalité l'exploration, la conquête et l'exploitation du Mexique et de l'Amérique centrale.

La troisième étape est l'œuvre d'un aventurier espagnol, François Pizarre, qui, ayant participé à diverses explorations au sud de Panama et ayant entendu parler des richesses prodigieuses de l'empire Inca, se rend en Espagne en 1529 et obtient de Charles Quint le titre de capitaine général de toutes les terres qu'il découvrira. Il quitta Panama en janvier 1531 avec son compagnon Almagro, 180 hommes et 60 chevaux, et marche sur Cuzco à travers **les Andes.** Tirant parti de la lutte qui oppose les deux fils de l'Inca pour sa succession, il entre à Cuzco le 15 novembre 1533 : l'empire Inca s'est effondré à son tour.

Après le pillage des trésors aztèque et inca, c'est l'exploitation des mines qui constitue, au milieu du XVIᵉ siècle, la grande richesse des Indes espagnoles : mines d'or de Buritica en Colombie et surtout mines d'argent du Potosi (1545) au Pérou et de Zacatecas (1546) au Mexique. Le mythe de l'Eldorado est devenu une réalité.

Les conséquences en Europe – Les conséquences en Europe des grandes découvertes sont considérables. Pour la première fois, l'économie européenne, limitée à la fin du XVᵉ siècle au vieux continent avec les deux foyers de l'Italie du Nord et des Pays-Bas, éclate aux dimensions du monde. Jusqu'à la fin du XIXᵉ siècle, l'**économie mondiale** aura l'Europe pour moteur et fonctionnera au seul bénéfice de celle-ci. Le premier aspect de cet éclatement sur le monde est la promotion de la façade atlantique de l'Europe. Lisbonne et Séville contrôlent, chacune pour leur part, ce trafic mondial, veillant à ce que soit respecté leur monopole respectif. Mais ces deux ports atlantiques, bien placés pour commercer avec l'Asie et l'Amérique, le sont mal pour assurer la redistribution des produits coloniaux vers le reste du continent européen. Aussi est-ce Anvers, le grand port des Pays-Bas espagnols, qui devient dès le début du siècle et reste jusqu'à la révolte des Pays-Bas et le sac de la ville (1568-1576) le grand centre financier et bancaire de l'empire espagnol, en même temps que le principal port de redistribution de tous les produits exotiques. Cette promotion des ports atlantiques ne signifie pas pour autant la décadence immédiate et irrémédiable des ports méditerranéens, même si elle postule à terme leur déclin relatif. Venise conserve le contrôle d'une partie du commerce du poivre (par la mer Rouge) et, pour l'ensemble des ports de Méditerranée, le commerce du Levant, à base de coton et de soie à défaut d'épices, est toujours prospère et fructueux.

L'exploitation du Nouveau Monde a pour autre conséquence l'arrivée des **métaux précieux** d'Amérique. Le stock d'or disponible en Europe sera, à la fin du XVIᵉ siècle, le double de ce qu'il était au début, et le stock d'argent, le triple ou peut-être même le quadruple. Encore convient-il de ne pas lier trop étroitement à cet afflux des « trésors d'Amérique » la hausse générale des prix constatée au cours du siècle et ses effets sur l'économie. En effet, cet accroissement, qui n'est d'ailleurs important qu'à partir de 1550, n'a d'effet moteur que pour l'économie marchande en entraînant une hausse des prix industriels et, par stimulation bénéfique, un accroissement de la production. En revanche, pour l'immense secteur de l'économie agricole, fondé en grande partie sur l'auto-consommation et le troc, le facteur monétaire ne peut avoir qu'une incidence très indirecte et la hausse des prix agricoles s'explique sans doute bien davantage par l'augmentation de la demande liée à la croissance démographique et par une conjoncture climatique souvent défavorable. Par ailleurs, si la bourgeoisie capitaliste des grandes villes marchandes, manufacturiers, négociants, armateurs, banquiers, tire le plus grand profit de l'essor économique, ce n'est pas, sauf exceptions notables, le cas des nobles qui doivent faire face pour tenir leur rang à des dépenses croissant plus vite que les revenus qu'ils tirent de leurs terres. Quant aux classes populaires, paysans dépendants et salariés des villes, elles connaissent une paupérisation relative du fait de la hausse des prix agricoles et industriels.

De même, tous les pays ne profitent pas également de la grande aventure. Le Portugal et surtout l'Espagne sont évidemment les deux grands bénéficiaires. C'est l'abondance des ressources fournies par les trésors américains qui permettent à Charles Quint et surtout à Philippe II d'entretenir des armées et des flottes, d'acheter à prix d'or des alliés utiles et de faire de la monarchie espagnole la première puissance de l'Europe. Il est vrai que la péninsule ibérique allait à terme payer cher cet enrichissement facile. Beaucoup d'activités productrices sont délaissées et l'économie commence à s'orienter vers une agriculture extensive aux mains des grands propriétaires. Portugais et Espagnols achètent à l'extérieur presque tout ce dont ils ont besoin : l'argent américain débarqué à Séville et les profits portugais du commerce d'Asie enrichissent ainsi le reste de l'Europe.

On ne saurait négliger les conséquences matérielles et intellectuelles de la découverte du Nouveau Monde. Si les Européens introduisent tout de suite en Amérique des animaux domestiques, comme le cheval, le bœuf et le mouton, et des plantes industrielles, comme la canne à sucre et l'indigo, ils empruntent au nouveau continent non seulement le tabac et des plantes pharmaceutiques, comme le quinquina et l'ipécacuana, mais aussi le maïs et la pomme de terre dont la diffusion au XVIe siècle est encore limitée à l'Espagne. Par ailleurs, la découverte de ce nouveau monde jusque-là inconnu relativise toutes les connaissances des Européens. Enfin, l'Amérique, avec ses « sauvages » – bons ou mauvais? rachetés ou non par le Christ? –, avec sa faune et sa flore étranges, avec ses solitudes inconnues, avec ses immenses richesses, vraies ou supposées, ne va pas cesser pendant trois siècles de nourrir l'imaginaire européen. Au total, par l'ampleur de leurs conséquences, les grandes découvertes peuvent apparaître à bon droit comme le début de temps nouveaux.

3

HUMANISME ET RENAISSANCE

L'humanisme, dont Érasme est le plus illustre représentant, se développe au XVᵉ siècle en Italie et se diffuse dans toute l'Europe, grâce notamment à l'imprimerie. C'est à la fois une philologie – méthode d'étude et de critique des textes anciens – et une philosophie – prise de position optimiste sur tous les grands problèmes où l'homme est impliqué. Mais l'idéal humaniste ne constitue pas une réponse satisfaisante à l'inquiétude religieuse du temps; de plus, il ne favorise pas le progrès scientifique, et le développement des langues et littératures nationales se fait, en partie, contre lui. La Renaissance artistique est, elle aussi, basée sur la redécouverte de l'Antiquité et son berceau est également l'Italie du Quattrocento, notamment Florence et Rome. De très grands artistes contribuent à fixer l'idéal classique dont s'inspirent, avec des nuances selon les pays, tous les artistes européens.

L'HUMANISME

La naissance de l'humanisme – Si *humanisme* est un mot savant forgé au XIXe siècle qui désigne aujourd'hui toute philosophie qui prend pour fin l'homme, sa dignité et son épanouissement, dès 1539 le mot français *humaniste* s'applique aux érudits, d'abord italiens, qui, du XIVe au XVIe siècle, remettent en honneur l'étude directe des lettres anciennes sur lesquelles ils appuient une conception de l'homme et du monde. En dépit de leur certitude de vivre une époque totalement nouvelle, en rupture avec un passé « ténébreux » et révolu, les humanistes restent tributaires de l'héritage médiéval. Clercs et lettrés du Moyen Age ne se nourrissaient pas seulement de la Bible et des Pères de l'Église, mais aussi d'un certain nombre d'auteurs anciens dont les œuvres étaient recopiées, non sans risques d'erreurs, par les moines copistes des abbayes : auteurs latins, comme Cicéron, Horace, Virgile, Ovide, mais aussi le Grec Aristote dont l'œuvre était connue presque intégralement depuis le XIIIe siècle grâce à des traductions latines parvenues par l'intermédiaire de traducteurs et de commentateurs arabes et juifs. Toutefois, le Moyen Age n'avait qu'une connaissance incomplète et souvent fautive de l'œuvre des grands auteurs de l'Antiquité grecque et romaine : Platon, Homère, une partie de la littérature latine étaient pratiquement inconnus; les auteurs grecs n'étaient lus qu'en traduction latine; les textes eux-mêmes étaient déparés par des fautes de copistes ou surchargés de commentaires.

Dès le XIVe siècle, Boccace (1315-1375) et surtout **Pétrarque** (1304-1374) amorcent la lente redécouverte de l'héritage de l'Antiquité. Ils recherchent ou font rechercher dans toute l'Europe les manuscrits latins et en fournissent des copies dans lesquelles ils s'efforcent d'éliminer les fautes. Pétrarque est le précurseur des humanistes non seulement dans cette quête des textes, mais aussi dans son désir de trouver chez les auteurs anciens un enrichissement intellectuel et moral en même temps qu'une jouissance esthétique. Le mouvement s'épanouit au XVe siècle en Italie où existe un nombreux public cultivé et où se développent vie de cour et mécénat, à Rome sous des papes comme Nicolas V (1447-1455) et Pie II (1458-1464) et surtout à Florence avec les Médicis, Cosme (1389-1464) et Laurent dit le Magnifique (1449-1492). Par ailleurs, la tenue du concile de Ferrare-Florence (1438-1442) auquel participent l'empereur byzantin et des prélats grecs, puis l'avance des Turcs qui provoque l'exode en Italie de nombreux savants, enfin la prise de Constantinople (1453) qui accélère ce mouvement contribuent à une meilleure connaissance des auteurs grecs anciens, notamment Platon. Dans la seconde moitié du XVe siècle, **Florence** devient la capitale de l'humanisme. En 1464, Cosme de Médicis met une villa, à Careggi, à la disposition d'un jeune helléniste, Marsile Ficin (1433-1499), à charge pour celui-ci de se consacrer à l'étude de Platon, très à la mode depuis les années 1440 : c'est le début de l'Académie de Florence qui regroupe quelques-uns des plus grands humanistes du temps, comme Politien et Pic de la Mirandole (1463-1494), initiateur des études hébraïques et grand connaisseur de la Kabbale. Pour sa part, Ficin procure une version en grec des *Dialogues* de Platon et consacre sa vie à l'étude de la philosophie platonicienne.

La diffusion de l'humanisme – A la fin du XVᵉ siècle, **l'imprimerie** récemment découverte procure aux humanistes un incomparable instrument de diffusion. Précédée par la lente substitution au parchemin du papier fait avec de vieux chiffons et par la vulgarisation de la xylographie ou gravure sur bois, l'invention de l'imprimerie, vers 1450, réside dans l'utilisation des caractères mobiles de plomb et de la presse à bras. Le premier livre imprimé est l'œuvre du Strasbourgeois Jean Gutenberg à Mayence en 1455. Entre 1455 et 1470, la nouvelle invention gagne surtout les pays allemands (Cologne, Bâle, Nuremberg, Augsbourg) et italiens (Venise, Rome), puis Paris en 1470. Dans les trente années suivantes, la diffusion s'accélère : en 1500, 236 villes d'Europe possèdent une ou plusieurs imprimeries. C'est à juste titre que les contemporains, tel Rabelais en 1532, soulignent le caractère révolutionnaire des « impressions tant élégantes et correctes en usance, qui ont été inventées de mon âge par inspiration divine, comme, à contre-fil, l'artillerie par suggestion diabolique ». En effet, l'humanisme et son influence sont impensables sans l'imprimerie et l'extraordinaire diffusion de la pensée, de la culture et de l'instruction qu'elle permet (dès la fin du XVᵉ siècle, 35 000 éditions, au moins, sont sorties des presses européennes, soit 15 à 20 millions d'exemplaires). D'autre part, beaucoup d'imprimeurs ne sont pas de simples artisans, mais des gens très instruits, voire pour certains d'entre eux de grands humanistes, comme le Vénitien Alde Manuce (1449-1515) ou les Parisiens Robert (1503-1559) et Henri (1531-1598) Estienne.

Par ailleurs, l'énorme correspondance, en latin, qu'échangent entre eux les **humanistes européens** contribue à la diffusion de leurs idées : en effet, le destinataire s'empresse souvent de faire connaître la lettre reçue dans les milieux lettrés de la ville. De plus, beaucoup d'humanistes sont de grands voyageurs, à la faveur de missions diplomatiques ou religieuses ou de séjours dans telle ou telle université, notamment en Italie. Ainsi, dès les dernières décennies du XVᵉ siècle, l'humanisme s'est largement diffusé, au-delà de Rome et de Florence, dans toute l'Europe, de l'Espagne à la Pologne et à la Hongrie. Certains centres ont joué un rôle particulièrement important : Padoue, avec Pomponazzi (1462-1525) qui entend séparer la raison de la foi; Paris, avec Guillaume Fichet (1433-1480), théologien de la Sorbonne, introducteur de l'imprimerie en France, et à la génération suivante, avec Jacques Lefèvre d'Étaples (1450-1537) qui applique aux textes des Pères de l'Église les méthodes rigoureuses des humanistes florentins, et avec Guillaume Budé (1467-1540), inspirateur de la création du Collège des lecteurs royaux; Cologne, avec Jean Reuchlin (1455-1522), l'un des promoteurs des études hébraïques en Europe; Londres et Oxford, avec John Colet (1467-1519) et surtout Thomas More (1478-1535), chancelier d'Angleterre, décapité sur l'ordre d'Henri VIII, dont l'*Utopie,* publiée en latin en 1516, s'inspire très librement de *La République* de Platon et se fait le véhicule de quelques-unes des idées humanistes.

Mais c'est **Érasme** (1469-1536) dont la vie et l'œuvre illustrent le mieux l'idéal humaniste. Fils bâtard d'une bourgeoise de Rotterdam et d'un prêtre, il devient moine chez les chanoines réguliers de saint Augustin. (Plus tard, il sera relevé de ses vœux par Jules II.) En 1493, il est secrétaire de l'archevêque de Cambrai, puis séjourne en 1499 en Angleterre où il rencontre Colet et More. Il revient à Paris où il publie le *Manuel du chevalier chrétien* (1503) et les *Adages* (1508) qui le font connaître. Il se rend à Venise près d'Alde Manuce, puis à nouveau en Angleterre où il enseigne un moment le grec et la théologie à Cambridge. Après le succès de l'*Éloge de la folie* (1511), il séjourne aux Pays-Bas de 1516 à 1521 et devient conseiller de Charles Ier d'Espagne, futur Charles Quint; il publie alors un *Novum Testamentum* et la première édition de ses *Colloques*. En 1521, il s'installe à Bâle, alors que les querelles religieuses commencent à déchirer l'Allemagne. En dépit de tout ce qui le rapproche de Luther, il rejette la prédestination dans le *De libero arbitrio* (1524). Il continue la rédaction de ses *Colloques* et il est en relations épistolaires avec tous les grands personnages de l'Europe. En 1535, il décline le chapeau de cardinal que lui offre le pape Paul III et meurt à Bâle l'année suivante. Son œuvre abondante et variée témoigne des ambitions de l'humaniste : philologue avec ses nombreuses publications de textes anciens, mais aussi moraliste, théologien, conseiller des princes.

Le contenu de l'humanisme – En effet, l'humanisme est à la fois une philologie et une philosophie, une méthode d'étude et de critique des textes anciens et une prise de position sur tous les grands problèmes où l'homme est impliqué, de la morale individuelle à la politique. Le but de **la philologie** est de restituer et de faire connaître les belles-lettres, les *humaniores litterae*. Il faut pour cela retrouver le texte lui-même en le reconstituant à travers les diverses leçons fournies par les manuscrits conservés; ceux-ci seront donc, au préalable, recherchés, comparés, critiqués. La meilleure version ainsi établie est ensuite rédigée et, dès la fin du XVe siècle, éditée grâce à l'imprimerie, au besoin avec des commentaires (mais qui toujours s'effacent devant le texte lui-même). Cette méthode s'applique non seulement aux auteurs anciens connus depuis longtemps, mais aussi aux textes grecs que l'on découvre grâce aux manuscrits apportés par les réfugiés byzantins et aux textes hébreux, essentiellement la *Bible*.

Mais ces textes ainsi restitués ne sont pas destinés à quelques érudits. L'ambition des humanistes est de les voir remplacer, dans l'enseignement universitaire, les textes fautifs ou encombrés de commentaires. Cette conquête de l'Université ne va pas sans problèmes, du fait notamment de l'opposition des facultés de théologie qui n'acceptent pas que les méthodes philologiques soient appliquées à l'Ancien et au Nouveau Testament. Si dans les universités de création récente, comme Vienne ou Florence, les idées nouvelles pénètrent assez vite, ailleurs la résistance est telle que seule la création d'une institution permet la diffusion souhaitée. Ainsi, en Espagne, le cardinal Cisneros fonde en 1498-1509, avec un corps professoral partiellement recruté en Italie, l'université d'Alcala de Henares, face à celle de Salamanque; ainsi, à Louvain, Érasme suscite la création d'un Collège des trois langues (latin, grec, hébreu); ainsi, à Paris, devant la résistance de la Sorbonne, Guillaume Budé pousse François Ier à créer en 1530 le Collège des lecteurs royaux, futur Collège de France, où des humanistes réputés, directement payés par le roi, ont mission d'enseigner publiquement le grec, l'hébreu et les mathématiques. A vrai dire, dès 1530-1540, sauf dans les facultés de théologie, la plupart des universités européennes se sont peu à peu ouvertes aux méthodes nouvelles, et ce sera plus vrai encore, à partir du milieu du siècle, des collèges créés par les jésuites où l'on enseignera le latin et le grec selon les méthodes des humanistes et avec les instruments qu'ils ont créés à cet effet : grammaires, manuels, dictionnaires, éditions savantes.

Mais l'humanisme est aussi **une philosophie.** A cet égard, il reste, là encore, tributaire de l'héritage du Moyen Age et, au premier rang, du christianisme. Quelle que soit leur admiration pour la sagesse antique et leur indépendance d'esprit, les humanistes sont presque tous profondément religieux et naturellement chrétiens, ce qui ne va pas sans difficultés ni contradictions. L'humanisme se caractérise en effet par son optimisme fondamental : l'homme, mesure de tout, est, au centre de l'univers, une créature privilégiée appelée à réaliser les desseins de Dieu grâce à la raison aidée par la grâce divine. Cette intervention de la grâce, donnée à tous, n'entrave pas la liberté humaine, car l'homme est foncièrement bon, libre et responsable. Il peut choisir d'en rester aux basses satisfactions matérielles, mais s'il est formé par une saine éducation et un enseignement rénové au contact des grands penseurs de l'Antiquité, il choisira d'accéder à la connaissance des réalités divines. Conformément aux théories platoniciennes, l'amour est le meilleur instrument de cette connaissance : amour des créatures, amour du beau et du vrai. Liberté, bonheur, beauté, respect de soi-même, tels sont les fondements de cette morale individuelle qui débouche sur une morale collective basée sur la tolérance et la paix entre les hommes; le bon prince est celui qui renonce aux conquêtes inutiles, fait régner la paix, protège les faibles.

Une telle morale s'accorde mal avec le dogme du péché originel et semble en contradiction avec certaines des grandes valeurs du christianisme, depuis saint Paul et saint Augustin, par exemple l'humilité, le renoncement, l'esprit de sacrifice. Mais si la plupart des humanistes font ainsi bon marché du péché originel, aucun ne va jusqu'à le nier ouvertement, se contentant de faire la part belle à la liberté humaine à côté de la grâce de Dieu. Par ailleurs, ils retiennent de l'Évangile sa grande leçon d'amour, et le Sermon sur la montagne est pour eux plus important que le sacrifice du Calvaire. D'après eux, si le christianisme est devenu une religion exigeante, ritualiste et même magique, c'est la faute des hommes qui au cours des siècles ont alourdi et obscurci le message du Christ. Il convient donc de le décaper et d'en revenir à la pureté des Écritures. A la limite, la religion des humanistes n'est qu'un « évangélisme » libéré des dogmes et des formes ecclésiastiques et un moralisme fondé à la fois sur l'Évangile et sur la pensée gréco-romaine.

DÉFAITES ET VICTOIRES DE L'HUMANISME

L'humanisme et la réforme religieuse – En 1516, Érasme écrit au pape Léon X son espoir de voir très vite « le rétablissement des trois principaux biens du genre humain : la piété vraiment chrétienne, déchue sous tant d'aspects; les belles-lettres, jusqu'à présent tantôt négligées, tantôt corrompues, et la concorde publique perpétuelle du monde chrétien, source et parente de la piété et de la culture ». A sa mort, vingt ans plus tard, le bilan est tristement **négatif,** sauf sur un point : les belles-lettres sont effectivement en passe de triompher, en dépit des résistances, et pour plus de quatre siècles, l'enseignement des *humanités* sera à la base de la formation des élites européennes. Par contre, au lieu de « la concorde publique perpétuelle du monde chrétien », une guerre interminable, tantôt larvée, tantôt ouverte, oppose les deux plus grands souverains de la Chrétienté, Charles Quint et François Ier. Plus grave encore, la réforme religieuse, dont le besoin était ressenti par tous, a cruellement démenti les espoirs d'Érasme. Il est vrai que ce n'était pas la religion des humanistes, trop intellectuelle, qui était susceptible de répondre à l'attente des hommes du début du XVIe siècle. De ce fait, le compromis entre paganisme et christianisme, qu'un Érasme et d'autres avant lui croyaient possible, a été de courte durée. Luther et Calvin affirmant la toute-puissance de Dieu et le « serf-arbitre » de l'homme, et l'Église romaine se restructurant lors du concile de Trente apportent, nous le verrons, des réponses mieux adaptées aux angoisses du temps. Mais dès 1536, on est très loin de l'espoir d'Érasme dans le rétablissement d'une « piété vraiment chrétienne » : l'unité religieuse est déchirée et l'intolérance s'étend sur l'Europe avec bientôt ses bûchers et ses massacres.

L'humanisme et la science – Cet échec de l'humanisme dans sa tentative pour concilier les aspirations naturelles de l'homme et les exigences du christianisme s'explique aussi par une autre raison : son incapacité à s'affranchir de la vieille conception chrétienne du monde. En effet, l'interprétation du monde visible et invisible reste inséparable de la religion. Or celle-ci s'est trouvée confrontée au XIIIe siècle à l'œuvre d'Aristote récemment découverte et saint Thomas d'Aquin a tenté alors une synthèse entre le dépôt révélé de la foi chrétienne et l'aristotélisme. Même si cette synthèse a été récusée au siècle suivant par Guillaume d'Occam, Aristote, « baptisé » par saint Thomas, n'en reste pas moins, dans le domaine scientifique, la grande référence et la suprême autorité, aux côtés de Pline, Pythagore, Ptolémée, Euclide, Hippocrate, Galien, découverts ou redécouverts grâce à de meilleures traductions. Mais l'admiration que les humanistes vouent aux grands savants de l'Antiquité a des effets paralysants : toute recherche aboutissant à des conclusions ou des hypothèses contraires à telle ou telle assertion d'un Ancien est immédiatement condamnée et abandonnée. De plus, l'idéalisme dont se nourrit un Marsile Ficin par exemple détourne de l'observation du monde sensible et amène à préférer aux leçons de l'expérience celles d'une cosmologie d'inspiration néo-platonicienne. Enfin, les instruments à la disposition des savants restent médiocres et peu nombreux, interdisant toute mesure précise ou toute observation astronomique lointaine.

Le bilan, de ce fait, est vite dressé, quel que soit l'intérêt des intuitions d'un Léonard de Vinci. Tartaglia et Jérôme Cardan, grands lecteurs des pythagoriciens, font faire quelques premiers progrès à l'algèbre, mais il faut attendre la fin du siècle (1591) pour que François Viète la dote d'un langage commode en introduisant l'usage des lettres pour représenter les valeurs numériques. Antoine Vésale donne en 1543 la première description anatomique du corps humain, mais le fonctionnement de celui-ci continue à rester un mystère. Quant à **Nicolas Copernic** (1473-1543), l'héliocentrisme qu'il expose dans son *De revolutionibus orbium coelestium* va, certes, à l'encontre du géocentrisme de Ptolémée et des Écritures, mais il le présente prudemment comme une hypothèse permettant de simplifier le système de Ptolémée et comme le fruit de méditations et de calculs à partir des auteurs anciens, notamment les pythagoriciens. Critiqué par les théologiens, tant protestants que catholiques, récusé par les savants fidèles à Ptolémée, le système de Copernic ne s'imposera définitivement qu'un siècle et demi plus tard avec Newton. Ainsi l'humanisme empêtré dans ses contradictions n'a pas réussi à faire faire aux connaissances scientifiques de progrès décisifs.

L'humanisme et les littératures nationales – Enfin, la montée des langues et des littératures nationales constitue, jusqu'à un certain point, un échec de l'humanisme. Certes, les grands écrivains qui, dans plusieurs pays européens, prennent le parti de s'exprimer en langue « vulgaire », partagent la même admiration pour l'héritage de l'Antiquité et considèrent les auteurs grecs et latins non seulement comme des maîtres à penser, mais aussi comme des modèles de composition et de style avec lesquels on s'efforce de rivaliser. Mais leur volonté de s'appuyer sur une langue et une culture nationale, qu'exprime bien Joachim du Bellay, en 1539, dans sa *Défense et illustration de la langue française,* marque une rupture avec le cosmopolitisme des humanistes qui étaient liés par un idéal commun, mais aussi par un langage commun, le latin. Même en Italie, berceau de l'humanisme, la langue et la littérature **italiennes** illustrées dès le XIVᵉ siècle par Dante, Pétrarque et Boccace, s'enrichissent des œuvres de l'Arioste (1474-1533), auteur d'une épopée romanesque, *Roland furieux,* de Machiavel (1469-1527) dont *Le Prince* est un traité de science politique très éloigné des conceptions d'un Érasme, du Tasse (1544-1595) qui, dans *Jérusalem délivrée,* mêle roman de chevalerie, merveilleux chrétien et imitation de l'Antiquité.

En **France,** Rabelais (1494-1533) utilise, dans son *Pantagruel* et son *Gargantua,* le genre de l'épopée burlesque pour exprimer quelques-unes des aspirations humanistes, même les plus utopiques, et Calvin publie en français, en 1541, son *Institution de la religion chrétienne.* La seconde moitié du siècle voit le triomphe des poètes de la Pléiade, autour de Ronsard (1525-1585) et de du Bellay (1525-1560), dont l'ambition est de faire renaître en langue française tous les genres littéraires qu'avait illustrés l'Antiquité. Quant à Montaigne (1533-1592), il confie dans ses *Essais* la conception qu'il se fait de la sagesse, à la lumière de ses lectures, de ses réflexions, de ses expériences. Au **Portugal,** Camoëns (1517-1579) chante dans les *Lusiades* l'épopée de Vasco de Gama, et, à l'extrême fin du siècle, Shakespeare (1564-1616), en **Angleterre,** commence à écrire ses pièces de théâtre dont les sujets sont empruntés le plus souvent à l'histoire nationale, et Cervantès (1547-1616), en **Espagne,** rédige son *Don Quichotte* qui ne paraîtra qu'en 1601.

Au total, si l'humanisme a tourné court au XVIe siècle, il a du moins l'immense mérite d'avoir lancé des idées aussi riches d'avenir que l'optimisme, la confiance dans l'homme, la quête du bonheur, l'amour du beau et du vrai.

LA RENAISSANCE ARTISTIQUE EN ITALIE

L'Italie n'est pas seulement le berceau de l'humanisme, elle l'est aussi de la Renaissance artistique qui lui est intimement liée : de même que pour l'humaniste l'exaltation du beau est inséparable de celle du vrai, pour l'artiste de la Renaissance, l'homme est la mesure de tout. Dans un cas comme dans l'autre, le modèle est **l'Antiquité** redécouverte. Enfin, comme pour l'humanisme, la richesse des villes de la Péninsule, l'action des mécènes (papes ou princes), l'intérêt d'un public nombreux expliquent l'épanouissement de l'art en **Italie.** Il s'y ajoute le maintien, à travers tout le Moyen Age, des traditions de l'architecture romaine, l'existence de nombreux vestiges antiques, le résultat des premières fouilles archéologiques, la redécouverte des écrits théoriques des Anciens, comme Vitruve, architecte romain du Ie siècle ap. J.-C. La longue période qui va de 1420 environ à 1580 ou 1600 voit une extraordinaire floraison de chefs-d'œuvre appelés à servir de références incontestées pour tous les artistes européens jusqu'au début du XXe siècle. Cet art classique, qui se veut moyen de connaissance et instrument de réflexion, est fondé sur la beauté et sur la symétrie : le soin apporté à la composition, qu'il s'agisse d'un palais, d'une statue ou d'un tableau, l'étagement régulier des « ordres » empruntés à l'Antiquité, le respect des proportions idéales du corps humain sont autant de moyens techniques pour traduire cette symétrie et cette beauté. Par ailleurs, à côté des sujets religieux, toujours prédominants, sculpture et peinture s'ouvrent aux sujets profanes : le paysage et le portrait occupent une place de plus en plus grande. Trois étapes peuvent être distinguées.

La Renaissance florentine, 1420-1500 – Trois grands artistes, un architecte, un peintre, un sculpteur, inaugurent la Renaissance du Quattrocento à **Florence.** Brunelleschi (1377-1446) commence sa carrière en couvrant, entre 1420 et 1436, le chœur de la cathédrale Santa Maria del Fiore d'une énorme coupole imitée du Panthéon d'Agrippa. Dans cette construction, comme dans les suivantes (par exemple la vieille sacristie de San Lorenzo), il utilise largement les ressources de l'art antique, mais en les adaptant à une conception neuve et personnelle élaborée à partir d'une connaissance des règles de la perspective et du jeu des rapports mathématiques. Au même moment, Masaccio (1401-1428), prolongeant les leçons de Giotto (1266-1377), révolutionne l'art pictural en introduisant l'espace dans le tableau grâce à l'usage de la perspective géométrique : les fresques qu'il peint en 1427, un an avant sa mort à 27 ans, dans la chapelle Brancacci de l'église del Carmine en sont la meilleure illustration. Enfin, Donatello (1386-1466) témoigne d'une profonde originalité dans tous les types de sculpture : statues de marbre ou de bronze (*David* du Bargello), statue équestre du condottiere Gattamelata à Padoue (1447), premier cavalier fondu depuis l'Antiquité, bas-reliefs de l'*Annonciation* de Santa Croce. Jusqu'à la fin du siècle, la domination de Florence est pratiquement incontestée et l'art s'y développe à partir des leçons de ces trois maîtres et des traités des premiers théoriciens, tel l'architecte Leon Battista Alberti (1404-1472). Luca della Robbia, spécialiste de la terre cuite émaillée, et Verrochio (1435-1488) (statue équestre de Colleoni à Venise) apparaissent comme les successeurs de Donatello. En peinture, après Fra Angelico (1387-1455), le moine peintre, et Paolo Ucello (1397-1475), grand maître de la perspective, deux puissantes personnalités dominent la fin du siècle : **Botticelli** (1444-1510), très marqué par le néo-platonisme de Marsile Ficin dans le *Printemps* et la *Naissance de Vénus,* et surtout **Léonard de Vinci** (1452-1519) qui travaille à Florence comme élève de Verrochio jusqu'en 1481 et qui y revient après un long séjour à Milan (1481-1500) auprès de Ludovic Sforza, avant de mourir en France où François Ier l'a attiré; c'est autant qu'un artiste de génie un humaniste et un savant à la curiosité universelle; en peinture, il invente la technique du *sfumato,* modelé vaporeux pour traduire la lumière, ainsi dans la *Vierge aux rochers* ou dans la *Joconde.*

Mais l'art florentin essaime bientôt à travers toute la Péninsule : les grands artistes sont appelés par les papes, les princes ou les républiques et répondent à ces appels par des séjours plus ou moins longs, Donatello à Padoue, Ucello à Venise, plus tard Botticelli à Rome et Léonard à Milan. C'est ainsi que le grand peintre padouan Mantegna (1431-1506), passionné d'Antiquité, est très influencé par Donatello. Piero della Francesca (1420-1492), dont la vie se passe dans les petites cours princières d'Italie centrale (Ferrare, Urbino, Rimini), est l'élève indirect de Masaccio et réussit une étonnante synthèse des problèmes d'espace et de couleur. A **Venise,** grand carrefour européen ouvert vers l'Orient, se développe une école de peinture moins dépendante qu'ailleurs à l'égard de Florence, avec les frères Gentile (1429-1507) et Giovanni (1430-1516) Bellini, Carpaccio (1455-1525), et surtout Giorgione (1476-1510), peintre énigmatique de la *Tempête* et du *Concert champêtre.*

La Renaissance romaine, 1500-1530 – L'expédition de Charles VIII en Italie (1494) et la chute des Médicis (1496) entraînent un recul relatif de Florence. Désormais et jusqu'aux années 1520-1530, **Rome,** où les papes Jules II (1503-1513) et Léon X (1513-1521) veulent doter la capitale de la Chrétienté de monuments prestigieux, devient pour plus d'un quart de siècle un immense chantier qui attire des artistes de toute la péninsule. C'est le cas notamment de Michelangelo Buonarroti, dit **Michel-Ange** (1475-1564), né à Arezzo en Toscane, et de **Raphaël** Sanzio (1483-1520), né à Urbino. Formés tous les deux à Florence, ils sont appelés à Rome par Jules II, le premier en 1505, le second en 1508. Dès son arrivée, Michel-Ange se voit confier par le pape l'exécution de son futur tombeau, dont il esquisse le plan, puis il entreprend de décorer le plafond de la chapelle Sixtine (1508-1512); il conçoit cette décoration comme l'illustration de l'histoire de l'humanité, depuis la Création jusqu'au Déluge. De même, Raphaël mène à bien la décoration des chambres de l'appartement de Jules II (1509-1514). Depuis 1506, l'architecte Bramante (1444-1514) s'inspirant d'Alberti et de Léonard a commencé la reconstruction de la basilique Saint-Pierre selon le plan central, en croix grecque, remis à l'honneur par Brunelleschi. Après la mort de Bramante en 1514, Léon X charge Raphaël de poursuivre l'œuvre commencée, mais l'énorme chantier n'avance guère. Et en 1527, le sac de la ville par les troupes de Charles Quint interrompt brutalement – même si ce n'est que pour un temps – la Renaissance romaine.

Pendant ce temps, à Venise, l'école vénitienne de peinture, caractérisée par la richesse de la couleur et du décor, est illustrée surtout par **Titien** (1490-1576), portraitiste de génie *(L'Homme au gant, Charles Quint, François Ier)*, mais aussi auteur de vastes et somptueuses compositions, cependant qu'à Parme le Corrège (1489-1534) est, lui aussi, un grand coloriste jouant de la lumière irisée.

Le maniérisme, 1530-1580 – Après le sac de Rome (1527) et le siège de Florence (1530), le classicisme italien tourne au maniérisme. D'une part, l'art tend à devenir académique. Devant la perfection des œuvres du Quattrocento et du début du Cinquecento, beaucoup d'artistes estiment qu'il suffit maintenant d'imiter ces grandes œuvres complaisamment analysées dans des écrits théoriques et traduites en recettes appliquées avec soin : Léonard, Raphaël, Michel-Ange ont ainsi de nombreux émules. Par contre, les meilleurs artistes refusent cette plate imitation et, sans récuser pour autant les leçons des grands maîtres, entendent faire autre chose en introduisant leur propre « manière ». Par ailleurs, à partir de la fin des années 1520, les artistes partagent avec les humanistes les dures **désillusions** d'une époque qui voit en quelques années le schisme luthérien, la guerre des Paysans, le sac de la Ville Éternelle. Aux certitudes et à l'optimisme succèdent, chez beaucoup, interrogations et désarroi. Michel-Ange, rentré définitivement à Rome en 1534 après un long séjour à Florence (1515-1534), traduit un profond sentiment d'inquiétude, voire de désespoir, dans la peinture du *Jugement dernier* de la chapelle Sixtine (1536-1541) et dans les sculptures de la fin de sa vie (*Moïse* et les *Captifs* pour le tombeau de Jules II et la *Pietà Rondadini,* inachevée, qui confond le Christ et sa mère en un même bloc douloureux). Après 1546, il se consacre au chantier de la basilique Saint-Pierre; il revient au plan central initial et commence la construction de la gigantesque coupole qui ne sera achevée qu'en 1590. A Venise, le Tintoret (1512-1594) et Véronèse (1528-1588) contribuent à confirmer l'originalité de l'école vénitienne de peinture et l'architecte Palladio (1508-1580) multiplie, dans la ville et dans la campagne de Terre Ferme, églises, théâtres, villas où il allie la plus heureuse variété au respect des principes antiques empruntés à Vitruve.

LA RENAISSANCE ARTISTIQUE HORS D'ITALIE

Pour plusieurs siècles, l'Italie devient la « mère des arts », et le pèlerinage italien, l'apprentissage obligé pour tout artiste européen. Dès la fin du XVe siècle, la publication, grâce à l'imprimerie et à la gravure sur cuivre, de grands traités illustrés, le séjour hors d'Italie de grands artistes appelés par les souverains, tel Léonard invité par François Ier ou Titien par Charles Quint, les voyages diplomatiques ou militaires dans la Péninsule contribuent à la diffusion dans toute l'Europe des modèles italiens. Toutefois, cette diffusion ne se fait pas sans difficultés, résistances ou adaptations, variables selon les pays compte tenu des traditions propres à chacun d'eux.

La Renaissance en France – Avant même les guerres d'Italie – dont il ne faut pas exagérer l'importance à ce point de vue –, la France est pénétrée par les **influences italiennes.** De 1480 à 1520 environ, le gothique flamboyant continue à l'emporter dans l'architecture religieuse et civile, de même que dans la sculpture et la peinture (Jean Fouquet, Jean Bourdichon). Pourtant, tout en conservant les mêmes principes de construction (croisée d'ogives et arcs-boutants), les églises s'ouvrent à la décoration italienne, pilastres à l'antique, chapiteaux à feuille d'acanthe, ainsi à Saint-Eustache de Paris. De même, si les châteaux conservent grosses tours cylindriques, créneaux et toits en pente, leurs murailles sont percées de larges fenêtres symétriques aux lignes droites et la décoration fait place aux arabesques, aux caissons, aux frises, aux pilastres, ainsi à Amboise, à Blois, à Gaillon. Avec le début du règne de François Ier, l'italianisme l'emporte dans les châteaux de la Loire, à Chenonceaux, à Villandry, à Chambord commencé en 1519 et dont le plan seul reste médiéval. Cependant, la cour tend à se déplacer de la vallée de la Loire moyenne vers l'Ile-de-France, notamment Fontainebleau. C'est là qu'est assuré le triomphe de l'italianisme grâce aux artistes italiens appelés par François Ier, Rosso, Primatice, Serlio, et à ce que l'on peut appeler l'école de Fontainebleau.

Vers 1540-1550, se forme un style **classique** proprement français qui assure la synthèse des influences italienne et antique et des traditions nationales. Pierre Lescot (1510-1578) dans la construction du Louvre dit de Henri II, Philibert Delorme (1510-1570) dans celle des Tuileries aujourd'hui disparues, Jean Bullant (1515-1578) dans celle du château d'Écouen appliquent avec bonheur des formules qui seront celles de l'architecture française classique pendant plus de deux siècles : façades plates découpées par de hautes fenêtres et des éléments horizontaux, colonnes et pilastres selon le strict étagement des trois ordres antiques, mais maintien des toits dits à la française, des lucarnes et des cheminées. En sculpture, Jean Goujon (1510-1564), dans les *Nymphes* de la fontaine des Innocents, et Germain Pilon (1537-1590), dans les *Trois Grâces,* s'inspirent directement du paganisme de la Grèce antique. En peinture, c'est davantage l'influence flamande que l'influence italienne qui se manifeste dans l'œuvre des Clouet, Jean (1475-1541) et son fils François (1520-1572), portraitistes de la cour des Valois.

La Renaissance dans le reste de l'Europe – Aux **Pays-Bas**, l'influence italienne se heurte à l'existence, au XVe siècle, d'un art national riche et novateur. A Bruges, à Liège, à Gand, Jean Van Eyck (1390-1441), Roger Van der Weyden (1400-1464), Hans Memling (1433-1494) utilisent la technique de la peinture à l'huile dans des tableaux réalistes, portraits ou paysages. Quant à Jérôme Bosch (1450-1516), créateur d'un monde pictural fantastique, il fait figure d'isolé. L'italianisme, introduit au début du XVIe siècle, est sensible chez le peintre Quentin Metsys (1465-1530); mais si Pierre Brueghel l'Ancien (1525-1569) fait le voyage d'Italie, ses tableaux, à la fois réalistes et symboliques, s'inscrivent essentiellement dans la tradition flamande. En architecture, ce sont surtout les hôtels urbains qui, au XVIe siècle, portent la marque de la Renaissance.

Dans l'**Empire**, l'architecture civile s'inspire de la Renaissance italienne, ainsi, au château de Heidelberg, l'aile construite en 1556 pour l'électeur Palatin. Ce sont des artistes italiens qui construisent à Prague le Belvédère et à Cracovie le château de Wavel. En peinture, influence italienne et tradition gothique se mêlent dans l'œuvre de deux grands artistes, les égaux des plus grands Italiens : Albert Dürer (1471-1528), de Nuremberg, graveur *(La Mélancolie),* peintre et théoricien, et Hans Holbein, dit le Jeune (1497-1543), d'Augsbourg, portraitiste de génie, qui finit sa vie comme peintre officiel de la cour d'Angleterre.

Dans la **péninsule ibérique,** se développe jusque vers 1530 un art original caractérisé par l'exubérance de la décoration et où se mêlent les influences gothique, italienne et arabe. C'est le cas au Portugal avec le style manuelin, du nom du roi Manuel Ier (1495-1521), avec notamment le couvent des hiéronymites de Belem. Puis, entre 1530 et 1560 environ, l'influence italienne l'emporte, en particulier en Espagne grâce à Charles Quint. Dans la seconde moitié du siècle, Philippe II fait construire par l'architecte Herrera l'Escurial (1563-1584), à la fois monastère, église et palais, d'un classicisme sévère, cependant que Theotokopoulos, dit le Greco (1548-1625), Grec devenu Espagnol, exprime dans ses tableaux religieux une foi mystique, reflet de la ferveur du catholicisme espagnol.

La musique de la Renaissance – Dans toute l'Europe, la musique connaît une faveur accrue. Flamands et Italiens continuent à jouer un rôle éminent, les premiers avec Josquin des Prés (1450-1521), les seconds avec Palestrina (1526-1594). Ces deux grands artistes portent à leur perfection la polyphonie et l'art du contrepoint. Roland de Lassus (1532-1594), d'origine flamande, mais à la carrière internationale, et l'Espagnol Tomas Luis de Victoria (1550-1611) illustrent la musique religieuse. Le XVIe siècle voit aussi le grand développement de la musique profane et le début des écoles nationales : la France avec la chanson française (*La Guerre,* dite *Bataille de Marignan,* de Clément Janequin), l'Angleterre avec les premiers madrigalistes, l'Allemagne avec le choral luthérien et le lied, l'Espagne, la Pologne. Les cours royales et princières commencent à jouer dans la vie musicale européenne le rôle capital qu'elles auront jusqu'au XIXᵉ siècle.

4

LES RÉFORMES RELIGIEUSES

A la fin du XVᵉ siècle, la société européenne est unanimement chrétienne. Toutefois, la religion des laïcs est un mélange de christianisme officiellement enseigné et de croyances et pratiques plus ou moins magiques. De plus, un sentiment d'inquiétude spirituelle se généralise, auquel le clergé, gêné par ses propres insuffisances, répond mal. La profonde réforme de l'Église, « dans sa tête et dans ses membres », que les meilleurs des clercs et des laïcs appellent de leurs vœux, se fait bientôt sans elle et même contre elle, avec Luther, puis avec Calvin. Ce n'est que tardivement que l'Église romaine se décide à entreprendre sa propre réforme, tout en essayant de regagner le terrain perdu, mais en vain, car l'unité chrétienne n'est pas rétablie.

53

LE CHRISTIANISME A LA FIN DU XVe SIÈCLE
ET LES ORIGINES DE LA RÉFORME

Les croyances et les pratiques des laïcs – La société européenne est, à la fin du XVe siècle, unanimement **chrétienne,** ce qui signifie en principe, de la part de chacun, l'adhésion aux dogmes fondamentaux du christianisme et le respect d'un certain nombre de pratiques obligatoires dans le cadre de la paroisse. L'essentiel du dogme, condensé dans le *Credo,* réside dans la croyance en un Dieu en trois personnes, Père, Fils, Esprit; le Fils, Jésus-Christ, s'étant incarné pour sauver tous les hommes condamnés par le péché du premier d'entre eux, Adam. Ces données étant des mystères indémontrables – Trinité, Incarnation, Rédemption –, les accepter est un acte de foi qui ne peut être qu'un don de la *grâce de Dieu. Cela ne signifie pas pour autant que l'homme, bien que corrompu par le péché originel, ne puisse coopérer à son propre salut : selon l'enseignement de l'Église depuis saint Paul et saint Augustin, la grâce est indispensable, mais l'homme est libre de l'accueillir ou de la refuser. Les sacrements, au nombre de sept, sont les signes sensibles institués par Jésus-Christ pour produire la grâce divine et sanctifier les âmes. Quant aux pratiques obligatoires, elles concernent non seulement les grandes étapes de la vie individuelle marquées par les trois sacrements de baptême, de mariage et d'extrême-onction, mais aussi l'assistance à la messe les dimanches et jours de fête, la confession et la communion au moins une fois par an à Pâques, l'observance du jeûne et de l'abstinence à certaines périodes de l'année (notamment le carême), sans parler d'un certain nombre d'autres prescriptions reprises du décalogue, concernant notamment la chasteté, vertu cardinale aux yeux des moralistes.

Toutefois, cette **christianisation** de la société reste **ambiguë et incomplète,** dans la mesure où la religion effectivement vécue par le plus grand nombre est un mélange du christianisme officiellement enseigné par le clergé et de croyances et pratiques plus ou moins magiques, pré- ou parachrétiennes. Pour cette religion « populaire », il n'existe aucune frontière entre ordre naturel et ordre surnaturel. Dieu et le diable sont sans cesse à l'œuvre dans le monde pour le bonheur ou le malheur des hommes. Le monde visible et le monde invisible forment un tout dans lequel existent de multiples correspondances : l'astrologie permet ainsi de déterminer le sort de chaque être humain en fonction de la position des astres dans le ciel au moment de sa naissance. Tous les événements quels qu'ils soient sont les conséquences de l'action directe de forces surnaturelles : paix ou guerre, beau temps ou orage, abondance ou disette, santé ou maladie. Précisément, les réactions face à la maladie offrent un bon exemple de cette ambiguïté. L'Église, qui enseigne que la maladie est une punition envoyée par Dieu pour châtier les hommes de leurs péchés, encourage le culte des saints guérisseurs considérés comme des intercesseurs, mais elle ne peut ignorer que ce culte est, en fait, tout imprégné de magie. Bien plus, la maladie pouvant être dans certains cas d'origine diabolique et résulter d'un sort jeté par un sorcier, c'est à un conjureur ou leveur de sorts qu'il faut alors s'adresser. Quant à la mort, échéance inéluctable, elle est conçue comme un passage et, en quelque sorte, intégrée à la vie. La croyance dans le purgatoire fortifie le lien entre les vivants et les morts, puisque les premiers peuvent par leurs prières abréger le temps de pénitence des seconds, de même que les saints intercèdent auprès de Dieu pour les vivants qui s'adressent à eux. Cette conception très officielle, dite communion des saints, rejoint la croyance dans les fantômes et les revenants et dans l'intime relation existant entre vivants et morts, que symbolise parfaitement la présence du cimetière au centre du village.

De façon plus générale, en marge du calendrier liturgique, un certain nombre de **croyances** qui ne doivent rien, ou presque, au christianisme, s'expriment dans des rites et des **pratiques,** notamment de protection : feux allumés sur les collines la veille de la Saint-Jean d'été et dont les cendres protègent de toutes sortes de maux, de même que celles de la bûche brûlée dans chaque foyer au moment de Noël; sonneries de cloches toute la nuit de la Toussaint pour accueillir les âmes des morts; etc. Ces diverses croyances et pratiques ne sont pas propres aux classes populaires. Louis XI vit bardé de médailles miraculeuses et multiplie les pèlerinages. L'astrologie est de pratique courante dans tous les milieux, notamment chez les grands et dans les cours. La croyance aux sorciers et aux revenants est générale. Le clergé, certes, essaie de lutter contre les « superstitions », c'est-à-dire tout ce qu'il considère comme des déviations par rapport à la religion qu'il définit et enseigne. Mais ses propres insuffisances rendent cette lutte aléatoire.

Les insuffisances du clergé – Le clergé séculier, solidement épaulé depuis le XIIIe siècle par les ordres mendiants, franciscains et dominicains, est **très nombreux.** Il est vrai que beaucoup de ces clercs ne sont pas prêtres, mais simples tonsurés adonnés à des activités profanes, et que d'autres, chanoines des chapitres et surtout multiples chapelains, ne sont pas directement engagés dans le ministère paroissial. Mais cela n'empêche pas les prêtres de paroisse et les religieux prêcheurs d'être nombreux à encadrer les fidèles, surtout en ville. L'entretien de tout ce personnel clérical coûte cher et les divers prélèvements opérés sur les laïcs sont lourds : dîmes, offrandes plus ou moins codifiées à l'occasion des mariages et des sépultures, quêtes de toutes sortes, donations testamentaires. Mais l'essentiel du revenu des clercs provient des *bénéfices, c'est-à-dire des biens, généralement fonciers, affectés à l'entretien des détenteurs de fonctions spirituelles : évêques, abbés de monastères, chanoines, chapelains, curés de paroisse.

Ce système bénéficial est à l'origine d'**abus** qui sévissent à tous les niveaux : les intrigues lors des élections ou nominations, souvent entachées de *simonie, et surtout le cumul des bénéfices et la non-résidence qui en est la conséquence inévitable. L'exemple de ces abus vient de haut. A Rome, les papes soucieux surtout de belles lettres, de constructions ou de politique italienne, favorisent sans vergogne les membres de leur famille (*népotisme), cependant que les cardinaux de la Curie, administration centrale de l'Église, s'efforcent de tirer le maximum d'argent des Églises nationales. Dans beaucoup de diocèses, l'évêque cumule souvent plusieurs sièges et ne réside pas : en 1513, celui de Nantes est en même temps évêque de Vannes et d'Albi et abbé de neuf abbayes ou prieurés. Il est vrai que de rares chefs de diocèse font exception, résidant longuement, visitant leurs paroisses, réunissant régulièrement leurs curés en synodes, promulguant des statuts. Dans beaucoup de paroisses, notamment rurales, les curés, généralement nommés non par l'évêque mais par le chapitre ou même par un laïc, préfèrent vivre en ville où ils cumulent souvent plusieurs bénéfices. Ils afferment leurs revenus paroissiaux à d'autres clercs besogneux qui exercent les fonctions curiales à leur place. Ces clercs, abandonnés à eux-mêmes, mal payés, donnent trop souvent le mauvais exemple de mœurs relâchées (ivrognerie, concubinage), ce qui d'ailleurs choque moins leurs paroissiens que l'âpreté avec laquelle ils s'efforcent d'augmenter leurs revenus en faisant payer les sacrements le plus cher possible.

Mais il y a plus grave encore : c'est l'**absence de formation** spécifique des futurs pasteurs. Certes, il ne faut pas exagérer leur inculture à une époque où l'immense majorité de la population ne sait ni lire ni écrire. Beaucoup d'entre eux ont appris, outre la lecture et l'écriture, quelques rudiments de grammaire latine et les vérités élémentaires de la foi dans une petite école ou au presbytère auprès du curé. D'autres, beaucoup moins nombreux, ont fait un séjour plus ou moins long à l'université où l'enseignement *scolastique ne les a d'ailleurs préparés en rien au ministère paroissial. Quant à l'examen rapide que tous doivent subir avant l'ordination, il a surtout pour but de vérifier leur aptitude à célébrer la messe et à distribuer les sacrements. En fait, les futurs curés de paroisse ne reçoivent aucune formation susceptible de les préparer réellement à la tâche essentielle qui devrait être la leur : prêcher inlassablement la parole de Dieu et apporter ainsi aux fidèles les vérités rassurantes qu'ils attendent. Il est vrai que les religieux des ordres mendiants s'efforcent de suppléer en ce domaine les défaillances du clergé séculier : dominicains et franciscains sont de grands prêcheurs, mais leurs prédications, intermittentes et surtout urbaines, sont empêtrées de scolastique et d'un niveau médiocre.

Le désir de réforme – Depuis le milieu du XIVe siècle, une série de cataclysmes et d'épreuves a ébranlé la Chrétienté : la Grande Peste de 1348 et ses nombreuses épidémies subséquentes, la guerre de Cent Ans et son cortège de misères, les malheurs qui ont frappé la tête même de l'Église avec le Grand Schisme et les conflits entre papes et conciles sont apparus à beaucoup comme des punitions de Dieu et l'annonce de malheurs plus grands encore, sans doute même la fin du monde précédée par la venue de l'Antéchrist. Plus que dans toute autre période de l'histoire, se crée un climat de **peur collective** : peur de la peste contre laquelle on se sent totalement démuni; peur de Satan et des sorciers, ses suppôts, qui se traduit dès le début du XVe siècle par une offensive généralisée contre la sorcellerie considérée désormais comme un danger majeur, celui d'une contre-Église du diable face à l'Église de Dieu et à la société chrétienne; surtout peur de la mort, du jugement et de l'enfer. Peintures, gravures sur bois, premiers livres imprimés, sermons des prédicateurs illustrent, à leur façon, les thèmes de la danse macabre et des supplices infernaux et se font ainsi l'écho de cette angoisse que chacun ressent face à son propre salut. C'est pourquoi les fidèles cherchent des **assurances** sur l'au-delà dans la croyance dans le purgatoire, dans le culte de la Vierge et des saints, plus proches que Dieu, même sous la forme du Christ, dans la pratique des pèlerinages et des neuvaines, dans l'octroi d'indulgences qui procurent, en échange d'une dévotion particulière (prières, pèlerinage, ou même aumônes) la rémission partielle des peines de purgatoire encourues par le péché. A côté de ce développement de la piété individuelle, la grande vogue des confréries répond, elle aussi, sous une forme collective, à l'angoisse plus ou moins tapie au cœur de chacun. En effet, quelle que soit son étiquette particulière, la confrérie est toujours et d'abord une société d'assurance sur l'au-delà puisqu'elle prend en charge l'annonce du décès de ses membres, leur inhumation et surtout messes et prières *post mortem.*

Ces réponses paraissent cependant insuffisantes à de nombreuses âmes d'élite, clercs et laïcs, qui cherchent la solution dans le **mysticisme,** c'est-à-dire hors des voies ordinaires de la piété. Les écrits des grands mystiques rhénans et flamands du XIVᵉ siècle ont une grande influence sur le développement au XVᵉ de nouvelles formes de dévotion. Pour cette *devotio moderna,* les observances traditionnelles comptent moins que l'intériorisation du message évangélique et le dialogue direct de l'âme avec Dieu. Cette spiritualité trouve sa meilleure expression dans l'*Imitation de Jésus-Christ,* écrite vers 1440, dont le succès est immédiat et durable. Toutefois, en dépit de sa prétention d'être accessible à tous, la *devotio moderna,* pas plus que l'humanisme, n'est capable d'apporter une solution satisfaisante à l'inquiétude religieuse du plus grand nombre. Seule une profonde **réforme** de l'Église, impulsée par un *concile œcuménique, est susceptible de porter remède aux maux dont elle souffre et par conséquent de la mettre à même de mieux répondre à l'attente des fidèles. Mais les papes sont hostiles à la réunion d'un concile et les initiatives réformatrices de certains pontifes tournent court. Dans certains pays, des efforts sont tentés, sans résultat tangible, en France lors des états généraux de 1484, avec succès par contre en Espagne où le cardinal Cisneros restaure la discipline ecclésiastique et rénove les universités. Enfin, les branches de certains ordres, comme les bénédictins et les franciscains, réussissent à se réformer. Mais ces rares succès ne doivent pas masquer l'essentiel : au début du XVIᵉ siècle, l'échec des tentatives de réforme par extirpation des abus est d'autant plus grave qu'au-delà de ces abus mêmes, c'est à la profonde crise religieuse dont souffre le monde chrétien que l'Église se révèle incapable d'apporter une solution.

LA RÉFORME PROTESTANTE

Luther et le luthéranisme – Né en 1483 en Thuringe, **Martin Luther,** après de solides études, entre chez les religieux de Saint-Augustin d'Erfurt en 1505 et étudie la théologie à l'université de Wittenberg. Ordonné prêtre en 1507, il fait un voyage à Rome en 1510 pour les affaires de son ordre. Devenu docteur en théologie, il enseigne à partir de 1513 à l'université de Wittenberg où il commente notamment les épîtres de saint Paul. Mais sous les apparences d'une belle carrière religieuse et universitaire, Luther, moine irréprochable, adonné à la prière et à la pénitence, cache une profonde inquiétude concernant son salut personnel. Vers 1514, il trouve dans saint Paul, notamment dans l'*Épître aux Romains,* l'amorce d'une solution à ses problèmes : « Nous pensons, écrit saint Paul, que l'homme est justifié par la foi, sans les œuvres de la loi. » Peu à peu, il va développer la doctrine de la justification par la foi : l'homme est trop pécheur et indigne pour prétendre coopérer à son propre salut; seule la foi dans l'infinie miséricorde de Dieu assure le salut; les œuvres ne comptent pour rien, même si le juste se doit de les accomplir par esprit de pénitence et d'humilité. Dans une telle perspective, les indulgences et la communion des saints n'ont aucun sens. Or, en 1516, arrive en Saxe le dominicain Tetzel venu prêcher des indulgences que les fidèles peuvent se procurer en versant des aumônes pour la poursuite de la construction de Saint-Pierre de Rome. Scandalisé, Luther publie en octobre 1517, sous forme de placards, 95 thèses dans lesquelles il dénonce la fausse assurance ainsi donnée aux fidèles et affirme que Dieu seul peut pardonner les péchés et non le pape.

L'Allemagne se passionne bientôt pour ce que le pape Léon X appelle une « querelle de moines » opposant en 1518 et 1519 augustins et dominicains. Soutenu par les milieux humanistes, Luther en arrive peu à peu à expliciter sa prise de position initiale. En 1520, il publie trois ouvrages qui lui permettent de préciser sa pensée. Mais dès le 15 juin 1520, par la bulle *Exsurge Domine,* le pape condamne 41 propositions extraites des écrits de Luther qui est sommé de se rétracter. Celui-ci, pour toute réponse, brûle publiquement à Wittenberg la bulle pontificale. Il est immédiatement ***excommunié,** cependant que Charles Quint le convoque devant la diète impériale à Worms. Il comparaît les 17 et 18 avril 1521 et refuse à nouveau de se rétracter. Mis au ban de l'Empire, il est caché par son protecteur le duc Frédéric de Saxe au château de la Wartburg où il demeure dix mois, traduisant en allemand le Nouveau Testament. En mars 1522, il rentre à Wittenberg, protégé désormais par le nombre même de ceux qui se sont ralliés à lui. Entre 1522 et 1530, devant la diffusion de ses idées et les conséquences que certains en tirent, Luther doit prendre parti. Au nom de la nécessaire soumission aux autorités légitimes, il condamne en 1522 la révolte des chevaliers allemands qui, à la suite de Franz von Sickingen, s'en prennent aux biens temporels de l'archevêque de Trèves. En 1524, il prend parti plus nettement encore à propos de la **guerre des Paysans** de Souabe qui se soulèvent à l'instigation de Münzer et des anabaptistes, réclamant à la fois un allégement des charges seigneuriales et une religion renouant avec les traditions de l'Église primitive. La révolte s'étend bientôt à une grande partie de l'Allemagne du Sud et en mai 1525 Luther publie un violent appel « contre les hordes criminelles et pillardes des paysans », invitant les seigneurs à courir sus aux révoltés. Ceux-ci sont effectivement écrasés et massacrés (peut-être 100 000 morts) par une coalition dirigée par le duc de

Bavière. Au même moment, la rupture avec les humanistes est consommée par la publication en 1525 du *De servo arbitrio* qui répond au *De libero arbitrio* publié par Érasme l'année précédente.

La diffusion du luthéranisme – A partir de 1525 environ, la diffusion du luthéranisme **en Allemagne** est rapide, en dépit de l'opposition de l'empereur. Elle est facilitée par la faiblesse du pouvoir impérial et les ambitions des princes. Beaucoup de ceux-ci se laissent d'autant mieux gagnés aux idées de Luther que celui-ci les encourage à s'approprier les biens du clergé : ils y gagnent ainsi un surcroît de richesse et de puissance. C'est le cas, en 1525, et dans les années suivantes, du duc-électeur de Saxe, du landgrave de Hesse, du duc de Brunswick. Plusieurs villes libres agissent de même, Strasbourg, Ulm, Nuremberg, Brême, Lübeck. Un compromis proposé par Charles Quint à la diète de Spire en 1529 est repoussé par les princes et les villes passés au luthéranisme (d'où le nom de *protestants* qui leur est donné). En 1531, l'électeur de Saxe et le landgrave de Hesse se mettent à la tête d'une ligue de princes luthériens, la ligue de Smalkade, qui négocie avec les adversaires de l'empereur, François Iᵉʳ, Henri VIII, les Turcs. Charles Quint n'en vient à bout qu'en 1547 par la victoire de Mühlberg, suivie de la dissolution de la ligue. Mais les princes protestants ne s'allient pas moins avec Henri II et ce n'est qu'en 1555 que la diète d'Augsbourg peut arriver à un compromis accepté par les deux parties, qui partage l'Empire entre les deux confessions. Les princes luthériens ont le droit de pratiquer leur religion et de l'imposer à leurs sujets, en vertu du principe *cujus regio, ejus religio ;* ils conservent les biens d'Église confisqués avant 1552; mais, en vertu de la clause du « réservat ecclésiastique », toute sécularisation ultérieure est interdite. Entre-temps, le luthéranisme a gagné les **pays scandinaves :** la Suède, où Gustave Vasa (1523-1560), qui a rompu l'Union de Kalmar et s'est fait élire roi en 1523, fait adopter la réforme luthérienne en 1529; le Danemark, où le luthéranisme devient religion d'État en 1536.

Dès 1530, la **doctrine luthérienne,** qui s'est précisée peu à peu à l'épreuve des événements, est exposée dans le petit et le grand *Catéchisme* écrits en 1529 par Luther et surtout dans la *Confession d'Augsbourg* rédigée en 1530 par Melanchthon, grand humaniste, qui a le mérite de formuler systématiquement les idées luthériennes. Le triple fondement du luthéranisme est la justification par la foi, le sacerdoce universel (tous les chrétiens sont égaux par le baptême et sont donc tous prêtres) et l'autorité de la seule Bible comme dépôt de la Révélation (même si la Tradition conserve une certaine valeur). En conséquence de ces principes, Luther rejette le rôle du clergé : les pasteurs, qui ne sont pas astreints au célibat, sont de simples fidèles dont les fonctions sont de dispenser les sacrements et de prêcher la Parole de Dieu. Il nie l'existence du purgatoire et le rôle d'intercesseurs reconnu à la Vierge et aux saints. Enfin, il ne conserve que trois sacrements, simples rites extérieurs sans effet par eux-mêmes : le baptême, la pénitence et l'eucharistie (il admet la *présence réelle, mais avec consubstantiation et non transsubstantiation). Considérant que l'Église véritable, formée par l'ensemble des fidèles justifiés par la foi, est invisible, Luther ne s'intéresse pas à l'ecclésiologie et reconnaît aux princes et aux autorités temporelles des droits très étendus en matière d'organisation des Églises locales.

Marié depuis 1525, retiré à Wittenberg, Luther passe la fin de sa vie à la traduction de la Bible en allemand (première édition, 1534) et à la rédaction de nombreux traités et sermons. Il meurt à Eisleben, sa ville natale, en 1546.

Sacramentaires et anabaptistes – Au lendemain des 95 thèses de 1517 et jusqu'à la publication de l'*Institution chrétienne* par Calvin en 1536, d'autres réformateurs développent, à partir de la justification par la foi, des idées assez différentes de celles de Luther. C'est le cas du Suisse Ulrich **Zwingli** (1484-1531), prêtre, prédicateur et humaniste. En 1525, il donne un exposé systématique de ses idées dans un ouvrage *De vera et falsa religione commentarius* qui a un gros retentissement. Ses positions sont plus radicales que celles de Luther : il épure le culte, enseigne la prédestination, nie la présence réelle. Il trouve un écho favorable non seulement à Zurich où il réside depuis 1518, mais à Berne et à Bâle. Dans cette dernière ville, ses idées sont propagées par Œcolampade (1482-1531). Mais Zwingli se heurte bientôt à la fois aux cantons restés catholiques et à Luther qui lui reproche de ne voir qu'un symbole dans le sacrement de l'eucharistie et le traite, de ce fait, de « sacramentaire ». En 1531, Zwingli, pourtant lui-même pacifiste convaincu, est tué à la bataille de Kappel qui oppose cantons réformés et cantons catholiques; mais la Réforme reste maîtresse des cantons de Berne, Bâle et Zurich, cependant que la pensée zwinglienne a une grande influence sur Calvin et, plus tard, en pays calvinistes. A Strasbourg, la Réforme triomphe précocement grâce à Martin Bucer (1491-1551), dominicain rallié à Luther dès 1521. En 1536, Bucer réussit à réconcilier les luthériens et les sacramentaires disciples de Zwingli et d'Œcolampade, disparus tous deux cinq ans plus tôt.

Par contre, l'**anabaptisme** apparaît en rupture non seulement avec l'orthodoxie catholique, mais avec la pensée de Luther et des sacramentaires suisses. C'est d'ailleurs moins une tentative de réforme du christianisme qu'une aspiration religieuse sans contenu très défini et se rattachant à certains courants *millénaristes médiévaux : attente du jugement dernier considéré comme imminent, importance accordée à l'Esprit-Saint, rejet des médiations entre l'homme et Dieu, et même jusqu'à un certain point rejet des autorités établies et de l'ordre social existant au profit d'un communisme religieux se rattachant à l'Église primitive. Le refus du baptême des enfants, remplacé par celui des adultes, explique le nom donné aux adeptes de ce courant religieux. Dès 1522, des groupes anabaptistes se constituent spontanément en Suisse, en Allemagne, aux Pays-Bas. Très tôt, deux tendances se dessinent. L'une préconise la violence pour faire disparaître les impies et hâter le règne de Dieu. Karlstadt et surtout Thomas Münzer (1489-1525), inspirateur de la guerre des Paysans, s'inscrivent dans cette tendance, de même que ceux qui, en 1533, constituent une communauté anabaptiste dans la ville épiscopale de Münster; mais l'expérience s'effondre dès 1535 à la suite de la reprise de la ville par l'évêque allié aux princes luthériens. L'autre tendance, pacifique et même pacifiste, se propage dans la clandestinité surtout aux Pays-Bas et en Allemagne du Sud.

Calvin et le calvinisme – Né en 1509 à Noyon, en Picardie, où son père est secrétaire de l'évêque, **Jean Calvin,** destiné à la carrière ecclésiastique, fait des études de droit aux universités d'Orléans et de Bourges. En 1531, à la mort de son père, il s'installe à Paris, suit les cours de grec et d'hébreu au Collège des lecteurs royaux et fréquente les milieux parisiens gagnés aux idées nouvelles. Ces novateurs – humanistes comme Lefèvre d'Étaples, Guillaume Briçonnet, Guillaume Budé, Nicolas Cop, seigneurs et dames de la cour autour de Marguerite de Navarre, sœur de François Ier – préconisent la réforme de l'Église sans rupture avec Rome. Mais certains d'entre eux, allant plus loin, se rallient aux idées luthériennes ou zwingliennes. C'est le cas de Calvin dès la fin de 1533. En octobre 1534, à la suite de « l'affaire des Placards » (libelles injurieux contre la messe affichés au château d'Amboise jusque sur la porte de la chambre du roi), l'attitude de François Ier, jusque-là favorable aux idées nouvelles, se durcit à l'égard des « hérétiques ». Calvin quitte précipitamment Paris et se réfugie à Bâle où il publie en 1536, en latin, l'*Institutio christianae religionis :* c'est un exposé clair et complet du calvinisme, qu'il publiera en français en 1541 et remaniera jusqu'en 1560.

Après un premier séjour à Genève (1536-1538) où l'a appelé le réformateur Guillaume Farel, Calvin se rend à Strasbourg à l'invitation de Martin Bucer, puis retourne en 1541 à **Genève** qu'il ne quittera plus jusqu'à sa mort. Dès 1541, il fait adopter par le conseil de la ville des ordonnances ecclésiastiques, qui organise une nouvelle Église constituée de ministres ou pasteurs élus, chargés d'enseigner la Parole de Dieu et se réunissant tous les mois en synode. Le pouvoir dans la ville appartient au consistoire composé de six pasteurs et de douze anciens. Ce consistoire exerce une surveillance étroite sur tous les citoyens, châtiant impitoyablement tous ceux qu'il accuse d'hérésie, tel Michel Servet envoyé au bûcher en 1553 parce qu'il nie le dogme de la Trinité. Pour diffuser sa doctrine, Calvin crée en 1559 une Académie chargée de former les ministres du culte réformé.

Comme Luther, Calvin fonde la **religion chrétienne** sur la justification par la foi, le sacerdoce universel et l'autorité de la seule Bible, mais en poussant plus loin les conséquences de ces trois principes. Pour lui, la justification par la foi postule la prédestination. Pour autant, cette façon de voir ne débouche pas sur la désespérance, car pour Calvin le seul fait de recevoir la Parole de Dieu et de suivre ses commandements est un signe certain que l'on est élu. Certains calvinistes en viendront à penser que la réussite matérielle ici-bas, fruit d'un travail honnête et acharné, est un signe d'élection, ce qui peut contribuer à expliquer jusqu'à un certain point le dynamisme économique de certains pays calvinistes. Par ailleurs, la Bible seule constitue le dépôt de la Révélation et chaque fidèle doit pouvoir y accéder par une lecture directe et quotidienne. Enfin, Calvin, esprit précis et rigoureux, organise fortement chaque Église locale. S'il n'y a pas de sacerdoce particulier, il y a des ministères, c'est-à-dire des fonctions diverses dévolues à divers ministres élus par le peuple : pasteurs, docteurs, diacres, anciens. Le culte des saints est rejeté et le nombre des sacrements ramené à deux, baptême et cène (avec *présence réelle, mais dans un sens purement spirituel et sans consubstantiation). Le culte consiste essentiellement dans la prédication, la prière et le chant des psaumes, dans des temples dénués de tout ornement, sauf la chaire et la Bible.

Lorsque Calvin meurt en 1564, ses idées ont, depuis Genève, **pénétré** dans de nombreux pays européens. En **France,** le calvinisme, propagé par les éditions françaises de l'*Institution chrétienne,* a gagné de nombreux adeptes dans tous les milieux, en dépit de la répression menée par Henri II, et s'est solidement organisé, avec la tenue à Paris, en 1559, d'un premier synode national. Aux Pays-Bas, le calvinisme pénètre dès 1540 à Anvers et dans les provinces du Nord, à la faveur d'un relâchement de la répression qui a éliminé luthériens et anabaptistes. En **Angleterre,** la Réforme est avant tout l'œuvre des souverains. En 1531, Henri VIII rompt avec Rome à propos de l'affaire de son divorce et se fait proclamer chef suprême de l'Église d'Angleterre. Les choses vont plus loin avec Édouard VI et surtout Élisabeth Iʳᵉ : l'anglicanisme devient un compromis entre le catholicisme et le calvinisme. Sous la seule autorité du roi, l'Église d'Angleterre conserve, à peu de chose près, la hiérarchie et la liturgie catholiques (tout en rejetant le célibat ecclésiastique et le latin comme langue liturgique), mais elle adopte un dogme en *Trente-Neuf Articles* (1563) d'inspiration calviniste : justification par la foi et autorité de la seule Bible. En Écosse, John Knox (1505-1572) fait adopter par le parlement, en 1560, la *Confession* de l'Église presbytérienne d'Écosse, de stricte orthodoxie calviniste, mais avec une organisation ecclésiastique un peu différente. En Europe centrale et orientale, l'expansion du calvinisme est limitée, car elle se heurte soit aux Églises luthériennes antérieurement établies par les princes, soit à l'action de la contre-réforme catholique. Pourtant, en 1559, l'électeur Palatin adopte le calvinisme et fait rédiger en 1563 le *Catéchisme d'Heidelberg* qui reprend la doctrine de Calvin en tempérant un peu la notion de prédestination, cependant que le calvinisme fait des adeptes en Hongrie, en Bohême, en Pologne.

LA RÉFORME CATHOLIQUE

En dépit des aspirations des fidèles et de quelques réussites isolées, l'Église romaine s'est révélée incapable de promouvoir et d'opérer elle-même la profonde réforme religieuse tant souhaitée : celle-ci s'est faite en dehors d'elle et contre elle. Pourtant, Rome se décide enfin à réagir à partir de 1535 environ. De ce fait, l'œuvre entreprise est à la fois contre-réforme et réforme catholique : contre-réforme, c'est-à-dire réaction de défense (non seulement doctrinale, mais souvent violente) face aux positions protestantes; réforme catholique, c'est-à-dire réponse originale apportée à l'attente des fidèles et comparable en cela aux **différentes** réformes protestantes.

Le rôle des ordres religieux – Les efforts de réforme concernent notamment certains ordres religieux anciens. Ainsi, en 1528, le franciscain italien Matteo Baschi, soucieux de retrouver l'idéal du fondateur, fait approuver par le pape une réforme qui donne naissance aux capucins qui vont se vouer spécialement à la prédication dans les milieux populaires. En Espagne, Thérèse d'Avila (1515-1582), à la fois grande mystique et organisatrice hors pair, ramène la règle du Carmel à sa pureté primitive. Surtout de nouveaux ordres sont créés, mieux adaptés aux besoins du temps et à la nécessité de former des clercs à la hauteur de leur tâche. En 1524, Gian Pietro Carafa (futur pape Paul IV) crée les théatins, congrégation de clercs réguliers. En 1564, Philippe Neri établit à Rome dans l'oratoire San Giovanni dei Fiorentini une société de prêtres séculiers érigée en 1575 en congrégation dite de l'Oratoire. Mais la création la plus importante est celle des jésuites par Ignace de Loyola.

Ignace de Loyola (1491-1556) est un gentilhomme basque qui, blessé en 1521, renonce à la carrière des armes et décide de se mettre au service de Dieu. Après une longue retraite solitaire à Manrèse près de Montserrat, où il commence la rédaction des *Exercices spirituels,* guide d'oraison et d'ascèse, il se rend en pèlerinage en Terre sainte, puis décide de reprendre des études d'abord en Espagne, puis à Paris. C'est là qu'avec sept compagnons il prononce le 15 août 1534, à Montmartre, le vœu d'évangéliser les infidèles en Terre sainte ou, au cas où cela ne serait pas possible, de se mettre à la disposition du pape. En 1537, ses compagnons et lui, ayant dû renoncer à leur projet initial, arrivent à Rome, mais ce n'est qu'en 1540 que le pape Paul III approuve les constitutions de l'ordre nouveau qu'ils ont décidé de créer. Outre les trois vœux ordinaires (pauvreté, chasteté et obéissance), les membres de la **compagnie de Jésus** prononceront un vœu spécial d'obéissance au pape dont ils dépendront exclusivement par l'intermédiaire d'un supérieur général élu à vie. Par ailleurs, portant l'habit des prêtres séculiers, ils se consacreront à toutes les formes d'apostolat dans le siècle : missions lointaines (François Xavier se rend en Inde et au Japon), missions intérieures et prédication, direction de conscience (à la fin du XVIe siècle, presque tous les souverains catholiques ont un confesseur jésuite), enseignement (en 1547, Ignace accepte que les jésuites prennent en charge le collège de Messine, point de départ d'une multiplication de collèges jésuites dans toute l'Europe catholique). Pour faire face à ces tâches multiples, les futurs jésuites reçoivent, au cours d'un noviciat long et rude, une formation très solide, à la fois théologique et humaniste. Orientant d'abord son apostolat vers l'Italie, l'Espagne et les missions lointaines, la compagnie de Jésus, sous le généralat de Diego Lainez, premier successeur d'Ignace, se porte bientôt partout où l'Église romaine a besoin d'elle, en Allemagne, en Autriche, en France, aux Pays-Bas, en Pologne.

L'œuvre du concile de Trente – Clément VII, pape de 1523 à 1534, est un Médicis, artiste et indolent, qui mesure mal le péril luthérien et laisse passer les dernières chances de réformer l'Église dans l'unité. Par contre, son successeur **Paul III** (1534-1549), un Farnèse, est convaincu de l'urgente nécessité de prendre des initiatives. En 1542, il crée la congrégation du Saint-Office, tribunal chargé de juger sans appel les causes d'hérésie. Surtout, dès le début de son pontificat, il décide la réunion d'un ***concile** œcuménique, réclamée depuis si longtemps. Pourtant la guerre entre François Iᵉʳ et Charles Quint et les négociations difficiles pour tenter d'amener les protestants à venir exposer leurs thèses devant le concile retardent pendant plus de dix ans l'ouverture de celui-ci. Elle a lieu enfin en décembre 1545 à Trente, ville épiscopale italienne, mais relevant de l'Empire. L'absence des protestants laisse présager que le concile ne fera pas l'union des chrétiens sur une solution de compromis. Par ailleurs, la reprise de la lutte entre le roi de France et l'empereur et entre celui-ci et les princes luthériens perturbe les travaux du concile qui est suspendu en 1552 par Paul IV, persuadé de pouvoir réaliser la réforme par lui-même. Mais dix ans plus tard, les progrès du calvinisme incitent Pie IV à le convoquer à nouveau en 1562-1563. Ouvert dans la méfiance, le concile se termine dans l'enthousiasme : alors qu'une trentaine d'évêques seulement ont participé aux travaux des premières sessions, ils sont 113 en 1562 et 237 en 1563.

L'**œuvre** du concile de Trente porte à la fois sur le dogme et sur la discipline. En matière de dogme, le concile réfute les thèses protestantes et affirme clairement la doctrine catholique : l'homme est libre d'accueillir ou de refuser la grâce divine et les œuvres sont nécessaires au salut autant que la foi; la Tradition est, à côté de l'Écriture sainte, un élément de la Révélation; le sacerdoce est sacré et d'institution divine; les sacrements, également d'institution divine, sont au nombre de sept et le Christ est présent dans l'eucharistie, avec transsubstantiation; les saints, et notamment la Vierge, sont des intercesseurs à qui il faut s'adresser; l'existence du purgatoire et la valeur des indulgences sont réaffirmées. En matière de discipline, le concile décide de dresser un catalogue, ou *index,* des livres interdits aux fidèles, condamne les abus comme la non-résidence et le cumul des bénéfices, maintient le célibat ecclésiastique et le latin comme langage liturgique, interdit les mariages clandestins (obligation de bans et de témoins), et surtout recommande la fondation d'un séminaire dans chaque diocèse pour la formation morale, intellectuelle et religieuse des futurs clercs. Dès janvier 1564, Pie IV confirme les décisions du concile et les communique à toute la chrétienté. Toutefois, les puissances catholiques, notamment la France, font un accueil mitigé à ces décisions dans lesquelles elles voient, à juste titre, un succès de la papauté au détriment de l'autonomie des Églises nationales.

Les divisions de la Chrétienté – L'action des ordres nouveaux, notamment des jésuites, et la répression menée par le Saint-Office et par les tribunaux d'inquisition qui en dépendent, permettent à l'Église romaine de regagner, dans la seconde moitié du XVIᵉ siècle, une petite partie du terrain perdu et surtout de stopper l'avance protestante. En Espagne et en Italie, les quelques îlots de luthéranisme sont vite résorbés. En Allemagne du Sud, l'action du jésuite Pierre Canisius qui multiplie les collèges, prêche inlassablement, compose en allemand un *Catéchisme* à l'instar de Luther et de Calvin, contribue à renforcer les positions catholiques. Il en est de même en Allemagne rhénane et dans les Pays-Bas du Sud.

Mais la condamnation sans appel du protestantisme prononcée par le concile de Trente et l'autorité accrue que retire la papauté du succès de celui-ci achèvent de consacrer la division de la chrétienté occidentale : vers 1565, à une Europe restée catholique s'oppose une Europe protestante sous la forme soit luthérienne, soit calviniste, soit anglicane. Cette division entraîne de sanglants affrontements en Europe jusqu'au milieu du XVIIᵉ siècle. Au-delà de ces guerres de religion, la déchirure reste consommée, en dépit des tentatives de réunion, et va marquer profondément la sensibilité collective des peuples européens selon qu'ils sont catholiques ou protestants : le protestant est l'homme du contact direct avec Dieu par la lecture personnelle de la Bible, sûr de sa foi et de son élection; le catholique est soumis à un clergé qui, sous l'autorité du pape, encadre étroitement le « peuple chrétien », notamment dans les grandes pratiques collectives. Pourtant, ces différences profondes n'empêchent pas d'importantes convergences entre les Églises issues des différentes réformes du XVIᵉ siècle : d'abord une foi commune en la divinité du Christ et en l'Évangile; ensuite, un même souci pastoral de mieux transmettre cette foi par le catéchisme et la prédication, et par là même de mieux christianiser des fidèles qui ne l'étaient souvent que superficiellement.

5

L'EUROPE DANS LA PREMIÈRE MOITIÉ DU XVIe SIÈCLE

Entre 1494 et 1516, la péninsule italienne est le théâtre des tentatives des rois de France pour prendre pied en Milanais et dans le royaume de Naples. En 1519, Charles de Habsbourg, chef de la Maison d'Autriche et roi d'Espagne, est élu empereur sous le nom de Charles Quint. Sa puissance est considérable, mais elle est plus apparente que réelle, compte tenu du caractère dispersé et hétérogène de ses possessions. Il n'en est pas de même de la puissance du roi de France qui, sous François Ier et Henri II, renforce son autorité. La menace d'encerclement que Charles Quint fait peser sur la France explique l'opiniâtreté de la lutte qui oppose, entre 1519 et 1559, la France et la Maison d'Autriche, l'Angleterre d'Henri VIII jouant à plusieurs reprises un rôle d'arbitre.

LES GUERRES D'ITALIE (1494-1515)

Charles VIII et l'expédition de Naples – A sa mort en 1480, René d'Anjou a légué à Louis XI, outre ses domaines français, des droits sur le royaume de **Naples,** aux mains d'une branche bâtarde de la famille d'Aragon depuis 1442, et des droits plus virtuels encore sur le royaume de Sicile, possession du roi Ferdinand d'Aragon, et même sur le royaume de Jérusalem. En 1492, Charles VIII, qui rêve d'aventures chevaleresques et de croisade, se prépare à revendiquer l'héritage angevin. Pour désarmer l'hostilité d'adversaires possibles, il n'hésite pas à sacrifier une partie de l'œuvre de Louis XI : en 1493, il cède à Maximilien de Habsbourg, par le traité de Senlis, l'Artois et la Franche-Comté, à Ferdinand d'Aragon, par le traité de Barcelone, le Roussillon et la Cerdagne, à Henri VII une forte somme d'argent. Par ailleurs, il compte tirer parti des rivalités permanentes entre les divers États italiens. En octobre 1494, prenant prétexte de la mort du roi de Naples, Charles VIII pénètre en Italie à la tête d'une puissante armée de 30 000 hommes. L'expédition n'est qu'une promenade militaire. Milan, où l'accueille le nouveau duc Ludovic Sforza, dit le More, Florence, où la population chasse les Médicis à l'appel de Savonarole, Rome ouvrent leurs portes au roi de France qui, en janvier 1495, est couronné roi de Naples au milieu de l'enthousiasme de la population napolitaine. Mais bientôt Ferdinand d'Aragon qui, déjà roi de Sicile, entend bien utiliser à son profit l'éviction de Naples de la branche aragonaise, fomente une coalition contre le roi de France : une Sainte Ligue groupe, autour du pape, Venise, le duc de Milan, Maximilien et les Rois Catholiques. Charles VIII décide de regagner la France et réussit à bousculer les coalisés, qui cherchent à lui barrer la route, à Fornoue, près de Parme, le 6 juillet 1495. En juin 1496, la garnison française restée à Naples se rend à Gonzalve de Cordoue pour le compte de Ferdinand d'Aragon qui devient roi de Naples.

Louis XII à Naples et à Milan – Louis XII, qui succède à son cousin Charles VIII en 1498, décide non seulement de relever les prétentions de son prédécesseur, mais d'y ajouter les droits personnels sur Milan qu'il dit tenir de sa grand-mère Valentine Visconti dont le neveu a été évincé par les Sforza. Profitant des ambitions familiales du pape Alexandre VI Borgia en Italie centrale et des inquiétudes de Venise menacée par les Turcs, il prend le **Milanais** (1499), le perd, puis le reconquiert (1500) et capture Ludovic le More. En ce qui concerne le royaume de **Naples,** il s'entend secrètement avec Ferdinand d'Aragon pour une solution de partage et entre à Naples (1501). Mais l'entente des deux rois ne dure pas. En dépit de leurs exploits (Bayard au pont du Garigliano), les Français sont battus par les Espagnols dont les bases sont en Sicile : en 1504, Naples retombe sous la domination espagnole, et cela pour plusieurs siècles.

Par ailleurs, en Italie du Nord, Louis XII doit compter avec la forte personnalité du pape Jules II (1503-1513) qui ambitionne de regrouper les États italiens sous la direction du Saint-Siège. Pour briser la résistance de Venise, il convainc Louis XII de constituer la ligue de Cambrai qui, Français en tête, bat les Vénitiens à Agnadel (14 mai 1509); puis il se retourne contre la France (« les Barbares hors d'Italie ») et forme une nouvelle Sainte Ligue qui regroupe Venise, la plupart des États italiens, les cantons suisses, l'Aragon, l'Angleterre. Commandés par Gaston de Foix, les Français sont d'abord vainqueurs, notamment à Ravenne (11 avril 1512), mais Foix est tué dans la bataille et les défaites se succèdent : non seulement le Milanais est perdu, mais la Bourgogne est envahie par les Suisses et la Picardie menacée par les Anglais. La mort de Jules II et l'avènement de Léon X permettent à Louis XII de conclure la paix avec le pape et avec Henri VIII en abandonnant le Milanais où l'armée française s'est fait battre à Novare (6 juin 1513).

François Iᵉʳ et Marignan – A peine roi, François Iᵉʳ prend le chemin de l'Italie et de Milan. Il passe les Alpes à la tête d'une puissante armée et bat les Suisses à **Marignan,** près de Milan, le 13 septembre 1515, grâce à la puissance de feu de son artillerie. Il fait dans la ville une entrée triomphale, puis se rend à Bologne où il négocie avec Léon X le concordat de 1516. Il conclut la même année avec les Suisses une Paix perpétuelle qui permet au roi de France de recruter des mercenaires dans les Cantons. Ainsi, à cette date, au moment où le jeune Charles de Habsbourg devient roi d'Espagne, un équilibre semble s'établir dans la péninsule italienne, avec les Français au nord et les Espagnols au sud. Par ailleurs, ces vingt ans de conflits ont été importants en ce qu'ils ont contribué à modifier les règles à la fois de la diplomatie et de la guerre. La multiplicité des alliances et de leurs renversements rend nécessaire, pour les grandes puissances, la mise en place d'une diplomatie permanente à l'instar de ce qui était déjà pratiqué par certains États italiens. D'autre part, l'infanterie devient la « reine des batailles », cependant que l'artillerie commence à jouer un rôle déterminant, comme à Marignan. Du fait de l'augmentation des effectifs et du coût de l'armement (arquebuses, canons sur affût), la guerre nécessite désormais des investissements considérables.

LA PUISSANCE DE CHARLES QUINT

L'élection de 1519 – Au lendemain de la mort de l'empereur Maximilien en janvier 1519, trois compétiteurs briguent la couronne impériale : le roi d'Espagne, qui a 19 ans, le roi de France, qui en a 24, et l'électeur de Saxe. **Charles de Habsbourg,** né à Gand en 1500 et élevé en Flandre, est un prince bourguignon, Français de langue. Maître des Pays-Bas et de la Franche-Comté dès 1506 à la mort de son père Philippe le Beau, sous la tutelle de sa tante Marguerite d'Autriche, il est devenu en 1516, à la mort de son grand-père maternel Ferdinand d'Aragon et du fait de l'incapacité de sa mère Jeanne la Folle, roi d'Aragon, de Castille, de Sicile, de Naples et maître des colonies espagnoles d'Amérique dont la conquête ne fait que commencer. Enfin, la mort de son grand-père paternel

Maximilien lui assure les possessions héréditaires des Habsbourg, Autriche, duchés alpins, landgraviat d'Alsace. Ainsi le roi d'Espagne (le terme devient désormais courant) n'est-il en rien un prince allemand; du moins, le fait d'être chef de la Maison d'Autriche lui assure-t-il un certain avantage puisque depuis 1438 les sept électeurs ont toujours choisi l'empereur dans cette Maison. En face de lui, François Ier, auréolé du prestige de Marignan, est le souverain du plus puissant royaume d'Europe. Sa candidature s'explique à la fois par le souci de s'assurer le prestige de la couronne impériale et par la crainte de voir la puissance du roi d'Espagne renforcée par ce même prestige. Quant au duc électeur Frédéric de Saxe, dit le Sage, il est le seul candidat allemand, mais ses chances sont faibles devant les moyens mis en œuvre par Charles et François pour acheter les voix des électeurs. Le roi de France fait passer outre-Rhin des masses d'écus d'or. Quant au roi d'Espagne, dont les intérêts sont pris en main par sa tante Marguerite, il peut compter sur les deux plus grands banquiers allemands Welser et Jacob Fugger qui distribuent aux électeurs des lettres de change payables seulement après l'élection. Pensant duper tout le monde, les électeurs choisissent le 27 juin 1519, à Francfort, Frédéric de Saxe, mais la menace d'une armée massée par Marguerite à proximité de la ville les amène dès le lendemain, Frédéric s'étant récusé, à élire empereur Charles de Habsbourg qui devient Charles V ou Charles Quint.

La **puissance** du nouvel empereur, sur les possessions duquel « le soleil ne se couche pas », semble considérable, justifiant une ambition qu'exprime bien la devise « Plus oultre ». Charles Quint entend d'abord récupérer les morceaux de l'héritage bourguignon annexés par Louis XI (Bourgogne, Picardie). Mais mieux encore, très influencé par l'humanisme érasmien, il rêve, au moins jusque vers 1530, de réaliser la « monarchie universelle et chrétienne », *l'imperium mundi* qu'implique son titre impérial et d'exercer ainsi, à côté du pouvoir spirituel du pape, le pouvoir temporel pour le plus grand bien de la Chrétienté. Mais ce rêve médiéval des deux pouvoirs est devenu anachronique dans l'Europe du début du XVIe siècle et Charles Quint ne va pas tarder à s'en rendre compte.

Les affaires d'Europe centrale et la menace turque – Devant l'impossibilité de gouverner seul un ensemble aussi vaste et aussi dispersé, Charles Quint délègue la plus grande partie de ses pouvoirs aux Pays-Bas et en Franche-Comté à sa tante Marguerite, puis en 1530 à sa sœur Marie de Hongrie. De plus, très tôt il associe son frère cadet Ferdinand à la direction de l'Empire et lui cède en 1522 les domaines autrichiens. De surcroît, Ferdinand est élu roi de Bohême et de Hongrie au lendemain de la mort de son beau-frère le roi Louis II tué à Mohacs en 1526. A partir de 1520, **l'Allemagne** est secouée par une redoutable crise provoquée par l'écho qu'y rencontrent les idées de Luther. La révolte de Franz von Sickingen et des chevaliers rhénans (1522-1523), la terrible guerre des Paysans (1525), la formation de la ligue de Smalkade (1531), la guerre que mènent l'empereur et les princes catholiques contre les princes luthériens (1531-1547) sont les principaux épisodes de cette crise qui, de religieuse, est devenue sociale et politique. La victoire de Charles Quint à Mühlberg en 1547 ne peut suffire à rétablir l'unité religieuse et politique de l'Empire et l'empereur doit accepter la paix d'Augsbourg (1555) qui reconnaît les deux confessions et le surcroît de puissance que les princes luthériens retirent des sécularisations. De même, le sac de Rome en mai 1527 par des mercenaires luthériens au service de Charles Quint compromet irrémédiablement, en dépit d'une réconciliation ultérieure, l'idée des deux pouvoirs susceptibles d'imposer leur arbitrage à l'Europe, chacun dans sa sphère.

Or, dans ces mêmes années 1520, l'offensive turque dans *les Balkans* reprend à l'initiative de Soliman le Magnifique et marque des points décisifs : en 1521, prise de Belgrade; en 1526, victoire de Mohacs sur les Hongrois et occupation de la plus grande partie de la Hongrie avec sa capitale, Buda; en 1529, siège de Vienne et raids des cavaliers turcs jusqu'en Bavière, créant la panique dans toute la Chrétienté; mais trop loin de leurs bases, les Turcs doivent lever le siège de la ville. Ainsi, dès 1530, Charles Quint n'a pu empêcher ni la rupture de l'unité chrétienne, ni le renforcement des pouvoirs des princes allemands, ni l'offensive victorieuse des Ottomans.

L'Espagne et la Méditerranée – En 1518, lors de son premier voyage dans la Péninsule, le nouveau roi d'**Espagne** a promis de respecter les libertés aragonaises et castillanes, notamment les pouvoirs des cortès (assemblées où siègent des représentants des trois états, clergé, noblesse et villes). Pourtant, à son départ en 1520, éclate la révolte dite des *comuneros* de Castille. La désignation de Flamands à des postes importants (notamment le cardinal Adrien d'Utrecht nommé régent de Castille) et l'aggravation du fardeau fiscal sont à l'origine de ce soulèvement complexe, en même temps que le mécontentement d'une partie du clergé, de la petite noblesse et des artisans des villes à l'égard de la grande aristocratie. La protestation politique se traduit par la désignation d'une Sainte Junte par les députés des villes révoltées (notamment Tolède et Ségovie) qui se réclament de Jeanne la Folle, seule reine légitime selon eux. Mais la révolte gagne bientôt les campagnes et menace les châteaux. La grande noblesse écrase l'armée des *comuneros* à Villalar en avril 1521. Dans le même temps, des soulèvements d'artisans et de paysans ont lieu à Valence et à Majorque (1520-1523). Si l'Aragon, épuisé par l'effort exigé par les guerres d'Italie, souffre d'un certain marasme, la Castille connaît une grande activité. Séville est le grand port où commencent à arriver, surtout après 1540, les trésors d'Amérique.

Désireux à la fois de se poser partout en défenseur de la Chrétienté et de maintenir la sécurité des côtes espagnoles et celle des relations maritimes entre ses divers royaumes de **Méditerranée** occidentale, Charles Quint intervient contre les Barbaresques d'Afrique du Nord : il fait occuper Tlemcen en 1530 et Tunis en 1535; en 1541, il vient bombarder et assiéger Alger aux mains du corsaire Kayr al-Din, dit Barberousse, mais une tempête transforme l'expédition en désastre.

L'abdication et le partage de 1555-1556 – Usé par la goutte, épuisé par des voyages incessants, profondément déçu par ses nombreux échecs, conscient de l'impossibilité de gouverner seul des possessions aussi dispersées et aussi hétérogènes, Charles Quint décide non seulement de renoncer au pouvoir, mais de **partager** son « empire ». La retraite désastreuse devant Metz en 1553 et l'humiliation de la paix d'Augsbourg en 1555 précipitent la décision. En octobre 1555, à Bruxelles, il abdique comme souverain des pays bourguignons (Pays-Bas, Franche-Comté) en faveur de son fils Philippe. En janvier 1556, il abandonne les couronnes espagnoles d'Aragon, de Castille, de Sicile, de Naples et des Indes également au profit de Philippe qui devient Philippe II. Enfin, en septembre 1556, il renonce à la dignité impériale en faveur de son frère Ferdinand, déjà souverain des domaines autrichiens et roi de Bohême et de Hongrie (Les sept électeurs allemands ratifieront ce choix en 1558). Retiré dans le couvent espagnol de Yuste d'où il prodigue à son fils aide et conseil, Charles Quint meurt le 21 septembre 1558.

FRANCE ET ANGLETERRE

Le roi de France et les progrès de l'autorité royale – Sous François Iᵉʳ (1515-1547) et Henri II (1547-1559), la France connaît un renforcement de l'autorité monarchique. François de Valois-Angoulême, qui succède sans problème à son cousin et beau-père Louis XII, est un parfait gentilhomme, aimant la guerre, les tournois et la chasse et en même temps ouvert aux choses de l'esprit; il est parfois inconstant et léger, mais a un sens très vif de la dignité royale. Son fils Henri II, moins brillant, mais sérieux, poursuit l'œuvre paternelle. La conception même du **pouvoir royal** tend à évoluer. La notion médiévale du roi premier suzerain, sommet de la pyramide féodale, détenant par le sacre un caractère religieux, se complète de traits empruntés au droit romain et à l'idéal de l'*imperium romanum* : le roi, seul souverain en son royaume, n'a pas de comptes à rendre à ses sujets. Il peut les consulter dans le cadre des états généraux, mais il n'est tenu ni de réunir ceux-ci (ils ne le seront pas entre 1484 et 1560), ni de suivre leurs avis. Toutefois, cette notion de pouvoir absolu a des limites de droit et de fait. En droit, le roi a des devoirs envers ses sujets et envers Dieu : il doit exercer son pouvoir pour le bien matériel et spirituel des premiers et il en est responsable personnellement devant Dieu. Par ailleurs, il doit respecter les « libertés et franchises naturelles » de ses sujets, ainsi qu'un certain nombre de règles coutumières désignées sous le nom de « lois fondamentales du royaume » : l'hérédité de la couronne par ordre de primogéniture avec exclusion des femmes (loi dite salique), l'inaliénabilité du domaine, l'indépendance du pouvoir royal tant vis-à-vis du pouvoir temporel de l'empereur que du pouvoir spirituel du pape. Enfin, il existe des limites de fait à l'absolutisme théorique : l'immensité relative du royaume liée à la lenteur des communications, la vigueur des particularismes locaux et des langues régionales, le petit nombre des représentants du pouvoir central.

Avant de décider souverainement, le roi prend conseil. Le **conseil du roi,** dont les membres (une vingtaine vers 1540) sont choisis par le souverain, comprend les princes du sang, les ducs et pairs, les grands officiers de la couronne (chancelier et connétable) et quelques hauts dignitaires ecclésiastiques ou laïcs. La complexité des problèmes a entraîné le partage du conseil en sections, ce qui ne remet pas en cause son unité fondamentale : le conseil privé (ou des parties) pour les affaires ordinaires d'administration et de justice, et le conseil étroit (ou secret, ou des affaires) composé de quelques membres seulement au gré du roi et chargé des questions les plus importantes. Le chancelier, garde des Sceaux, est, après le roi, le premier personnage du royaume en dignité et en importance : s'appuyant sur le nombreux personnel de la grande chancellerie (secrétaires du roi, maîtres des requêtes de l'hôtel), il dirige la justice, mais aussi l'administration et la police. Le connétable est le chef de l'armée. Quatre secrétaires du roi sont plus spécialement chargés de préparer et de suivre les décisions du conseil auquel ils participent; en 1547, un règlement confie à chacun d'eux l'administration d'un quart du royaume et, en 1559, ils reçoivent le titre de secrétaires d'État.

Le roi et ceux qui l'assistent dans le gouvernement du royaume vivent au milieu d'une **cour** nombreuse et brillante, en perpétuels déplacements : Paris où François Iᵉʳ décide en 1528 de résider de préférence, mais aussi les châteaux de Fontainebleau ou des bords de la Loire, à proximité de forêts giboyeuses. Au sein de cette cour, certains personnages ont une grande influence sur le roi : sous François Iᵉʳ, sa mère Louise de Savoie, sa sœur Marguerite de Valois-Angoulême, devenue reine de Navarre, le chancelier Duprat, le connétable Anne de Mont-morency; sous Henri II, la maîtresse du roi, Diane de Poitiers.

Le roi de France et l'administration du royaume – Le **domaine royal** tend à se confondre avec le royaume par la disparition des dernières grandes principautés féodales : l'acte d'union de la Bretagne à la France est signé en 1532; la trahison du connétable de Bourbon passant au service de Charles Quint en 1523 entraîne, en 1531, la confiscation, au profit de la couronne, du Bourbonnais et de l'Auvergne. Seule, la Maison d'Albret conserve d'importants domaines dans le Sud-Ouest (Navarre, Béarn, Périgord). Mais les provinces récemment rattachées au domaine royal (Bourgogne, Provence, Bretagne) conservent une partie de leurs institutions (états provinciaux) et jouissent de certains privilèges. Le royaume est divisé en gouvernements (douze en 1559) sous l'autorité d'un gouverneur, grand personnage représentant le roi et chargé de veiller au maintien de l'ordre.

On distingue encore mal dans l'administration du royaume, justice, police et administration proprement dite. Les mêmes hommes exercent ces diverses fonc-tions. Ces hommes appartiennent aux différents corps des **officiers.** L'officier est pourvu de sa charge, ou office, par lettres royales, et rétribué sous forme de gages. Mais l'office est devenu objet de commerce et propriété privée. Autorisée en 1483 pour les offices de finances, la vénalité s'étend bientôt à toutes les charges royales. Pour surveiller sur place certains officiers ou mener à bien certaines affaires, le roi peut utiliser le système de la commission, c'est-à-dire l'octroi, à un membre de la cour (un maître des requêtes notamment), d'un pouvoir limité dans le temps, dans l'espace et dans la compétence. Henri II use fréquemment de ce procédé : en 1552, on compte à travers le royaume une vingtaine de ces « commissaires départis pour l'exécution des ordres du roi ».

Le royaume est divisé en une centaine de bailliages, ou sénéchaussées, circonscriptions à la fois administratives et judiciaires. Au-dessus, les **parlements** sont des cours supérieures de justice jugeant en appel, mais ils ont aussi un rôle administratif. Ils enregistrent tous les actes royaux et s'arrogent, en marge de ce droit d'enregistrement, le droit de présenter au roi des remontrances lorsque ces textes leur semblent contraires aux « lois du royaume ». Ils sont huit en 1559 : Paris, Toulouse, Grenoble, Bordeaux, Dijon, Rouen, Aix créé en 1501, Rennes créé en 1554. Le parlement de Paris est le plus ancien, le plus illustre et le plus important (son ressort s'étend sur le tiers du royaume), mais François Iᵉʳ lui interdit, en 1527, « de s'entremettre en quelque façon que ce soit du fait de l'État », par le biais du droit de remontrances. En 1552, pour alléger la tâche des parlements, mais aussi pour trouver de l'argent par la création de nouveaux offices, Henri II transforme 60 tribunaux de bailliages en sièges présidiaux qui, avec un personnel plus nombreux, gardent leur compétence ancienne, mais jugent en appel des sentences des bailliages de leur ressort. En 1539, l'ordonnance de Villers-Cotterêts réserve l'exercice de la justice à des gradués en droit; elle impose, en outre, l'usage du français à la place du latin dans la rédaction des jugements, ainsi que des actes notariés, et elle charge les curés de paroisse de tenir registre des naissances et des décès de leurs paroissiens (c'est le début de l'état civil).

Les énormes besoins d'argent, liés notamment à l'entretien d'une armée quasi permanente, sont couverts moins par les ressources ordinaires, c'est-à-dire les revenus du domaine royal qui rapporte assez peu, que par les ressources dites extraordinaires, c'est-à-dire les impôts, mais aussi le produit de la vente des offices ou des emprunts aux particuliers sous la forme, à partir de 1522, des rentes sur l'Hôtel de Ville (appelées ainsi parce que le paiement des intérêts était garanti par les recettes de la ville de Paris). Les **impôts,** devenus permanents et levés sans que les sujets aient besoin d'être consultés, sont la taille, impôt direct pesant sur les seuls roturiers, la gabelle, impôt sur le sel, et les aides, perçues sur la circulation et la consommation de certaines marchandises. En 1524, François Iᵉʳ décide que tous les revenus fiscaux seront gérés par le trésorier de l'Épargne et les autres revenus extraordinaires (notamment la vente des offices), par le receveur général des Parties casuelles, le tout sous l'autorité d'un surintendant général des finances. En 1542, le royaume est divisé en 16 recettes générales, ou *généralités, dirigées chacune par un receveur général des finances, assisté d'un bureau des finances et chargé de percevoir et d'administrer les produits de l'impôt : les fonds collectés sont utilisés pour régler les dépenses régionales, le surplus étant envoyé au trésorier de l'Épargne.

La société française et les débuts de la Réforme en France – Par le concordat signé à Bologne en 1516 avec le pape Léon X, François Iᵉʳ s'assure la surveillance du **clergé**. En effet, le roi de France nomme désormais aux * bénéfices majeurs, c'est-à-dire les quelque 120 sièges épiscopaux, plus de 600 abbayes et autant de prieurés, le pape se réservant l'investiture canonique. Le roi dispose ainsi de moyens de récompenser tel sujet ou telle famille qu'il veut s'attacher; mais en même temps, le système aboutit à développer la funeste pratique de la *commende. La **noblesse** continue à se définir moins par des critères de droit que par son mode de vie : le noble reste avant tout un chevalier et les guerres quasi continuelles de 1494 à 1559 permettent à ceux qui sont déjà nobles ou qui veulent le devenir de multiplier les prouesses et de « parvenir par les armes ». Un autre moyen de parvenir est de paraître à la cour et de s'y assurer un protecteur puissant dans l'entourage du roi. La terre est toujours le fondement de la richesse et de la puissance des nobles et ils s'efforcent d'en tirer le maximum de revenus, fonciers et seigneuriaux. Cependant, certains d'entre eux ne dédaignent pas de s'enrichir dans des activités industrielles (verriers, maîtres de forges) ou commerciales. Enfin, le service du roi, par exemple les charges de secrétaires du roi, commence à assurer la noblesse : c'est l'origine de la noblesse de robe. La **bourgeoisie** est diverse, mais globalement en voie d'enrichissement par le travail artisanal et le commerce, surtout maritime; l'ascension sociale de ses membres les plus ambitieux est assurée par l'achat d'offices, première étape éventuelle vers l'entrée dans la noblesse, et par le prêt d'argent au roi. Quant aux membres des **classes populaires,** urbaines et rurales, leur sort est plus divers encore, depuis les gros laboureurs ou les maîtres artisans jusqu'aux plus pauvres journaliers, mais tous, à quelque province qu'ils appartiennent, partagent un sentiment d'attachement à la personne du roi considéré comme leur protecteur naturel et le garant de l'unité du royaume. Mais cette unité est menacée par les débuts de la Réforme.

A la fin du XVᵉ et dans les premières années du XVIᵉ siècle, l'Église de France présente les mêmes faiblesses et les mêmes désirs de **réforme** que le reste de la Chrétienté. Dans la ligne de l'humanisme érasmien, Jacques Lefèvre d'Étaples publie en 1512, grâce à la protection de Guillaume Briçonnet, abbé de Saint-Germain-des-Prés, une nouvelle version des *Épîtres* de saint Paul. Autour de lui et de Briçonnet se forme un petit groupe d'humanistes et de clercs qui, tel Guillaume Farel, sont soucieux d'une meilleure compréhension des livres saints, première étape vers une rénovation religieuse; ils insistent sur l'importance de l'Évangile (d'où le nom d'évangélisme donné parfois à ce courant de pensée) et estiment que la foi en Dieu est plus importante que les pratiques trop souvent routinières. Guillaume Briçonnet étant devenu évêque de Meaux y regroupe ses amis, mais c'est bientôt le début de la diffusion en France des idées luthériennes, dès 1519-1520, et la Sorbonne pratiquant l'amalgame condamne à la fois les idées de Luther et celles de Lefèvre. Menacé par le parlement, le groupe de Meaux se disperse en 1525 : Briçonnet condamne ouvertement le luthéranisme, mais Farel s'y rallie et Lefèvre se réfugie à Strasbourg.

Entre 1525 et 1534, les idées nouvelles se répandent de plus en plus, dans presque tous les milieux, nobles, clercs, bourgeois, artisans, sans qu'il soit toujours facile de séparer orthodoxes et hérétiques. François Iᵉʳ lui-même, encouragé par sa sœur Marguerite, soutient les idées réformistes. Mais le durcissement progressif des positions amène la **rupture** provoquée par l'affaire des Placards en octobre 1534. A partir de cette date, et surtout après 1540 où le protestantisme se diffuse désormais sous la forme du **calvinisme,** les mesures répressives se multiplient et sont encore renforcées avec l'avènement d'Henri II en 1547. Vers 1550, en dépit de cette répression, presque toutes les provinces sont touchées, notamment le Languedoc, le Poitou, la Normandie, et de grands seigneurs passent au calvinisme (Antoine de Bourbon, Louis de Condé, Coligny). Le 2 juin 1559, par l'édit d'Écouen, Henri II décide d'en finir avec l'hérésie en envoyant des commissaires dans toutes les provinces pour animer la répression, mais dans le même temps se tient clandestinement à Paris, les 27 et 28 mai, le premier synode national de l'Église réformée. Un mois plus tard, le 30 juin, Henri II est blessé accidentellement lors d'un tournoi et meurt dix jours après.

L'Angleterre d'Henri VIII à Marie Tudor – En 1509, **Henri VIII,** âgé de 18 ans, succède à son père comme roi d'Angleterre et d'Irlande. C'est un vrai prince de la Renaissance, beau, instruit, aimant les arts et les lettres; il est, par ailleurs, intelligent et doué d'un certain sens politique; mais il va révéler peu à peu de redoutables défauts : orgueil, jalousie, cruauté. Il poursuit d'abord la politique de son père, avec l'aide du fastueux cardinal Wolsey, chancelier de 1515 à 1529, surveillant la noblesse, évitant le plus possible de réunir le parlement, jouant sur le continent un rôle d'arbitre entre François Iᵉʳ et Charles Quint. Mais, en 1527, soucieux d'avoir un héritier mâle, il songe à répudier son épouse Catherine d'Aragon, tante de l'empereur, dont il n'a qu'une fille vivante, et à épouser une dame d'honneur, Anne Boleyn. Le pape Clément VII ayant refusé d'annuler le mariage, Henri VIII, conseillé notamment par Thomas Cranmer et Thomas Cromwell, convoque en 1531 une assemblée du clergé qui le reconnaît comme **chef de l'Église** d'Angleterre. Cranmer, devenu archevêque de Canterbury, prononce la nullité du mariage, ce qui entraîne l'excommunication du roi par le pape (1533). La rupture est consommée par une série d'actes adoptés par le parlement entre 1532 et 1536, notamment l'Acte de suprématie qui, en 1534, fait du roi le chef suprême de l'Église d'Angleterre et lui accorde tout pouvoir sur celle-ci, à la fois dans le domaine disciplinaire (nomination des évêques) et dans le domaine doctrinal. En fait, Henri VIII conserve tout du catholicisme, sauf l'autorité du pape : le dogme, précisé en 1539 dans le bill des Six Articles, la hiérarchie, la liturgie. Toutefois, il décide en 1536 la dissolution des monastères et la confiscation de leurs biens au profit de la couronne. La mesure est bien accueillie par une opinion publique traditionnellement anticléricale et surtout antimonastique, d'autant plus qu'en vendant ou en donnant les deux tiers des biens ecclésiastiques ainsi récupérés le roi attache à sa réforme tous les bénéficiaires de ces ventes ou de ces dons. Il doit tout de même faire face, la même année, au soulèvement, dit « pèlerinage de grâce », de l'aristocratie du Nord restée fidèle au pape. La réforme d'Henri VIII est donc, au total, plus administrative que proprement religieuse. En 1534, l'Acte des trahisons prévoit les pires châtiments contre tous ceux qui refusent le nouvel état de choses, aussi bien les catholiques restés fidèles à Rome, tel l'humaniste Thomas More, devenu chancelier en 1529 et décapité en 1535, que les protestants pourchassés et brûlés comme hérétiques. Le souverain n'est arrivé à ses fins qu'en s'appuyant sur le parlement, ce qui renforce le pouvoir de celui-ci. Parallèlement, le roi crée une Chambre étoilée, sorte de cour de sûreté de l'État, qui multiplie les condamnations à mort, notamment de la reine Anne Boleyn en 1536, de Thomas Cromwell en 1540, de Catherine Howard, la cinquième épouse du roi, en 1542.

Lorsqu'il meurt en 1547, c'est le fils qu'il a eu de sa troisième épouse, Jeanne Seymour, qui lui succède sous le nom d'**Édouard VI.** Le nouveau roi n'ayant que six ans, le pouvoir est exercé par son oncle, le comte de Somerset, avec le titre de Protecteur, et par Thomas Cranmer, tous deux gagnés aux idées calvinistes et décidés à aller au-delà de la réforme d'Henri VIII. Cela se traduit par la publication, en 1549 et en 1552, de deux Livres de prières officiels et par le bill des Quarante-Deux Articles qui abolit les cérémonies du culte (notamment la messe) et le célibat ecclésiastique, prohibe la vénération des images, introduit la communion sous les deux espèces. Par ailleurs, la situation économique et financière, fort mauvaise dès la fin du règne précédent, se détériore rapidement. A la mort d'Édouard VI en 1553, sa demi-sœur **Marie,** fille de Catherine d'Aragon, devient reine conformément au testament d'Henri VIII. Fervente catholique, elle veut restaurer l'ancien culte et réconcilier l'Angleterre avec Rome. C'est chose faite en novembre 1554 avec la venue à Londres du légat du pape, le cardinal Reginald Pole. Le parlement accepte, dans la mesure où les confiscations de terres ecclésiastiques depuis 1536 ne sont pas remises en cause. Mais Marie rencontre l'opposition de l'opinion et du parlement en décidant d'épouser en juillet 1554 Philippe, futur roi d'Espagne. De plus, d'abord tolérante à l'égard des opposants religieux, elle persécute durement les protestants à partir de 1555 : quelque 300 exécutions lui valent le surnom de Marie la Sanglante. Par ailleurs, l'alliance avec l'Espagne aboutit à la perte de Calais (1558). C'est pourquoi, bien qu'elle ait réussi à restaurer en partie les finances du royaume, c'est en pleine impopularité qu'elle meurt en novembre 1558.

LA LUTTE ENTRE LA FRANCE ET LA MAISON D'AUTRICHE

Pendant quarante ans, de 1519 à 1559, une longue lutte coupée de trêves oppose les deux plus grandes puissances européennes. La rivalité personnelle de François Iᵉʳ et de Charles Quint, mais, plus encore, leurs ambitions rivales (Bourgogne, Italie) et la menace d'encerclement que la Maison d'Autriche fait peser sur la France expliquent cette opiniâtreté. Quatre phases peuvent être distinguées, la première favorable à l'empereur, les trois autres, indécises.

1519-1529 – Charles Quint réussit, en juillet 1520, à s'assurer l'appui du roi d'Angleterre Henri VIII que François Iᵉʳ vient, quelques semaines plus tôt, d'indisposer par son faste au camp du Drap d'or, près de Calais. Profitant de la révolte des *comuneros,* les Français occupent la Navarre, mais les Impériaux les chassent du Milanais et entrent à Milan où François Sforza est proclamé duc en 1521. Trois tentatives successives de François Iᵉʳ pour récupérer le Milanais échouent, en 1522, en 1523 et en 1525. Lors de la dernière, le roi de France est battu et fait prisonnier à **Pavie,** le 25 février 1525. Charles emmène son captif à Madrid et exige de lui, pour recouvrer la liberté, la cession de la Bourgogne et du Milanais et l'abandon de la suzeraineté sur l'Artois et la Flandre (traité de Madrid, janvier 1526). Rentré en France, le roi refuse de reconnaître un texte signé sous la contrainte. Quant au roi d'Angleterre et au pape Clément VII, inquiets des succès de Charles Quint, ils se rapprochent du roi de France. Dès mai 1526, Venise et le pape forment avec lui la ligue de Cognac, cependant que l'offensive turque en Hongrie constitue pour la France une utile diversion. En mai 1527, les Impériaux, sous le commandement de Charles de Bourbon, font le sac de la Ville Éternelle. Mais les progrès de la Réforme en Allemagne et la menace turque contraignent Charles Quint à signer avec son adversaire la paix de Cambrai (août 1529) : François Iᵉʳ renonce au Milanais en faveur de François Sforza et à la suzeraineté sur la Flandre, mais conserve la Bourgogne; il épouse la sœur de l'empereur, Éléonore d'Autriche.

1536-1538 – A la mort du duc de Milan François Sforza en 1535, François Iᵉʳ réclame le Milanais pour son fils, envahit la Savoie et prend Turin (février 1536). En même temps, il se rapproche du **sultan** ottoman et conclut avec lui une alliance de fait contre Charles Quint, sous couvert d'accords commerciaux dits à tort « capitulations » de 1536. Mais l'invasion conjuguée de la Provence et de la Picardie (1536-1537) par les troupes impériales contraint François Iᵉʳ à signer en 1538, sur arbitrage du pape Paul II, la trêve de Nice.

1542-1544 – La guerre reprend en juillet 1542. A l'invitation du roi de France, la flotte du corsaire Barberousse séjourne six mois à Toulon (1543-1544) pour protéger Marseille contre une éventuelle attaque espagnole, et en 1544 les Français sont vainqueurs en Piémont (Cérisoles), mais échouent devant Perpignan. De son côté, Charles Quint envahit la Champagne, et Henri VIII, qui s'est à nouveau allié à l'empereur, s'empare de Boulogne. François Iᵉʳ est, une nouvelle fois, contraint de signer la paix : à Crépy, en septembre 1544, avec l'empereur à qui il promet d'évacuer la Savoie et de rompre avec les Turcs, et à Ardres, en juin 1546, avec Henri VIII à qui il rachète Boulogne pour 400 000 écus d'or.

1552-1559 – En janvier 1552, les princes luthériens allemands, ayant à leur tête Maurice de Saxe, signent avec Henri II l'accord de Chambord, et c'est avec leur assentiment que les troupes françaises occupent les trois évêchés de **Metz, Toul et Verdun.** Charles Quint, à la tête d'une puissante armée, tente de reprendre Metz, mais François de Guise, prince lorrain au service de la France, défend la ville et contraint l'empereur à une retraite désastreuse en janvier 1553. Ce dernier, au lendemain de la paix d'Augsbourg, signe avec Henri II la trêve de Vaucelles (février 1556) qui laisse à la France la Savoie et le Piémont. Deux ans plus tard, Philippe II réussit à lever une grande armée qui, sous le commandement du duc de Savoie, Emmanuel-Philibert, occupe les places de la Somme et, le 10 août 1557, écrase devant Saint-Quentin l'armée française commandée par le connétable Anne de Montmorency. Mais Philippe II hésite à marcher sur Paris. Profitant de ces atermoiements, Henri II rassemble des troupes autour de la capitale et, en janvier 1558, François de Guise réussit à s'emparer de la place anglaise de **Calais.** Épuisés financièrement, les adversaires signent, les 2 et 3 avril 1559, les deux **traités du Cateau-Cambrésis.** Le premier, entre la France et l'Angleterre, laisse Calais à la France moyennant 500 000 écus d'or payables en huit ans. Par le second, entre la France et l'Espagne, Henri II recouvre Saint-Quentin et les places de la Somme, mais restitue la Savoie au duc Emmanuel-Philibert. Deux mariages scellent la réconciliation, la sœur d'Henri II, Marguerite, épousant le duc de Savoie, et sa fille, Élisabeth, épousant Philippe II, veuf de Marie Tudor. Ainsi, de fait, la France est évincée d'Italie dominée désormais par l'Espagne maîtresse de Milan et de Naples. Par contre, elle conserve les Trois Évêchés, en dépit des protestations de l'empereur Ferdinand, absent des négociations.

FRANCE, ANGLETERRE ET ESPAGNE DANS LA SECONDE MOITIÉ DU XVIe SIÈCLE

Le problème religieux domine, à des degrés divers, l'histoire des trois grandes puissances d'Europe occidentale dans la seconde moitié du XVIe siècle. En France, catholiques et protestants se déchirent durant près de quarante ans au cours d'un conflit que l'on appelle à juste titre « guerres de Religion », mais qui est en même temps une très grave crise nationale; la sagesse politique d'Henri IV amène le rétablissement de la paix, en 1598, avec l'édit de Nantes. En Angleterre, Élisabeth Ire établit l'anglicanisme, cependant que son long règne est marqué par une grande prospérité économique. En Espagne, Philippe II se fait, avec plus ou moins de bonheur, le champion du catholicisme dans ses propres États et dans toute l'Europe, mais ne peut empêcher l'indépendance de fait des Pays-Bas du Nord.

LES GUERRES DE RELIGION EN FRANCE

Les caractères de la crise – Dans la seconde moitié du XVIᵉ siècle, la France traverse une très longue crise nationale connue sous le nom de « guerres de Religion ». Plusieurs facteurs contribuent à la gravité et à la complexité de cette crise : la violence des passions religieuses, la faiblesse de l'autorité royale, l'intervention de l'étranger, les difficultés économiques et l'aggravation des tensions sociales.

Dans l'Europe du XVIᵉ siècle, catholiques et protestants considèrent qu'il ne doit exister dans chaque État qu'une seule religion, celle du prince : c'est ce principe qui a triomphé dans l'Empire en 1555 lors de la paix d'Augsbourg. En France, les progrès du calvinisme, et notamment le ralliement de nombreux gentilshommes, constituent une menace directe pour la paix et l'unité du royaume. En effet, les calvinistes ne cachent pas plus que leurs adversaires leur volonté d'imposer leur croyance à l'ensemble des Français. Seules, quelques rares voix isolées s'élèveront pour prêcher la tolérance (Michel de L'Hospital, Duplessis-Mornay). Cette violence des **passions religieuses** antagonistes entraîne un déchaînement de fanatisme et de cruauté et explique la durée et l'acharnement du conflit. Seul un pouvoir royal fort aurait pu éventuellement jouer le rôle d'arbitre. Or à Henri II mort accidentellement en juillet 1559 succède son fils aîné François II qui n'a que seize ans et qui, malade, meurt après dix-huit mois de règne (décembre 1560). Son frère Charles IX (1560-1574) n'ayant que onze ans à son avènement, le pouvoir est d'abord exercé par sa mère la régente Catherine de Médicis qui soutient la politique d'apaisement du chancelier Michel de L'Hospital (mais le colloque de Poissy, en septembre 1561, ne permet pas le rapprochement escompté entre les représentants des deux confessions). En même temps, elle joue sur la rivalité du parti catholique qui s'organise derrière le connétable de Montmorency et le duc François de Guise, et du parti protestant, avec Condé et Coligny. Jeu dangereux, car les deux partis, en fait, se renforcent peu à peu, grossis notamment de tous les gentilshommes que la paix du Cateau-Cambrésis condamne à l'inaction et qui se constituent en clientèles des grands dont ils épousent les convictions religieuses et les ambitions. Jeu dangereux aussi, car François de Guise en conclut que le parti catholique ne peut compter sur le pouvoir royal et doit extirper lui-même l'hérésie : le massacre de protestants à Wassy, en Champagne, par les hommes de Guise marque le début de la lutte armée (1ᵉʳ mars 1562).

Le déchaînement de la guerre civile et l'incapacité de Charles IX, puis d'Henri III (1574-1589) à y mettre fin démontrent la **faiblesse de l'autorité royale** face aux chefs des partis en présence. Dans ces conditions, Henri de Guise, dit le Balafré, fils de François, peut à partir de 1585 songer à substituer, sur le trône de France, sa famille à la race « dégénérée » des Valois : les Guise-Lorraine, descendants de Charlemagne, sont seuls capables, selon lui, d'en finir avec les hérétiques. Ainsi, la religion sert de paravent à l'ambition politique. De même, les événements favorisent le réveil des autonomies provinciales ou locales, tenues en bride au temps de François Iᵉʳ et d'Henri II. Les gouverneurs de certaines provinces, souvent soutenus par les états provinciaux, se conduisent en chefs quasi indépendants, Montmorency en Languedoc, Mayenne en Bourgogne, Mercœur en Bretagne. Par ailleurs, la crise d'autorité et les besoins financiers nés de la guerre expliquent la fréquente réunion des états généraux (1560, 1561, 1576, 1588), sous la pression de l'un ou l'autre des partis : les états font preuve d'une audace croissante, mais n'ayant ni périodicité régulière, ni attributions définies, ils ne peuvent contribuer à la solution de la crise. Celle-ci s'aggrave encore du fait des **interventions de l'étranger.** Les calvinistes font appel à différentes reprises à l'Angleterre et aux princes protestants allemands qui envoient des troupes (reîtres et lansquenets). De son côté, Philippe II appuie directement la Ligue catholique lors de la dernière phase du conflit.

Enfin, les **difficultés économiques** viennent s'ajouter à la crise politique. Elles résultent d'abord de la hausse des prix, générale dans toute l'Europe, mais aussi d'une série de crises de subsistances et surtout des effets directs et indirects de la guerre civile : les méfaits des gens de guerre laissant derrière eux la ruine, la peste et la mort, l'augmentation des impôts royaux et seigneuriaux, la baisse de la production agricole et artisanale, la ruine du commerce. Ainsi s'explique le durcissement des tensions sociales. Si les grandes familles aristocratiques et quelques riches financiers, marchands et officiers, profitent de la situation, par contre le clergé, spolié et accablé de *dons gratuits, la petite noblesse campagnarde et les masses populaires urbaines et rurales sont les victimes de cette longue crise. La population elle-même, qui a continué à croître depuis la fin du XVᵉ siècle, tend à reculer à partir des années 1570-1580.

Les premières guerres de Religion (1562-1584) – Entre 1562 et 1598, l'historiographie traditionnelle compte huit guerres successives, coupées de trêves plus ou moins longues. Jusqu'en 1572, la lutte sur le terrain tourne au désavantage des protestants (défaites de Dreux en 1562, de Jarnac et de Moncontour en 1569), cependant que les principaux chefs des deux camps disparaissent de mort violente, soit au combat (Antoine de Bourbon en 1562, Montmorency en 1567), soit assassinés (François de Guise en 1563, Condé en 1569). Pourtant, les protestants obtiennent des édits de pacification qui leur sont favorables, notamment l'édit de Saint-Germain qui, en 1570, leur accorde la liberté de conscience, la liberté de culte (dans deux villes par bailliage et chez les seigneurs hauts justiciers) et la possession, en garantie, de quatre places de sûreté pour deux ans (La Rochelle, Cognac, La Charité, Montauban). Bien plus, au lendemain de l'édit de Saint-Germain, Charles IX, soucieux d'avoir une politique personnelle, fait entrer au conseil du roi l'amiral de Coligny, chef du parti huguenot, qui préconise une politique anti-espagnole et une intervention aux Pays-Bas. A l'été 1572, Catherine de Médicis, qui sent le pouvoir lui échapper, se rapproche du jeune Henri de Guise, soucieux de venger la mort de son père. Elle réussit à convaincre Charles IX de l'existence d'un complot ourdi contre lui et à lui arracher l'ordre d'exécution des principaux chefs huguenots réunis à Paris pour le mariage d'Henri de Bourbon-Navarre, fils d'Antoine de Bourbon et de Jeanne d'Albret, avec Marguerite, sœur du roi. C'est le massacre de **la Saint-Barthélemy,** le 24 août 1572, qui fait 3 000 victimes à Paris, dont Coligny, et qui est suivi de massacres semblables dans plusieurs villes de province (Lyon, Bordeaux, Rouen, Orléans, Angers, etc.). Ce crime voulu par Catherine de Médicis et Henri de Guise et approuvé par Charles IX (qui ne s'en remet pas et meurt deux ans plus tard), ne résout rien, au contraire. Les protestants exaspérés sentent le besoin de mieux structurer le parti huguenot, doté désormais d'un gouverneur général et protecteur des Églises réformées (ce sera bientôt Henri de Navarre) et d'une armée quasi permanente. Quant à Henri de Guise, dit le Balafré depuis une blessure reçue en 1575, il tire parti de l'effacement du pouvoir royal, en dépit du sens politique de Catherine, puis d'Henri III, et fait figure de chef du parti catholique. Entre les deux, les catholiques modérés, désireux de se démarquer de Guise et de trouver un accord avec les protestants, constituent le parti des « politiques » ou des « malcontents », dominé par le dernier fils d'Henri II, François, duc d'Alençon, malheureusement ambitieux et brouillon. Après une nouvelle guerre indécise, l'édit de Beaulieu (1576) donne satisfaction aux protestants en élargissant la liberté de culte et en portant à huit le nombre de leurs places de sûreté. Vers 1580, un équilibre semble atteint entre les **deux partis** en présence, la Ligue catholique, créée dès 1576, et l'Union calviniste, chacun d'eux s'organisant en État quasi indépendant sur les parties du territoire national qu'il contrôle.

La crise de 1584-1598 – La mort de François d'Alençon, le 10 juin 1584, remet cet équilibre en question. En effet, Henri III n'ayant pas d'enfant et peu de chances d'en avoir un, son héritier est désormais **Henri de Bourbon,** roi de Navarre, descendant du dernier fils de Saint Louis. La perspective de voir un protestant monter sur le trône de France répugne à la très grande majorité des Français et amène les Guise (le duc Henri et ses frères le duc de Mayenne et le cardinal de Lorraine) à signer avec Philippe II le traité de Joinville (décembre 1584) aux termes duquel le roi d'Espagne promet d'aider financièrement la Ligue à écraser en France le parti protestant. Henri III semble d'abord accepter le programme de **la Ligue** qui réclame le rétablissement de l'unité religieuse, la réunion régulière des états généraux, l'allégement du fardeau fiscal et des dépenses de la cour. Vainqueur des protestants à Auneau, en Beauce, en novembre 1587, Henri de Guise entre en vainqueur dans la capitale le 9 mai 1588, en dépit de l'interdiction du roi. La population parisienne, farouchement ligueuse et entretenue dans ses sentiments par la prédication des moines mendiants, acclame le Balafré et, à l'issue de la journée des Barricades, le 12 mai, force Henri III à s'enfuir de sa capitale pour rejoindre Chartres, puis Blois. C'est dans cette dernière ville qu'il réunit les états généraux en octobre, puis convoque le duc de Guise qu'il fait assassiner par ses gardes le 23 décembre 1588, ainsi que le cardinal de Lorraine le lendemain. Ce double assassinat déchaîne contre le roi toute la France ligueuse. A Paris, le comité des Seize, formé de ligueurs fanatiques, presque tous hommes de loi, avocats ou procureurs au parlement, confie au duc de Mayenne la lieutenance générale du royaume, cependant que la Sorbonne délie les sujets de leur devoir d'obéissance au roi. Celui-ci se rapproche alors d'Henri de Navarre, et leurs forces conjointes mettent le siège devant Paris. Mais le 1er août 1589, à Saint-Cloud, le jacobin Jacques Clément poignarde le roi qui meurt quelques heures plus tard, après avoir reconnu le roi de Navarre comme son successeur.

Celui-ci, devenu **Henri IV**, a beau promettre de maintenir la religion catholique et d'étudier la possibilité de se convertir, même les catholiques royaux restés fidèles à Henri III l'abandonnent. Le nouveau roi doit donc envisager la conquête de son royaume à la tête des troupes protestantes. Il bat à deux reprises le duc de Mayenne en Normandie (Arques, septembre 1589; Ivry, mars 1590) et revient assiéger **Paris,** mais doit lever le siège à l'approche de Mayenne et de renforts espagnols (avril-septembre 1590). Cependant, dans la capitale, des dissensions ne tardent pas à se faire jour entre les ligueurs. Si tous sont d'accord pour refuser un roi hérétique, les uns, peu nombreux, sont prêts à accepter un prince étranger (l'infante Isabelle, fille de Philippe II et petite-fille d'Henri II, ou le duc de Savoie), d'autres souhaitent un prince français (le cardinal de Bourbon, oncle d'Henri IV, un moment reconnu comme roi, mais qui meurt en janvier 1593, ou le duc de Mayenne, ou son neveu le jeune duc de Guise). Mais les Seize, extrémistes et démagogues, entretiennent l'agitation et exercent même, un moment, une véritable terreur. Des états généraux réunis à Paris par Mayenne refusent en avril 1593 la solution espagnole, par référence à la loi salique, mais surtout par sursaut national. Or, le 25 juillet 1593, Henri IV abjure le protestantisme et, le 27 février 1594, se fait sacrer à Chartres. Désormais, ce qu'il n'avait pu obtenir par les armes devient possible, sinon facile, la lassitude aidant : Paris lui ouvre ses portes le 22 mars 1594 et, en province, les ralliements se multiplient, les uns sincères, les autres négociés et achetés. Le dernier rallié, en mars 1598, est le duc de Mercœur, un cousin des Guise, gouverneur de Bretagne. Quant aux Espagnols, Henri IV les bat à Fontaine-Française, en Bourgogne, le 5 juin 1595, et, en septembre 1597, leur reprend Amiens dont ils s'étaient emparés six mois plus tôt.

La fin des troubles (1598) – Le 2 mai 1598, le **traité de Vervins** rétablit la paix avec l'Espagne, en confirmant les clauses du traité du Cateau-Cambrésis. Quelques jours plus tôt, le 13 avril, Henri IV, à la suite de longues négociations avec ses anciens coreligionnaires, a signé **l'édit de Nantes.** On désigne sous cette expression, outre l'édit proprement dit, deux groupes d'articles secrets signés le 2 mai. Ces textes, qui reprennent certaines stipulations d'édits antérieurs, accordent aux protestants la liberté de conscience et la liberté de l'exercice public de la « religion prétendue réformée » (l'expression est significative); toutefois, cette liberté est assortie d'importantes restrictions, puisque le culte n'est permis que dans deux villes par bailliage et dans les demeures des seigneurs hauts-justiciers. Par ailleurs, l'accession à tous les emplois est garantie aux protestants, et des chambres mi-parties sont instituées dans six parlements. Ainsi se trouve créée une situation profondément originale dans l'Europe d'alors, puisque la France devient un État où, théoriquement et légalement, cohabitent sur un pied d'égalité sujets catholiques et sujets réformés, bien que le catholicisme romain reste la seule religion officielle. Cependant, l'octroi aux protestants de 151 places fortes pour leur permettre d'imposer éventuellement leurs droits, la violente opposition des parlements à l'enregistrement de l'édit, les résistances acharnées des milieux catholiques les plus divers, le mécontentement de nombreux huguenots montrent bien que l'édit de Nantes est un geste de réalisme politique de la part d'Henri IV imposant son arbitrage, et non pas la traduction d'un véritable climat de tolérance. Du moins mettait-il fin à près de quarante ans de guerre civile et allait-il permettre aux quelque 1 200 000 protestants que compte le royaume en 1601 et qui sont répartis en 741 « églises » (dont 68 en Ile-de-France, 51 en Normandie et tout le reste au sud de la Loire) d'exercer en paix leur religion.

L'ANGLETERRE D'ÉLISABETH Iʳᵉ (1558-1603)

Le gouvernement d'Élisabeth et l'établissement de l'anglicanisme – Fille d'Henri VIII et d'Anne Boleyn, Élisabeth, conformément au testament de son père, succède à sa demi-sœur Marie, morte sans enfant. Son règne de 45 ans correspond à l'une des périodes les plus glorieuses de l'histoire de l'Angleterre, que symbolisent le nom de Shakespeare et la victoire sur l'Armada. Par ailleurs, habile à orchestrer de son vivant sa propre popularité, **Élisabeth** a laissé une réputation dépassant sans doute ses mérites. Très avide de gouverner par elle-même (peut-être est-ce la raison de son célibat qui n'exclut pas de nombreuses liaisons), la reine s'appuie sur son conseil privé où jouent successivement un rôle important William Cecil et son fils Robert, Nicolas Bacon, les favoris Leicester et Essex (exécuté en 1601); mais elle se réserve toujours le pouvoir de décision. Par ailleurs, elle tire parti du déclin relatif de la haute aristocratie dont la richesse est fortement ébranlée par la hausse des prix qui dévalue ses revenus fixes et dont l'influence politique et sociale est diminuée d'autant. De plus, une nouvelle révolte de l'aristocratie du Nord, en 1569-1570, donne à la reine l'occasion d'exercer une terrible répression : nombreuses exécutions, confiscation et démembrement des plus grands domaines. Quant au parlement, elle réussit à ne le convoquer que treize fois en quarante-cinq ans et pour des sessions généralement brèves : les confiscations, les revenus du domaine royal, le profit des douanes (en forte augmentation du fait de l'essor du commerce maritime) lui assurent, en dépit de l'accroissement des dépenses militaires, des revenus à peu près suffisants. Il est vrai que la reine sollicite aussi le parlement pour résoudre le problème religieux.

Soucieuse d'unité et de concorde, elle se montre d'abord prudente, cherchant une solution de compromis entre catholicisme et calvinisme. Dès 1559, le parlement vote l'Acte de suprématie qui soumet **l'Église** à l'autorité de la reine et l'Acte d'uniformité qui rétablit, avec de légères modifications, le Livre de prières d'Édouard VI. La plupart des évêques ayant refusé de prêter le serment qu'implique l'Acte de suprématie, de nouveaux évêques sont nommés qui, Parker, archevêque de Canterbury, en tête, préparent la rédaction des Trente-Neuf Articles qui sont votés par le parlement en 1563. Aux termes de ce texte, la liturgie et la hiérarchie restent proches du catholicisme (tout en abandonnant l'usage du latin, le culte des images et le célibat des prêtres), mais le dogme est nettement calviniste : justification par la foi, autorité de la seule Bible, rejet des sacrements sauf deux, baptême et eucharistie. *Excommuniée et déposée par le pape en 1570, la reine se décide à ratifier la déclaration des Trente-Neuf Articles et à déclencher des persécutions contre les opposants calvinistes et catholiques. Les calvinistes anglais, très proches de John Knox et des presbytériens écossais, veulent « épurer » l'Église anglicane, d'où le nom de puritains qui leur est bientôt donné : ils réclament l'élimination de la liturgie papiste et de la hiérarchie épiscopale et mettent l'accent sur la prédestination. Une Haute Commission ecclésiastique est créée qui suspend de leurs fonctions et même, dans certains cas, condamne à mort et fait exécuter les membres de l'Église anglicane refusant d'adhérer explicitement aux Trente-Neuf Articles. Cette rigueur envers les calvinistes s'accroît après 1590. La persécution contre les catholiques est plus vive encore. A partir de 1570, les papistes font figure de traîtres en puissance. Les complots autour de Marie Stuart et la politique de Philippe II contribuent à entretenir dans l'opinion l'obsession d'une conspiration catholique, en dépit des activités purement spirituelles déployées par les missionnaires jésuites formés spécialement sur le continent et entrant clandestinement dans le pays pour encadrer les catholiques. A partir de 1584, tout prêtre catholique arrêté en Angleterre est passible de la mort et, entre 1577 et 1603, quelque 200 prêtres et laïcs sont exécutés.

Le développement économique et l'évolution de la société anglaise – La seconde moitié du siècle est marquée par un très grand développement économique. La **population** de l'Angleterre (Galles exclu), dont la croissance a commencé dès Henri VII, passe de 3 millions d'habitants en 1551 à 4,11 millions en 1601, soit une croissance de 37 % en 50 ans qui s'explique par une importante fécondité et surtout par une mortalité inférieure à ce qu'elle est sur le continent : les mauvaises récoltes et les crises de subsistances sont peu fréquentes et peu graves (sauf en 1556-1558 et en 1594-1597), les épidémies de peste plus rares et relativement moins meurtrières qu'ailleurs (sauf en 1563 et en 1603). Cette population reste pour les quatre cinquièmes rurale, mais la croissance de Londres constitue un des faits majeurs de l'époque. L'agriculture n'évolue que lentement; toutefois les forêts reculent devant les défrichements; le mouvement des *enclosures, amorcé sous Henri VII, se poursuit, mais de façon encore limitée du fait de l'opposition des petits tenanciers menacés d'éviction et de l'hostilité du gouvernement. Sans progrès techniques notables, **l'agriculture** anglaise réussit à faire face à la demande accrue née de la croissance démographique. En même temps, les **industries** dispersées dans les campagnes sont en pleine expansion et, au-delà des besoins locaux, travaillent pour l'exportation : houillères du Tyneside, forges au bois des forêts du Sussex et du Weald, industries textiles (draps et toiles) de l'East Anglia et du Sud-Ouest. La gentry domine la vie rurale : elle est formée de gentilshommes gérant leurs domaines avec soin et destinant leurs fils cadets à l'industrie, au commerce ou à une carrière d'homme de loi pouvant conduire au parlement. Les riches fermiers, les petits propriétaires (yeomen), les tenanciers constituent la paysannerie moyenne, très au-dessus de la masse des journaliers ou des paysans chassés de leur terre et sans emploi.

La plupart des villes ne connaissent qu'un essor modéré. Bristol, York, Exeter, Newcastle, Norwich n'ont guère plus de 15 000 ou 20 000 habitants, mais elles sont très actives. Les marchands-fabricants et les grands négociants et armateurs y jouent un rôle de premier plan : ils sont les moteurs et les bénéficiaires du développement économique, tenant en main l'activité industrielle des campagnes et le commerce extérieur en plein essor; de plus, ils contrôlent la vie politique et administrative locale. **Londres,** elle, connaît une croissance spectaculaire qui la fait passer de 90 000 habitants en 1563 à plus de 150 000 à la fin du règne. Capitale politique, avec Whitehall, résidence de la cour, et Westminster, siège du parlement, et attirant de ce fait une foule de nobles et d'hommes de loi, Londres joue aussi le rôle de capitale intellectuelle et culturelle, avec ses écoles et ses théâtres. Elle est enfin, et de plus en plus, une grande place commerciale, avec ses marchés spécialisés, ses compagnies de commerce (notamment la Compagnie des Indes orientales créée en 1600), son port dont le trafic rivalise avec celui d'Anvers, ses chantiers de constructions navales, sa Bourse fondée en 1566 par Thomas Gresham et appelée Royal Exchange en 1570.

Mais l'essor démographique et économique ne va pas sans **bouleversements sociaux.** L'inflation et les enclosures entraînent une aggravation du paupérisme dans les campagnes et un afflux des pauvres vers les villes. Celles-ci essaient de faire face en créant des hôpitaux, mais les vieilles formules de la charité chrétienne apparaissent insuffisantes. Des lois des pauvres, notamment celle de 1601, organisent officiellement l'assistance dans le cadre de chaque paroisse d'Angleterre, sous la responsabilité de notables et grâce à la levée d'une taxe spéciale. A l'opposé, toute une partie de la population profite de l'enrichissement né de l'essor économique, ce qui se traduit, y compris dans les classes moyennes, par une amélioration très sensible des genres de vie, en matière de logement, d'ameublement, de vêtement et surtout de nourriture plus substantielle et plus variée que nulle part ailleurs en Europe.

Les relations avec l'Irlande et avec l'Écosse – Henri VIII s'était fait proclamer solennellement roi d'**Irlande** à Dublin en juin 1541 dans l'espoir de réduire à l'obéissance les Irlandais et de leur imposer plus facilement la réforme anglicane. Mais cet espoir avait été déçu. Les choses s'aggravent avec Élisabeth dans la mesure où les Irlandais, stimulés par des missionnaires jésuites, s'opposent farouchement à l'introduction de l'anglicanisme. De plus, l'Irlande est liée à l'Espagne par d'actives relations commerciales et de vieilles traditions. Aussi l'opposition irlandaise s'allie-t-elle à Philippe II qui envisage à plusieurs reprises un débarquement espagnol en Irlande. Mais toutes les révoltes irlandaises sont écrasées, notamment la dernière en Ulster (1594-1603) à l'issue de laquelle une armée anglaise entreprend une conquête systématique de l'île. En 1603, l'Irlande semble soumise, mais le vieil antagonisme anglo-irlandais, doublé maintenant d'un antagonisme religieux, est plus irréductible que jamais.

En **Écosse**, la reine **Marie Stuart** (1542-1587) a été élevée en France par ses oncles maternels, les Guise, et mariée au dauphin François devenu en 1559 François II. Veuve en 1560, elle regagne son royaume d'Écosse où les nobles sont en pleine révolte, cependant que John Knox a fait adopter par le parlement, en 1560, le presbytérianisme. La jeune reine, catholique sincère, multiplie les imprudences et, en 1567, elle doit faire face à un soulèvement général de ses sujets. Vaincue et contrainte d'abdiquer en faveur de son fils Jacques, Marie Stuart se réfugie en Angleterre, en 1568, auprès de sa cousine Élisabeth. Traitée d'abord avec autant d'égards que de méfiance, elle se laisse impliquer dans plusieurs complots ayant pour but de la mettre sur le trône d'Angleterre à la place d'Élisabeth : mais la révolte des nobles du Nord échoue en 1569, de même que les tentatives de Philippe II pour délivrer Marie et l'utiliser aux fins de sa politique catholique. Au terme d'un asile devenu peu à peu une sévère captivité, Marie Stuart, compromise dans un dernier complot, est jugée et condamnée à mort, puis exécutée en février 1587. Pendant ce temps, sous le jeune Jacques VI, l'Écosse est tout entière gagnée au presbytérianisme.

Les relations avec l'Espagne – Les relations de l'Angleterre avec l'Espagne sont conditionnées, en grande partie, par le problème religieux, indissociable, il est vrai, dans l'esprit d'Élisabeth et plus encore de Philippe II, de la grandeur de leur pays respectif. Jusque vers 1568, les deux souverains, qui suivent non sans inquiétude les événements de France, conservent entre eux d'assez bons rapports, en dépit des premières entreprises anglaises contre le monopole espagnol en Amérique. Mais, en 1568-1572, plusieurs faits contribuent à la **détérioration** de ces rapports : le pillage du port de Veracruz, en Nouvelle-Espagne, par John Hawkins et Francis Drake, l'arrivée de Marie Stuart en Angleterre, la révolte des nobles du Nord, dans laquelle se trouve compromis l'ambassadeur d'Espagne, l'excommunication d'Élisabeth, la nouvelle expédition de pillage menée par Drake dans l'isthme de Panama. Cependant, en 1574, par le traité de Bristol, les deux puissances décident de régler leur contentieux. Ce n'est qu'une simple trêve. En 1577-1580, **Francis Drake,** muni de lettres de course, entreprend une grande expédition qui le mène, par le détroit de Magellan, sur la côte du Chili et du Pérou où il pille Callao et intercepte un convoi espagnol chargé d'or et d'argent; puis il traverse l'océan Pacifique et rentre en Angleterre par le cap de Bonne-Espérance, réalisant ainsi le second tour du monde. A son retour en 1580, Élisabeth l'arme chevalier sur le pont de son navire et éconduit l'ambassadeur espagnol venu se plaindre.

Mais à cette date, Philippe II, devenu roi de Portugal et décidé à en finir avec la révolte des Pays-Bas du Nord, veut s'assurer la maîtrise de l'Atlantique et éliminer le danger anglais. En avril 1586, avant même l'exécution de Marie Stuart, la décision est prise d'envahir l'Angleterre. Le plan retenu par Philippe II est un compromis entre celui du marquis de Santa Cruz, grand marin, et celui de Farnèse. Le premier propose l'envoi, directement depuis l'Espagne, d'un corps expéditionnaire qui envahira l'Angleterre, puis rétablira l'ordre aux Pays-Bas. Farnèse, lui, conseille de grouper des troupes nombreuses aux Pays-Bas, dont une partie servira à l'invasion de l'Angleterre. Un raid de Drake sur Cadix, au printemps 1587, retarde les préparatifs. La mort de Santa Cruz en février 1588 force Philippe II à placer à la tête de l'expédition le duc de Medina Sidonia, sans aucune expérience de la mer. L'**Invincible Armada,** comme l'a nommé lui-même le roi, quitte Lisbonne le 20 mai 1588, avec 8 000 marins et 19 000 soldats à bord de quelque 130 bâtiments. Elle fait une longue escale à la Corogne et arrive devant Calais le 6 août. Les marins anglais, sous les ordres de Hawkins, Drake, Frobisher, lancent des brûlots contre la flotte espagnole dont les gros vaisseaux, dispersés par la tempête, harcelés par les bateaux anglais plus légers, tentent de regagner l'Atlantique en contournant les îles Britanniques par le Nord. En septembre, la moitié de la flotte seulement réussit à rejoindre les côtes ibériques. Pourtant, le désastre n'a pour l'Espagne que des conséquences d'abord limitées : elle réussit à maintenir intact son système de communications avec l'Amérique (en dépit d'un heureux coup de main anglais sur Cadix en 1596). Du moins a-t-elle perdu toute chance d'abattre la puissance qui allait se révéler bientôt sa rivale victorieuse. En 1585, trois ans avant la victoire sur l'Armada, sir Walter Raleigh a pris pied sur la côte nord-américaine et baptisé Virginie, en hommage à la reine vierge, la petite colonie qu'il fonde dans l'île Roanoke, établissement éphémère, mais gros d'avenir puisque à l'origine de l'emprise anglaise sur l'Amérique du Nord.

L'ESPAGNE DE PHILIPPE II (1556-1598)

La puissance de Philippe II – Bien que Charles Quint n'ait laissé à son fils en 1556 ni les domaines autrichiens ni la couronne impériale, Philippe II n'en est pas moins le plus puissant souverain de son temps. En dehors de l'**Espagne,** il possède les Pays-Bas et la Franche-Comté, ce qui lui permet de continuer à menacer virtuellement la France. Il domine la péninsule italienne puisqu'il y possède au nord le Milanais, au sud les royaumes de Naples et de Sicile. Hors d'Europe, les trois quarts de l'Amérique sont espagnols, de même que l'archipel des Philippines. Cette puissance se trouve encore accrue en 1580. A cette date s'ouvre la succession portugaise par la mort en janvier 1580 du dernier roi Aviz, Henri le Cardinal, cousin et successeur dix-huit mois plus tôt du roi Sébastien tué au Maroc en 1578. Philippe II, fils et petit-fils de princesse Aviz, revendique la couronne, contre les prétentions du prieur Antoine de Crato. Celui-ci est soutenu par la plus grande partie de la population attachée à l'indépendance nationale, mais Philippe II a su se gagner les principaux notables et négociants. Une armée espagnole entre au **Portugal** et bat les partisans d'Antoine de Crato, ce qui permet à Philippe II de se faire proclamer roi du Portugal. Il ne s'agit que d'une union personnelle des deux couronnes et le roi a promis de respecter les libertés portugaises. Du moins se trouve ainsi réalisée l'union non seulement de la péninsule ibérique, mais encore des deux plus grands empires coloniaux alors existants. En venant s'installer avec tout son gouvernement à Lisbonne, Philippe II semble vouloir faire du grand port portugais le centre de la domination ibérique sur le monde. Mais dès 1582, il quitte Lisbonne pour Madrid et la Castille, choix gros de conséquences pour l'avenir.

Né en Espagne où il demeure presque constamment après 1559 (sauf en 1580-1582), retiré à la fin de sa vie au palais de l'Escurial, **Philippe** est profondément religieux et conscient de ses devoirs. Secret et prudent jusqu'à l'irrésolution, il s'occupe de tout et prend seul toutes les décisions, « araignée au centre de sa toile ». Il s'appuie pour gouverner sur les membres du conseil et les secrétaires du roi qui sont presque tous castillans, notamment le duc d'Albe, le comte de Feria, le marquis de Velada; font exception le Franc-Comtois Granvelle et les Portugais Gomez de Silva et Moura. Souverain quasi absolu, Philippe II se donne pour buts le renforcement de l'unité politique et religieuse de l'Espagne et la défense des intérêts espagnols dans toute l'Europe, de la mer du Nord à la Méditerranée, bientôt confondue avec la défense même du catholicisme menacé à la fois par les protestants et par les Turcs. Ainsi s'expliquent, non sans une constante ambiguïté née de cette confusion, ses relations avec l'Angleterre, ses interventions en France, sa participation à la lutte contre les Turcs, notamment lors de la victoire chrétienne de Lépante en 1571. Il est vrai que le roi dispose de moyens à la hauteur de telles ambitions. L'argent du Potosi arrive en Espagne par tonnes depuis 1545, et le roi qui prélève le cinquième sur les arrivages (le produit de ce « quint » triple au cours du siècle) peut ainsi faire face partiellement aux énormes dépenses qu'entraînent une diplomatie très active et surtout l'entretien de la meilleure armée et de la meilleure flotte d'Europe. Toutefois, ces dépenses sont telles qu'en dépit d'une hausse constante des impôts, le roi est contraint à la banqueroute à trois reprises (1557, 1575, 1597).

Le renforcement de l'unité espagnole – **Unité politique** et unité religieuse sont inséparables. En 1561, la capitale de l'Espagne est fixée à Madrid où viennent s'installer la cour et les organes du gouvernement et qui détrône ainsi Valladolid et Tolède. Les cortès de Castille votent sans protester, sinon pour la forme, tous les subsides qui leur sont demandés. Les cortès d'Aragon sont plus rarement réunis. Toutefois, l'émeute de Saragosse en 1591 prouve la survivance d'un nationalisme aragonais : les habitants de la ville estimant leurs privilèges violés se soulèvent au cri de « Liberté ». L'armée castillane entre à Saragosse et rétablit l'ordre. Mais Philippe II use de modération et, tout en renforçant discrètement son contrôle sur le pays, maintient l'essentiel des libertés aragonaises.

Par contre, l'extirpation de toutes les **dissidences religieuses** est poursuivie sans ménagements. Dès le début du règne, un certain nombre de chrétiens suspects de luthéranisme (mais sans doute plus érasmiens que vraiment luthériens) sont condamnés par le tribunal de l'Inquisition et livrés au bras séculier qui les fait exécuter par le feu au cours d'autodafés spectaculaires, notamment en 1559-1561. Les *conversos,* juifs officiellement convertis pour échapper à l'expulsion, sont également victimes de l'Inquisition. De plus, de nombreux corps ou communautés, ecclésiastiques ou laïcs, adoptent des statuts de « pureté de sang » qui exigent de leurs membres de faire la preuve que leur lignage est pur de sang juif ou maure depuis trois ou quatre générations. Restent les morisques, c'est-à-dire les habitants musulmans du royaume de Grenade qui, eux aussi, ont été placés en 1502, puis en 1520-1525, devant le choix de la conversion au christianisme ou de l'exil; la plupart ont choisi la conversion, mais une conversion de façade, se refusant à toute assimilation et restant fidèles à de nombreux usages islamiques. C'est pourquoi l'Église multiplie les tracasseries à leur égard. En 1566, Philippe II décide d'interdire l'usage de la langue arabe et du costume traditionnel. Ces mesures provoquent un soulèvement général qui éclate d'abord à Grenade le jour de Noël 1568. Les insurgés sont bientôt au nombre de 150 000, dont 45 000 en armes tiennent le massif de la Alpujarra, proche de la mer par où Barbaresques et Turcs sont susceptibles de leur apporter de l'aide. La révolte n'est difficilement écrasée par don Juan d'Autriche, demi-frère du roi, qu'en 1571. A l'issue de cette guerre de Grenade, Philippe II décide la dispersion des morisques dans toute la Castille, croyant faciliter ainsi leur assimilation. Plus de 50 000 d'entre eux sont ainsi déportés dans des conditions dramatiques.

L'évolution de l'économie et de la société espagnoles – Le règne de Philippe II s'inscrit tout entier dans ce que l'on a appelé le siècle d'or espagnol, qui va de 1530 environ aux années 1640. L'expression vise non seulement l'éclat de la **civilisation** (Thérèse d'Avila, Jean de la Croix, Cervantès, le Greco), mais aussi la **prospérité économique** (au moins jusque vers 1590). Cette prospérité est surtout le fait de la Castille, l'Aragon et la Catalogne traversant une période d'effacement relatif et les régions de Grenade et de Valence subissant le contrecoup de la dispersion des morisques. Certes, les épidémies de peste (notamment en 1597-1602) et les crises de subsistances constituent des menaces permanentes. Mais la production céréalière est généralement suffisante pour nourrir les 8 millions d'habitants que compte l'Espagne, même si en cas de disette il faut faire venir du blé de Sicile. L'élevage des moutons est une autre grande richesse dont tire surtout profit la Mesta, puissante compagnie des grands propriétaires des troupeaux de Castille. La laine est soit transformée sur place (Ségovie, Tolède), soit exportée vers la Flandre ou l'Italie. D'autres industries sont également importantes, la soie et les tapisseries (Séville), les armes et les bijoux (Tolède), les meubles et les cuirs (Cordoue). Enfin, le grand commerce maritime avec l'Europe et avec l'Amérique fait la prospérité de Cadix et de Séville. Cette activité industrielle et commerciale enrichit une bourgeoisie peu nombreuse, mais très active. La noblesse, plus nombreuse qu'en France ou en Angleterre, a perdu une partie de son pouvoir politique, mais tire puissance et richesse de ses grands domaines fonciers ; les cadets ou les moins riches servent dans l'armée ou vont faire carrière en Amérique. Le clergé, surtout régulier, est lui aussi très nombreux et a une influence considérable sur la population.

Mais contrairement à l'époque de Charles Quint où l'Espagne était ouverte aux courants venus du reste de l'Europe, la **société** espagnole tend à se figer et à se replier sur elle-même. La notion de « pureté de sang », au profit des « vieux chrétiens », se généralise. Les groupes sociaux se ferment sur eux-mêmes, ce qui exclut toute mobilité sociale. L'État et l'Église surveillent étroitement imprimeurs et libraires et contrôlent l'opinion. Mais en même temps que l'Espagne tend ainsi à se fermer aux influences extérieures, la civilisation du siècle d'or rayonne sur toute l'Europe.

La révolte des Pays-Bas – Plus encore que face à l'Angleterre, c'est aux **Pays-Bas** que Philippe II connaît son plus grave échec. Les 17 provinces de l'héritage bourguignon s'étendent de la Frise au nord à l'Artois et au Luxembourg au sud, en passant par la Hollande, la Zélande, le Brabant, la Flandre, le Hainaut. Chaque province a ses propres états provinciaux et jouit d'une large autonomie. Mais il existe des institutions communes, notamment des états généraux, et Charles Quint a renforcé ce gouvernement central de Bruxelles en établissant gouvernante sa tante, puis sa sœur et en créant trois conseils. De plus, il a sévèrement réprimé en 1540 la révolte des Gantois cherchant à défendre leur autonomie municipale. Pendant toute la première moitié du siècle, l'ensemble des Pays-Bas connaît toujours une grande **prospérité,** avec l'élevage du mouton et des bovins, la pêche en mer du Nord, l'industrie des draps, de la toile, de la tapisserie, la métallurgie à Namur et à Liège (l'évêché de Liège ne relève pas, il est vrai, des Pays-Bas, mais directement de l'Empire). Anvers est le port le plus actif de tout le continent, où une partie des trésors d'Amérique s'accumule et se redistribue. Mais Philippe II, souverain espagnol, ne tarde pas à attiser le mécontentement. En 1559, il décide de ne plus réunir les états généraux et nomme gouvernante sa demi-sœur Marguerite de Parme qui prend pour principal conseiller un étranger, le Franc-Comtois Granvelle nommé évêque de Malines. Au mécontentement des nobles furieux d'être écartés du pouvoir, s'ajoute celui de la bourgeoisie, qui se plaint de l'aggravation du fardeau fiscal, et de tous les dissidents religieux (luthériens, calvinistes, anabaptistes) victimes d'une répression qui a commencé dès les années 1520, mais se fait beaucoup plus dure après 1555.

La **révolte** éclate en 1566 lorsque deux des plus grands seigneurs des Pays-Bas, le comte d'Egmont et Guillaume de Nassau, prince d'Orange, dit le Taciturne, s'unissent, par le compromis de Bréda, à un certain nombre de nobles calvinistes pour réclamer de Marguerite de Parme la suspension des édits contre les hérétiques. Ils sont éconduits et traités de gueux par l'entourage de la gouvernante. La révolte gagne les ouvriers du textile dont certains s'en prennent aux églises et aux monastères, brisant images et statues (iconoclasme), au grand scandale d'une opinion demeurée majoritairement catholique. Décidé à ne pas céder, Philippe II envoie en 1567 le duc d'Albe à la tête d'une importante armée. Albe mène une répression impitoyable : un conseil des Troubles, dit conseil de sang, multiplie les exécutions (notamment celles des comtes d'Egmont et de Hornes), des impôts écrasants frappent la population, cependant que les troupes recrutées par les Gueux sont mises en déroute. En 1570, Philippe, jugeant ses objectifs atteints, proclame un « grand pardon ». Mais en 1572, un petit groupe de calvinistes réfugiés à l'étranger, les Gueux de mer, s'emparent du port de Brielle, prenant ainsi le contrôle des bouches de l'Escaut et du Rhin; en même temps, des soulèvements éclatent un peu partout dans les provinces du Nord et Guillaume d'Orange, converti au calvinisme, est bientôt reconnu comme stathouder (gouverneur) par les deux provinces de Hollande et de Zélande. En 1576, le sac d'Anvers par les troupes espagnoles, impayées et mutinées, provoque l'exaspération des catholiques des provinces du Sud (Brabant, Hainaut, Flandre, Artois) qui signent avec Guillaume d'Orange la pacification de Gand (novembre 1576). Ce texte consacre l'union de toutes les provinces des Pays-Bas pour la reconquête des libertés traditionnelles, le départ des troupes espagnoles, l'application de la tolérance religieuse. Mais l'union est de courte durée : en effet, certaines maladresses du Taciturne et surtout l'intolérance des calvinistes effraient les catholiques. En janvier 1579, les députés des états d'Artois et de Hainaut signent l'Union d'Arras et les calvinistes des provinces du Nord, ainsi que de quelques villes du Sud (Anvers, Gand, Bruxelles) répliquent, quelques jours plus tard, par l'Union d'Utrecht qui, en 1581, prononce la déchéance de Philippe II et proclame la république des Provinces-Unies. Alexandre Farnèse, duc de Parme, que Philippe a nommé gouverneur en 1578, exploite habilement la situation : il s'appuie sur les provinces restées catholiques en leur accordant la paix d'Arras (mai 1579), puis, entre 1580 et 1585, assure la reconquête définitive des Pays-Bas méridionaux par une série de victoires militaires (prise d'Anvers, 1585).

Toutefois, malgré l'assassinat de Guillaume d'Orange en 1584, les **provinces du Nord** continuent à lutter pour leur indépendance sous la conduite de Maurice de Nassau, fils du Taciturne. La mort de Farnèse en 1592 et la guerre que l'Espagne mène en France entre 1595 et 1598 leur facilitent la tâche et elles signeront avec Philippe III en 1609 la trêve de Douze Ans qui consacre, en fait, sinon en droit, l'existence des Provinces-Unies. En 1598, peu de temps avant de mourir, Philippe II décide de donner le gouvernement des Pays-Bas, réduits aux provinces catholiques du Sud, à sa fille Isabelle (qui épousera l'année suivante l'archiduc Albert). Ainsi se trouvent consacrées une division que rien, vers 1560, ne laissait prévoir et la constitution de deux nouveaux États : l'un, au nord, indépendant et majoritairement protestant, l'autre, au sud, autonome sous tutelle espagnole et resté ou redevenu catholique.

7

L'AFRIQUE, L'ASIE ET L'AMÉRIQUE AUX XVIᵉ ET XVIIᵉ SIÈCLES

L'Empire ottoman s'étend, aux XVIᵉ et XVIIᵉ siècles, de la Hongrie à l'Égypte, de la Mésopotamie aux États barbaresques d'Afrique du Nord, faisant peser une menace constante à l'est sur l'Iran chiite, à l'ouest sur l'Europe chrétienne. Pendant ce temps, directement ou indirectement, les Européens commencent à étendre leur domination sur la plus grande partie du monde. L'Afrique noire est victime des débuts de la traite négrière vers les colonies américaines. L'Inde des Grands Moghols et la Chine des Ming, puis des Tsing, s'ouvrent plus ou moins au commerce européen dominé d'abord par les Portugais, puis par les Hollandais, ensuite par les Anglais et les Français. Seul, le Japon se replie totalement sur lui-même au début du XVIIᵉ siècle. Enfin, le Nouveau Monde est exploité directement par les Espagnols en Amérique centrale et méridionale, par les Portugais au Brésil, puis, au XVIIᵉ siècle, par les Français et les Anglais aux Antilles et en Amérique du Nord.

L'EMPIRE OTTOMAN, LA PERSE ET L'AFRIQUE

L'Empire ottoman – Au début du XVIe siècle, les Ottomans, déjà maîtres de l'Asie Mineure et de la péninsule des Balkans, s'étendent en quelques années au Moyen Orient en s'emparant de l'Arménie (1513), de la Syrie (1516) et de l'Égypte (1517). Sélim Ier (1512-1520), dit le Cruel, prend le titre de *khalife, successeur de Mahomet. Ainsi en 1520, l'Empire turc est devenu une grande puissance territoriale dominant la Méditerranée orientale, malgré le maintien des positions vénitiennes (Chypre, Crète, Corfou). Le règne de **Soliman II** (1520-1566), dit **le Magnifique** par les Occidentaux et le Législateur par les Turcs, marque l'apogée de l'Empire ottoman, tant au point de vue de son extension territoriale que de sa puissance et de sa prospérité. Soliman s'empare de Belgrade en 1521, de Rhodes en 1522, puis, après la brillante victoire de Mohacs en 1526, de la plus grande partie de la Hongrie avec sa capitale Buda. En 1529, il met le siège devant Vienne, mais échoue. Quelques années plus tard, il se tourne vers l'Orient et attaque la Perse, s'emparant en 1534 de Tabriz et de Bagdad. En 1536, il se rapproche de François Ier (accord dit « capitulations »). Ces conquêtes successives sont réalisées par une armée remarquablement disciplinée et efficace dont le noyau reste constitué par le corps des *janissaires auquel s'ajoutent en cas de guerre des contingents féodaux. Soliman se révèle par ailleurs un grand législateur, réalisant un code remarquable de toutes les lois de l'empire. Pour assurer l'exécution de celles-ci, il dispose de fonctionnaires recrutés de la même façon que les janissaires. Au niveau le plus élevé, vizirs, pachas et beys dirigent l'administration des provinces, font rentrer les impôts, notamment ceux qui pèsent sur les sujets non convertis à l'islam, et conseillent le sultan et son grand vizir. La plupart ne sont pas Turcs, mais Grecs, Albanais ou Serbes islamisés. Sous le règne de Soliman, l'empire connaît la paix intérieure et la prospérité, les conquêtes assurant au sultan de substantiels revenus. Istanbul est, avec 400 000 habitants, la ville la plus peuplée de toute l'Europe. Capitale de l'Islam *sunnite avec ses nombreuses mosquées, c'est une grande ville cosmopolite, point d'arrivée des caravanes asiatiques, porte des Balkans, grand port fréquenté par les navires européens.

Peu de temps après la mort de Soliman, les Turcs connaissent en Méditerranée un grave **échec.** La flotte de la Sainte Ligue, constituée en 1570 par le pape Pie V et regroupant Espagne, Venise et Gênes, disperse et détruit en partie la flotte turque, le 7 octobre 1571, devant **Lépante.** Certes, les Chrétiens ne réussissent pas à exploiter leur succès et Venise perd même Chypre en 1573, mais « l'enchantement de la puissance turque est brisé » et la Méditerranée ne sera plus le théâtre que d'actions de course. De plus, en Europe centrale, les Turcs marquent le pas. Par contre, en Orient, ils s'emparent de la Géorgie et de Tiflis en 1578 et de l'Azerbaïdjan en 1585. Dans la première moitié du XVIIe siècle, les difficultés intérieures se multiplient. Des sultans trop jeunes ou sans autorité se succèdent. Des révoltes éclatent à Istanbul. Dans les provinces, plusieurs gouverneurs se considèrent comme pratiquement indépendants. Le corps des janissaires est en pleine décomposition. Heureusement, en Europe centrale, le Habsbourg est trop accaparé par la guerre de Trente Ans pour pouvoir exploiter la situation. A partir de 1656, deux grands vizirs énergiques, les Köprülü père et fils, arrêtent pour une vingtaine d'années l'anarchie et opèrent un redressement spectaculaire, mais éphémère : réorganisation des janissaires, rétablissement de l'ordre dans les provinces, invasion de la Transylvanie (1661) et de la Hongrie royale (mais stoppée à Saint-Gotthard en 1664), prise de la Crète (1669), annexion de la Podolie enlevée aux Polonais (1672).

Mais à partir de 1676, la désorganisation intérieure reprend et même s'accélère, cependant que le **repli** commence en Europe centrale. Les Turcs, voulant profiter des difficultés de l'empereur en Hongrie royale, viennent mettre le siège devant Vienne en juillet 1683. Mais battue au Kahlenberg, l'armée turque reflue en désordre jusqu'à Belgrade. A l'instigation du pape, l'empereur, Venise, la Pologne, puis la Russie passent à l'offensive. Les Impériaux, commandés par le prince Eugène, font la reconquête de la Hongrie (Buda, 1686) et entrent à Belgrade (1688). A la suite d'une nouvelle défaite (Zenta, 1697), les Turcs signent le traité de Karlowitz (1699) : ils abandonnent à l'Autriche la Transylvanie et la Hongrie (moins le banat de Temesvar), à Venise la Morée, à la Russie Azov, à la Pologne la Podolie. Quelques années plus tard, en dépit d'une victoire sur Pierre Ier, qui leur permet de récupérer Azov (traité du Prut, 1711), ils enregistrent un nouveau recul : vaincus par le prince Eugène, ils doivent abandonner à l'Autriche par le traité de Passarowitz (1718) le banat de Temesvar, la Valachie occidentale et le nord de la Serbie avec Belgrade.

La Perse – Chah Ismaïl (1502-1524), descendant d'Ali gendre de Mahomet, est le chef des musulmans *chiites et le fondateur de la dynastie séfévide. Il unifie la Perse de l'Afghanistan à l'Euphrate et s'oppose aux Turcs *sunnites à qui il doit abandonner la Mésopotamie. Ses successeurs réussissent à maintenir un temps la poussée, mais ne peuvent empêcher ceux-ci de s'emparer de la Géorgie et de l'Azerbaïdjan. C'est avec **Chah Abbas Ier** (1587-1629), dit le Grand, que la Perse connaît l'apogée de la dynastie séfévide. Chah Abbas repousse les Ouzbeks du Turkestan (1597), puis se retourne contre les Turcs à qui il reprend Tabriz et l'Azerbaïdjan (1602), puis Bagdad et une partie de la Mésopotamie (1623). En 1622, il bat, à l'est, les troupes du Grand Moghol et s'empare de Kandahar. La même année, il chasse les Portugais d'Ormuz, avec l'aide des Anglais à qui il accorde une situation privilégiée dans le grand port du golfe Persique. Par Ormuz, remplacé bientôt par Bandar Abbas, les Anglais importent les produits européens et exportent vers l'Extrême-Orient et surtout vers l'Europe les produits persans (soieries, tapis, diamants, perles). Prince tolérant, Chah Abbas ouvre son pays non seulement aux commerçants anglais, mais aussi aux artistes et aux voyageurs de tous les pays. Ispahan est admirée comme l'une des plus belles villes du monde. La langue persane est parlée dans tout le monde musulman. La prospérité économique et la civilisation intellectuelle et artistique sont à leur comble.

Mais Chah Abbas n'a pas réussi à donner à l'État persan une structure solide et efficace, et ses **successeurs** se révèlent **incapables** de faire face aux divers dangers qui menacent la Perse. A l'ouest, les Turcs reprennent Bagdad et la Mésopotamie (1638); au nord, les Ouzbeks recommencent leurs razzias; à l'est, les Afghans s'agitent. Pendant ce temps, les Européens se disputent la première place dans le commerce persan. Les Hollandais profitant de la guerre civile anglaise se font accorder des privilèges commerciaux en 1645. Vingt ans plus tard, la Compagnie française des Indes orientales obtient les mêmes avantages et, en 1683, Louis XIV est reconnu comme protecteur des chrétiens vivant dans l'Empire perse.

L'Afrique du Nord – En 1518, le corsaire turc Khayr-al-Din, dit Barberousse place l'Algérie sous le protectorat du sultan Sélim Iᵉʳ et fait de même de Tunis en 1534. Mais occupée par les Espagnols à partir de 1535, Tunis ne retombe sous le protectorat ottoman qu'en 1571 et devient alors la capitale de la régence de Tunis. En 1551, un autre corsaire turc, Dragut, s'est emparé de Tripoli dont il a fait le chef-lieu d'une province ottomane. Ainsi, à la fin du XVIᵉ siècle, **les trois régences de Tripoli, de Tunis et d'Alger** sont théoriquement des provinces de l'Empire turc. En fait, l'éloignement d'Istanbul aboutit à rendre pratiquement indépendants ces États barbaresques comme on les appelle en Europe. La piraterie en Méditerranée et jusqu'en Atlantique reste leur activité essentielle qui leur procure butin et esclaves, et les diverses expéditions chrétiennes de représailles, de Charles Quint à Louis XIV, n'ont pas grand succès.

A l'ouest du Maghreb, **le Maroc** reste totalement indépendant de la Turquie. Au XVIᵉ siècle, la dynastie sa'adienne élimine les Wattasides (1554) et lutte à la fois contre les Ottomans qui, depuis Alger, cherchent un moment à conquérir le Maroc, et contre les Espagnols et les Portugais qui, depuis le XVᵉ siècle, tiennent plusieurs points des côtes méditerranéenne et atlantique. En 1578, le roi Sébastien de Portugal est vaincu et tué à la bataille de Ksar-el-Kebir (Alcazarquivir). Le plus grand souverain saadien est Al-Mançour (1578-1603). Il occupe le Touat, dans le Sud-Marocain, puis en 1591 envoie une armée conquérir la boucle du Niger et détruire l'empire Songhai. Par ailleurs, la population se transforme peu à peu par l'arrivée de nombreux morisques d'Espagne tout au long du siècle et surtout en 1609-1614, et par celle d'esclaves noirs amenés dans le Sud. A la mort d'Al-Mançour, le pays se morcelle jusqu'à ce qu'une puissante famille du Tafilalet, les Alaouites, rétablisse l'ordre et l'unité marocaine : à Moulay Rachid qui se fait proclamer sultan en 1666, succède son frère Moulay Ismaïl (1672-1727) qui, au cours de son long règne, réorganise l'armée en y incorporant des esclaves noirs, reprend Tanger aux Espagnols, mais échoue devant Ceuta et Melilla. A sa mort, éclatent de longues querelles de succession.

L'Afrique noire – En Afrique noire soudanaise, au débouché des pistes trans-sahariennes (ivoire, or, esclaves), **l'empire Songhaï** profite de la décadence de l'empire Mali et se constitue peu à peu à partir de 1450 environ, dans la vallée du Niger, autour de Gao comme capitale politique et de Tombouctou comme grand centre de culture islamique. Mais cette vaste formation est plus fragile que les petits États à base purement ethnique (tels le Bénin ou les Peuls du Sénégal), ce qui explique sa destruction par les Marocains entre 1591 et 1605. Quant à l'empire du Bornou, dans la région entourant le lac Tchad, il connaît son apogée dans la seconde moitié du XVIe siècle. En Afrique orientale et centrale, se constituent aussi de grands États liés à des trafics commerciaux à grande distance (ivoire, cuivre du Shaba, or du Zimbabwe), mais leur existence est souvent éphémère.

Le fait majeur de l'histoire de l'Afrique noire aux XVIe et XVIIe siècles est l'existence d'un double courant de **traite d'esclaves**. L'un, ancien, est aux mains des marchands arabes d'Afrique septentrionale et de la côte orientale; il consiste à approvisionner, depuis l'intérieur du continent (Tchad, Grands Lacs), l'empire turc et l'Asie du Sud-Ouest (Arabie, Inde). L'autre courant, européen et né au XVIe siècle, pourvoit en main-d'œuvre servile les mines et les plantations du Nouveau Monde. Les Portugais, d'abord maîtres de ce trafic depuis leurs comptoirs du golfe de Guinée et de l'Angola, sont peu à peu éliminés à la fin du XVIe siècle par les Hollandais. Mais à partir de 1670-1680, le quasi-monopole hollandais est de plus en plus entamé par les Anglais et les Français. C'est l'époque où la traite des Noirs vers l'Amérique, et notamment les Antilles, prend une grande importance. Les négriers européens emploient tous les mêmes méthodes : ils ne recherchent jamais eux-mêmes leurs captifs, mais les troquent à des intermédiaires côtiers contre des marchandises européennes (tissus, armes à feu, alcool). Les méfaits de la traite sur les peuples d'Afrique, avec le cycle infernal des guerres entre tribus et la régression démographique et économique, sont sensibles dès le XVIIe siècle, mais le seront plus encore au siècle suivant.

En **Afrique orientale**, les Portugais s'installent sur la côte à partir du début du XVIe siècle et les comptoirs qu'ils fondent à Sofala, Zanzibar, Mombasa, Mogadiscio constituent des pièces maîtresses de l'Estado da India. Toutefois, au XVIIe siècle, les Arabes d'Oman les évincent peu à peu de leurs comptoirs septentrionaux et rétablissent sur une grande échelle le trafic des esclaves entre la côte africaine et l'Inde. Les Portugais se trouvent donc cantonnés dans la région du Mozambique, mais la colonie, séparée administrativement de Goa, trop loin du Brésil pour servir de réservoir d'esclaves, est pratiquement laissée à elle-même. L'**Afrique du Sud** est la seule région du continent qui soit le théâtre d'une véritable colonisation européenne. En 1652, la Compagnie hollandaise des Indes orientales décide l'installation dans la baie de la Table d'une escale fixe pour ses navires. Les 50 Hollandais qui arrivent sur place fondent Le Cap. Ils sont 600 en 1680 et sont rejoints en 1685 par quelque 300 huguenots français. Ainsi, dès la fin du siècle, un peuple nouveau est en formation à l'extrémité de l'Afrique : Hollandais et Français, installés en majorité assez loin du Cap pour échapper aux tracasseries administratives de la Compagnie des Indes et répudiant tout lien avec leurs patries d'origine, deviennent peu à peu des Afrikaaners, fiers d'être

Blancs, face aux métis réduits à une situation subalterne et aux Hottentots refoulés vers l'intérieur.

L'INDE ET L'EXTRÊME-ORIENT

La péninsule indienne – En 1519, le chef mongol Baber (1483-1530), descendant de Gengis-Khan et de Tamerlan, pénètre dans l'Inde, venant de la région de Kaboul. Il détruit les royaumes musulmans et hindous du Pendjab, entre à Delhi en 1526, contrôle toute la plaine indo-gangétique et fonde **l'empire Moghol,** avec Agra pour capitale. Son petit-fils Akbar (1556-1605) achève la conquête de la plus grande partie de l'Inde, à l'exception du Deccan, et organise l'empire. S'appuyant sur une armée forte et nombreuse et une fiscalité très lourde mais qu'il cherche à rendre aussi équitable que possible, il règne en souverain absolu. Musulman, il est influencé par l'hindouisme et le christianisme; il cherche à réaliser l'unité religieuse et publie en 1593 un édit de tolérance générale. Si l'économie indienne reste essentiellement rurale, elle s'ouvre sur l'Europe par l'intermédiaire des Portugais, puis des Hollandais. En dépit des tragédies familiales, les Grands Moghols successeurs d'Akbar, son fils Jahanguir (1605-1627), son petit-fils Chah Jahan (1627-1657) et surtout le fils de ce dernier Aurangzeb (1658-1707) complètent son œuvre en entreprenant la conquête du Deccan et en imposant des traités de suzeraineté aux divers souverains musulmans au sud de la Godaveri. Mais rompant avec le syncrétisme d'Akbar, ils se montrent des musulmans * sunnites intolérants. Aurangzeb notamment s'en prend à la fois aux musulmans * chiites et aux hindous. La violente réaction des hindous est le fait des sikhs de la vallée de l'Indus et des Mahrattes des Ghates occidentales entre Bombay et Goa. Organisés en un puissant État militaire, les Mahrattes sont vaincus en 1681 à la suite d'une grande expédition militaire menée par Aurangzeb, mais ne sont pas soumis pour autant. Sous les trois successeurs d'Akbar, le contraste est de plus en plus saisissant entre la misère de la masse paysanne écrasée d'impôts, vivant dans une insécurité perpétuelle, décimée périodiquement par les famines et les épidémies, et les fabuleuses richesses d'Agra où Chah Jahan fait construire le Taj Mahal, ou de Delhi dont Aurangzeb fait sa capitale.

La Chine et le Japon – Sûrs de leur supériorité dans tous les domaines, alors qu'ils n'enregistrent plus aucun progrès scientifique ou technique notable, **les Chinois** laissent les Portugais s'installer à Canton (1517) et à Macao (1533) et les missionnaires jésuites pénétrer en Chine du Sud et bientôt jusqu'à la cour de Pékin. Sous le règne des derniers empereurs Ming, le pouvoir appartient moins aux souverains qu'aux eunuques, aux impératrices ou aux concubines. Au début du XVIIe siècle, la carence du pouvoir central engendre corruption et désordre. Les troupes, mal payées, se livrent au brigandage. A la frontière du Nord, les Mandchous, théoriquement vassaux de l'Empire, envahissent la Chine à différentes reprises. En 1644, le général de l'armée impériale fait appel à eux pour chasser un chef de bande qui s'est emparé de Pékin. Mais une fois dans la capitale, les Mandchous refusent d'en partir et leur chef se proclame empereur. La dynastie mandchoue, dite des Tsing, allait gouverner la Chine pendant près de trois siècles. Elle a la chance de compter au moins deux grands empereurs aux règnes longs et heureux, K'ang-hi (1662-1722) et K'ien-long (1736-1796). Grâce à eux, l'ordre et la paix règnent à nouveau dans l'empire. Les marins chinois commercent dans toute l'Asie du Sud-Est. Les missionnaires européens sont protégés, notamment les jésuites à la cour, même après la condamnation des rites chinois. En même temps, l'empire s'étend dans toutes les directions : vers le nord, avec le protectorat chinois sur la Mongolie (1696) et le traité avec la Russie fixant l'Amour comme frontière commune (1689); vers le sud, avec l'annexion du Yunnan (1681); vers l'ouest, avec l'entrée à Lhassa (1720) et le protectorat sur le Tibet.

Au **Japon**, les shoguns Ashikaga se maintiennent au pouvoir jusqu'en 1573, en dépit de leur incapacité à gouverner le pays. En 1542, les premiers missionnaires espagnols et portugais sont bien accueillis. Après la déposition du dernier Ashikaga en 1573, Hideyoshi, général d'extraction modeste, prend le pouvoir en 1582. Il dirige le Japon d'une main de fer jusqu'à sa mort en 1598, pacifiant l'archipel déchiré par les guerres de clans et posant les jalons de son unification. C'est le premier bâtisseur du Japon moderne. Mais sa tentative d'invasion de la Corée aboutit à un désastre en 1598. Deux ans plus tard, un petit noble provincial, Tokugawa Ieyasu, écrase les daïmios révoltés et se proclame shogun en 1603, ouvrant ainsi l'ère des shoguns Tokugawa (1603-1868). Le régime du shogunat est à la fois féodal, avec la hiérarchie des daïmios et des samouraïs, et absolutiste. Sous l'autorité toute nominale du mikado, le shogun est le chef absolu du gouvernement central. La politique de « fermeture de l'État » complète le système : venant après une série de mesures partielles et l'élimination des Japonais convertis au christianisme (persécution de 1637), l'édit de 1638 interdit à tout Japonais de sortir du Japon sans autorisation et ferme le pays aux étrangers (à l'exception des seuls Hollandais à qui est concédé l'îlot de Deshima en baie de Nagasaki).

Les Européens en Asie – Dès le voyage de Vasco de Gama (1498) et la constitution de l'Estado da India (1505), **les Portugais** ont affirmé leur monopole absolu à l'est du cap de Bonne-Espérance. Les forteresses et les comptoirs qu'ils tiennent depuis la côte orientale d'Afrique jusqu'à Malacca leur permet de drainer vers Lisbonne poivre de Malabar, clous de girofle et noix de muscade des Moluques et de Java, cotonnades de Surat, porcelaines et laques de Chine. Mais ce monopole est de plus en plus contesté par divers adversaires, les Turcs, le Grand Moghol Akbar et surtout **les Hollandais.** Ceux-ci profitant de leur guerre contre l'Espagne et de l'union des deux couronnes espagnole et portugaise (1580-1640), font un premier voyage aux îles de la Sonde en 1595-1596, puis leur Compagnie des Indes orientales créée en 1602 s'installe solidement dans les Moluques (Amboine et Banda), à partir de 1605, et à l'ouest de Java où est fondée Batavia en 1619. De plus, la compagnie hollandaise prend pied à l'île Maurice en 1638, à Malacca en 1641, à Colombo en 1656, à Cochin en 1663 et fonde Le Cap en 1652. De leur côté, les compagnies anglaise et française des Indes orientales réussissent à installer des comptoirs sur les côtes de l'Inde, la première à Madras (1632), Bombay (1662) et Calcutta (1690), la seconde à Pondichéry (1674) et Chandernagor (1686). A la fin du XVIIᵉ siècle, les Portugais ne conservent plus, en dehors de leurs comptoirs d'Afrique orientale, que Goa et Diu dans l'Inde et Macao en Chine. Ainsi, au monopole portugais a succédé le monopole hollandais dans les îles de la Sonde et, dans le reste de l'Asie, la concurrence des grandes puissances maritimes.

Cette présence des Européens en Asie se traduit sur deux plans, l'exploitation coloniale et commerciale et les tentatives d'évangélisation. **La colonisation** est le fait des Espagnols aux Philippines, ainsi baptisées en l'honneur du futur Philippe II en 1542, et des Hollandais en Insulinde. La colonisation des Philippines est rapide à partir de 1565 et de la fondation de Manille en 1571, évangélisation et hispanisation allant de pair. La colonie est tournée vers l'Amérique et tous les ans le galion de Manille apporte à Acapulco, pour être ensuite revendues en Europe, soieries et porcelaines de Chine. En Insulinde, la compagnie hollandaise, qui a le monopole de l'exploitation, impose aux indigènes et aux princes vassaux les cultures les plus rémunératrices (épices, canne à sucre, plus tard café), éventuellement aux dépens des cultures vivrières. En Inde, Anglais, Hollandais, Français s'efforcent d'obtenir des empereurs Moghols, pour leurs compagnies respectives, des privilèges susceptibles de leur assurer la première place dans le commerce indien.

Commerçants, les Européens se veulent aussi missionnaires. Mais les Portugais échouent dans leurs premières tentatives d'**évangélisation,** en dépit des efforts de François Xavier qui, depuis Goa, entre 1542 et 1552, multiplie les missions à Malacca, aux Moluques, au Japon, enfin en Chine où il meurt en débarquant. Tirant les leçons de ces échecs, le jésuite italien Matthieu Ricci, arrivé en Chine en 1583, décide de « se faire Chinois avec les Chinois » et s'efforce de faire apparaître les points de convergence entre confucianisme et christianisme. Le jésuite Robert de Nobili agit de même à Maduré, dans le sud de la péninsule indienne, où il vit comme un brahmane et réussit à convertir de nombreux membres des hautes castes. Mais de telles tentatives suscitent très vite la méfiance des autorités ecclésiastiques en Asie et en Europe et la jalousie des autres ordres missionnaires. La question centrale est bientôt de savoir si les jésuites ont raison de tolérer que les Chinois convertis continuent à pratiquer certains Rites du confucianisme. A la suite d'une interminable « querelle des rites » où tous les adversaires des jésuites se jettent dans la bataille, le Saint-Office tranche en 1704 en déclarant les rites chinois entachés de paganisme et en les interdisant formellement. Cette condamnation, renouvelée en 1742, aboutit à compromettre presque irrémédiablement l'œuvre difficile d'évangélisation entreprise en Inde, en Chine et dans la péninsule indochinoise.

L'AMÉRIQUE COLONIALE

L'Amérique espagnole – Depuis la découverte de Colomb et le traité de Tordesillas, l'Espagne revendique une entière **souveraineté** sur la totalité du Nouveau Monde, à l'exception du Brésil portugais. En fait, vers 1550, les Espagnols occupent, de façon encore très discontinue, le pays qui s'étend des hauts plateaux mexicains à la Patagonie, ainsi que la Floride et quelques-unes des Antilles (Cuba, Saint-Domingue, Porto Rico). C'est le plus vaste domaine colonial alors existant. Il est divisé en deux vice-royautés, la Nouvelle-Espagne, capitale Mexico, et le Pérou, capitale Lima, divisées elles-mêmes en 9 audiencias, organismes à la fois judiciaires et administratifs. Les vice-rois relèvent, en Espagne, du Conseil des Indes qui est créé en 1524 et promulguent les diverses lois des Indes dont l'application sur place laisse souvent à désirer. En fait, peu à peu, du fait de la distance, l'autorité du roi d'Espagne sur l'Amérique tend à se relâcher, laissant place à une décentralisation progressive. Non seulement les pouvoirs des vice-rois et des audiencias s'accroissent, mais les grands domaines, ou haciendas, s'organisent en unités largement autonomes.

Sur le plan économique, **l'exploitation** au profit exclusif de la métropole prévaut tout de suite. Tous les échanges entre l'Amérique et l'Espagne sont confiés à la Casa de contratacion, créée en 1503 à Séville, par où doivent passer théoriquement tous les navires en partance pour les Indes et surtout en provenance de celles-ci. Depuis le milieu du XVIe siècle, l'or de Buritica, en Colombie, l'argent du Potosi (1545), au Pérou, et de Zacatecas (1546), au Mexique, le mercure de Huancavelica (1567), au Pérou, utilisé pour l'amalgame de l'argent, sont l'objet d'une exploitation intensive au prix d'un travail forcé imposé aux Indiens, en dépit des protestations du dominicain Bartolomé de Las Casas. Les exportations, de Porto Bello vers Séville, sont constituées essentiellement par ces métaux précieux, sur lesquels le roi d'Espagne prélève le droit de quint ou cinquième, mais aussi par divers produits, comme les bois tinctoriaux, les cuirs, l'indigo, le sucre brut. Toute industrie étant interdite à la colonie, c'est l'Espagne qui lui fournit les produits fabriqués dont elle a besoin. Toutefois, l'application stricte des principes de l'*exclusif souffre bien vite des exceptions, sous forme de commerce de contrebande, ou interlope. Celui-ci prend de plus en plus d'importance au XVIIe siècle, à mesure que l'Espagne se révèle incapable de faire face à la totalité des besoins de sa colonie. Hollandais, Français et surtout Anglais sont les grands bénéficiaires de cette active contrebande.

Victime du travail forcé dans les mines et sur les plantations et surtout du choc microbien consécutif au contact avec les Européens, **la population indienne** s'effondre, passant de 30 à 10 millions entre le début et la fin du XVIe siècle. C'est la raison pour laquelle les Espagnols font appel très tôt à la main-d'œuvre noire amenée d'Afrique, notamment pour travailler sur les plantations des zones tropicales. Mais en dépit de cet apport constamment renouvelé, Indiens et esclaves noirs ne sont qu'une dizaine de millions vers 1700. A cette date, Espagnols nés en métropole et créoles nés sur place sont plus d'un million. Les métis atteignent à peu près ce chiffre. La christianisation des Indiens, justification de la colonisation, a été rapide, mais reste superficielle. Par contre, pour regrouper les Indiens nomades convertis, les jésuites développent au XVIIe siècle les « réductions », notamment entre Paraguay et Uruguay : ce sont des communautés mi-agricoles, mi-artisanales, où vivent, sous l'autorité patriarcale de quelques pères jésuites, 3 000 à 8 000 Indiens selon les cas. Vers 1700, près de 100 000 d'entre eux sont ainsi regroupés et échappent aux razzias des chasseurs d'esclaves venant du Brésil.

Le Brésil portugais – Au XVIe siècle, la colonisation portugaise est limitée à quelques foyers isolés le long de la côte, les plus importants étant ceux du **Nordeste** autour de Bahia et de Pernambouc (Recife) où la culture de la canne à sucre débute dès 1532, favorisée par le climat tropical et la relative proximité de la métropole et de l'Afrique pourvoyeuse d'esclaves. L'ensemble est sous l'autorité d'un gouverneur ou capitaine général résidant à Bahia. Cette centralisation permet de repousser une tentative d'installation des Français dans la baie de Guanabara (expédition de Villegaignon envoyée par Coligny en 1555-1560), à la suite de quoi une nouvelle forteresse côtière est créée à Rio de Janeiro en 1565. Pourtant, les Portugais ne peuvent empêcher les Hollandais de s'emparer en 1624 de Bahia, où ils ne se maintiennent que quelques mois, puis en 1630 de Pernambouc qui devient, pour 24 ans, la capitale d'un Brésil hollandais commandé de 1636 à 1645 par Maurice de Nassau. La révolte des colons portugais aidés par leurs compatriotes de Bahia aboutit à la reprise de Pernambouc et au départ des Hollandais en 1654. Cet intermède n'a pas interrompu la prospérité de ce Brésil côtier, fondée sur le grand domaine sucrier. Au cycle du sucre, dont la production ne cesse de croître au XVIIe siècle, succédera en 1720 le cycle de l'or que l'on commence à exploiter dès les années 1690 dans les futures Minas Gerais. Plus au sud, dans la région de **São Paulo** fondé par les jésuites dès 1554, les Paulistes, trop pauvres pour acheter des esclaves noirs, se procurent directement une main-d'œuvre servile en faisant des raids sur les villages indiens de l'intérieur. Ces razzias amènent les « bandeirantes » paulistes au pied des Andes et jusqu'au bassin de l'Amazone, contribuant ainsi à l'exploration progressive du continent.

Les Antilles – Conquises par les Espagnols entre 1492 et 1519, les Grandes Antilles (Hispaniola ou Saint-Domingue, Cuba, Porto Rico, Jamaïque) sont exploitées intensément dans les premières décennies du XVIe siècle grâce à la main-d'œuvre indigène, bientôt décimée, et aux esclaves noirs introduits à partir de 1501. Très vite, la conquête et l'exploitation du Mexique et du Pérou mobilisent les énergies des Espagnols qui se désintéressent peu à peu de leurs établissements des Antilles, tout en s'assurant la maîtrise de la mer des Caraïbes. Mais, dans les années 1630, l'affaiblissement de la puissance navale espagnole laisse pratiquement le champ libre à un certain nombre d'aventuriers européens vivant de la chasse dans les îles (boucaniers) ou de la piraterie sur mer (flibustiers).

Parallèlement, Hollandais, Français et Anglais entreprennent la colonisation de certaines des îles. Les Hollandais prennent pied en 1634 à Curaçao dont ils font un actif centre de contrebande. **Les Anglais** s'installent en 1625 à la Barbade et en 1655, à la faveur de l'alliance anglo-française contre l'Espagne, s'emparent de la Jamaïque. De leur côté, **les Français** prennent pied à Saint-Christophe en 1625, à la Guadeloupe et à la Martinique en 1635, dans la partie occidentale de Saint-Domingue à partir de 1665. Peuplés de colons engagés en France de l'Ouest et d'esclaves noirs, ces îles vivent d'abord grâce à leurs relations avec les Hollandais qui introduisent la culture de la canne à sucre et assurent les liaisons commerciales avec l'Europe. Mais en 1664, Colbert, décidé à reprendre en main ces terres françaises, confie le monopole de leur exploitation à la Compagnie des Indes occidentales. Après la dissolution de celle-ci en 1674, les îles passent sous l'administration royale qui veille à l'application de l'*exclusif. Peu à peu, à la Jamaïque anglaise et dans les îles françaises, surtout Saint-Domingue, se met en place une société coloniale assez analogue à celle du Nordeste brésilien et l'importance des Antilles dans l'économie mondiale commence à s'affirmer.

L'Amérique du Nord – Tout au long du XVIᵉ siècle, Anglais et Français s'intéressent à l'Amérique du Nord, pratiquement délaissée par les Espagnols. Leurs marins et explorateurs, de Cabot à Davis en passant par Jacques Cartier, cherchent surtout le passage vers l'Asie qui permettrait de contourner le Nouveau Monde par le nord-ouest. Ainsi sont explorées peu à peu les côtes orientales du continent nord-américain, cependant que, dans la seconde moitié du siècle, les marins français, notamment malouins, viennent tous les ans pêcher la morue sur les bancs de Terre-Neuve et troquer des fourrures avec les Indiens sur les côtes du Labrador. Par contre, trois tentatives françaises d'installation en Floride, à l'instigation de Coligny, échouent, entre 1562 et 1565, du fait de la réaction immédiate des Espagnols.

C'est en 1608 que le **Français** Samuel Champlain fonde sur la rive gauche du Saint-Laurent l'habitation de Québec. L'ambition de Champlain est de créer une Nouvelle-France dans la vallée du grand fleuve et sur les rives de la péninsule d'Acadie. Mais les résultats sont longtemps médiocres. Les colons venus de France sont en nombre très insuffisant. La compagnie de la Nouvelle-France ou des Cent-Associés, fondée en 1628 à l'initiative de Richelieu, manque de moyens et ne peut tenir ses engagements en matière de peuplement. Pourtant, les jésuites qui, aux côtés d'autres ordres religieux, entreprennent l'évangélisation des Indiens hurons et iroquois, réussissent à créer en métropole un climat favorable à la colonisation canadienne : c'est ainsi que, sur l'initiative d'un pieux laïc angevin, est fondée Montréal en 1642. Mais vers 1660, la colonie ne compte encore que quelque 2 000 Français, agriculteurs, commerçants, coureurs de bois, missionnaires, à la merci des attaques des Iroquois. En 1663, Colbert, qui veut relancer la Nouvelle-France, envoie le régiment de Carignan contre les Iroquois, transforme la colonie en possession de la couronne et lui donne la structure administrative d'une province française, avec gouverneur, intendant et conseil souverain équivalant à un parlement. Sans méconnaître l'importance de la traite des fourrures qui représente l'intérêt majeur de la colonie aux yeux de la métropole, Jean Talon, intendant de 1665 à 1672, s'efforce de faire de l'établissement laurentien une grande colonie agricole de peuplement en encourageant l'immigration, en développant la mise en valeur des rives du fleuve dans le cadre du système seigneurial et même en cherchant à créer des industries locales malgré l'*exclusif. En même temps, la Nouvelle-France s'agrandit sous les efforts conjugués des missionnaires et des coureurs de bois. En 1669-1670, le jésuite Marquette et le négociant Louis Joliet explorent le pourtour des Grands Lacs, puis en 1673, partis du lac Michigan, atteignent le Mississippi dont ils commencent la descente. En 1681-1682, Cavelier de La Salle descend le grand fleuve jusqu'à son embouchure et prend possession au nom de Louis XIV, de tout le pays qu'il baptise Louisiane. D'autres explorateurs atteignent vers l'ouest le lac Winnipeg, cependant que trafiquants et pêcheurs français s'efforcent de disputer aux Anglais la région de la baie d'Hudson et les rives de Terre-Neuve. Ainsi, vers 1700, c'est presque toute l'Amérique du Nord qui serait en passe de devenir française si les Anglais n'étaient pas solidement implantés le long de l'Atlantique.

Après l'éphémère établissement de Roanoke Island (1585-1591) et les débuts difficiles de Jamestown fondé en 1608 dans la baie de Chesapeake, la Virginie, colonie **anglaise** de la couronne, se développe surtout à partir de 1622, grâce à l'arrivée de nombreux immigrants; vers 1680, les Virginiens, fidèles à l'anglicanisme, cultivent blé et tabac grâce à une main-d'œuvre noire introduite à partir de 1638. Au nord du Potomac, le Maryland, fondé en 1629 par lord Baltimore, est socialement et économiquement très semblable à la Virginie, mais ouvert aux catholiques. Au sud de Roanoke river, la Caroline est créée en 1663, mais sa croissance est lente. C'est à mille kilomètres au nord de Jamestown que débarquent près du cap Cod, le 9 novembre 1620, les passagers du *Mayflower,* dont 42 « Pères Pèlerins », puritains anglais réfugiés en Hollande. La nouvelle colonie, le Massachusetts, s'organise en communauté autonome ouverte aux seuls puritains. De 1630 à 1640, 20 000 d'entre eux, chassés d'Angleterre par la politique de Laud, viennent grossir la jeune colonie, cependant que certains pionniers, victimes des tracasseries puritaines, préfèrent fonder des colonies indépendantes, le New Hampshire (1624), le Connecticut (1636), le Rhode Island (1636). Ainsi se constitue une Nouvelle-Angleterre, socialement et économiquement très différente de la Virginie. Une bourgeoisie puritaine et cultivée vit tournée vers la mer plus que vers l'intérieur (où l'on pratique élevage et polyculture) : Boston fondé en 1630 devient bientôt un grand port en liaison avec l'Angleterre et avec les Antilles anglaises. Entre la Virginie et la Nouvelle-Angleterre il y a encore, au milieu du XVII⁰ siècle, un vide que la colonisation anglaise ne comblera qu'après l'élimination du concurrent hollandais. En effet, en 1624, les Hollandais fondent, dans la vallée de l'Hudson, une série de comptoirs, de la Nouvelle-Amsterdam (Manhattan) à Fort Orange (future Albany). Plus au sud, ils évincent en 1655 les Suédois qui s'étaient installés dans la vallée de la Delaware. Mais, à leur tour, ils cèdent à la pression des colons de Nouvelle-Angleterre et perdent en 1664 la Nouvelle-

Amsterdam, bientôt rebaptisée New York, et abandonnent aux Anglais, par le traité de Bréda (1667), tous leurs comptoirs de l'Hudson et de la Delaware. A ces nouvelles colonies, s'ajoute en 1681 la Pennsylvanie fondée par William Penn, disciple de George Fox, fondateur de la secte des *quakers. Vers 1700, les colonies anglaises s'étendent le long de l'Atlantique, de la Floride, possession espagnole, jusqu'à l'Acadie, disputée à la France. Si celle-ci, maîtresse du cœur du continent, a pour elle l'espace, les Anglais ont pour eux le nombre, puisque à cette date ils sont 400 000, face à 15 000 Franco-Canadiens.

LA POLITIQUE EUROPÉENNE DANS LA PREMIÈRE MOITIÉ DU XVIIe SIÈCLE

Guerre complexe, aux mobiles à la fois religieux, politiques et économiques, la guerre de Trente Ans, qui débute en Bohême en 1618, s'étend bientôt à l'Empire, puis à une partie de l'Europe. L'enjeu de la lutte est la prépondérance de la Maison d'Autriche. Dans un premier temps, l'empereur Ferdinand II réussit à écraser la Bohême et à éliminer le roi de Danemark; puis la mort du roi de Suède Gustave Adolphe le débarrasse d'un adversaire redoutable. Mais en 1635, il doit faire face à l'intervention française qui contraint son successeur Ferdinand III à signer en 1648 les traités de Westphalie. Ceux-ci consacrent l'échec des ambitions des Habsbourg, en maintenant la division politique et religieuse de l'Allemagne. La guerre continue entre la France et l'Espagne, mais en 1659 le traité des Pyrénées assure la prépondérance française en Europe.

LES ORIGINES ET LES CARACTÈRES
DE LA GUERRE DE TRENTE ANS

Les origines lointaines – **L'affrontement,** dans l'Empire, entre catholiques et protestants constitue, vers 1600, une redoutable menace pour la paix. Certes, le compromis d'Augsbourg a mis fin en 1555 à l'affrontement armé entre princes catholiques et princes luthériens en accordant aux uns et aux autres la liberté de choisir leur religion et de l'imposer à leurs sujets. Mais l'évolution de la situation depuis cette date a fait apparaître les insuffisances et les ambiguïtés de ce compromis, d'autant plus que, depuis l'abdication de Charles Quint (1556) et la mort de Ferdinand Iᵉʳ (1564), leurs médiocres successeurs, Maximilien II (1564-1576) et Rodolphe II (1576-1612) ont laissé s'affaiblir un peu plus l'autorité impériale. La clause du réservat ecclésiastique interdisant toute sécularisation après 1552 n'a jamais été reconnue par les luthériens. De plus, la rapide extension du calvinisme en Allemagne dans le dernier quart du XVIᵉ siècle pose un grave problème dans la mesure où la paix d'Augsbourg ne s'étant occupée que des seuls luthériens les princes calvinistes ou réformés ne peuvent se prévaloir des avantages qu'elle accorde et ne jouissent donc que d'une tolérance de fait; aussi réclament-ils une révision du statut religieux de l'Empire, mais ce faisant, ils se heurtent à l'opposition non seulement des catholiques, mais aussi des luthériens. Enfin, l'ensemble des princes protestants s'inquiètent des progrès de la Contre-Réforme, notamment dans le sud de l'Empire.

Ainsi **la paix** élaborée en 1555 est-elle de plus en plus **menacée.** Dans les premières années du XVIIᵉ siècle, les incidents se multiplient et, de part et d'autre, la formation de ligues armées semble présager une reprise prochaine des hostilités. En mai 1608, un certain nombre de princes protestants fondent, pour dix ans, une Union évangélique à la tête de laquelle est placé un calviniste, l'électeur palatin Frédéric IV, et qui groupe des princes luthériens et calvinistes. De leur côté, les catholiques constituent en 1609 une Sainte Ligue dont le chef est le duc de Bavière. Chacune de leur côté, Union évangélique et Sainte Ligue s'engagent à porter secours à leurs membres, entretiennent dans ce but une armée et cherchent des concours hors d'Allemagne. En 1609, la succession du duc de Clèves et de Juliers est sur le point de déclencher une guerre générale; mais un partage règle pacifiquement le problème en 1614. Il n'en reste pas moins que, du fait de l'existence de ces deux ligues armées, la paix en Allemagne est à la merci du moindre incident.

Or l'empereur Mathias, qui a succédé en 1612 à son frère Rodolphe II et qui n'a pas d'héritier direct, choisit pour lui succéder son cousin **Ferdinand de Styrie** et fait reconnaître ce choix en juin 1617 par les états, ou diète, de Bohême et, l'année suivante, par la diète de Hongrie. Ferdinand, ancien élève des jésuites, est un catholique intransigeant, très pénétré de ses droits et de ses devoirs de souverain. Devenu empereur en 1619, à la mort de Mathias, il ne cache pas ses ambitions qui visent, à plus ou moins court terme, l'élimination du protestantisme et la transformation de ses possessions héréditaires (Autriche et duchés alpins), de ses couronnes électives (Bohême, Hongrie) et de l'Empire germanique en un seul et vaste État centralisé, allemand et catholique. Outre les Tchèques et les Hongrois, tous les princes de l'Empire se sentent donc menacés, et les princes protestants doublement. Enfin, ce projet qu'approuve et appuie le roi d'Espagne (dont le Premier ministre Olivarès entretient des ambitions parallèles) ne peut qu'inquiéter la France attentive au danger mortel que représenterait un tel surcroît de puissance de la Maison d'Autriche dont les deux branches sont très unies en dépit du partage de 1555.

Les origines immédiates – Dès 1617, **les protestants tchèques** redoutent de voir remis en question par Ferdinand de Styrie les avantages que leur a consentis Rodolphe II. Celui-ci, par calcul politique, non par esprit de tolérance, avait accordé en 1609 à la Bohême, puis à la Moravie et à la Silésie qui en dépendent la Lettre de Majesté qui établissait la liberté de conscience et une assez large liberté de culte en faveur des diverses confessions non romaines (héritiers des *hussites, luthériens, calvinistes), à condition qu'elles s'entendent et ne forment plus qu'une seule Église protestante tchèque. Par ailleurs, la diète de Bohême, qui est dominée par l'aristocratie tchèque en majorité protestante, se sent directement menacée sur le plan politique par les premières initiatives centralisatrices de Ferdinand. Un incident, lié à l'interprétation d'une clause de la Lettre de Majesté, met le feu aux poudres. Le 23 mai 1618, un groupe de nobles protestants conduits par le comte de Thurn montent au Hradschin, le château royal de Prague, et, tandis que l'émeute gronde dans les rues de la ville, jettent par les fenêtres deux des lieutenants du roi les plus détestés et leur secrétaire. Les trois hommes s'en tirent sans dommage, mais cette **défenestration** a une portée symbolique voulue par ses auteurs. Les révoltés déclarent déchus les lieutenants du roi et les remplacent par un directoire de 30 membres, cependant que les jésuites sont expulsés du pays.

A Vienne, malgré les pressions de Ferdinand, Mathias est irrésolu. Mais sa mort, le 20 mars 1619, laisse le champ libre à son successeur désigné et précipite la **rupture.** Le 19 août, la diète de Bohême prononce la déchéance de Ferdinand et déclare le trône vacant. Le 26, elle élit roi de Bohême le nouvel électeur palatin, Frédéric V, prince calviniste et chef de l'Union évangélique. Le 28, à Francfort, Ferdinand de Styrie est élu empereur par les électeurs dont quatre sont catholiques (lui-même en tant que roi de Bohême et les trois princes archevêques de Trèves, Mayence et Cologne) et trois protestants (Saxe, Brandebourg, Palatinat). Ainsi la révolte tchèque, simple incident local, devient une affaire intéressant tout l'Empire et, au-delà, la plupart des États voisins. La guerre de Trente Ans est commencée.

Les caractères de la guerre – La crise européenne ainsi ouverte doit sa complexité à plusieurs traits spécifiques : l'intervention successive des belligérants; l'imbrication des mobiles et l'interférence de l'action militaire et de l'action diplomatique;

l'évolution de l'art militaire et l'importance des problèmes financiers. Un conflit interne à la Bohême devient très vite **une guerre allemande,** puis une guerre **européenne.** Le roi de Danemark, puis le roi de Suède Gustave Adolphe, tous deux luthériens, interviennent les premiers de l'extérieur à la fois par solidarité religieuse et par ambition politique. Quant à la France de Richelieu, elle est d'abord empêchée d'intervenir directement dans le conflit du fait de ses difficultés intérieures, mais le moment vient bientôt pour elle de reprendre contre la Maison d'Autriche la lutte commencée au siècle précédent. Pour ce faire, Richelieu, puis Mazarin, bien que cardinaux et premiers ministres du Roi Très Chrétien, sont amenés à s'allier à tous les adversaires protestants des Habsbourg. Enfin, les ambitions personnelles de certains chefs militaires, notamment Wallenstein, contribuent encore à compliquer les données du problème. Tout au long du conflit, le rôle des **diplomates** est aussi important que celui des chefs de guerre. Cette action diplomatique se situe sur plusieurs plans à la fois. D'abord, à l'intérieur même de chaque camp. La France, par exemple, joue une partie capitale et difficile : unir contre un ennemi commun des puissances qui ont, par ailleurs, des intérêts politiques, économiques et religieux différents, parfois franchement opposés. En même temps, chacun des deux camps cherche à utiliser les difficultés intérieures de l'adversaire, ainsi la France aidant les Portugais, les Catalans, les Napolitains révoltés contre l'Espagne, ou celle-ci appuyant en France les complots des grands contre Richelieu, puis contre Mazarin. Enfin, sur l'intervention de différents médiateurs, notamment le pape, on parle de paix entre les deux camps dès 1636.

La longueur même du conflit, prolongé au-delà de 1648 jusqu'en 1659, et l'intervention de Gustave-Adolphe expliquent l'évolution que connaissent **les armées.** Au début, celles-ci sont encore formées de mercenaires recrutés et payés par un chef militaire pour le compte d'un prince ou d'un souverain. Mais trop souvent ce chef est incapable de payer régulièrement la solde de ses troupes et d'assurer les besoins de celles-ci. Dans ces conditions, les hommes vivent sur les pays traversés, ennemis ou non. Le pillage, accompagné souvent des pires horreurs, tend à devenir la règle. L'armement de ces mercenaires a fait peu de progrès depuis le début du XVIe siècle et la stratégie des chefs, soucieux de ne pas risquer à la légère le capital que représentent leurs troupes, vise à éviter, autant que faire se peut, les grandes batailles meurtrières et à leur préférer l'interminable siège des places importantes et la mise en coupe réglée du pays occupé. L'intervention de Gustave Adolphe sur les champs de bataille d'Allemagne en 1631 contribue à modifier profondément les conditions de la guerre. Non seulement l'armée suédoise est essentiellement une armée nationale animée d'un idéal commun, fait d'esprit patriotique et de ferveur luthérienne, mais Gustave Adolphe a considérablement augmenté la puissance de feu et la mobilité de celle-ci à qui il assigne pour but la destruction de l'armée ennemie. Qu'elle soit le fait de mercenaires ou de l'armée suédoise, la participation au conflit nécessite de la part des belligérants une véritable mobilisation de toutes leurs ressources et une priorité absolue donnée à la guerre. Partout, l'effort se traduit par une aggravation considérable du fardeau fiscal et par un renforcement de l'État. Et en fin de compte, si la France finit par l'emporter en 1659, elle le doit essentiellement au fait que son peuple, plus nombreux que tout autre en Europe, a pu soutenir plus longtemps, mais non sans révoltes, l'énorme effort qui lui était imposé.

LA GUERRE DE TRENTE ANS
ET LES TRAITÉS DE WESTPHALIE (1618-1648)

L'écrasement de la Bohême et de l'électeur palatin (1619-1623) – Alors que Frédéric V, qui entre à Prague le 31 octobre 1619, ne dispose que des troupes levées en Bohême par le comte de Thurn et de l'appui d'une partie seulement de l'Union évangélique, Ferdinand II peut compter non seulement sur les forces de la Sainte Ligue reconstituées par le duc de Bavière et commandées par Tilly et sur 20 000 hommes levés aux Pays-Bas par Spinola sur l'ordre du roi d'Espagne, mais aussi sur l'alliance du duc de Saxe qui, bien que luthérien, s'est rallié à lui. Pendant que Spinola occupe le Bas-Palatinat, les troupes de Tilly envahissent la Bohême et, le 8 novembre 1620, écrasent les Tchèques à **la Montagne Blanche,** aux portes de Prague. Frédéric V s'enfuit la nuit suivante et se réfugie chez l'électeur de Brandebourg (qui vient de passer du luthéranisme au calvinisme). Les conséquences de la victoire de la Montagne Blanche sont très importantes, tant en Bohême qu'en Allemagne. En Bohême, cependant qu'un tribunal d'exception prononce condamnations à mort et confiscations de biens (au profit de familles autrichiennes), la réaction est à la fois politique et religieuse. Une nouvelle constitution aligne les pays de la couronne de Bohême sur les États patrimoniaux des Habsbourg : la couronne devient héréditaire dans la Maison d'Autriche, sans aucune confirmation par la diète. En outre, celle-ci perd l'initiative en matière législative. A cela s'ajoute une germanisation partielle, l'allemand devenant langue officielle. Dès 1621, la Lettre de Majesté est abolie, les calvinistes proscrits, les pasteurs luthériens expulsés, les jésuites rappelés. Enfin, en 1627, un décret ne donnera d'autre choix aux protestants tchèques que d'adhérer au catholicisme ou de quitter le pays dans les six mois. Ainsi, dans les quelques années qui suivent la Montagne Blanche, la Bohême, qui est devenue malgré elle l'un des pays les plus catholiques de l'Europe et dont la spécificité nationale est étouffée pour trois siècles, entre dans le « temps des ténèbres ».

Quant à l'électeur palatin, Ferdinand II décide d'en tirer une vengeance exemplaire et d'abattre ainsi l'un des chefs du protestantisme en Allemagne. Le 21 janvier 1621, il prononce sa mise au ban de l'Empire, décision doublement grave puisqu'elle est prise sans consultation de la diète germanique et qu'elle implique, pour le Palatin, la confiscation de ses États et la perte de sa dignité électorale. Frédéric V se réfugie aux Provinces-Unies, abandonné par tous ses alliés, notamment les membres de l'Union évangélique qui font, les uns après les autres, leur soumission à l'empereur. Celui-ci, pour faire reconnaître officiellement ses décisions de 1621, convoque à Ratisbonne une diète partielle, composée presque uniquement de princes catholiques, qui, le 25 février 1623, donne le Haut-Palatinat au duc Maximilien de Bavière, confie l'administration du Bas-Palatinat partie aux Espagnols, partie aux Bavarois, enfin transfert la dignité électorale du Palatin au duc de Bavière. Ainsi, à cette date, le **succès** en Allemagne de la cause **catholique** apparaît substantiel : l'équilibre territorial de l'Empire est modifié au profit des catholiques et le nombre des protestants au sein du collège des électeurs est ramené de trois à deux. Par ailleurs, l'arrivée au pouvoir en Espagne de l'ambitieux Olivarès, à l'avènement de Philippe IV (1621), le resserrement des liens entre Vienne et Madrid, la reprise des hostilités avec les Provinces-Unies, à l'expiration de la trêve de Douze Ans, ne peuvent qu'accroître l'inquiétude des puissances protestantes, mais aussi celle de la France. Les princes protestants allemands, étant les plus directement menacés, sont les plus inquiets : les décisions de 1621-1623 ne sont-elles pas le premier pas vers une révision du statut politique de l'Empire dans le sens de la centralisation et de son statut religieux dans le sens du triomphe du catholicisme ? C'est pourquoi les princes protestants cherchent à s'unir et surtout à trouver des appuis extérieurs.

L'intervention danoise et ses suites (1624-1630) – En France, Richelieu qui arrive au pouvoir en avril 1624 a nettement conscience du danger, mais, accaparé par les soucis intérieurs, ne peut songer à intervenir directement ; du moins, encourage-t-il en sous-main tous les adversaires des Habsbourg. Par contre, en Europe du Nord, **le roi de Danemark** Christian IV est prêt à intervenir. Luthérien et prince d'Empire (en tant que duc de Holstein), il est de plus en plus inquiet des progrès d'une politique qui le menace directement et risque de faire pièce à ses propres projets. Déjà maître des détroits danois et de l'entrée de l'Elbe, il voudrait en effet augmenter la puissance économique du Danemark en mer du Nord et en Baltique en assurant à son fils la possession des évêchés entre Elbe et Weser. De plus, il redoute de voir intervenir avant lui son rival le roi de Suède. Il répond donc favorablement à l'appel des princes allemands, mais ne peut compter que sur une aide financière de l'Angleterre et des Provinces-Unies (où Spinola vient de reprendre Bréda). De son côté, Ferdinand II, désireux de ne plus dépendre presque exclusivement des troupes de la Sainte Ligue et de son chef le duc de Bavière, confie à un noble tchèque converti au catholicisme, Wallenstein, la levée et le commandement d'une armée impériale. Vaincu à Lutter (1626), menacé d'une invasion, Christian IV doit signer la paix de Lübeck (22 mai 1629) par laquelle il conserve l'intégrité de ses États, mais s'engage à ne plus s'occuper des affaires allemandes.

Exploitant sa victoire, Ferdinand II promulgue, le 6 mars 1629, l'**édit de Restitution** en vertu duquel les protestants doivent restituer tous les biens sécularisés depuis 1552. Cette mesure, que même certains catholiques jugent inopportune, suscite une très vive opposition chez les protestants, notamment les électeurs de Saxe et de Brandebourg. Pourtant, à la fin de 1630, Wallenstein et Tilly, chargés par l'empereur de faire appliquer l'édit, au besoin les armes à la main, ont déjà repris plusieurs dizaines d'évêchés ou d'abbayes. Ainsi s'opère un vaste transfert de propriétés et un nouveau déplacement de l'équilibre des forces au profit des catholiques. Par ailleurs, l'édit de Restitution a été promulgué sans consultation de la diète, ce qui confirme que Ferdinand II, fort de l'appui que lui vaut l'armée de Wallenstein, est bien résolu non seulement à extirper le protestantisme d'Allemagne, mais aussi à transformer la dignité impériale en un pouvoir absolu et héréditaire. Au-delà de ces objectifs précis, une telle politique, solidaire de celle de Madrid, ne vise à rien moins qu'à la domination universelle de la Maison d'Autriche. Princes allemands et puissances européennes en prennent de plus en plus conscience. Parmi les premiers, un certain nombre de princes catholiques, notamment le duc de Bavière, entendent bien s'opposer à la transformation du statut de l'Empire. C'est pourquoi lorsque s'ouvre à Ratisbonne, en juillet 1630, une assemblée du collège des électeurs, à l'instigation de Ferdinand II qui veut faire élire son fils roi des Romains, premier pas vers l'hérédité de la couronne impériale, les électeurs catholiques, seuls présents, vont faire pièce au projet de l'empereur. Habilement encouragés en sous-main par le père Joseph, émissaire de Richelieu, ils exigent d'abord de Ferdinand le licenciement de l'armée de Wallenstein, puis, la chose obtenue, refusent d'élire son fils roi des Romains.

L'intervention suédoise (1631-1635) – Dans le même temps, un redoutable adversaire se prépare à entrer en lice. **Le roi de Suède,** Gustave Adolphe, qui veut à la fois étendre la puissance suédoise en Europe du Nord et défendre le luthéranisme, décide d'intervenir à son tour dans les affaires allemandes. En juillet 1630, avec l'accord du duc de Poméranie, il s'installe à Stettin qui lui servira de base de départ. En janvier 1631, il obtient de la France, en échange de son intervention et de la promesse de respecter le culte catholique, un subside annuel d'un million de livres. Enfin, à la suite de la prise de Magdebourg par Tilly le 20 mai 1631, il reçoit l'appui de tous les princes protestants, électeurs de Saxe et de Brandebourg en tête. La campagne de Gustave Adolphe en Allemagne (juin 1631-novembre 1632) est marquée par d'éclatants succès. Il écrase à Breitenfeld, près de Leipzig, le 17 septembre 1631, les troupes impériales commandées par Tilly, puis se dirige vers les pays catholiques de l'Allemagne rhénane et entre à Mayence le 23 décembre : il chasse évêques et prélats, dépouille les églises, organise une administration provisoire, suscitant ainsi les plus vives inquiétudes en France. Au printemps de 1632, il reprend les hostilités, bat les troupes de la Sainte Ligue et se retourne ensuite vers les troupes impériales dont Wallenstein a accepté de reprendre le commandement. Les deux armées s'observent pendant deux mois et la bataille décisive a lieu à **Lützen,** près de Leipzig, le 6 novembre 1632 : les Suédois sont vainqueurs, mais Gustave-Adolphe est tué. Paris accueille avec soulagement la nouvelle de la défaite de Wallenstein et de la mort du roi de Suède. Pourtant la disparition prématurée de celui-ci profite surtout aux Habsbourg. En effet, au cours de l'année 1633, la coalition protestante sous direction suédoise se dissout peu à peu, malgré les efforts de la diplomatie française.

Mais un nouveau danger se présente pour Ferdinand II en la personne de **Wallenstein** qui, menant un jeu personnel, songe à se faire élire roi de Bohême et intrigue avec tous les adversaires de l'empereur. Celui-ci, prévenu, le destitue, puis le laisse assassiner le 24 février 1634. Quelques mois plus tard, les troupes impériales battent les Suédois à Nördlingen, le 6 septembre 1634, ce qui décide l'électeur de Saxe à signer avec l'empereur le 24 novembre 1634 les préliminaires de Pirna (confirmés à Prague le 30 mai suivant) : l'accord maintient la paix d'Augsbourg, convient d'un compromis pour les restitutions et stipule une amnistie générale et la dissolution des ligues. Tous les princes et États allemands sont invités à adhérer à la paix, ce que feront, dans les mois suivants, la plupart d'entre eux, notamment l'électeur de Brandebourg. Mais si l'accord de Pirna-Prague peut à la rigueur servir de base à une réconciliation générale en Allemagne, il ne répond en rien aux préoccupations de l'Espagne et de la France. A Madrid, Olivares est plus soucieux que jamais de poursuivre la lutte contre les Provinces-Unies et de renforcer les positions espagnoles dans la région rhénane. A Paris, Richelieu s'inquiète non seulement du succès diplomatique remporté par l'empereur, mais plus encore des menées de la politique espagnole, et il estime que le moment est venu pour la France d'engager une guerre « ouverte » contre les Habsbourg. Au début de 1635, il signe des traités d'alliance avec les Provinces-Unies, la Suède, la Savoie ; il s'assure les services des troupes de Bernard de Saxe-Weimar, ancien lieutenant de Gustave Adolphe ; enfin, le 19 mai 1635, le roi de France déclare officiellement la guerre au roi d'Espagne (L'année suivante, l'empereur déclarera la guerre à Louis XIII).

L'intervention française (1635-1648) – La guerre commence mal pour **la France** dont la situation financière est mauvaise et dont l'armée est mal équipée, mal entraînée, mal commandée. Les Espagnols attaquent en 1636 de deux côtés : en Picardie, où la prise de Corbie, sur la Somme, le 7 août, permet aux cavaliers espagnols de pousser jusqu'à Pontoise, semant la panique dans la capitale ; en Bourgogne, où des troupes impériales cantonnées en Franche-Comté mettent le siège devant Saint-Jean-de-Losne en octobre. Mais, dans les deux cas, le danger est écarté : Corbie est reprise par les troupes françaises en novembre et Saint-Jean-de-Losne résiste à tous les assauts. Au cours des années suivantes (1637-1642), la France et ses alliés remportent de notables succès sur les différents théâtres d'opérations : en Alsace, plusieurs villes se placent volontairement sous la protection de Louis XIII et Bernard de Saxe-Weimar, solidement installé dans la plaine alsacienne, passe le Rhin en 1638 et s'empare de Brisach ; sa mort, l'année suivante, permet à la France de prendre ses troupes à son service et d'administrer Brisach et la plus grande partie de l'Alsace. Aux Pays-Bas, grâce à l'alliance des Hollandais qui retiennent une partie des troupes espagnoles, les Français pénètrent en Artois et s'emparent d'Arras (août 1640). En Roussillon, Perpignan est enlevé après un long siège (1642), cependant que dans la péninsule ibérique, Richelieu exploite habilement la sécession du Portugal et la révolte de la Catalogne en 1640, en signant un traité d'alliance avec les Portugais et en envoyant une armée aux Catalans qui proclament Louis XIII comte de Barcelone. En Allemagne, Ferdinand III, qui a succédé à son père en 1637, doit faire face aux troupes suédoises qui envahissent la Silésie et la Bohême et sont victorieuses des Impériaux en novembre 1642.

Le 4 décembre 1642, Richelieu meurt à Paris et, en janvier 1643, Olivarès tombe en disgrâce. A cette date, la lassitude est générale, surtout en Allemagne. Pourtant Philippe IV essaie de profiter de la mort de Richelieu pour lancer une grande offensive en direction de Paris. Mais le 19 mai 1643, le jeune duc d'Enghien écrase devant **Rocroi** l'armée espagnole, forte de 25 000 hommes, qui y perd sa réputation d'invincibilité. La mort de Louis XIII, le 14 mai, ne change rien à la politique française, contrairement aux espoirs de Vienne et de Madrid : Mazarin se montre tout de suite résolu à poursuivre l'œuvre de Richelieu. En Allemagne, Turenne et Enghien (prince de Condé en 1646) battent les Impériaux à Fribourg-en-Brisgau (1644), puis à Nördlingen (3 août 1645). En 1646, Turenne et les Suédois envahissent conjointement la Bavière dont le duc accepte de signer un armistice (mars 1647). Mais il reprend les armes quelques mois plus tard, ce qui amène les Franco-Suédois à envahir une nouvelle fois la Bavière. Vainqueurs à Zusmarshausen, près d'Augsbourg, le 17 mai 1648, ceux-ci marchent sur Vienne, cependant qu'une autre armée suédoise envahit la Bohême et entre dans Prague. La nouvelle de la signature de la paix en Westphalie, le 24 octobre, arrête cette offensive concertée sur la capitale autrichienne. Pendant ce temps, la guerre contre l'Espagne s'est poursuivie sur plusieurs théâtres à la fois, avec des fortunes diverses. En Catalogne et en Italie où une révolte des Napolitains donne à Mazarin l'occasion d'intervenir, les Français ne remportent pas de succès décisifs. Par contre, aux Pays-Bas, Condé mène une série d'offensives victorieuses en Flandre maritime (1645-1647); en 1648, en dépit de la défection des Hollandais qui viennent de signer une paix séparée, il écrase à Lens, le 20 août, une armée espagnole supérieure en nombre. Quelques semaines plus tard, la paix est signée en Westphalie.

Les traités de Westphalie – Si le principe de **négociations** en Westphalie est accepté dès 1641 par l'empereur, la France et la Suède, ce n'est qu'en 1644 que les conférences projetées s'ouvrent effectivement. A Münster se réunissent, sous la médiation du nonce, les représentants de l'empereur, des princes et des villes de l'Empire, du roi d'Espagne, du roi de France (notamment Abel Servien), des Provinces-Unies, des cantons suisses et de plusieurs États italiens. A Osnabrück sont débattues les affaires intéressant la Suède et l'Empire. La double négociation s'avère tout de suite laborieuse, d'abord parce que personne n'a au fond le désir sincère de traiter, chacun escomptant toujours quelque succès militaire décisif, mais aussi parce que les problèmes sont multiples et complexes. L'Espagne marque un point en signant une paix séparée avec les Provinces-Unies en janvier 1648 : celles-ci se voient reconnaître leur indépendance et accorder des avantages commerciaux (fermeture de l'Escaut) et territoriaux (cession du pays dit de la Généralité et des comptoirs conquis hors d'Europe). Libérée de ce côté, l'Espagne décide, même après la défaite de Lens, de poursuivre la lutte contre la France. Par contre, l'empereur, pressé par ses alliés allemands, surtout le duc de Bavière, menacé jusque dans sa capitale par la double offensive franco-suédoise de l'été 48, abandonne son cousin de Madrid et signe la paix avec la France et la Suède le 24 octobre 1648.

L'ensemble des textes connus sous le nom de traités de Westphalie consacre l'échec des ambitions des Habsbourg de Vienne et la victoire de la politique française. En effet, les traités imposent à Ferdinand III le maintien de la division religieuse de l'Empire et l'**affaiblissement de l'autorité impériale.** Non seulement les clauses de la paix d'Augsbourg sont confirmées, mais les calvinistes partagent désormais avec les luthériens tous les avantages accordés à ceux-ci. En ce qui concerne les sécularisations, il est décidé de reconnaître comme perpétuellement valable la situation de fait au 1er janvier 1624, ce qui force les catholiques à renoncer aux restitutions opérées à leur profit en vertu de l'édit de 1629. Au nom des « libertés germaniques », la France et ses alliés réduisent autant qu'il est possible les pouvoirs de l'empereur dans l'Empire, en renforçant ceux des quelque 350 États allemands qui reçoivent notamment le droit de contracter des alliances entre eux et même avec l'étranger, « pourvu qu'elles ne soient ni contre l'empereur et l'Empire, ni contre la paix publique », pure clause de style. En fait, le renforcement des pouvoirs des princes paralyse non seulement l'empereur, mais aussi la diète germanique et aboutit à la création en Allemagne d'une « anarchie constituée ». Par ailleurs, le fils du Palatin Frédéric V recouvre la dignité électorale et le Palatinat rhénan, cependant que le duc de Bavière conserve son titre d'électeur et le Haut-Palatinat : les électeurs protestants sont désormais trois contre cinq catholiques au sein du collège électoral porté à huit membres. Le Brandebourg reçoit les évêchés sécularisés d'Halberstadt et de Minden, la plus grande partie de la Poméranie orientale et la promesse de l'archevêché de Magdebourg.

En matière de « **satisfactions territoriales** », la France obtient la reconnaissance officielle des Trois Évêchés et, en dépit d'une certaine ambiguïté des textes voulue par les signataires, la cession par Ferdinand III, soit comme empereur, soit comme chef de la Maison d'Autriche, de Brisach et de la plus grande partie de l'Alsace (à l'exception de la ville libre de Strasbourg et de la république de Mulhouse). Quant à la Suède, elle reçoit la Poméranie occidentale, une partie de la Poméranie orientale avec l'embouchure de l'Oder et le port de Stettin, l'archevêché de Brême et l'évêché de Verden : ainsi contrôle-t-elle les bouches des grands fleuves allemands, Oder, Elbe, Weser. Ces territoires lui sont cédés au titre de fiefs d'Empire, ce qui fait du roi de Suède un prince allemand avec le droit de siéger à la diète. Enfin, tous les signataires, dont au premier chef la France et la Suède, sont chargés de veiller à l'exécution des traités, ce qui doit leur permettre d'intervenir à leur gré dans les affaires allemandes. Les traités de Westphalie, accueillis avec soulagement dans une Allemagne épuisée, n'entraînent pas pour autant la paix générale en Europe : les problèmes de la Baltique ne sont pas réglés, et surtout la guerre continue entre la France et l'Espagne.

LA FIN DE LA GUERRE FRANCO-ESPAGNOLE ET LES TRAITÉS DE 1659-1661

La guerre franco-espagnole et le traité des Pyrénées – Les troubles de la Fronde en France (1648-1652) profitent largement à l'Espagne en lui permettant de continuer la lutte en dépit de son isolement et de sa lassitude. Dès 1652 et la fin des troubles, Mazarin entreprend d'isoler davantage encore l'Espagne pour la forcer à la paix. La rentrée de l'Angleterre sur la scène européenne, après la longue éclipse des troubles intérieurs et de la guerre civile (1625-1650), lui en donne l'occasion. En effet, Cromwell songe à tirer profit du **conflit franco-espagnol** pour s'allier au plus offrant. Il pense d'abord au roi d'Espagne, dans l'espoir d'abaisser la France, favorable aux Stuarts et rivale commerciale. Mais les conditions proposées lui ayant paru insuffisantes, il se décide, après de longs marchandages, à signer avec la France en 1655 un traité d'amitié, contre la cession de Dunkerque et divers avantages commerciaux. Ce traité d'amitié devient, le 23 mars 1657, une alliance offensive selon laquelle l'Angleterre s'engage à apporter à la France l'aide de sa flotte et d'un corps de 6 000 hommes. Quelques semaines plus tard, une armée franco-anglaise commandée par Turenne pénètre en Flandre et vient mettre le siège devant Dunkerque, appuyée par l'escadre anglaise. Une armée espagnole tente de débloquer la place, mais se fait battre aux Dunes le 14 juin 1658. Dunkerque capitule quelques jours plus tard et est remise aux Anglais. Pendant ce temps, Mazarin, désireux d'enlever à l'Espagne tout appui en Allemagne, met sur pied, avec plusieurs princes d'Allemagne rhénane, une ligue du Rhin pour le strict maintien des traités de Westphalie. L'Espagne, vaincue et isolée, se résout à traiter.

A l'issue de longues négociations amorcées dès juillet 1656 à Madrid entre le Français Hugues de Lionne et le ministre espagnol don Luis de Haro, puis reprises après la victoire des Dunes par Mazarin lui-même dans l'île des Faisans, sur la Bidassoa, le **traité dit des Pyrénées** est signé le 7 novembre 1659. L'Espagne abandonne à la France le Roussillon et la Haute-Cerdagne, l'Artois (moins Aire et Saint-Omer) et une série de places fortes de la Flandre au Luxembourg. De plus, sur les instances de Philippe IV, Condé rentre en grâce. Le même jour est signé le contrat de mariage de Louis XIV et de l'infante Marie-Thérèse : il prévoit la renonciation de l'infante à ses droits à la couronne d'Espagne, moyennant le paiement d'une dot de 500 000 écus d'or, Mazarin escomptant qu'une telle somme ne serait jamais payée. Pourtant, le traité est sévèrement jugé par certains Français qui reprochent à Mazarin d'avoir sacrifié l'acquisition des Pays-Bas, qui semblait aller de soi, à la chimère de la succession espagnole.

La guerre en Europe septentrionale et la paix du Nord – Devenu roi de **Suède** en 1654 par l'abdication de sa cousine Christine, Charles X Gustave entend reprendre les vastes projets de Gustave Adolphe en Europe continentale, sans en avoir le sens politique ni le génie militaire. Il envahit la Pologne en 1655, mais se heurte à la résistance polonaise. De plus, il doit faire face à une attaque du roi de Danemark; il repousse cette attaque et passe lui-même à l'offensive en mettant le siège devant Copenhague en août 1659. Cependant la capitale danoise est sauvée grâce à l'arrivée de secours envoyés par la Hollande qui redoute une totale maîtrise de la Suède sur les mers du Nord et les détroits. Pendant ce temps, l'électeur de Brandebourg envahit le Holstein occupé par les troupes suédoises. Mais Mazarin, qui craint que la coalition ainsi formée contre la Suède ne réussisse à vaincre celle-ci et n'aboutisse en fin de compte à une remise en cause du statut de Westphalie, propose sa médiation aux divers belligérants. La **paix du Nord** est constituée par plusieurs textes signés en 1660 et 1661 : par le traité d'Oliva (3 mai 1660), la Pologne abandonne à la Suède la Livonie intérieure et à l'électeur de Brandebourg la pleine souveraineté sur le duché de Prusse; par le traité de Copenhague (4 juillet 1660), le Danemark confirme la cession à la Suède de la Scanie et des régions voisines; enfin, par le traité de Kardis (1ᵉʳ juillet 1661), la Russie reconnaît la perte de l'Ingrie et de la Carélie, suédoises de fait depuis 1617. Ainsi, grâce à la médiation de la France, la Suède apparaît comme la grande puissance de l'Europe du Nord.

L'Europe vers 1660 – L'œuvre de Westphalie est ainsi complétée et consolidée. Mais l'Europe sort de plus de quarante années de guerre meurtrie et transformée. Les pays directement touchés par les passages des gens de guerre sont plus ou moins **dépeuplés et détruits**. A cet égard, l'Allemagne est la grande victime du cataclysme. Les villes allemandes ont perdu en moyenne près du tiers de leur population, les campagnes, près de 40 %. Encore ces chiffres masquent-ils des écarts considérables entre les différentes régions : à côté de provinces presque indemnes (Autriche) ou relativement peu touchées (Bohême), d'autres ont perdu la moitié, voire les deux tiers de leurs habitants; c'est le cas notamment du Brandebourg, de la Bavière, de la Poméranie, du Palatinat, du Wurtemberg, mais aussi d'une partie de l'Alsace, de la Lorraine, de la Franche-Comté, de la Champagne. Certes, les méfaits des gens de guerre ne sont pas seuls en cause : certaines années, famines et épidémies viennent ajouter leurs méfaits, mais les unes et les autres sont le plus souvent conséquences directes ou indirectes du conflit. A ces causes, s'ajoute l'émigration massive d'individus fuyant devant les gens de guerre ou chassés de leur pays pour des raisons religieuses. Les destructions accompagnent la dépopulation : les provinces les plus dépeuplées sont aussi les plus ravagées.

Politiquement, l'Europe de 1660 n'est plus celle des années 1600. La Maison d'Autriche ne représente plus un danger pour la paix européenne. Les Habsbourg de Vienne ont dû accepter l'affaiblissement de l'institution impériale et la quasi-indépendance des princes et villes d'Empire. Il est vrai qu'en même temps leur position se trouve renforcée dans leurs États patrimoniaux et surtout en Bohême dont le statut de royaume héréditaire et germanisé depuis la Montagne Blanche, n'a pas été remis en question en 1648. Détournés d'Allemagne, ils s'orientent vers la constitution d'un vaste État dynastique, axé sur le Danube et susceptible d'agrandissement vers l'est aux dépens des Turcs. L'Espagne, affaiblie militairement et économiquement, amputée des Pays-Bas du Nord et de l'Artois, du Roussillon et bientôt du Portugal, cesse de compter parmi les puissances de premier plan. L'Angleterre sortie de son isolement, les Provinces-Unies indépendantes et agrandies, la Suède dominant la Baltique sont de grandes puissances que leur vocation maritime rendent concurrentes. Mais le fait essentiel est la situation prépondérante acquise par la France. Le royaume que Mazarin mourant laisse au jeune Louis XIV (1661) est non seulement plus vaste et mieux protégé grâce à l'acquisition de l'Artois, de l'Alsace et du Roussillon, mais il dispose d'une clientèle qui comprend presque tous les pays européens. Par ailleurs, le prestige intellectuel et artistique de la France ne cesse de grandir. L'ère de la **prépondérance française** en Europe commence.

9

LA FRANCE DE 1598 A 1661

Ayant rétabli la paix civile par l'édit de Nantes (1598), Henri IV s'emploie, jusqu'à son assassinat en 1610, à restaurer l'autorité monarchique et, avec l'aide de Sully, à relever le royaume financièrement et économiquement. Après les troubles qui marquent la régence assurée par Marie de Médicis et le début du règne de Louis XIII, Richelieu s'efforce de restaurer à nouveau l'autorité du roi au-dedans comme au-dehors, mais le régime de guerre qu'il impose au pays suscite de vives résistances impitoyablement réprimées. Pendant la minorité de Louis XIV, la régence est assurée par Anne d'Autriche qui s'en remet à Mazarin. Celui-ci poursuit la politique de Richelieu, ce qui accroît le mécontentement et provoque une véritable guerre civile. Mais la Fronde se termine, dans la lassitude générale, par le triomphe de l'autorité monarchique.

LE RÈGNE D'HENRI IV DE 1598 A 1610

Le rétablissement de l'autorité monarchique – Roi de France depuis 1589, **Henri IV** a employé les dix premières années de son règne à tenter de conquérir son royaume et à rétablir la paix. Il y parvient en 1598 avec le traité de Vervins et surtout l'édit de Nantes. Il peut alors s'employer à restaurer l'autorité monarchique en reprenant l'œuvre interrompue de François Ier et d'Henri II. Outre une rude expérience de la vie, il a les capacités d'un grand souverain : le courage sur le champ de bataille, le sens des relations humaines alliant bonhomie et fermeté, un vif souci de la dignité royale. Il appelle au conseil des collaborateurs fidèles, protestants comme Maximilien de Béthune qu'il fera duc de Sully, ou anciens ligueurs comme Villeroy, et s'entoure davantage de robins que de grands seigneurs dont il se méfie. En province, les gouverneurs choisis dans la haute noblesse sont contraints à l'obéissance et voient leurs pouvoirs réduits aux seules attributions militaires. Reprenant une pratique d'Henri II, le roi envoie, de temps à autre, dans telle ou telle province, pour une durée limitée, un commissaire chargé de l'informer et de prendre sur place les mesures jugées nécessaires en matière de justice et de police. Les grands corps sont étroitement surveillés. Les parlements ne peuvent présenter de remontrances qu'après avoir enregistré les ordonnances et édits royaux. Les états généraux ne sont plus réunis et les états provinciaux, là où ils existent, ne le sont que le moins souvent possible pour des sessions courtes et généralement de pure forme. Les administrations municipales sont contrôlées et leur autonomie réduite. La noblesse est contrainte à l'obéissance et le clergé invité à mieux contribuer financièrement aux besoins de l'État.

Le relèvement financier et économique – Nommé surintendant des finances en 1598, Sully s'attache à redresser une **situation financière** lamentable : les impôts rentraient très mal, la dette publique était devenue considérable et ses intérêts n'étaient payés qu'irrégulièrement. Sans rien bouleverser, le surintendant obtient très vite des résultats satisfaisants en contrôlant mieux les officiers de finances et les financiers qui afferment les impôts indirects, en réduisant les dépenses de la cour et surtout les dépenses militaires grâce au rétablissement de la paix. En 1604, des recettes nouvelles et importantes sont assurées par la création d'un droit levé sur les titulaires d'offices et appelé « paulette » du nom du financier Paulet qui en afferme le premier la perception : désormais, les officiers qui s'acquitteront de la paulette – droit annuel égal au soixantième du prix de leur office – pourront transmettre celui-ci à leur fils en toute sécurité. Ainsi se trouvent consacrées non plus seulement la vénalité, mais aussi l'hérédité des offices. Grâce à sa sévère gestion, mais aussi au recours aux expédients classiques (emprunts, création d'offices), Sully réussit à équilibrer à peu près recettes et dépenses et à amasser un trésor important, tout en diminuant légèrement le prélèvement fiscal sur la masse paysanne.

Le **relèvement économique,** favorisé par le roi et son ministre, est rapide, attestant la vitalité profonde du royaume en dépit de l'état lamentable dans lequel il se trouve vers 1598, là du moins où la guerre a sévi le plus durement et le plus longtemps. Le rétablissement de la sécurité dans les campagnes, l'allégement de la taille, l'interdiction faite aux agents du fisc de saisir bétail et instruments de labour : autant de mesures qui facilitent le relèvement agricole. Le niveau des récoltes remonte rapidement, le vignoble est reconstitué, les forêts remises en état, des cultures nouvelles comme le mûrier encouragées. En matière industrielle et commerciale, Henri IV et Sully, conseillés par Barthélemy de Laffemas, nommé contrôleur général du commerce, se rallient à un mercantilisme à la française selon lequel il faut vendre à l'étranger plus qu'on ne lui achète afin de dégager un solde positif d'or et d'argent. Pour vendre, il faut produire : c'est pourquoi Henri IV s'efforce de développer les productions traditionnelles (draps, toiles, fer), notamment en tentant de transformer, par l'édit de 1597, tous les métiers en jurandes ou métiers jurés, formule qui permet de contrôler la fabrication et d'assurer la qualité, mais l'édit n'est que partiellement appliqué. En même temps, il encourage les industries de luxe, soieries, tapisseries, cristalleries, favorisant la création de manufactures dotées de privilèges divers. Le réveil de l'activité économique se manifeste aussi par la reprise des échanges commerciaux à l'intérieur comme à l'extérieur : réfection du réseau routier, début de la construction du canal du Loing entre Loire et Seine, reprise du trafic des ports, au premier rang desquels Saint-Malo, Rouen, Marseille, qui assurent un indispensable cabotage et un fructueux trafic avec l'étranger (Espagne, Angleterre, Europe du Nord, Levant). En 1608, Champlain fonde sur les bords du Saint-Laurent la ville de Québec, noyau de la Nouvelle-France.

La fin du règne – Pour positive qu'elle soit, l'**œuvre** de redressement reste **incomplète**. D'abord, certains résultats sont trop liés au prestige personnel du souverain. De plus, en dépit des efforts de celui-ci, des menaces subsistent **à l'intérieur** du royaume comme' sur ses frontières. L'hérédité des offices accroît l'indépendance des officiers et notamment des parlementaires. Les membres de la haute noblesse, princes du sang et grands, ne sont soumis qu'en apparence et sous la contrainte : en 1602, le duc de Biron, qui a comploté avec la Savoie et l'Espagne, est jugé et exécuté. Fidèles à certaines traditions féodales, forts de leurs domaines fonciers, s'appuyant sur de vastes clientèles, les grands sont tout prêts à profiter des moindres faiblesses de l'autorité royale. Les protestants restent sur la défensive. En dépit des gages que donne le roi de la sincérité de sa conversion au catholicisme, le clergé et certains milieux catholiques, notamment autour de la reine Marie de Médicis, s'inquiètent de sa politique hostile à l'égard des Habsbourg. Enfin, certains aspects de la politique financière de Sully et les atteintes portées aux franchises provinciales et municipales suscitent le mécontentement et provoquent même ici ou là des soulèvements populaires.

A ces menaces internes s'ajoute le problème de l'**insécurité des frontières.** Certes, la cession par le duc de Savoie en 1601 de la Bresse, du Bugey et du pays de Gex assure une meilleure protection de Lyon. Mais au nord et à l'est, le royaume est particulièrement menacé face aux Pays-Bas et à la Franche-Comté espagnols, et malgré l'occupation de fait des Trois Évêchés, la sécurité du côté de la Lorraine est à la merci de la politique ondoyante du duc, prince d'Empire. Enfin, au sud, sur le versant français des Pyrénées, le Roussillon est terre espagnole. Cette insécurité est d'autant plus grave que la menace que fait peser sur le royaume la Maison d'Autriche subsiste toujours en dépit de sa division en deux branches distinctes. C'est pourquoi Henri IV, très attentif à tout ce qui peut faire pièce aux Habsbourg, favorise en 1608 la formation en Allemagne de l'Union évangélique, intervient en 1609 dans les négociations de la trêve de Douze Ans entre les Provinces-Unies et l'Espagne et la même année soutient les prétentions de l'électeur de Brandebourg sur la succession de Clèves et de Juliers au risque d'une guerre avec l'empereur. Mais le 14 mai 1610, alors qu'il se dispose à rejoindre l'armée réunie en Champagne, le roi, qui a échappé déjà à de nombreux attentats, est assassiné à proximité du Louvre par Ravaillac, catholique exalté qui affirmera avoir agi seul.

LOUIS XIII ET RICHELIEU (1610-1643)

Les débuts du règne (1610-1624) – Le soir même de l'assassinat d'Henri IV, le parlement de Paris déclare **Marie de Médicis** régente du royaume pendant la minorité du nouveau roi, Louis XIII, âgé de neuf ans. Cette Italienne, fervente catholique, a le goût du pouvoir, mais elle se laisse guider par son entourage, notamment sa sœur de lait Léonora Galigaï et le mari de celle-ci, Concini, ambitieux cynique, qui sera fait maréchal et marquis d'Ancre. La régente adopte très vite une politique catholique et pro-espagnole qui inquiète fortement les protestants et provoque le départ de plusieurs des anciens conseillers d'Henri IV, notamment Sully. Plusieurs princes du sang et grands seigneurs, jaloux de Concini, mais non moins avides et ambitieux que lui, s'agitent. Pour les calmer, la régente leur accorde places et pensions et convoque les états généraux. Ceux-ci se réunissent à Paris en 1614, mais sont paralysés par les rivalités entre les trois ordres. En 1615, Condé prend les armes, cependant que Concini, qui fait entrer au conseil le jeune évêque de Luçon, Armand de Richelieu, se conduit en maître tout-puissant. A la surprise générale, c'est Louis XIII lui-même, âgé de 16 ans en 1617, qui met un terme à la situation.

Tenu à l'écart par sa mère, humilié par le favori, le jeune roi a vécu dans l'isolement et s'est peu à peu attaché à un noble provençal, Charles d'Albert de **Luynes,** qui réussit à le convaincre de faire arrêter Concini. En fait, le 24 avril 1617, celui-ci est abattu par le capitaine des gardes chargé de l'appréhender. Louis XIII se débarrasse de tous ceux qui ont servi l'Italien, notamment Richelieu, et exile la reine mère à Blois; mais au lieu de prendre effectivement le pouvoir, il s'en remet à Luynes, si bien qu'à Concini succède un favori non moins avide et, très vite, non moins méprisé. Inexpérimenté et d'esprit médiocre, Luynes se révèle en effet incapable de faire face à la situation. Marie de Médicis, échappée de Blois, intrigue avec les grands, provoquant une nouvelle prise d'armes, mais Louis XIII disperse les troupes rebelles aux Ponts-de-Cé en août 1620 et se réconcilie avec sa mère. Quelques semaines plus tard, le roi et son favori se rendent en Béarn où ils rétablissent le catholicisme par la force, ce qui provoque le soulèvement des protestants du Sud-Ouest sous la direction de Bouillon et de Rohan. Les troupes royales sont vainqueurs à Saint-Jean-d'Angély, mais échouent devant Montauban et Louis XIII, privé de Luynes mort inopinément en décembre 1621, préfère négocier avec Rohan. Cette faiblesse témoigne de l'absence d'une ferme direction des affaires du royaume. Le roi ne peut compter sur son entourage composé de ministres en majorité vieillis ou intrigants. Marie de Médicis lui suggère de faire appel à Richelieu, devenu cardinal en 1622, mais Louis XIII, plein de préventions à l'égard de l'ancienne créature de Concini et de sa mère, hésite longtemps. Enfin, le 24 avril 1624, il appelle Richelieu au conseil et lui donne en août le titre de chef du conseil. Une nouvelle période du règne commence.

Richelieu jusqu'au « grand orage » (1624-1630) – L'étroite **collaboration du roi et du ministre** est à la base du régime ainsi institué. Louis XIII, qui a 22 ans en 1624, est un personnage complexe. De santé médiocre, il a un caractère timide et ombrageux. Très pieux, il a une haute idée de ses devoirs de souverain, mais il a peu de goût pour la politique et a conscience de ses propres limites. C'est pourquoi, après avoir mesuré la valeur irremplaçable de Richelieu, il saura vaincre ses réticences à son égard et lui assurer sa confiance, son estime et même son amitié. Né en 1585 dans une famille de noblesse poitevine, Richelieu a en effet des qualités exceptionnelles : intelligence supérieure, volonté inflexible, étonnante capacité de travail; de plus, il a le goût du pouvoir et l'ambition de servir le roi et l'État (sans oublier, pour autant, d'assurer sa propre fortune). Il faut, pour cela, comme il l'écrira plus tard à Louis XIII, « ruiner le parti huguenot, rabaisser l'orgueil des grands, réduire tous ses sujets en leur devoir et relever son nom dans les nations étrangères au point où il devait être ». Rien pourtant qui ressemble moins à l'exécution, point par point, à partir de 1624, d'un plan soigneusement préétabli. En fait, devant la résistance des événements et des hommes, Richelieu se montrera un remarquable opportuniste, sachant se plier aux circonstances et devant sans cesse compter, surtout jusqu'en 1630, avec les intrigues d'une cour qui s'efforce de se débarrasser du ministre par tous les moyens. C'est ainsi qu'en 1626 est découvert un complot ourdi pour le faire assassiner. Il groupe derrière Gaston, jeune frère du roi et héritier du trône, les princes du sang et la reine Anne d'Autriche. L'un des conjurés, le comte de Chalais, est arrêté, jugé et décapité à Nantes en août 1626. En 1627, le comte de Montmorency-Bouteville est exécuté avec un de ses amis pour avoir ouvertement bravé un édit de 1626 renouvelant des prescriptions antérieures contre les duellistes. Un autre édit signé à Nantes en 1626 ordonne la destruction de nombreux châteaux forts. Le roi et son ministre montrent ainsi clairement qu'ils entendent ramener tous les nobles, quels qu'ils soient, à une stricte obéissance.

Richelieu est ensuite accaparé pendant deux ans par la **guerre de La Rochelle.** Il s'agit non seulement d'en finir avec la rébellion protestante, mais d'assurer à la France la maîtrise de tous ses ports pour mieux développer sa puissance maritime. Or La Rochelle est à la fois la principale place forte des huguenots et un grand port, véritable république marchande. Ce n'est donc pas pour les seuls motifs religieux que les Anglais décident d'intervenir en débarquant dans l'île de Ré en juin 1627. Les Rochelais, un moment hésitants, sont finalement entraînés dans la révolte ouverte contre le roi par Soubise, frère de Rohan. Les troupes royales commencent alors l'investissement de la place par terre, puis, à l'instigation de Richelieu, le blocus est complété par une digue fermant le port. Après un siège de treize mois, les habitants, abandonnés par les Anglais et réduits à la famine, se rendent en octobre 1628. Tous les privilèges de la ville sont abolis, les remparts sont rasés, le culte catholique est rétabli, mais le culte réformé est maintenu. Les troupes royales se retournent alors vers le Languedoc où Rohan tient une partie du pays depuis vingt ans. La prise de Privas et la dévastation des abords des Cévennes forcent les protestants à accepter les conditions du roi : l'édit de grâce d'Alès, octroyé le 28 juin 1629, leur laisse les avantages religieux, civils et judiciaires accordés par l'édit de Nantes, mais les prive de leurs privilèges politiques (assemblées) et militaires (places de sûreté).

L'édit d'Alès et la politique anti-habsbourgeoise de Richelieu aggravent un **conflit latent** entre deux « partis » et deux politiques. Pour le parti dévot, groupé derrière le garde des sceaux Michel de Marillac, la reine mère, la reine Anne et Gaston d'Orléans, il convient d'extirper le protestantisme du royaume, de se rapprocher des Habsbourg et de soulager le peuple accablé d'impôts et dont la situation misérable se traduit par de fréquents soulèvements, notamment les Croquants du Quercy en 1624. La grande ordonnance rédigée par Marillac en 1629 et dite code Michau témoigne de ce souci de réformes intérieures. Pour le parti des « bons Français » sur lequel s'appuie Richelieu, il faut « éviter la confusion des intérêts de l'État et de ceux de la religion », aussi bien dans le royaume qu'à l'extérieur; or le salut du royaume exige qu'il soit mis un terme aux ambitions de la Maison d'Autriche, même si une telle politique force non seulement à ajourner les indispensables réformes intérieures, mais encore à aggraver le fardeau fiscal. Placé devant cette alternative fondamentale, Louis XIII hésite, puis en 1630 fait son choix. Le 10 novembre, le « **grand orage** » qui couvait depuis plusieurs mois éclate contre Richelieu : Marie de Médicis fait devant le roi et son ministre une scène violente à l'issue de laquelle elle pense avoir obtenu de son fils le renvoi du cardinal; en fait, quelques heures plus tard, Louis XIII fait venir Richelieu et lui renouvelle sa confiance. Dans les semaines qui suivent cette « journée des Dupes », Michel de Marillac est destitué, son frère le maréchal, décapité, Gaston d'Orléans s'enfuit en Lorraine, Marie de Médicis se réfugie aux Pays-Bas où elle mourra douze ans plus tard. Richelieu assuré de la confiance du roi va pouvoir appliquer la politique qu'il préconise.

Richelieu et le régime de guerre (1630-1642) – A partir de 1630, le cardinal ministre subordonne toute la politique intérieure aux exigences de la lutte contre les Habsbourg. Son premier souci est d'assurer dans tout le royaume l'**autorité du roi** et la tranquillité publique. Il fait entrer au conseil des gens sûrs et dévoués, tel Pierre Séguier, chancelier en 1635. Il surveille étroitement les parlements. En province, il exige des gouverneurs obéissance et fidélité absolue et utilise de plus en plus les intendants pour vaincre les résistances et rétablir l'ordre. Il s'efforce de diriger l'opinion publique, grâce notamment à la *Gazette* créée en mai 1631 par Théophraste Renaudot. Mais les Français ne doivent pas seulement obéir, ils doivent payer. Pour faire face aux énormes besoins financiers de la France en guerre, on a recours à une politique d'expédients qui ne réussit pas à enrayer la hausse constante du déficit : emprunts, mutations monétaires, ventes d'offices, surtout augmentation des tailles et des gabelles et création de taxes nouvelles.

Les problèmes **économiques** n'intéressent Richelieu que dans la mesure où la puissance du roi dépend de la richesse du royaume et il fait siennes les idées mercantilistes. Mais les réalisations restent très limitées, par exemple celle des tarifs douaniers protecteurs. Même les mesures prises en vue de favoriser le grand commerce maritime et la colonisation (création de plusieurs compagnies de commerce) sont très incomplètes : la mer qui tient une si grande place dans les préoccupations de Richelieu l'intéresse surtout en fonction de la guerre. Dès le siège de La Rochelle, il entreprend un énorme effort pour doter la marine royale d'une administration régulière, d'un commandement efficace, de ports bien équipés capables de construire et d'abriter les flottes du Ponant (65 vaisseaux de ligne en 1642) et du Levant (22 galères). De même, l'armée est peu à peu reprise en main, notamment grâce aux commissaires des guerres.

Un tel régime provoque de multiples résistances qui sont impitoyablement réprimées. Pour se débarrasser du ministre, les grands multiplient les **complots,** d'autant plus redoutables que les membres de la famille royale, notamment Gaston, continuent à y être impliqués et que les conjurés n'hésitent pas à chercher des appuis auprès des ennemis de la France (Espagne, Lorraine). En 1632, le duc de Montmorency, gouverneur du Languedoc, essaie de soulever sa province; vaincu et pris, il est décapité à Toulouse malgré de multiples pressions en sa faveur. En 1641, le comte de Soissons qui avait déjà projeté en 1636 de faire assassiner le cardinal avec la complicité de Gaston, est tué lors d'un engagement avec les troupes royales près de Sedan, alors qu'il s'apprêtait à entrer en Champagne à la tête de troupes espagnoles. En 1642, le jeune favori du roi, Cinq-Mars, se propose à son tour de faire assassiner Richelieu et signe un traité secret avec l'Espagne. Le complot est découvert et Cinq-Mars est exécuté à Lyon avec son ami De Thou, coupable de ne pas avoir révélé la conjuration.

Les **révoltes populaires** sont, avec les complots de cour, les manifestations les plus graves de l'opposition du royaume au régime de guerre. Ces « émotions » urbaines ou rurales, déjà fréquentes avant 1630, se multiplient après cette date. Elles résultent essentiellement de la misère et de la pression fiscale (« Vive le roi sans gabelle »). Leur gravité vient du fait que les masses populaires sont souvent

131

encadrées ou soutenues soit par des bourgeois ou des nobles de robe menacés dans certains de leurs privilèges par les progrès de l'autorité monarchique, soit par des seigneurs qui prennent la défense de leurs paysans contre les excès des « gabeleurs ». Les révoltes les plus graves, souvent en liaison avec de mauvaises récoltes, se produisent en 1635, en 1636-1637 (Croquants entre Loire et Garonne), en 1639 (« Nu-Pieds » de Normandie), en 1643. La répression est très inégale; dans les cas les plus graves, troupes royales et commissaires exercent une justice rapide et exemplaire. Même si ces mouvements multiples n'ont jamais vraiment menacé l'État du fait de leur absence de cohésion et de véritable programme, ils n'en témoignent pas moins d'une résistance profonde à l'œuvre accompli par le ministre. Aussi sa mort, le 4 décembre 1642, est-elle accueillie avec soulagement.

Richelieu disparu, Louis XIII lui demeure fidèle. Le même personnel ministériel, avec notamment Mazarin qui entre au conseil, poursuit la même politique, tant au-dedans qu'au-dehors. Le roi a le temps, avant de mourir le 14 mai 1643, d'organiser la régence de son fils, futur Louis XIV, âgé de cinq ans, au profit d'un conseil de régence assistant Anne d'Autriche dont il se méfiait.

MAZARIN ET LA FRONDE (1643-1661)

Anne d'Autriche et Mazarin – Dès le 18 mai 1643, **Anne d'Autriche** se fait accorder par le parlement de Paris la régence pleine et entière. En réalité, d'intelligence médiocre et sans expérience politique, elle décide de conserver Mazarin comme principal ministre et s'en remet entièrement à lui. D'origine italienne, **Mazarin** est passé du service du pape au service du roi de France et de Richelieu en 1639. Fait cardinal en 1641 sans être prêtre, il s'insinue dans les grâces de la reine qui s'attache à lui par une affection qui ne se démentira pas et que scellera peut-être un mariage secret. Usant de souplesse et d'intrigue là où Richelieu faisait preuve de fermeté inflexible, mais partageant avec lui, outre la même avidité, les mêmes qualités supérieures d'homme d'État, il entend mener la même politique que son prédécesseur. Mais la guerre extérieure et la détresse financière qu'elle entraîne constituent une succession d'autant plus lourde à assumer que le ministre doit faire face en même temps à une opposition qui croit pouvoir se manifester plus librement depuis la mort de Richelieu. C'est ainsi que dès les premiers mois de la régence est déjoué un complot, dit cabale des Importants, mené par quelques grands seigneurs, notamment le jeune duc de Beaufort, fils du duc de Vendôme. Les diverses oppositions, d'abord larvées, se trouvent exaspérées par les mesures financières prises par Mazarin et le surintendant des finances Particelli d'Emery pour faire face au déficit croissant : emprunts forcés, diminution de rentes, augmentation des tailles, création de taxes nouvelles, notamment en 1646 de nouveaux droits d'octroi sur les denrées entrant à Paris.

Ces mesures maladroites accroissent un **mécontentement général** que les événements d'Angleterre ne font qu'encourager et dont la Fronde sera la manifestation violente à partir de 1648. Les officiers, profondément hostiles au renforcement de l'absolutisme, y joueront un rôle moteur : le parlement de Paris, arguant de l'exemple anglais, prétendra jouer officiellement un rôle politique. Les grands essaieront, de leur côté, d'imposer leur tutelle à la monarchie, certains d'entre eux (Condé, Retz) menant par ambition un jeu purement personnel. Enfin, la misère liée à la pression fiscale et à une mauvaise conjoncture économique créera dans les classes populaires une situation explosive que les divers Frondeurs sauront exploiter dans le sens de leurs intérêts propres. Mazarin cristallisera contre lui toutes les oppositions qui, multiples, souvent divergentes, n'auront à aucun moment ni chef unique ni programme commun, sinon le refus du régime de guerre imposé par Richelieu et poursuivi par l'Italien. Si la Fronde a été une tentative de révolution, c'est bien d'une révolution rétrograde qu'il s'agissait.

La Fronde (1648-1653) – La première **Fronde** est essentiellement **parlementaire** (août 1648-mars 1649). En mai 1648, les magistrats du parlement de Paris décident, malgré l'interdiction de la régente, de se réunir avec leurs collègues des autres *cours souveraines pour délibérer en commun sur la « réforme du royaume ». Assemblés dans la chambre Saint-Louis du Palais du 30 juin au 8 juillet, ils rédigent une véritable charte en 27 articles stipulant notamment la suppression des intendants, l'obligation du vote par les cours souveraines des impôts nouveaux et des créations d'offices, l'interdiction d'emprisonner quelqu'un plus de 24 heures sans le faire comparaître devant son juge naturel. Ce texte, qui place la monarchie sous le contrôle de ses officiers, est accueilli dans l'enthousiasme par les Parisiens. Aussi, sur les conseils de Mazarin, la reine commence-t-elle par céder : la déclaration royale du 31 juillet ratifie la plupart des 27 articles et ordonne le rappel des intendants. Mais le 26 août Mazarin fait arrêter trois parlementaires connus pour leur opposition, dont le très populaire Broussel. La réaction des Parisiens est immédiate : en quelques heures, le centre de la capitale se couvre de barricades, cependant que le premier président vient se plaindre à la régente. Mazarin conseille à nouveau à celle-ci de gagner du temps : le 28, Broussel est relâché. Le parlement, grisé par son succès et sa popularité, prétend plus que jamais contrôler le gouvernement. C'est alors que Mazarin, sachant pouvoir compter sur les troupes de Condé, s'enfuit de Paris dans la nuit du 5 au 6 janvier 1649, avec la reine et le jeune Louis XIV , et gagne Saint-Germain-en-Laye. Le parlement déclare aussitôt « le Mazarin ennemi public », lève des troupes et reçoit l'appui de certains grands seigneurs mécontents, Conti et Longueville, frère et beau-frère de Condé, Beaufort, Paul de Gondi-Retz, coadjuteur de l'archevêque de Paris, cependant que se déchaînent les mazarinades, violents pamphlets contre l'Italien. L'armée royale de Condé fait aussitôt le blocus de la capitale où les parlementaires s'inquiètent vite des ambitions des princes et, plus encore, de l'agitation des milieux populaires. Aussi, après quelques escarmouches, préfèrent-ils traiter avec la régente. Par la paix de Rueil (11 mars 1649), celle-ci promet un pardon général, mais le parlement s'engage à ne plus tenir de réunions communes avec les autres cours souveraines. Des promesses de pensions permettent aux nobles de faire, de leur côté, la paix avec la cour, et, en août, la reine et le jeune roi rentrent à Paris. En fait, rien n'est réglé : les mécontentements contre le gouvernement de Mazarin subsistent entiers.

C'est l'attitude de Condé qui, dans le courant de 1649, fait rebondir le mouvement et provoque la seconde Fronde, ou **Fronde des princes** (janvier-décembre 1650). Grisé par ses victoires, il veut remplacer Mazarin qu'il déteste et méprise. Mais son orgueil et ses insolences exaspèrent Anne d'Autriche qui, le 18 janvier 1650, en accord avec son ministre, le fait arrêter et enfermer à Vincennes, puis au Havre, en même temps que Conti et Longueville. Aussitôt l'agitation se rallume. Certes, Mazarin peut compter sur la neutralité du parlement de Paris peu soucieux de reprendre la lutte et du peuple de la capitale qui voit dans Condé l'homme du siège de 1649. Mais la duchesse de Longueville et tous les amis des trois princes emprisonnés quittent Paris et s'efforcent de soulever les provinces, notamment la Guyenne et la Champagne où l'armée royale bat Turenne rallié à la cause des princes (Rethel, 15 décembre 1650).

La victoire de Mazarin réveille l'hostilité du parlement de Paris et provoque l'**union des deux Frondes** (décembre 1650-septembre 1651). Les parlementaires, Broussel en tête, reprennent leur programme de 1648, réclament la liberté des princes, nouent des accords secrets avec tous les mécontents : les condéens, Gondi-Retz, furieux de ne pas être cardinal comme on lui a promis, la fille de Gaston d'Orléans, dite la Grande Mademoiselle. Le 3 février, ils demandent le renvoi de Mazarin. Celui-ci, conscient que la haine contre lui est le seul lien entre les rebelles et que son éloignement fera éclater leurs dissensions, décide de leur laisser le champ libre. Le 6 février, il quitte Paris et, après être allé au Havre libérer les princes, se retire chez son ami l'électeur de Cologne d'où il restera en relations étroites avec Anne d'Autriche et ses conseillers Michel Le Tellier et Hugues de Lionne. De fait, les Frondeurs sont très vite incapables de s'entendre : Retz se rapproche de la reine, Turenne fait sa soumission, Condé, qui se brouille avec le parlement et avec Retz, quitte Paris pour rejoindre ses partisans dans son gouvernement de Guyenne, au moment où Louis XIV est proclamé majeur (septembre 1651).

Ce départ de Condé déclenche la dernière phase de la Fronde, la plus anarchique, la plus désastreuse aussi pour le royaume, la **Fronde condéenne** (septembre 1651-août 1653). De Bordeaux, Condé entre en relation avec Madrid et tente de rallier à sa cause les provinces du Sud-Ouest. Mazarin, inquiet, rentre en France fin décembre et rejoint la reine mère et le jeune roi à Poitiers. Condé, pensant pouvoir compter sur l'appui d'une armée espagnole venue des Pays-Bas et sur celui de la Grande Mademoiselle, décide de quitter le Sud-Ouest et de se rendre maître de la capitale. Turenne, à la tête des troupes royales cantonnées en Poitou et sur la Loire moyenne, cherche à l'en empêcher. Après des engagements confus à Bléneau en avril 1652 et à Étampes en mai, la bataille décisive a lieu le 2 juillet sous les murs de Paris, dans le faubourg Saint-Antoine. Condé vaincu est sauvé in extremis par la Grande Mademoiselle qui lui fait ouvrir la porte Saint-Antoine et fait tirer le canon de la Bastille sur les troupes royales.

Mais la situation de Condé à Paris devient très vite intenable : il se rend odieux en s'appuyant sur certains éléments populaires pour terroriser parlementaires et bourgeois. La reine mère, maintenant à Pontoise, tire parti de la situation, cependant que Mazarin, pour faciliter la soumission des Parisiens, quitte la France une seconde fois et se rend à Bouillon. Le 13 octobre, Condé se résout à s'enfuir aux Pays-Bas espagnols et, le 21, Louis XIV et Anne d'Autriche rentrent dans la capitale au milieu des acclamations. Patient, Mazarin attend le 3 février 1653 pour rentrer à son tour. Les derniers troubles en province sont réprimés dans les mois suivants, en Provence et à Bordeaux.

La fin du ministère de Mazarin (1653-1661) – En dépit de quelques « assemblées illicites » de nobles provinciaux et de plusieurs soulèvements populaires dans l'Ouest entre 1656 et 1659, la tranquillité, favorisée par la lassitude générale, se rétablit peu à peu. Le pays accepte d'autant plus aisément la **réaction absolutiste** qui suit la victoire et le retour de Mazarin que nobles et parlementaires ont amplement démontré leur incapacité à gouverner. Fort de la confiance de la reine mère et du jeune roi, s'appuyant sur une solide équipe – le chancelier Séguier, Michel Le Tellier, Hugues de Lionne, Nicolas Fouquet, sans compter Jean-Baptiste Colbert, son homme de confiance –, Mazarin renvoie progressivement les intendants en province, fait surveiller étroitement la noblesse, interdit au parlement de Paris de « prendre aucune connaissance des affaires de l'État ». Par contre, il ne change rien à la politique financière dont les excès ont été partiellement à l'origine de la Fronde. Il laisse Fouquet agir : celui-ci, seul surintendant des finances en 1659 et fort de ses relations avec de nombreux financiers, use des expédients traditionnels, sans égard à la misère des masses urbaines et rurales. En effet, les méfaits des gens de guerre ont accumulé les ruines non seulement dans les provinces frontières, mais dans toutes les régions touchées par la guerre civile et parcourues par les troupes frondeuses ou royales. Le traité des Pyrénées, la rentrée en grâce de Condé, le mariage de Louis XIV avec l'infante espagnole sont les ultimes victoires de Mazarin qui meurt le 9 mars 1661.

LA SOCIÉTÉ FRANÇAISE
DANS LA PREMIÈRE MOITIÉ DU XVIIᵉ SIÈCLE

Ordres et classes – Le **clergé,** premier ordre du royaume, a souffert matériellement de la crise des guerres de Religion, mais retrouve au XVIIᵉ siècle toute sa richesse et sa puissance. L'Assemblée du clergé se réunit tous les cinq ans pour discuter les intérêts de l'ordre et de la religion et pour voter au roi des *dons gratuits en échange de l'exemption fiscale des clercs. La richesse et la puissance de la **noblesse** résident toujours en priorité dans la terre, et le métier des armes est l'activité par excellence, au service du roi ou, sous la Fronde, de quelque grand dont on est le client. Mais l'hérédité des offices anoblissants renforce la noblesse de robe qui, en dépit de certains préjugés, fusionne peu à peu avec l'ancienne noblesse par le biais des alliances matrimoniales. Enfin, nombreux sont les nobles qui s'enrichissent, directement ou indirectement, dans le commerce, l'industrie ou la finance. Cette participation nobiliaire aux activités économiques prouve que la distinction en ordres, toujours vivante dans les faits et dans les mentalités, ne suffit plus à rendre compte des réalités de la société française. C'est plus vrai encore du troisième ordre, ou **tiers état**, qui regroupe à la fois la bourgeoisie – manufacturière, officière, rentière – et les classes populaires urbaines et rurales, elles-mêmes d'une grande diversité selon la place tenue dans la vie économique.

Paris et la province – Depuis la fin du XVI⁰ siècle, **Paris** a pleinement retrouvé son rôle de capitale. La population tombée à 200 000 habitants au lendemain du siège de 1589-1594 a presque doublé un demi-siècle plus tard grâce à une importante immigration provinciale et même étrangère. Parallèlement, la ville connaît, à l'intérieur et au-delà de ses murs, une extension et un embellissement sans précédent. Henri IV s'intéresse de très près à cet aménagement de sa capitale, prenant l'initiative de la construction de *places royales (place Dauphine, place Royale, aujourd'hui des Vosges) et de l'aménagement de l'île Saint-Louis. Nobles et magistrats se font construire des hôtels dans le Marais et dans le faubourg Saint-Germain. Richelieu fait commencer en 1633, à proximité du Louvre, la construction d'une somptueuse résidence dite Palais-Cardinal (puis Royal après 1642). Sur la rive gauche, Marie de Médicis se fait édifier le palais du Luxembourg. Des églises dans le goût du jour se multiplient, notamment Saint-Louis des jésuites, Saint-Gervais, les chapelles de la Sorbonne et du Val-de-Grâce. Embelli et agrandi, Paris est vraiment digne de son rang de capitale : capitale politique, résidence du roi, de la cour, des grands services publics et des cours souveraines, mais aussi capitale artistique et intellectuelle. Les salons, comme celui de Madame de Rambouillet, l'Académie française fondée en 1635 à l'initiative de Richelieu donnent le ton et disent le goût : c'est vers « la cour et la ville » que regardent les provinces.

Celles-ci témoignent de la diversité française. Bien des **provinces** ou des villes conservent des « privilèges et franchises » octroyés lors de leur annexion et respectés depuis. La Bretagne, le Languedoc, la Bourgogne, par exemple, possèdent des états provinciaux chargés de voter, répartir et lever l'impôt. Le régime de la gabelle est très variable selon les régions. Les douanes intérieures et les poids et mesures sont d'une extrême diversité, de même que les coutumes codifiées et rédigées au XVI⁰ siècle. Enfin, les langues régionales et les patois ne reculent que très lentement devant le français. Par ailleurs, la précarité des communications tend à cloisonner le royaume en petites régions ou « pays », centrés sur une ville d'importance variable qui contrôle administrativement et économiquement la campagne proche. Un Français du XVII⁰ siècle appartient d'abord à sa paroisse et à son petit « pays », ce qui n'exclut pas le sentiment d'appartenance à la province et, au-delà, au royaume.

Réforme catholique et naissance du jansénisme – Devant le refus des parlements de publier en France les décisions du concile de Trente, l'Assemblée du clergé décide en 1615 de passer outre. Mais, dès la fin du règne d'Henri IV, c'est dans la ligne des décisions tridentines que commence la reconstruction spirituelle du « royaume très chrétien ». Elle concerne surtout **la réforme du clergé** régulier et séculier. Des ordres anciens se réforment peu à peu, et surtout des ordres nouveaux ou récemment introduits en France multiplient les fondations à Paris et dans presque toutes les villes du royaume. Parmi les ordres féminins, il faut citer les carmélites, les calvairiennes, les visitandines instituées en 1610 par Jeanne de Chantal et François de Sales, les filles de la Charité fondées en 1633 par Louise de Marillac et Vincent de Paul. De nouveaux ordres masculins et compagnies de prêtres apparaissent également : les jésuites rappelés par Henri IV en 1603, les oratoriens fondés en 1611 par Pierre de Bérulle, les lazaristes ou prêtres de la Mission en 1625 par Vincent de Paul, les sulpiciens en 1640 par Jean-Jacques Olier, curé de Saint-Sulpice, les eudistes en 1643 par Jean Eudes. Tous se mettent au service de la renaissance catholique dans tous les domaines : l'instruction de la jeunesse, la prédication et les missions intérieures, surtout la formation du clergé, problème central qui conditionne les autres. En même temps, nombreux sont les évêques qui prennent conscience de leurs devoirs vis-à-vis de leurs prêtres et de leurs fidèles et s'astreignent à la résidence dans leur diocèse. Ainsi, vers 1660, les moyens sont en place pour une réforme du clergé paroissial et une rechristianisation en profondeur des fidèles, qui, à cette date, sont à peine amorcées.

Seule une élite de **pieux laïcs** est réellement touchée et aide efficacement les initiatives du clergé : des gentilshommes et des grandes dames lecteurs de l'*Introduction à la vie dévote* de François de Sales (1608), aussi bien que des bourgeois, des artisans ou des filles du peuple témoignent de la plus vive piété et du plus ardent prosélytisme. Le duc de Ventadour fonde en 1627 la compagnie du Saint-Sacrement, association secrète qui se donne pour but non seulement des œuvres de piété et de charité, mais aussi la défense de la morale chrétienne : duellistes, blasphémateurs, *libertins, protestants sont surveillés et dénoncés aux autorités. La vie et l'œuvre de Vincent de Paul (1581-1660) résume presque tous les aspects de la réforme catholique. En effet, pour lui, en ces années 1630-1660 où « le peuple meurt de faim et se damne », les œuvres de charité sont inséparables des œuvres de foi et d'enseignement, ce qui l'amène à s'intéresser à la fois à la formation du clergé, à la prédication des fidèles, à l'assistance hospitalière, aux enfants trouvés, aux pauvres de toutes sortes, mais aussi à jouer le rôle de conseiller ecclésiastique d'Anne d'Autriche.

Le succès des **idées jansénistes** est inséparable de ce climat de renaissance religieuse. En 1640 paraît l'*Augustinus,* œuvre posthume de l'évêque d'Ypres Jansénius, dans laquelle celui-ci, s'abritant derrière l'autorité de saint Augustin, soutient que l'homme radicalement corrompu par le péché originel n'est capable par lui-même d'aucun bien et que Dieu n'accorde sa grâce qu'à un petit nombre d'élus. Avant même cette publication, les idées de Jansénius sont propagées en

France par son ami l'abbé de Saint-Cyran et adoptées dans le milieu de Port-Royal. L'abbaye de Port-Royal-des-Champs, en vallée de Chevreuse, a été réformée en 1609 par une jeune abbesse énergique, Angélique Arnauld, et est devenue un centre de vie spirituelle intense. Le couvent a essaimé à Paris, faubourg Saint-Jacques, cependant qu'aux Champs se sont installés quelques pieux laïcs pour y mener une vie de pénitence et d'étude. Ces Solitaires ou « Messieurs de Port-Royal », qui se recrutent dans les milieux parisiens de la robe, ouvrent des petites écoles en 1638. En 1643, Antoine Arnauld, frère de la mère Angélique et disciple de Saint-Cyran, publie un court traité en français, *De la fréquente communion,* dont le succès considérable et immédiat contribue, beaucoup plus que le pesant *Augustinus,* à la diffusion en France des idées jansénistes. Il y dénonce la pratique des confesseurs jésuites autorisant trop facilement la communion et oppose à leur morale relâchée qui prend sa source dans le *molinisme une morale austère et sans complaisance fondée sur les idées de Jansénius.

La polémique qui oppose Antoine Arnauld et ses amis de Port-Royal à leurs adversaires, surtout les jésuites, dégénère en une **violente querelle** qui, débordant les seuls milieux ecclésiastiques, intéresse bientôt une large fraction de l'opinion à Paris comme en province et inquiète Mazarin. En 1653, à la demande de la Sorbonne et de l'Assemblée du clergé, le pape condamne formellement cinq propositions censées résumer l'*Augustinus.* Antoine Arnauld riposte aussitôt en introduisant la distinction du droit et du fait : il convient qu'en droit les cinq propositions sont condamnables, mais il nie qu'en fait elles soient dans Jansénius. Pour défendre Port-Royal et porter le débat devant les « honnêtes gens », Blaise Pascal écrit en 1656 ses dix-huit *Provinciales,* féroce pamphlet contre les jésuites, qui remporte un immense succès. Le pape ayant renouvelé en 1657 la condamnation des cinq propositions, l'Assemblée du clergé impose à tous les prêtres, religieux et religieuses la signature d'un formulaire acceptant cette condamnation. La plupart des jansénistes refusent, mais Mazarin temporise, souhaitant que la querelle s'assoupisse d'elle-même. En fait, il n'en sera rien.

10

L'ANGLETERRE ET LES PROVINCES-UNIES AU XVIIe SIÈCLE

L'Angleterre et les Provinces-Unies sont, au XVIIe siècle, les deux grandes puissances maritimes de l'Europe. En dépit de querelles intérieures et de la poursuite de la guerre d'indépendance contre l'Espagne jusqu'en 1648, la république des Provinces-Unies réussit à devenir, grâce au grand commerce maritime, la première puissance économique du monde et le reste au moins jusqu'en 1672. De son côté, l'Angleterre affirme peu à peu, face aux concurrents hollandais et français, sa vocation de grande puissance maritime, et cela malgré deux révolutions : la première aboutit en 1649 à l'exécution du roi Charles Ier et à la proclamation de la république ; la seconde consacre l'échec des tentatives d'absolutisme et de restauration du catholicisme des rois Stuarts et le triomphe de la monarchie tempérée et de l'anglicanisme.

139

L'ÉCHEC DE L'ABSOLUTISME EN ANGLETERRE
ET LA RÉPUBLIQUE ANGLAISE (1603-1660)

Le règne de Jacques Ier (1603-1625) – A la mort d'Élisabeth, le roi d'Écosse Jacques VI, fils de Marie Stuart, devient roi d'Angleterre sous le nom de **Jacques Ier**. Il se rend rapidement impopulaire tant à cause de son caractère et de ses conceptions du pouvoir que de ses maladresses. Il ne manque ni d'intelligence ni de culture, mais il est vantard, poltron, débauché et affligé, de surcroît, d'un physique disgracieux. En 1618, il se prend de passion pour un jeune noble, George Villiers, qu'il fait duc de Buckingham et à qui il confie pratiquement le pouvoir. Par ailleurs, il a élaboré une théorie cohérente de la monarchie absolue de droit divin, qui tient compte, il est vrai, de la nécessité pour le roi de respecter les « lois et coutumes du royaume », notamment les privilèges du parlement, mais il s'efforce de réunir celui-ci le moins souvent possible. Il y réussit dans la mesure où l'essentiel des revenus royaux provient des droits de douane, des droits de régie (taxes sur les principaux biens de consommation) et des monopoles royaux (par exemple le tabac). Les impôts directs, pour lesquels un vote du parlement est nécessaire, n'interviennent que pour moins de 10 %. Si le roi est ainsi assuré de revenus suffisants, c'est dans la mesure où il n'entretient ni armée permanente ni administration importante : l'administration des comtés, par exemple, est assurée bénévolement par la petite noblesse locale.

Jacques II souhaite, de plus, développer l'union, purement personnelle, des deux couronnes d'Angleterre et d'Écosse, en rapprochant notamment l'Église anglicane et l'Église presbytérienne (lui-même est devenu anglican et *épiscopalien convaincu), mais ses efforts n'aboutissent pas. Pourtant, les passions **religieuses** tendent à s'atténuer sous son règne. Certes, les catholiques sont toujours soumis à des mesures d'exception et l'antipapisme de l'opinion s'aggrave avec la conspiration des Poudres (en 1605 est déjoué à temps le projet d'un petit groupe de catholiques de se débarrasser du roi en faisant sauter le palais de Westminster lors d'une séance du parlement). Mais les puritains se montrent moins violents dans leurs affrontements avec les autorités, même si certains d'entre eux sont emprisonnés et si d'autres, irréductibles, préfèrent s'expatrier, tels les Pères pèlerins du *Mayflower* en 1620 ; quant au développement de sectes indépendantes qui réclament la plus large tolérance religieuse au nom de la liberté individuelle, il en est encore à ses débuts. Cependant, lorsqu'il meurt en 1625, Jacques Ier est peu regretté de ses sujets qui lui reprochent les folles dépenses de Buckingham et les initiatives en matière de politique extérieure : tentative de rapprochement avec l'Espagne, mariage du prince de Galles avec la sœur de Louis XIII.

Le début du règne de Charles Ier (1625-1642) – Son fils **Charles Ier** forme un parfait contraste avec lui : il est beau, brave, prude, mais dissimulé et fuyant. Très populaire au début de son règne, il va peu à peu se couper de la nation. Non seulement il garde près de lui Buckingham (qui sera assassiné en 1628) et met à la tête des affaires ecclésiastiques l'évêque William Laud connu pour son hostilité à l'égard des dissidents, mais il enregistre sur le plan extérieur un double échec : contre l'Espagne, en 1625, lors d'une courte guerre lancée pour soutenir les Provinces-Unies, et contre la France, lors de la tentative de Buckingham pour aider les protestants de La Rochelle (1627-1628). La situation financière, consécutive à ces deux guerres, nécessite la réunion du parlement qui, en mai 1628, adresse au roi une pétition des droits qui rappelle les libertés anglaises traditionnelles et l'obligation pour le roi de les respecter, notamment le consentement de l'impôt par le parlement et la garantie de la liberté individuelle. Le roi semble s'incliner, mais dès 1629 renvoie le parlement et annonce son intention de régner en roi absolu.

Pendant les onze années de la « **tyrannie** » (1629-1640), Charles Ier va tenter de faire triompher conjointement l'absolutisme et l'anglicanisme, en s'appuyant sur son conseiller Strafford et sur William Laud nommé archevêque de Canterbury en 1633. Le premier met fin au double conflit avec l'Espagne et avec la France et assure à la monarchie un surcroît de ressources et de puissance en rétablissant de nombreux monopoles royaux et en levant en Irlande, dont il a été nommé lord gouverneur, plusieurs milliers de soldats, noyau d'une armée permanente au service du roi. En 1635, l'extension à tout le royaume du *ship money* (taxe pour l'équipement de vaisseaux de guerre) entraîne de vives protestations. Mais c'est la politique religieuse de Laud qui dresse contre la tyrannie l'Angleterre et l'Écosse. En effet, Laud entreprend de briser toutes les résistances à l'anglicanisme, imposant à tous les Anglais le rituel anglican, épurant le clergé, traduisant les récalcitrants devant la Chambre étoilée. Les anglicans eux-mêmes craignent que certaines des mesures prises ne préparent en fait le rétablissement du catholicisme en Angleterre. Enfin, en 1637, Laud et le roi décident d'introduire en Écosse, très attachée au presbytérianisme, une Église de type anglican et l'usage du Livre de prières anglais. Ils provoquent le soulèvement des Écossais qui, par milliers, signent un pacte solennel, ou *covenant,* pour la défense de leur liberté religieuse. En 1639, une armée écossaise bat Charles Ier et le force à traiter. Le roi, qui a besoin d'argent et de nouvelles troupes pour mater la rébellion écossaise, se résout à convoquer le parlement anglais, mais il le renvoie au bout de quelques semaines (avril-mai 1640, c'est le Court parlement).

L'armée écossaise marchant sur York, Charles Ier est contraint d'en convoquer un nouveau (il siégera jusqu'en 1653 et sera nommé Long parlement) qui prend aussitôt l'offensive contre les agents de la tyrannie : Strafford est condamné à mort et exécuté en 1641 (Laud subira le même sort en 1645). Puis **le parlement** réclame l'exclusion des évêques anglicans de la Chambre des lords, l'éloignement des catholiques de la cour, le licenciement de l'armée créée par Strafford et l'abolition de la Chambre étoilée. Le soulèvement de l'Irlande, que l'on croit encouragé par le roi et qui entraîne en Ulster le massacre de milliers de protestants par les catholiques (octobre 1641), amène le parlement à voter une grande remontrance rédigée par le député John Pym et qui est un violent réquisitoire contre la politique menée par le roi depuis onze ans.

Celui-ci, qui sait que ce texte n'a été voté qu'à quelques voix de majorité, pense pouvoir mater l'opposition parlementaire par un coup de force : le 3 janvier 1642, il déclare Pym et quatre autres députés coupables de haute trahison; mais quand il se présente à Westminster le lendemain, ceux-ci se sont réfugiés dans la Cité où le peuple se soulève en leur faveur. Charles Iᵉʳ préfère alors quitter la capitale le 10 janvier et se rendre dans le Nord où il regroupe ses partisans.

La guerre civile et ses suites (1642-1649) – La guerre civile divise l'Angleterre en **deux camps.** Les partisans du roi, les Cavaliers, comprennent surtout les représentants de la haute aristocratie traditionnelle et anglicane du Nord et de l'Ouest et leur clientèle; les catholiques et beaucoup d'anglicans de tous les milieux se joignent à eux. Les partisans du parlement, ou « Têtes rondes » (de leurs cheveux coupés court à la puritaine), regroupent les Anglais attachés aux libertés politiques, religieuses et économiques; quelques-uns sont anglicans, les plus nombreux sont presbytériens, puritains ou indépendants et veulent renverser l'Église en place. Plus que le facteur politique et constitutionnel (les relations du roi et du parlement), c'est le facteur religieux qui est à l'origine de l'affrontement et cristallise les oppositions. Toutefois, au début, seule une minorité d'Anglais se sent concernée; devant les événements, les indécis sont peu à peu contraints de choisir leur camp.

Il y a en fait deux guerres civiles successives. La première, de 1642 à 1646, est longtemps indécise. Les **parlementaires** tiennent Londres, riche de ses hommes, de ses biens, de son port. Depuis le Nord, l'objectif du roi est de reprendre sa capitale. Mais les troupes royales, commandées par le prince Rupert, fils du Palatin et neveu du roi, échouent à deux reprises et se font même battre dans le Nord à Marston-Moor le 2 juillet 1644. De son côté, l'armée du parlement essuie plusieurs échecs. Les choses changent lorsque Oliver Cromwell, gentilhomme campagnard, protestant indépendant, devient en 1645 le lieutenant tout-puissant du nouveau commandant en chef des troupes parlementaires, Fairfax. Cromwell, qui s'est déjà fait remarquer à la tête des troupes qu'il a lui-même levées (les Côtes de fer), réorganise l'armée parlementaire sur le modèle de ses propres troupes *(new model army)* et joue un rôle déterminant dans la victoire décisive remportée, le 14 juin 1645, à Naseby, sur le prince Rupert. Le roi décide ensuite de se réfugier en Écosse, mais il refuse d'adhérer au *covenant* et est livré, pour 400 000 livres, par le parlement d'Édimbourg au parlement de Londres en janvier 1647.

La défaite du roi ne ramène pas la paix, car les **vainqueurs se divisent.** Les parlementaires et leurs partisans sont en majorité presbytériens et réclament la mise en place d'une nouvelle Église d'Angleterre sur le modèle de l'Église presbytérienne d'Écosse, alors que la nouvelle armée appuie les revendications des indépendants qui ne veulent pas d'une Église d'État et demandent la liberté pour toutes les sectes protestantes. Sur le plan politique, les parlementaires, qui détiennent le roi en résidence forcée, espèrent qu'un accord avec lui sera possible.

De son côté, la nouvelle armée, que le parlement décide de licencier en février 1647, refuse de se soumettre à cette décision et s'empare de la personne du roi, cependant que ses éléments les plus radicaux, les niveleurs de John Lilburne, réclament l'abolition de la royauté, le suffrage universel et l'égalité devant la loi. Cromwell réussit à contenir la pression des niveleurs, tout en préservant l'unité de l'armée. Mais, en novembre 1647, Charles Iᵉʳ s'échappe, se réfugie dans l'île de Wight et obtient l'appui des Écossais, ce qui entraîne la reprise de la guerre civile. Cromwell bat les Écossais et entre à Édimbourg en août-septembre 1648, puis rentre à Londres en octobre. En novembre, il fait enlever Charles Iᵉʳ de l'île de Wight et, pour en finir avec l'attitude dilatoire des parlementaires, procède par la force à l'épuration du Long parlement qui, réduit à une soixantaine de membres, tous indépendants, n'est plus qu'un parlement Croupion, ou *Rump*. La première décision du *Rump* est de traduire le roi devant une Haute Cour qui le condamne à mort : Charles Iᵉʳ est décapité le 9 février 1649 devant Whitehall et meurt avec beaucoup de dignité en présence d'une foule consternée.

La République et le protectorat de Cromwell (1649-1660) – Le *Rump* déclare la royauté abolie et, le 19 mai 1649, proclame **la République** *(Commonwealth)*. La Chambre des lords étant supprimée, le *Rump* détient l'autorité : il exerce directement le pouvoir législatif et contrôle la direction de la politique intérieure et extérieure qui est assurée par un conseil d'État de 41 membres (dont Cromwell) élus par lui. Ainsi le pouvoir est aux mains des indépendants qui peuvent compter sur l'armée bien tenue par Cromwell. Celui-ci, en effet, l'a épurée de tous ses éléments les plus avancés, non seulement les niveleurs de Lilburne, mais aussi les *diggers* de Winstanley, plus extrémistes puisqu'ils réclament l'égalité sociale et le partage des terres. Dans le pays, l'opposition est réduite au silence. Par contre, Cromwell doit triompher par la force des Irlandais et des Écossais. En Irlande, où les Anglais ont été pratiquement chassés de l'île à la faveur de la guerre civile, il débarque en août 1649 et mène une campagne d'une extrême brutalité (massacres de Drogheda), à l'issue de laquelle de nombreux propriétaires catholiques sont expulsés des régions les plus riches de l'Est et leurs terres données à des protestants venus d'Angleterre. De leur côté, les Écossais ont, au lendemain de l'exécution de Charles Iᵉʳ, reconnu comme roi d'Écosse son fils Charles II. Cromwell bat l'armée écossaise à deux reprises (1650, 1651); Charles II réussit à s'enfuir et à se réfugier en France. A la fin de 1651, l'Écosse, soumise, est privée de son autonomie et liée à l'Angleterre dans le cadre de la République. Mais, à cette date, la guerre a éclaté avec les Provinces-Unies. La cause profonde en est la rivalité commerciale et coloniale entre les deux puissances maritimes, la cause plus immédiate, le vote par le *Rump,* le 9 octobre 1651, de l'Acte de navigation, dirigé contre les Hollandais bien qu'ils n'y soient pas désignés. Ce texte, qui ne fait d'ailleurs que généraliser une politique traditionnelle, réserve le commerce d'importation aux seuls navires anglais, à l'exception des navires étrangers introduisant en Angleterre des marchandises en provenance de leur propre pays. Cette première guerre anglo-hollandaise (1652-1654) est courte et peu décisive; toutefois, les Hollandais doivent se résigner à accepter l'Acte de navigation.

Depuis 1653, **Cromwell** est le **seul maître** en Angleterre. En effet, le 20 avril, poussé par l'armée, il se débarrasse du *Rump,* puis se fait accorder par un nouveau conseil d'État et par le conseil des officiers, le 16 décembre, le titre de lord, protecteur de la République d'Angleterre, d'Écosse et d'Irlande. A la fois chef de l'armée et chef de l'État, Cromwell, persuadé d'être un nouveau Moïse chargé de conduire le peuple britannique vers la Terre promise, exerce une dictature de type militaire. Le pays est divisé en régions dirigées par un major général doté de pleins pouvoirs. Toutes les oppositions, tant royaliste ou presbytérienne que « niveleuse », sont traquées et matées. Un régime d'austérité puritaine triomphe : fermeture des théâtres et des cabarets, surveillance des mœurs. Mais la majorité des Anglais, qui redoutent plus que tout la reprise de la guerre civile, sont reconnaissants à Cromwell d'avoir ramené la paix et protégé l'ordre social, de pratiquer la tolérance religieuse (sauf à l'égard des catholiques), de favoriser l'essor économique et de se faire, en politique extérieure, le champion du protestantisme et le défenseur des intérêts britanniques. Il meurt le 3 septembre 1658, après avoir désigné son fils Richard pour lui succéder. Mais celui-ci, qui n'a ni ses qualités ni ses convictions, abandonne le pouvoir en mai 1659. Après six mois d'anarchie, le général Monk marche sur Londres en février 1660 et fait élire un parlement convention qui, le 1ᵉʳ mai, appelle Charles II.

PUISSANCE ET DÉCLIN DES PROVINCES-UNIES (1609-1713)

Les problèmes politiques – La république des Provinces-Unies comprend en 1609 les sept provinces de Groningue, Frise, Overijssel, Gueldre, Utrecht, Hollande et Zélande. En 1648, l'Espagne reconnaît officiellement l'existence de la république et lui abandonne la région de Maestricht et le nord de la Flandre et du Brabant qui seront administrés en commun par les sept provinces (d'où leur nom de Pays de la généralité). **Le gouvernement** de la jeune république est complexe dans la mesure où aux institutions locales se superposent des institutions centrales, dans la mesure aussi où, pour des raisons historiques, la famille d'Orange occupe dans l'État une situation exceptionnelle. Au niveau le plus bas, les villes jouissent de la plus large autonomie. Leurs délégués se joignent à ceux de la noblesse et, dans certains cas, à ceux des paysans, pour former, dans le cadre de chaque province, les états provinciaux. A côté des états chargés de voter les lois, un fonctionnaire, nommé et pensionné par eux (d'où son nom de pensionnaire), prépare le travail de l'assemblée et dirige la bureaucratie provinciale. Enfin, le stathouder, également nommé par les états, veille à l'exécution des lois et commande les forces militaires locales. Les institutions fédérales comprennent d'abord les états généraux, la plus haute instance de la république siégeant en Hollande, à La Haye. Chaque province y est représentée par un nombre de députés variable, mais ne dispose que d'une voix, quel que soit ce nombre. Dans la mesure où les états généraux siègent à La Haye et où la Hollande est la province de beaucoup la plus peuplée et la plus riche, le pensionnaire de Hollande est devenu peu à peu un des premiers personnages de la république, sous le nom de grand pensionnaire, chargé notamment de la direction de la politique extérieure. Enfin, depuis Guillaume Ier le Taciturne, les charges de capitaine général et d'amiral général sont exercées par le stathouder de Hollande et de Zélande qui est toujours le prince d'Orange, Maurice de 1587 à 1625, puis son demi-frère Frédéric-Henri, de 1625 à 1647, et le fils de celui-ci, Guillaume II, de 1647 à 1650. Ainsi, le stathouder – ainsi qu'on l'appelle sans plus de précision – est devenu, grâce à la guerre contre l'Espagne, le premier personnage de l'État.

De ce fait, **deux factions** tendent à s'opposer. Les républicains, derrière le grand pensionnaire, défendent les intérêts des commerçants et des manufacturiers hollandais; ils sont favorables à la paix, nécessaire au développement des affaires, et partisans de l'autonomie provinciale dans un cadre fédéral lâche. Les orangistes, derrière le stathouder dont le pouvoir est avant tout militaire, s'appuient sur la noblesse et les paysans des provinces pauvres de l'intérieur et sur le peuple des villes; ils préconisent un pouvoir central fort et, après 1648, ne redoutent pas la guerre, soit contre les Anglais, soit contre les Français. La lutte de ces deux factions se double, au début du XVIIe siècle, d'un antagonisme religieux. Presque tous les habitants des Provinces-Unies sont calvinistes (à l'exception des Pays de la généralité restés catholiques), mais les uns se rallient aux thèses d'Arminius, professeur à Leyde, qui nie la prédestination, les autres, avec son collègue Gomar, restent fidèles à la pure doctrine calviniste. Or la plupart des orangistes sont gomaristes et reprochent aux arminiens de favoriser le papisme, donc la cause espagnole. En 1619, Maurice d'Orange-Nassau fait condamner à mort et exécuter son adversaire le grand pensionnaire Oldenbarnevelt pour arminianisme. Il accroît considérablement les pouvoirs du stathouder à la faveur de la reprise de la guerre contre l'Espagne en 1621 et médite probablement un coup d'État monarchique lorsqu'il meurt en avril 1625. En 1647, à la mort de Frédéric-Henri, Guillaume II devient stathouder. Très ambitieux, il rêve lui aussi de transformer le stathoudérat en monarchie héréditaire. La signature de la paix avec l'Espagne et la décision des états de Hollande de licencier une partie des troupes l'incitent à tenter un coup de force. Mais il échoue en voulant s'emparer d'Amsterdam en avril 1650 et meurt brusquement à 24 ans quelques semaines plus tard, huit jours avant la naissance de son fils Guillaume.

L'échec et la mort de Guillaume II permettent le **triomphe des républicains :** la charge de stathouder est laissée sans titulaire, l'autonomie de chaque province est renforcée, ce qui assure l'hégémonie de la Hollande. Cette période sans stathouder dure jusqu'en 1672 et correspond à l'apogée de la puissance des Provinces-Unies, en dépit de la concurrence commerciale de plus en plus vive de l'Angleterre et de la France. Cela est dû en partie à la personnalité de Jean de Witt, grand pensionnaire de 1653 à 1672. Il développe les libertés urbaines et s'efforce de rendre impossible l'entrée sur la scène politique du jeune Guillaume III.

En même temps, il défend les intérêts économiques de la république devant toutes les menaces extérieures. Mais, en avril 1672, l'invasion des Provinces-Unies par les troupes françaises ouvre une crise très grave. Devant l'imminence du péril, Jean de Witt laisse les états généraux faire appel à Guillaume III, âgé de 22 ans, puis, après les premières défaites, rétablir le stathoudérat en sa faveur (juillet 1672). Les pressions populaires ne se calment pas pour autant : le 20 août, Jean de Witt et son frère, jugés responsables du désastre, sont massacrés à La Haye au cours d'une émeute.

C'est au tour des **orangistes** de triompher. En 1675, la charge de stathouder est déclarée héréditaire dans la famille d'Orange. En quelques années, Guillaume III réussit à redresser la situation extérieure et à signer la paix de Nimègue dans des conditions inespérées. En 1689, le stathouder, dont le prestige est considérable, devient roi d'Angleterre, mais les Provinces-Unies ne tardent pas à s'apercevoir que leurs intérêts sont quelque peu sacrifiés à ceux de leur grande rivale. D'ailleurs, Guillaume, accaparé par les soucis de son nouveau royaume et surtout de la coalition qu'il anime contre Louis XIV, abandonne au grand pensionnaire Heinsius la direction des affaires hollandaises. Lorsqu'il meurt sans enfant en 1702, les états de Hollande refusent de désigner son cousin comme son successeur. La seconde période sans stathouder commence; elle devait durer jusqu'en 1747. Heinsius joue jusqu'à sa mort, en 1720, un rôle de premier plan, poursuivant la politique antifrançaise de Guillaume III et réussissant à se concilier à la fois les républicains et les orangistes. Mais la guerre de Succession d'Espagne qui prend fin en 1713 a achevé d'épuiser les Provinces-Unies. Les efforts militaires et financiers qu'elles ont été obligées de consentir et qui s'ajoutaient à ceux des guerres précédentes étaient hors de proportion avec les capacités de ce petit peuple de moins de 2 millions d'habitants, si riche fût-il. De plus, tout au long du conflit et lors des négociations d'Utrecht, la république est apparue de plus en plus dépendante de la Grande-Bretagne.

La prospérité économique – Jusqu'en 1672, rien n'entrave l'extraordinaire essor économique des Provinces-Unies, ni les querelles politiques ni la guerre contre l'Espagne jusqu'en 1648. Pourtant, les conditions naturelles sont très défavorables : exiguïté du territoire, présence de vastes étendues d'eau, aridité des landes des provinces orientales, danger des eaux littorales et des côtes sablonneuses. C'est par leur travail acharné et leur ingéniosité que les Néerlandais ont su tirer parti de ce sol ingrat et de ce rivage inhospitalier. La technique des polders, bien au point au XVIIe siècle, permet d'assécher marais et mers intérieures. Sur ce **sol** disputé aux fleuves et à la mer, les habitants élèvent des vaches laitières, cultivent avec soin, sans recourir à la jachère, blé, lin, légumes, fleurs, cependant que sur les landes de l'Est pâturent de nombreux moutons. L'activité **industrielle** s'est développée surtout depuis la fin du XVIe siècle : draps de Leyde, velours d'Utrecht, toiles d'Haarlem, faïences de Delft se vendent dans toute l'Europe; Amsterdam utilise des matières premières coloniales dans ses diamanteries, ses manufactures de tabac, ses raffineries de sucre;

les nombreux chantiers navals travaillent à la fois pour les besoins locaux et pour l'étranger.

Mais la grande richesse des Provinces-Unies vient de la mer, c'est-à-dire de la pêche au hareng en mer du Nord, et beaucoup plus encore du **grand commerce maritime.** Cette vocation commerciale est née en partie ᵈde la lutte contre les Espagnols. En effet, l'union du Portugal à l'Espagne en 1580 et la fermeture de Lisbonne aux Néerlandais, qui en a été la conséquence, a notamment contribué à lancer ces derniers sur les mers lointaines dans le but de s'approvisionner directement en épices. Ils se sont ainsi constitué peu à peu un vaste empire colonial dans l'océan Indien, au détriment des Portugais, et la Compagnie des Indes orientales, formée en 1602, reçoit le monopole de son exploitation. Avec son énorme capital, ses nombreux comptoirs, ses milliers de marins, de soldats, d'employés, la compagnie, maîtresse du trafic des épices, verse à ses actionnaires d'impressionnants bénéfices (25 % par an, en moyenne). De son côté, la Compagnie des Indes occidentales, créée en 1621, pratique le pillage systématique des bateaux espagnols et portugais, fonde la Nouvelle-Amsterdam, prend pied pour un temps au Brésil (1630-1654). Les Néerlandais sont, en même temps, les maîtres du commerce européen de transit. Les marchandises affluent dans leurs ports pour être ensuite redistribuées partout. Jusque vers 1650, la plus grande part du commerce de l'Angleterre, de la France, de l'Espagne, des États allemands et italiens est aux mains des Provinces-Unies dont les marins sont vraiment les « rouliers des mers » et les ports, les « magasins généraux » de toute l'Europe.

Elles tiennent ce rôle de premier plan grâce à un **équipement remarquable** pour l'époque : la flotte marchande représente les trois quarts de toute la flotte européenne vers 1650; les grands ports (Amsterdam, Rotterdam) sont très bien aménagés et outillés; la bourse d'Amsterdam permet de spéculer sur toutes les marchandises qui y sont chaque jour cotées et négociées. Enfin, la banque d'Amsterdam est le dernier atout de la puissance néerlandaise. Fondée en 1602, elle reçoit le monopole du change, mais c'est en même temps une banque de dépôt; elle a donc pour activité essentielle de faciliter les paiements commerciaux de ses 2 000 clients néerlandais et étrangers. Elle y ajoute bientôt le rôle officieux de banque de crédit. L'abondance de l'or et de l'argent déposés, qui représentent notamment les bénéfices du grand commerce maritime, assure la stabilité de la banque et attire les capitaux étrangers, faisant d'Amsterdam le plus grand centre de métaux précieux de toute l'Europe.

La civilisation néerlandaise – Les Provinces-Unies sont aussi un grand foyer intellectuel et artistique. Une fois passée la violente querelle entre gomaristes et arminiens, l'esprit de **tolérance** l'emporte peu à peu, ne serait-ce que du fait des nécessités du commerce, et la Hollande devient le pays de la liberté de pensée et de la liberté d'expression. L'université de Leyde fondée dès 1675 devient célèbre au XVIIᵉ siècle par le caractère résolument neuf et moderne de l'enseignement qui y est donné. L'essor de l'édition néerlandaise s'explique par la qualité matérielle des livres (Elzévir fonde sa librairie-imprimerie à Leyde en 1580) et surtout par la liberté de publication. De même, les nombreux journaux et gazettes, rédigés le plus souvent en français et lus dans toute l'Europe, doivent leur succès à la sûreté de leurs informations et surtout à l'absence de toute censure. Enfin, en dehors du juriste Grotius (1583-1645) et du philosophe Spinoza (1632-1677), c'est grâce à ses **artistes** que la Hollande connaît au XVIIe siècle son siècle d'or, architectes et surtout peintres, auteurs de scènes d'intérieur, de portraits, de paysages, tels Franz Hals, Vermeer, Rembrandt. Ainsi, ce que l'on a appelé parfois le miracle néerlandais n'est pas seulement d'ordre matériel : c'est aussi par les œuvres de l'esprit que les Néerlandais apportent une contribution décisive à la civilisation européenne.

LA RESTAURATION EN ANGLETERRE ET LA RÉVOLUTION DE 1689 (1660-1714)

La Restauration (1660-1688) – Charles II, intelligent et aimable, mais sceptique et débauché, va se montrer d'abord d'une grande habileté pour conserver son trône, en s'efforçant de concilier ses tendances absolutistes et pro-catholiques avec les sentiments de la grande majorité de ses sujets. La **réaction** qui suit la dictature de Cromwell se manifeste sur le plan moral, le roi et la cour donnant l'exemple de la licence, et sur le plan politique : exécution d'une dizaine de régicides, licenciement de l'armée de Cromwell, abrogation de la plupart des lois votées depuis 1642. Le parlement élu en 1661, dit Cavalier car composé en majorité de grands propriétaires anglicans et royalistes, prend une série de mesures rappelant l'anglicanisme intolérant de Laud. En même temps, il vote, en dépit de son respect pour la prérogative royale, le Triennal Act (1664) qui stipule que le royaume ne peut être privé de parlement pendant plus de trois ans. En 1665, commence une seconde guerre anglo-hollandaise marquée par la victoire de Ruyter qui, en juin 1667, remonte la Tamise, créant la panique à Londres (déjà ravagée en 1665 par la peste et en 1666 par un grand incendie); la paix est signée à Bréda en juillet 1667 : les Hollandais échangent la Nouvelle-Amsterdam (rebaptisée New York) contre Surinam, mais doivent accepter à nouveau l'Acte de navigation de 1651, complété en 1660 et en 1663.

Mais à partir de 1668, le roi, jusque-là si prudent, s'oriente vers une **politique personnelle** marquée par l'alliance avec Louis XIV (traité de Douvres, 1670) et la tolérance à l'égard des catholiques (déclaration d'indulgence, 1672). Cette politique exaspère les Anglais, et le Parlement Cavalier exige du roi le retrait de la déclaration de 1672 et vote, en mars 1673, le bill du Test qui impose à tout candidat à un emploi public ou à un siège au parlement un serment de non-adhésion aux dogmes de l'Église romaine. Le frère du roi, le duc d'York, converti au catholicisme en 1670, doit abandonner sa charge de grand amiral. Par ailleurs, une troisième guerre anglo-hollandaise (1672-1674) tourne au désavantage des Anglais et le roi, cédant à la pression de l'opinion devenue aussi antifrançaise qu'elle était naguère antihollandaise, abandonne Louis XIV et signe, avec la Hollande, la paix en 1674 et une alliance en 1678. En 1679, le roi excédé par l'antipapisme du Parlement Cavalier renvoie celui-ci. Les élections se font au milieu d'une vive agitation provoquée surtout par le problème de succession. Certains Anglais, que leurs adversaires surnomment *whigs* veulent exclure du trône le duc d'York, catholique, et lui substituer soit sa fille Marie, protestante et mariée au stathouder Guillaume III d'Orange, soit le duc de Monmouth, fils naturel de Charles II; par ailleurs, les whigs défendent la prépondérance du parlement et se recrutent surtout parmi les presbytériens et les dissidents. En face les *tories,* en très grande majorité anglicans, sont les partisans décidés de la prérogative royale et refusent d'admettre l'exclusion du duc d'York. La chambre élue est en majorité whig et vote cette exclusion, puis en mai 1679 le bill d'*Habeas corpus* qui garantit la liberté individuelle contre l'arbitraire. Le roi accepte ce dernier texte, mais repousse le bill d'exclusion et dissout le parlement. A deux reprises, deux nouveaux parlements, à majorité whig, votent l'exclusion; le roi refuse et les dissout (1680-1681). La situation est grave, car les whigs tentent alors de recourir à la force : deux complots successifs sont déjoués à temps (1682-1683). Mais la majorité des Anglais, qui souhaite surtout éviter la guerre civile, désapprouve cette attitude, ce qui permet à Charles II, prenant prétexte de la situation, de régner en souverain presque absolu. Il meurt le 6 février 1685.

Le duc d'York, qui succède à son frère sous le nom de **Jacques II,** use d'abord de modération et les Anglais se résignent dans la perspective d'un règne court et d'une succession protestante en la personne de Marie. Une tentative de soulèvement, à l'instigation de Monmouth, échoue et entraîne une sanglante répression. Mais bientôt le roi multiplie les maladresses et les provocations. Il réunit 30 000 soldats aux portes de Londres et publie deux déclarations d'indulgence (1687-1688) en faveur non seulement des catholiques, mais aussi des dissidents : la manœuvre échoue, car la majorité des dissidents font cause commune avec les anglicans contre le roi et les papistes. Surtout, le 10 juin 1688, le roi, qui s'est remarié en 1670 avec une princesse catholique, a un fils qui est aussitôt baptisé par un prêtre catholique et dont les droits priment ceux de la princesse Marie.

La Glorieuse Révolution de 1688-1689 – L'événement inquiète les Anglais qui se trouvent devant la perspective d'une succession catholique. Dès le 20 juin, sept lords représentant les deux partis whig et tory et l'Église anglicane adressent un appel à **Guillaume d'Orange** pour qu'il vienne secourir la religion protestante menacée. Guillaume, qui a besoin de l'alliance anglaise dans la guerre qu'il prépare contre la France, accepte et débarque à Torbay le 5 novembre avec 15 000 hommes. L'armée royale se débande, après que ses chefs, notamment John Churchill, se furent ralliés à Guillaume. Jacques II réussit à s'enfuir et à gagner la France où l'accueille Louis XIV. Guillaume fait son entrée à Londres et se voit confier par les lords le gouvernement provisoire du royaume. Le parlement convention, réuni le 22 janvier 1689, se trouve devant une situation délicate. Les whigs proposent de proclamer la déchéance du roi et de procéder à l'élection de Marie et de Guillaume. Mais la plupart des tories prétendent que la couronne doit revenir de droit et sans autre procédure à Marie, en tant que fille du roi précédent, Guillaume devant se contenter du titre de régent. Cette formule se heurte à l'opposition des whigs et à celle du prince d'Orange qui exige d'être associé au trône. En même temps qu'il cherche une solution au problème, le parlement convention rédige une Déclaration des droits qui, après avoir énuméré les illégalités commises par Jacques II en violation des libertés anglaises traditionnelles, rappelle les droits respectifs du roi et du parlement. Un compromis étant intervenu entre whigs et tories, Guillaume et Marie sont proclamés conjointement roi et reine d'Angleterre le 22 février, après que lecture leur eut été faite de la **Déclaration des droits.**

Si ce texte n'est que le rappel de principes anciens, la révolution de 1689 n'en a pas moins une portée considérable. En effet, en subordonnant la proclamation de Guillaume et de Marie à la reconnaissance par ceux-ci du bill des droits, elle substitue, de fait et en dépit des tories, la monarchie constitutionnelle, basée sur la souveraineté de la nation et l'idée de contrat, à la monarchie héréditaire de droit divin. En même temps, elle sanctionne la défaite des prétentions absolutistes des Stuarts et fonde sur des bases solides l'exercice de la monarchie tempérée par les droits du parlement. Quelques semaines plus tard, le Toleration Act vient compléter le bill des droits, en accordant aux dissidents (mais non aux catholiques) la liberté de culte public. Ainsi les querelles religieuses qui avaient opposé les protestants anglais tout au cours du siècle trouvent-elles leur solution dans la liberté religieuse, de même que les querelles politiques trouvent la leur dans l'équilibre des pouvoirs du roi et du parlement.

Les prolongements de la Glorieuse Révolution (1689-1714) – Jusqu'en 1697, **Guillaume III** est presque complètement accaparé par la conduite de guerre contre la France. En 1690, il se rend en Irlande et bat sur la Boyne (10 juillet 1690) Jacques II débarqué l'année précédente avec l'appui de la flotte française; cette victoire est suivie d'une sanglante répression à l'encontre des catholiques irlandais. A partir de 1692, il est fréquemment sur le continent à la tête des armées opérant aux Pays-Bas. Le parlement en profite pour étendre progressivement ses droits aux dépens de la prérogative royale : le second Triennal Act (1694) limite à trois ans la durée d'une législature, ce qui interdit au roi de prolonger indéfiniment une assemblée docile; les chambres votent le budget pour un an et contrôlent strictement les dépenses du gouvernement. Le conseil privé subsiste, mais tout pouvoir réel lui échappe : la politique est arrêtée par le cabinet, réunion de quelques ministres autour du roi. Après la mort de Marie, sans enfant, en 1694, Guillaume règne seul. Il doit faire face en 1696 à un complot des partisans de Jacques II et surtout à une grave crise économique provoquée par la prolongation de la guerre contre la France. La mort en juillet 1700 du dernier fils d'Anne, sœur de Marie et héritière désignée, pose le problème de la succession au trône d'Angleterre. L'Acte d'établissement (1701) écarte tout prétendant catholique et prévoit que la couronne reviendra à la petite-fille de Jacques Ier, la protestante Sophie de Hanovre et à ses héritiers; en même temps, il confirme et complète le bill des droits.

La **reine Anne,** qui succède à Guillaume en 1702, est profondément anglaise et anglicane. Elle est sous l'influence de son amie Sarah Jennings, épouse de John Churchill, fait duc de Marlborough. Celui-ci va, de ce fait et à la faveur du conflit européen, jouer un rôle déterminant jusqu'à sa brouille avec la reine en 1710. Après des négociations difficiles, les Écossais acceptent l'Acte d'union de 1707 : l'union personnelle des deux royaumes est remplacée par une union politique, sous le nom de Royaume-Uni de Grande-Bretagne. Il n'y a plus qu'un seul parlement et qu'un seul marché national, mais l'Écosse conserve son Église presbytérienne, ses lois et ses tribunaux. Aussi, bien que les jacobites, partisans du prétendant Jacques III, restent nombreux en Écosse, le problème de la succession semble résolu, en même temps qu'est réalisée l'union de la Grande-Bretagne. Mais la guerre interminable contre la France devient de plus en plus onéreuse. Les dépenses militaires ne sont soldées que grâce aux avances consenties par la Banque d'Angleterre, créée en 1694. Celle-ci multiplie les emprunts avantageux auprès des milieux d'affaires. Si les whigs qui représentent ces milieux sont pour la poursuite de la guerre, les tories réclament la paix au nom des propriétaires fonciers et du peuple anglais. En 1710, les tories sont majoritaires dans la nouvelle chambre des communes et des pourparlers sont engagés avec la France en 1711 et la paix signée à Utrecht en 1713, malgré la vive opposition des whigs. A la mort de la reine Anne en 1714, le parlement proclame l'électeur de Hanovre, fils de Sophie, morte quelques mois plus tôt, roi de Grande-Bretagne sous le nom de George Ier.

La civilisation anglaise dans la seconde moitié du XVIIe siècle – La **population** de l'Angleterre (Galles exclu), qui n'avait cessé de croître depuis le XVIe siècle, passant de 4,11 millions d'habitants en 1601 à 5,28 en 1656, stagne et même recule légèrement dans la seconde moitié du XVIIe siècle, puisqu'elle compte 4,96 millions d'habitants en 1696. L'ensemble des îles Britanniques connaît une évolution similaire, passant dans le même temps de 7,7 millions à 7,3. Ce tassement n'est pas la conséquence d'une augmentation de la mortalité (la dernière grande peste meurtrière est celle qui frappe la capitale en 1665, tuant quelque 70 000 Londoniens). Il n'est pas non plus imputable à l'émigration. Certes celle-ci est importante, puisque 230 000 Anglais émigrent vers les Antilles et surtout l'Amérique du Nord entre 1641 et 1661, et encore 240 000 entre 1661 et 1701, mais 240 000 émigrants avaient également quitté l'Angleterre entre 1601 et 1641 sans empêcher l'augmentation de la population. En fait, l'explication réside dans une diminution du nombre des naissances résultant d'une élévation de l'âge moyen au premier mariage.

Le léger repli de la population entraîne la disparition des famines et des disettes et même la possibilité d'exporter des céréales, d'autant plus que la productivité agricole s'accroît un peu du fait de quelques progrès techniques. Il entraîne aussi une amélioration des conditions de vie du plus grand nombre et une régression du paupérisme. L'activité **industrielle** poursuit son remarquable développement, cause et conséquence à la fois des progrès du grand commerce maritime : production de houille servant à de multiples usages et en partie exportée par Newcastle, métallurgie notamment du fer, chantiers navals, industrie textile (avec le début de l'industrie du coton). Sous Charles II, l'application des Actes de navigation, l'implantation anglaise dans l'océan Indien et surtout en Amérique du Nord, la mise en valeur de la Jamaïque favorisent, à leur tour, à un titre ou à un autre, ces progrès du grand **commerce** maritime. Prenant peu à peu la place des Hollandais, les Anglais accaparent une partie du commerce européen. Les villes autres que Londres restent modestes, avec chacune quelque 25 000 habitants.

Par contre, l'essor de **Londres** se poursuit. La ville atteint le demi-million d'habitants vers 1700, soit le dixième de toute la population anglaise, et les effets de la double catastrophe de 1665-1666 (la peste et l'incendie) sont vite réparés démographiquement et matériellement : la reconstruction, faite avec diligence, tient compte des exigences de l'urbanisme, l'architecte Christopher Wren en étant l'un des grands artisans, avec la construction de la cathédrale Saint-Paul. La ville et le port concentrent les trois quarts de l'activité industrielle et commerciale du royaume. La création en 1694 de la Banque d'Angleterre, institution privée de dépôt, d'émission et de crédit, liée à l'État, et en 1696 du Board of Trade, véritable ministère du Commerce et des Colonies, renforce encore le rôle de la capitale. Celle-ci est aussi le grand foyer de la vie culturelle, grâce à ses salons, ses cafés, ses théâtres, ses journaux, ses écrivains, ses sociétés savantes. John Milton y écrit son *Paradis perdu* entre 1661 et 1663, la Société Royale y est fondée en 1662 pour contribuer, selon son titre, « à l'avancement des sciences », Isaac Newton y publie en 1687 ses *Philosophiae naturalis principia mathematica,* cependant que John Locke exprime dans ses écrits l'idéal politique et moral de la société londonienne.

L'évolution économique de l'Angleterre accroît encore la puissance de la classe capitaliste, gentilshommes campagnards, manufacturiers, négociants : leurs intérêts sont parfois divergents, mais sans qu'il y ait opposition irréductible. L'adaptation de l'aristocratie à l'évolution économique, l'absence des notions de privilège ou de pureté de sang qui ont cours en France ou en Espagne, la mobilité sociale qui en résulte caractérisent cette classe possédante et contribuent à son unité : son objectif est la recherche du profit et elle s'est assuré en 1688-1689 le contrôle du pouvoir politique.

11

LES ÉTATS DE L'EUROPE CONTINENTALE AU XVIIe SIÈCLE

Sous les trois derniers Habsbourg, l'Espagne connaît une décadence qui se traduit par l'affaiblissement de l'État et une grave crise de l'économie et de la société. Cette crise atteint aussi les possessions espagnoles en Europe – Pays-Bas, Franche-Comté, Milanais, Naples et Sicile –, mais permet au Portugal de recouvrer son indépendance. Les traités de Westphalie confirment la division politique et religieuse de l'Allemagne ; les princes sont pratiquement indépendants et les pouvoirs de l'empereur purement honorifiques. Parmi les États allemands, le rôle du Brandebourg ne cesse de croître. Quant aux Habsbourg de Vienne, l'échec de leurs ambitions allemandes les incitent à tenter de faire de leurs possessions un vaste État danubien et centralisé. En Europe septentrionale et orientale, l'effacement de la Suède après la défaite de Charles XII et celui de la Pologne facilitent l'ascension de la Russie au rang de grande puissance européenne grâce à Pierre le Grand.

LA MONARCHIE ESPAGNOLE

Les difficultés intérieures de l'Espagne – Jusqu'aux années 1640, la **puissance politique** de l'Espagne reste considérable. Le fait marquant du règne de Philippe III (1598-1621), piètre souverain qui laisse gouverner des ministres médiocres et avides, est l'expulsion des 275 000 morisques en 1609-1611. Philippe II avait cherché à disperser dans toute l'Espagne ces musulmans officiellement convertis, pour tenter de les assimiler, mais ils étaient restés nombreux surtout en Andalousie et dans le royaume de Valence. Leur brutale expulsion vers l'Afrique du Nord préserve la pureté de sang, mais au prix d'une profonde décadence économique des provinces méridionales de l'Espagne. Philippe IV (1621-1665), à la fois débauché et dévot, n'a que seize ans à son avènement et s'en remet entièrement à son favori le duc d'Olivarès. Celui-ci, intelligent et énergique, veut renforcer la puissance espagnole et rêve de l'unité de l'Europe sous l'égide du roi catholique. Cette politique ambitieuse se traduit non seulement par une intervention active dans la guerre de Trente Ans, mais en Espagne même par une œuvre de redressement nécessaire. Olivarès s'inspirant de l'exemple de la monarchie française, cherche à accentuer la centralisation en réduisant les privilèges *(fueros)* des royaumes périphériques, Aragon, Catalogne, Valence, Portugal. De plus, les nécessités de la guerre contre les Provinces-Unies, puis contre la France, l'amènent à exiger d'eux des subsides de plus en plus importants au mépris de leurs franchises fiscales. Ces exigences provoquent en 1640 la révolte des Portugais et des Catalans qui font appel à la France. Cette double révolte, puis la perte du Roussillon en 1642 et l'écrasante défaite de Rocroi en 1643 marquent l'échec de la politique d'Olivarès dont Philippe IV se sépare quelques semaines avant Rocroi. Désormais, l'affaiblissement de la monarchie espagnole s'accélère. Si la révolte de la Catalogne est enfin matée en 1652 grâce à la confirmation de la plupart des privilèges catalans, l'Espagne doit s'incliner devant les Provinces-Unies en 1648, devant la France en 1659, devant le Portugal en 1665. A sa mort, Philippe IV laisse l'Espagne amputée définitivement des Pays-Bas du Nord, de l'Artois, du Roussillon, du Portugal. Charles II (1665-1700) n'ayant que quatre ans, une régence est instituée en faveur de la reine mère Marie-Anne, paresseuse et incapable. Déclaré majeur en 1675, Charles II est un dégénéré toujours malade dont la mort est attendue à tout moment. La succession du roi, qui ne réussit pas à avoir d'enfants, devient le problème majeur : le futur roi d'Espagne sera-t-il un archiduc fils de l'empereur ou un petit-fils du roi de France? Pour éviter un partage de ses États, Charles II se résigne à la seconde solution et signe, quelques jours avant sa mort, le 1er novembre 1700, un testament en faveur du duc Philippe d'Anjou. Le 19 février 1701, Philippe V, premier roi Bourbon, fait son entrée à Madrid.

Le continuel affaiblissement de l'Espagne sous les derniers Habsbourg (le ministère d'Olivarès mis à part) est dû non seulement à la personnalité des trois souverains, mais aussi à des causes plus profondes : l'inachèvement de l'unité nationale et la permanence des tendances autonomistes dans les provinces autres que la Castille, les vices d'une administration proliférante, corrompue et souvent incompétente, enfin la **crise de la société et de l'économie.** Cette crise est d'abord démographique : de près de 9 millions d'habitants vers 1600, la population semble être tombée à moins de 8 vers 1650, pour se relever à quelque 8 millions et demi vers 1700. L'émigration vers le Nouveau Monde, l'expulsion des morisques, les conséquences de la terrible peste de 1630, l'importance du célibat peuvent expliquer ce repli de la première moitié du siècle. La crise de l'économie a sa cause profonde dans l'effet stérilisant à long terme de l'afflux des métaux précieux américains. Grâce à eux et en dépit du *bullionisme officiel, les Espagnols se procurent à l'étranger ce qu'ils ne veulent ou ne peuvent plus produire eux-mêmes. L'extension de l'élevage ovin, dans le cadre de la Mesta, se fait au détriment de la culture des céréales, désormais insuffisante ; la production manu-facturière, naguère si brillante et si variée, décline. Le résultat est que les importations en provenance des pays voisins sont très supérieures aux exportations. Dans les grands ports, le rôle des marchands hollandais, anglais, français devient prépondérant. Tout en continuant à jouer un rôle moteur dans l'économie euro-péenne, les trésors de l'Amérique espagnole enrichissent désormais surtout l'étran-ger et ne profitent plus guère à une métropole appauvrie. Cette crise atteint surtout la Castille qui avait tenu jusque-là la première place dans l'histoire de la péninsule. Cependant, écrivains et artistes prolongent jusque vers 1660 les splen-deurs du siècle d'or, assurant à la civilisation espagnole un grand rayonnement dans toute l'Europe.

Les possessions espagnoles en Europe – Après l'intermède des archiducs (1598-1621), au cours duquel Isabelle, fille de Philippe II, et son mari l'archiduc Albert gouvernent Franche-Comté et Pays-Bas en toute souveraineté, ces provinces reviennent à la couronne espagnole et sont administrées par des gouverneurs nommés par Madrid dans le seul souci des intérêts de l'Espagne. Ravagée et dépeuplée par la guerre de Trente Ans, **la Franche-Comté** se relève rapidement de ses ruines. Conquise une première fois par Louis XIV en 1668, puis rendue à l'Espagne, la province est à nouveau conquise en 1674. Son intégration à la monarchie française ne va pas sans quelques difficultés, car de nombreux Comtois regrettent la relative autonomie d'antan. Des dix provinces qui constituent **les Pays-Bas** restés espagnols, la Flandre et le Brabant sont les plus riches et les plus peuplées, avec les grandes villes que sont Bruxelles, Anvers et Gand. Ruiné par la guerre civile, le pays se relève peu à peu à partir de 1609 sous l'impulsion des archiducs qui favorisent agriculture et industrie et font de la région une citadelle de la Contre-Réforme et une des terres d'élection du baroque. Mais la reprise de la guerre contre les Provinces-Unies en 1621, ouvre dans l'histoire des Pays-Bas du Sud le « siècle de malheur ». En effet, ils deviennent à la fois le champ de bataille de l'Europe et l'un des enjeux des luttes entre les grandes puissances. Les ravages des guerres quasi continuelles de 1621 à 1713 entraînent une chute sensible de la population et le marasme économique. Le port d'Anvers végète du fait de la fermeture de l'Escaut. Aussi, lorsqu'en 1714 les Pays-Bas passent sous domination autrichienne, la population, ruinée par la guerre, excédée des Espagnols, redoutant autant les Français que les Hollandais, accueille-t-elle avec indifférence cette nouvelle sujétion.

En Italie, l'Espagne est présente en **Milanais** d'une part, à **Naples** et en **Sicile** d'autre part, avec un vice-roi dans chacun de ces trois royaumes. Au débouché des principaux cols alpins, le Milanais est une des régions naturelles les plus riches de l'Italie, mais la domination espagnole se traduit surtout par la stagnation économique. En Italie du Sud, l'aggravation du fardeau fiscal, au seul profit de la métropole, et la misère d'une paysannerie livrée à la toute-puissance de la noblesse locale provoquent des soulèvements populaires, chaque fois réprimés, malgré l'intervention française, ainsi à Palerme et à Naples en 1647, à Messine en 1674. Simple enjeu, comme les Pays-Bas, de la politique européenne, les possessions espagnoles en Italie sont distraites en 1714 de l'héritage de Philippe V au profit de l'empereur et du duc de Savoie. Le reste de la péninsule italienne est composée d'**États indépendants,** dont deux sont en fait sous l'étroite dépendance de l'Espagne : la république de Gênes et le grand duché de Toscane, avec présence espagnole en plusieurs points des côtes toscanes (les présides). Seuls les États de l'Église, la république de Venise et le duché de Savoie échappent à cette tutelle. Comme souverains italiens, les papes successifs continuent l'œuvre de mécènes de leurs prédécesseurs, mais ne réussissent pas à enrayer l'anarchie grandissante de leurs États. Venise reste un centre industriel actif, un port important et l'une des villes les plus belles et les plus visitées de la Péninsule; mais la concurrence des puissances atlantiques, la diminution de sa flotte marchande, les méfaits de la piraterie portent un coup très dur à son activité commerciale, cependant que les efforts entrepris pour défendre contre les Turcs ses positions en Méditerranée orientale épuisent ses finances. Le duché de Savoie-Piémont regarde de plus en plus vers l'Italie, et ses ducs, notamment Victor-Amédée II (1675-1732), s'efforcent de louvoyer entre les intérêts divergents de la France et de l'Espagne.

Le Portugal espagnol, puis indépendant – Depuis 1580, le roi d'Espagne est en même temps roi de Portugal. Philippe II et Philippe III respectent le caractère d'union personnelle des deux couronnes, laissant à leurs nouveaux sujets leur administration propre et leurs lois. Pourtant, les Portugais supportent mal la perte de leur indépendance, d'autant plus qu'à la faveur de la guerre contre l'Espagne, les Hollandais s'emparent d'une grande partie de leurs colonies. De plus, Olivarès devenu premier ministre veut étendre au Portugal sa politique de centralisation au profit de la Castille. Le 1er décembre 1640, une **insurrection** éclate à Lisbonne et le 28 janvier 1641 le duc Jean de Bragance, descendant de l'ancienne dynastie royale portugaise, soutenu par le clergé et une grande partie de la noblesse, est proclamé roi de Portugal sous le nom de Jean IV. Le nouveau roi s'allie tout de suite aux adversaires de l'Espagne, la France, la Hollande, puis, l'année suivante, l'Angleterre. Madrid refusant de reconnaître le fait accompli, une guerre de 25 ans commence en marge du grand conflit franco-espagnol. Ce n'est qu'après leur défaite décisive de Villa-Viçosa, le 17 juin 1665, que les Espagnols acceptent de reconnaître l'**indépendance** du Portugal, en échange de Ceuta (1668). Le fils de Jean IV, Pierre II (1683-1706), d'abord régent pour le compte de son frère malade, puis roi, s'efforce de mener une politique nationale et protectionniste et de gouverner en souverain absolu. Longtemps fidèle à la double alliance de la France et de l'Angleterre, il opte au début de la guerre de Succession d'Espagne pour l'alliance anglaise. Un traité de commerce négocié par lord Methuen est signé le 27 décembre 1703. Les Anglais obtiennent, en échange de l'ouverture du marché britannique aux vins portugais, l'ouverture du Portugal et du Brésil aux divers produits des manufactures anglaises. Le traité Methuen scelle pour long-temps le destin du petit royaume atlantique dont la souveraineté retrouvée cache mal désormais une étroite dépendance économique et même politique à l'égard de la Grande-Bretagne.

L'EMPIRE ET LA MONARCHIE AUTRICHIENNE

L'Empire et les principaux États allemands – Les traités de Westphalie confirment en 1648 la **division politique et religieuse** de l'Allemagne, sous la garantie des puissances signataires. Les princes allemands sont, à l'intérieur de leurs États, pratiquement indépendants et les prérogatives de l'empereur sont désormais purement honorifiques. Le collège électoral passe de huit membres en 1648 à neuf en 1692, le duc de Hanovre étant promu au rang d'électeur. La diète, devenue perpétuelle en 1663, est réduite à l'impuissance par sa division en trois collèges (électeurs, princes, villes) et par les constantes querelles à l'intérieur de chaque collège. Le morcellement des Allemagnes se trouve encore aggravé par le fait que certains princes continuent à pratiquer le partage de leurs domaines entre leurs enfants. Les États les plus importants, en dehors de l'Autriche et du Brandebourg, sont la Saxe et la Bavière. Ils ont été particulièrement dévastés pendant la guerre de Trente Ans, de même qu'une grande partie de l'Allemagne. Certains États réussissent mieux et plus vite que d'autres l'énorme tâche de **reconstruction** matérielle. Mais l'ébranlement a été aussi intellectuel et moral. Or l'aggravation du morcellement politique rend plus difficile le relèvement dans ce domaine. La plupart des penseurs et des savants allemands continuent à préférer écrire en latin ou en français, tel Leibniz (1646-1716). L'art manque de grands créateurs originaux. Toutefois, sur le plan religieux, le succès du *piétisme à la fin du siècle, à l'instigation du luthérien Spener (1635-1705), témoigne d'un profond renouveau. Au lendemain de 1648, l'influence française est prépondérante en Allemagne, mais la politique envahissante et provocatrice de Louis XIV et son attitude à l'égard des protestants finissent par lui aliéner la plupart des princes et par susciter dans l'opinion publique un véritable sursaut national. Au début du XVIIIe siècle, l'influence autrichienne a largement regagné du terrain en Allemagne du Sud, contrebalancée en Allemagne du Nord par l'influence gran-dissante du Brandebourg.

Le Brandebourg et la formation de l'État prussien – Électeurs de Brandebourg (pays de landes et de marais au centre de l'Allemagne), les Hohenzollern réussissent dans la première moitié du XVIIe siècle à tripler l'**étendue** de leurs États : en 1614, ils se font accorder, sur la succession contestée de leur parent le duc de Clèves et de Juliers, le riche duché de Clèves, sur le Rhin, ainsi que les deux comtés voisins de La Marck sur la Ruhr et de Ravensberg sur la Weser ; en 1618, à la mort de leur cousin Albert-Frédéric, duc de Prusse, ils héritent de la Prusse, vaste territoire pauvre et peu peuplé, situé hors de l'Empire, mais sous suzeraineté polonaise ; enfin en 1648, Frédéric-Guillaume Ier se fait accorder, pour prix de son intervention contre l'empereur, la Poméranie orientale et les évêchés de Magdebourg, d'Halberstadt et de Minden.

Le mérite de Frédéric-Guillaume Ier (1640-1688), dit le Grand Électeur, est de faire de cet ensemble hétérogène et ravagé par la guerre un grand **État moderne**. Ses efforts portent d'abord sur l'unification administrative de ses possessions. Il réussit à priver les assemblées provinciales de leurs prérogatives financières et à faire du conseil d'État secret siégeant à Berlin sous sa présidence le grand organe du gouvernement. En même temps, il s'assure des ressources financières régulières en créant de nouveaux impôts permanents : droits de consommation, notamment sur la bière (biergeld), monopole de la vente du sel. Surtout il s'attache à repeupler et enrichir ses États. Il fait appel aux étrangers, notamment aux Hollandais, pour coloniser de vastes espaces inhabités en Brandebourg, en Prusse, en Poméranie. Avant même la révocation de l'édit de Nantes, il fait les propositions les plus avantageuses aux protestants français (édit de Potsdam, 1684) : plus de 20 000 d'entre eux y répondent, se fixant à Berlin et dans les environs, créant des fabriques, des collèges, des exploitations agricoles. Ce mouvement de colonisation intérieure se double du creusement de canaux (Oder-Sprée-Elbe), de l'instauration de tarifs douaniers protecteurs, mais aussi du maintien et même de l'aggravation du servage en Prusse et en Brandebourg. L'enrichissement relatif de l'État permet à Frédéric-Guillaume d'entretenir une armée permanente de 30 000 mercenaires et de jouer un rôle important dans la politique européenne : en 1657, il obtient de la Pologne la pleine souveraineté sur le duché de Prusse ; en 1675, il bat les Suédois à Fehrbellin.

Son fils Frédéric III (1688-1713) qui lui succède est un esprit médiocre et chimérique. Il veut à tout prix porter le titre de roi, non en Brandebourg, terre d'Empire, mais en Prusse où il est pleinement souverain. Après s'être longtemps fait prier, l'empereur Léopold, qui a besoin d'appuis dans la lutte qui va s'ouvrir pour la succession espagnole, l'autorise, en novembre 1700, à prendre le titre de **roi de Prusse**. Le 18 janvier 1701, au cours d'une somptueuse cérémonie à Königsberg, l'électeur de Brandebourg Frédéric III devenu le roi Frédéric Ier de Prusse se place lui-même sur la tête la couronne royale. L'événement, bien qu'inspiré par la seule vanité, a une portée considérable : les Hohenzollern calvinistes, supérieurs désormais à tous les autres princes allemands, apparaissent déjà comme les rivaux en Allemagne des Habsbourg catholiques.

La monarchie autrichienne – L'échec des ambitions de Ferdinand II et de Ferdinand III marque un tournant capital dans l'histoire des Habsbourg. Contraints d'abandonner le vieil idéal médiéval d'Empire et de Chrétienté, rejetés d'Allemagne où leur titre d'empereur n'a plus guère qu'une valeur symbolique, ils se retournent vers leurs États autrichiens et leurs royaumes de Bohême et de Hongrie et s'attachent à en faire un vaste **État danubien,** jetant ainsi les bases de l'Autriche moderne. Le long règne de Léopold Ier (1658-1705) est, à cet égard, décisif. Tout en se préoccupant constamment de la succession espagnole qu'il entend régler à son profit et au détriment de Louis XIV, Léopold, souverain médiocre, mais laborieux, se consacre à une meilleure organisation de ses États.

L'un de ses buts est de réaliser dans le royaume électif de **Hongrie** ce que Ferdinand II avait réalisé en Bohême lorsque, au lendemain de la Montagne Blanche, il avait fait de ce pays un royaume héréditaire, catholique et largement germanisé. Mais le problème ici est double : il faut non seulement vaincre les résistances des habitants de la Hongrie royale, mais aussi reprendre aux Turcs la plus grande partie du royaume qu'ils occupent depuis 1526. A plusieurs reprises, dans la première moitié du siècle, les Hongrois, dont beaucoup sont protestants, ont essayé de secouer le joug des Habsbourg en élisant comme roi le prince de Transylvanie, territoire autonome sous suzeraineté turque. En 1670 éclate un nouveau complot, durement réprimé. Enfin, au lendemain de sa victoire sur les Turcs en 1683, Léopold décide de mater définitivement la Hongrie royale : un tribunal extraordinaire installé à Éperies se livre à de sanglantes représailles; en 1687, une diète réunie à Presbourg est contrainte de reconnaître le caractère héréditaire de la couronne de Hongrie dans la Maison d'Autriche, mais Léopold s'engage à maintenir les lois fondamentales et les institutions du royaume magyar. Peu de temps après, grâce aux victoires du prince Eugène sur les Turcs et à la cession par ceux-ci de la Hongrie ottomane et de la Transylvanie (1699), le royaume de Hongrie est reconstitué sous l'autorité des Habsbourg. Mais une nouvelle révolte éclate en 1703, en pleine guerre de Succession d'Espagne. Les « malcontents » placent à leur tête François II Rakoczi, descendant des princes de Transylvanie. Celui-ci proclame en 1707 la déchéance des Habsbourg et l'indépendance de la Hongrie, mais il est vaincu en 1711. Le nouvel empereur Joseph Ier (1705-1711) accorde aux révoltés la pacification de Szathman (1711) qui, au prix de quelques concessions, rétablit la domination des Habsbourg sur l'ensemble du royaume de Hongrie.

En même temps, Léopold et Joseph tentent d'organiser l'ensemble de leurs possessions en un puissant État. Ils le dotent d'une armée permanente à partir de 1680, d'impôts indirects réguliers et d'une administration un peu plus centralisée. Après la double épreuve de la peste de 1679 et du siège de 1683, **Vienne,** où les artistes baroques édifient églises et palais, fait de plus en plus figure de grande capitale. Pourtant, au début du XVIIIe siècle, la monarchie autrichienne souffre d'un profond manque d'unité.

L'EUROPE SEPTENTRIONALE ET ORIENTALE

La Suède – En rompant l'union de Kalmar et en se faisant élire roi de Suède en 1523, Gustave Vasa (1523-1560) a rendu l'indépendance à son pays. Il introduit le luthéranisme et organise l'État en faisant reconnaître par la diète ou riksdag l'hérédité de la couronne. Lui et ses successeurs s'efforcent de disputer à leurs voisins, Danemark, Pologne, Russie, le contrôle du commerce baltique; mais à l'issue d'une guerre de sept ans, la Suède doit accepter, en 1570, la liberté du trafic. Vingt ans plus tard, elle prend pied en Estonie. C'est avec **Gustave II Adolphe** (1611-1632) que commence à prendre corps le rêve de faire de la Baltique un lac suédois. Déjà maître de la Finlande et de l'Estonie, Gustave-Adolphe, roi ambitieux, luthérien convaincu, grand chef de guerre, enlève à la Russie l'Ingrie et la Carélie (1613), à la Pologne la Livonie maritime (1629); surtout son intervention dans la guerre de Trente Ans et sa fulgurante campagne en Allemagne valent à la Suède de s'agrandir en 1648 de la Poméranie occidentale et des bouches de l'Oder et de la Weser. Après le règne de Christine (1632-1654), Charles X Gustave (1654-1660) se lance dans une nouvelle guerre contre la Pologne, puis contre le Danemark, et obtient en 1660 la Livonie intérieure et la Scanie. A cette date, la Baltique est très largement devenue lac suédois. Charles XI (1660-1697), engagé dans une guerre désastreuse contre le Brandebourg (défaite de Fehrbellin, 1675), puis contre le Danemark et la Hollande, ne doit qu'à l'intervention diplomatique de Louis XIV de récupérer les provinces un moment perdues (Poméranie et Scanie).

Ces guerres continuelles depuis le début du siècle ont forcé les souverains, toujours à court d'argent, à aliéner une grande partie des biens de la couronne au profit de la noblesse et à reconnaître à celle-ci des pouvoirs politiques étendus. Au sein du riksdag, clergé luthérien, bourgeois et paysans réclament énergiquement, mais longtemps en vain, la « réduction », c'est-à-dire le retour à la couronne des biens aliénés. Elle est enfin réalisée en 1680 par Charles XI avec l'appui de la majorité du riksdag. La noblesse, atteinte dans sa richesse foncière, perd en outre sa puissance politique. Charles XI gouverne dès lors en souverain absolu un royaume en pleine prospérité grâce à son industrie minière et métallurgique et à son commerce très actif.

Devenu roi à quinze ans, **Charles XII** (1697-1718) doit faire face, dès le début de son règne, à une redoutable coalition de ses voisins : le tsar Pierre Ier, le roi de Pologne Auguste II et le roi de Danemark s'entendent pour attaquer et démembrer la Suède, tablant sur le jeune âge et l'inexpérience du nouveau roi. Ils se heurtent en fait à un chef de guerre exceptionnel et à une armée réorganisée par Charles XI à la fin de son règne. En quelques mois (1700-1701), Charles XII, déployant une activité extraordinaire, bat les Danois, force Pierre Ier à lever le siège de Narva en Estonie (30 novembre 1700), bat Auguste II et Pierre à Riga, puis entre à Varsovie et à Cracovie, chasse Auguste II qu'il poursuit jusque dans son électorat de Saxe, et impose à la diète de Pologne l'élection de Stanislas

Leszczynski, jeune noble polonais (1704). En 1706, il force Auguste II à reconnaître Stanislas. Installé à Altranstädt, en Saxe, il apparaît alors comme l'arbitre de l'Europe déchirée par la guerre de Succession d'Espagne. Louis XIV essaie de le faire intervenir directement dans l'Empire. Mais Marlborough et l'empereur réussissent à le convaincre en 1707 de se détourner des affaires allemandes et d'attaquer Pierre Iᵉʳ qui, entre-temps, s'est emparé de la Livonie, de l'Estonie et de l'Ingrie et a posé la première pierre de sa future capitale en pleine Ingrie. Repoussant les propositions de paix du tsar, Charles XII traverse la Pologne et pénètre en Ukraine russe où il compte sur l'appui d'un chef cosaque révolté, Mazeppa. Mais engagés de plus en plus loin en pays ennemi, harcelés par les Russes, victimes du terrible hiver de 1709, les Suédois épuisés sont complètement écrasés par le tsar devant Poltava le 8 juillet 1709. Charles XII réussit à s'enfuir en Turquie où il commet la faute de rester cinq ans, incitant les Turcs à attaquer Pierre. Celui-ci réussit à reconstituer contre la Suède une coalition du Danemark, de la Pologne, puis du Hanovre et de la Prusse, avides de participer au partage des dépouilles suédoises. Le retour de Charles XII en 1714, bientôt suivi de sa mort en 1718 au cours du siège d'une forteresse danoise, ne peut empêcher l'inévitable : les traités de Stockholm avec la majorité des coalisés (1719-1720) et le traité de Nystad avec la Russie (1721) consacrent la perte par la Suède de presque toutes ses conquêtes du XVIIᵉ siècle : elle cède Brême et Verden au Hanovre, la Poméranie occidentale et Stettin à la Prusse, les provinces baltes (Livonie, Estonie, Ingrie) et la Carélie à la Russie. La Suède a perdu la maîtrise de la Baltique et son grand rôle européen est terminé.

Les problèmes polonais – Sous les derniers rois Jagellons (1506-1572), la Pologne a connu un véritable « **siècle d'or** ». C'est alors un pays prospère exportant vers l'Europe occidentale par Dantzig ses blés et ses bois, un foyer actif d'humanisme littéraire et scientifique, ouvert aux différents courants de réforme religieuse et pratiquant une large tolérance de fait. Sa faiblesse réside dans ses institutions politiques. En effet, le roi est élu par la noblesse dont il doit, avant d'être couronné, reconnaître, voire augmenter, les privilèges. La réalité du pouvoir appartient à la diète et aux diètines (assemblées provinciales) où les nobles tentent de substituer à la règle de la majorité celle de l'unanimité *(liberum veto),* en dépit des dangers d'une telle pratique. La mort du dernier Jagellon en 1572 ouvre une période d'instabilité monarchique (Henri de Valois est roi de 1573 à 1576) qui dure jusqu'en 1587 et pendant laquelle une active contre-réforme menée notamment par les jésuites contribue à renforcer le catholicisme. Sous Sigismond III Vasa, élu en 1587, puis sous son fils Ladislas IV (1632-1648), la Pologne vit les dernières décennies de son siècle d'or.

Par contre, le règne de Jean-Casimir V Vasa (1648-1668), élu à la mort de son frère, correspond à un véritable **effondrement.** Le signal est donné par la révolte en 1648 des cosaques Zaporogues du Dniepr qui chassent les Polonais et se placent sous la protection du tsar Alexis. Celui-ci entre alors en Lithuanie et en Ukraine. Profitant de la situation, le roi de Suède Charles X Gustave envahit la Grande Pologne. Pour s'assurer l'appui de l'électeur de Brandebourg, Jean-Casimir renonce à la suzeraineté sur le duché de Prusse, cependant qu'un sursaut national permet de repousser les envahisseurs. Mais le roi est contraint d'abandonner à la Suède la Livonie intérieure et à la Russie une partie de la Russie blanche et toute l'Ukraine à l'est du Dniepr. Au lendemain de cette série d'invasions (le « déluge »), le royaume polono-lithuanien est dans un état lamentable et malgré les efforts de reconstruction il ne se relèvera jamais de cette terrible épreuve. Tirant les leçons du désastre, Jean-Casimir essaie de promouvoir une réforme des institutions : création d'impôts permanents, abolition du *liberum veto* adopté par la diète en 1652, droit pour le souverain de désigner son successeur. Mais il provoque une insurrection de la noblesse, abandonne ses projets et abdique en 1668. Jean Sobieski, élu roi en 1674, repousse deux invasions turques et sauve Vienne et la Chrétienté en 1683 en aidant les Impériaux à battre l'armée ottomane au Kahlenberg, mais à sa mort en 1696 il est conscient de n'avoir rien pu faire contre les maux dont souffre l'État polonais. L'usage du *liberum veto*, désormais bien ancré, condamne la diète à l'impuissance et à l'anarchie. L'évolution sociale, au lendemain du déluge, a abouti à un effondrement de la bourgeoisie consécutif à la décadence des villes et du commerce, à un renforcement du servage, à la prédominance économique et politique de la noblesse, comprenant une minorité de magnats riches et instruits et une petite noblesse (la szlachta), nombreuse, besogneuse et turbulente. Enfin, la présence de minorités non catholiques, orthodoxes à l'est, luthériens à l'ouest, juifs dans les villes, est un obstacle supplémentaire au renforcement de l'unité nationale.

La Russie des premiers Romanov et de Pierre le Grand – Au XVIe siècle, les successeurs d'Ivan III à la tête de la grande principauté de Moscovie, Basile III (1505-1533) et Ivan IV dit le Terrible (1533-1584), ont poursuivi sa politique de rassemblement des terres russes, annexant Kazan (1552), Astrakhan sur la mer Caspienne (1556), Arkhangelsk sur la mer Blanche (1584). En 1581, le cosaque Yermak franchit l'Oural et étend la souveraineté russe jusqu'à l'Ob et l'Irtych. Avec la disparition d'Ivan le Terrible, le premier prince de Moscou à avoir pris le titre de *tsar,* commence le « temps des troubles » (1584-1613), longue période d'anarchie, de famines, de révoltes populaires et d'invasions, notamment celles des Suédois et des Polonais au lendemain de la mort du tsar Boris Godounov (1605). Élu tsar en 1613, **Michel Romanov** (1613-1645) s'attache à la pacification intérieure et à la défense extérieure de la Russie. Son fils **Alexis** (1645-1676), l'un des plus grands souverains russes, essaie par le code de 1649 de mettre sur pied une administration plus centralisée et consacre l'attachement des paysans à la terre. En même temps, il s'empare au détriment de la Pologne d'une partie de la Russie blanche et de l'Ukraine, avec Smolensk et Kiev (1667), mais il doit faire face à de nombreux et redoutables soulèvements populaires, notamment celui des cosaques du Don sous la conduite de Stenka Razine en 1667-1671. Il appuie en 1654 les initiatives du patriarche de Moscou Nikon qui veut réformer de façon autoritaire l'Église russe, en s'inspirant des usages, notamment liturgiques, de l'Église grecque. Ces initiatives heurtent tous ceux qui veulent rester fidèles aux traditions nationales, notamment le pape Avvakoum. En 1666, les réformes sont solennellement confirmées par un concile de prélats russes et grecs qui lance l'anathème sur la « vieille foi ». Mais les « vieux croyants » refusent de s'incliner : c'est le schisme ou *raskol*.

A sa mort en 1676, Alexis laisse, d'un premier lit, deux fils, Fédor et Ivan, et plusieurs filles, dont Sophie, et d'un second lit, un autre fils, Pierre, né en 1672. Après le court règne de Fédor III (1676-1682), les streltsi, troupes du tsar, exigent que la couronne soit confiée conjointement aux deux demi-frères, Ivan V, simple d'esprit, et **Pierre Iᵉʳ**, sous la régence de leur sœur Sophie. Celle-ci, ambitieuse et énergique, entend exercer le pouvoir seule. A cet effet, elle relègue Pierre et sa mère Nathalie Narychkine aux portes de Moscou, à proximité de la Sloboda, faubourg des étrangers. Mais en septembre 1689, avec l'aide de quelques régiments de streltsi, Pierre Iᵉʳ, qui a maintenant 17 ans, se débarrasse de Sophie en l'enfermant dans un couvent et décide de gouverner par lui-même avec l'appui de sa mère Nathalie (qui mourra en 1694). En 1689, la Russie ne touche encore ni à la Baltique, ni à la mer Noire, mais s'étend du Dniepr à la Sibérie jusqu'au Pacifique et de la mer Blanche au Caucase et à la mer Caspienne. Les initiatives d'Alexis pour faire de ce vaste ensemble un État mieux centralisé sont restées très insuffisantes. Quant à la société russe, qui commence à peine à s'ouvrir timidement aux influences européennes, elle est divisée en deux classes, la noblesse et la paysannerie, la bourgeoisie marchande en voie de formation étant encore très peu nombreuse. Les nobles, dont la richesse est foncière, sont tenus de servir le tsar, soit comme fonctionnaires (notamment les boyards), soit comme militaires. En échange, ils jouissent de droits très importants sur leurs paysans, attachés à la terre, privés de la plupart des droits civils, accablés de corvées.

Pierre Iᵉʳ, qui a beaucoup appris au contact des Européens de la Sloboda, se donne pour double tâche la transformation intérieure de la Russie et son **ouverture** sur la Baltique et la mer Noire. Il n'y a rien là de très neuf par rapport aux objectifs de ses prédécesseurs, notamment Alexis. Mais ses qualités exceptionnelles, son impatience devant les obstacles, son obstination et sa brutalité vont donner à sa politique une ampleur insoupçonnée au départ. Ses premiers efforts visent à doter la Russie d'une armée et d'une marine organisées à l'européenne avec l'aide de ses amis de la Sloboda. Mais les difficultés rencontrées devant Azov, dont il réussit tout de même à s'emparer sur les Turcs en 1696, l'incitent à entreprendre un grand voyage en Europe (Allemagne, Hollande, Angleterre, Autriche) pour s'informer par lui-même et embaucher les techniciens dont il a besoin (1697-1698). Il doit rentrer d'urgence à Moscou où, en son absence, a éclaté une révolte des streltsi, impitoyablement réprimée. L'événement lui prouve la précarité de sa situation. Pourtant, il décide en 1700 de profiter de la jeunesse de Charles XII pour tenter de s'emparer des provinces baltes. Il n'y réussit qu'à l'issue d'une longue guerre contre le roi de Suède. Mais, dès 1703, il a entrepris la fondation de sa nouvelle capitale, Saint-Petersbourg, dans les marais de l'estuaire de la Neva. En 1720, la ville, aux perspectives classiques et aux belles maisons de pierre, est déjà un port actif, fenêtre de la Russie sur la Baltique, et compte plus de 50 000 habitants.

A son retour d'Europe occidentale en 1698, Pierre publie une série d'oukazes qui visent à **transformer** profondément son pays pour le mettre en état de rivaliser avec l'Occident. Voulant « vêtir en hommes son troupeau de bêtes », il interdit le port de la barbe et des cheveux longs et l'usage des longues robes à l'orientale. Il oblige les femmes de la noblesse à quitter le *terem,* l'appartement où elles vivaient jusqu'alors confinées, et essaie d'introduire la vie de salon. Il s'efforce de développer l'instruction, fait ouvrir des écoles supérieures et entreprend la traduction en russe de livres de sciences européens. Poursuivant la politique d'Alexis, il attache plus étroitement encore la noblesse au service de l'administration ou de l'armée : la publication en 1722 du *tchin,* ou tableau des quatorze rangs, introduit dans la noblesse une hiérarchie fondée non plus sur la naissance, mais sur l'importance des fonctions exercées. En liant ainsi la noblesse à l'État, Pierre va permettre à son œuvre réformatrice de lui survivre. En contrepartie, il tolère une extension et une aggravation du servage, ce qui de surcroît allège la tâche de l'administration. S'inspirant à la fois de l'absolutisme byzantin et français et des expériences pratiques suédoise et prussienne, il réorganise l'État en créant une chancellerie secrète qui l'assiste (1700), un sénat de vingt membres, à la fois conseil de gouvernement et cour suprême de justice, qui remplace l'assemblée ou *douma* des boyards (1711), et des collèges assurant les différents ministères. Il divise la Russie en huit, puis douze gouvernements, circonscriptions militaires et fiscales elles-mêmes subdivisées en 43 provinces. Il améliore le rendement de l'impôt et augmente ainsi les ressources de l'État. Afin de tenir en main l'Église, il remplace le patriarche de Moscou par le saint-synode ou collège de prélats où il est lui-même représenté par un fonctionnaire laïque, le procureur général. Au point de vue économique, il développe, grâce à une réglementation de type colbertiste, les industries nécessaires aux besoins d'une armée moderne qui comptera 200 000 hommes à la fin du règne.

Toutes ces réformes entreprises sans ménagement et dont beaucoup heurtent le sentiment national et religieux des Russes, très attachés à leurs traditions, suscitent très vite de nombreuses **oppositions.** Les unes, ouvertes, sont impitoyablement réprimées, ainsi celles qui ont placé leurs espoirs dans le tsarévitch Alexis (qui est exécuté sur l'ordre de son père en 1718). Les autres, finalement plus graves, s'expriment sous la forme d'une résistance passive aux réformes et à leur application. Quand il meurt en 1725, Pierre le Grand a créé un État puissant et ouvert sur l'Europe (où il fait un second voyage en 1717), mais la transformation de l'économie et de la société russes à laquelle il s'est employé est à peine amorcée; l'évolution à cet égard ne fait que commencer.

12

LA FRANCE
DE LOUIS XIV (1661-1715)

Au lendemain de la mort de Mazarin commence le règne personnel de Louis XIV. Aidé par quelques collaborateurs bien choisis, notamment Colbert et Louvois, qui le conseillent, mais ne décident pas, Louis XIV renforce dans tous les domaines l'autorité monarchique et travaille à la prospérité du pays. La cour, véritable instrument de règne, réside définitivement à Versailles depuis 1682. La révocation de l'édit de Nantes est décidée par le roi en 1685 afin de rétablir l'unité religieuse, mais elle se révèle à cet égard un échec. La dernière partie du règne est marquée par des difficultés financières croissantes liées notamment aux nécessités de la guerre presque continuelle de 1689 à 1714. Lorsque Louis XIV meurt en 1715, il laisse à son successeur, âgé de cinq ans, un pays relativement prospère en dépit de la misère des classes populaires, mais un État au bord de la banqueroute.

LOUIS XIV DE 1661 A 1685 : LA RESTAURATION DE L'ÉTAT

Le roi et la cour – Dès le lendemain de la mort de Mazarin, Louis XIV fait savoir sa volonté de gouverner par lui-même sans premier ministre. Agé alors de 22 ans, plein de majesté sans être grand, **le roi** est d'une santé à toute épreuve qui lui permet de mener de front ses plaisirs et son métier de roi. Il a été préparé à sa tâche par une éducation plus concrète que livresque, avec la double influence de sa mère qui lui a inculqué sentiment religieux et sens de la grandeur royale, et de Mazarin qui l'admet dès 1650 dans les différents conseils. De plus, les tribulations de la Fronde, qui l'ont beaucoup marqué, lui ont permis de parcourir une grande partie de son royaume. A une grande application au travail, le roi joint une étonnante maîtrise de soi liée au sens de la majesté royale, et une intelligence plus solide que brillante qui lui dicte les solutions les plus sages quand l'orgueil ne l'aveugle pas. L'orgueil est, en effet, la passion qui, chez lui, domine tout et qu'expriment son emblème (le soleil) et sa devise *(Nec pluribus impar).* Il est vrai qu'il y est encouragé par les théoriciens de l'absolutisme de droit divin qui lui rappellent qu'il n'a de comptes à rendre qu'à Dieu seul et que même si cet absolutisme a des limites théoriques précises, le roi n'en a pas moins tous les pouvoirs : il est source de toute législation *(Rex, lex),* de toute justice, de toute administration.

Élevé dans de tels principes, Louis XIV se considère véritablement comme le lieutenant de Dieu sur la terre. Cette conviction inspire toutes ses actions et tous ses gestes, même les plus quotidiens, et sa personne devient l'objet d'un véritable culte dans le cadre de **la cour.** Celle-ci reste itinérante jusqu'en 1682. Elle ne séjourne plus que rarement au Louvre ou aux Tuileries, mais elle est tantôt à Fontainebleau, tantôt à Saint-Germain, parfois à Chambord ou à Versailles où le roi fait commencer les travaux qui transformeront le petit pavillon de Louis XIII en une résidence digne de lui. Quel que soit l'endroit où se trouve la cour, la vie y est réglée selon une étiquette en partie empruntée à l'Espagne. La famille royale occupe le premier rang, après le roi, avec la reine Marie-Thérèse, leur fils Louis né en 1661 et dit le Grand Dauphin ou Monseigneur, le frère du roi Philippe d'Orléans, Monsieur, écarté du pouvoir, de même que les princes du sang, Condé et Conti. Les maîtresses du roi, notamment Louise de La Vallière et Athénaïs de Mortemart, marquise de Montespan, tiennent une place importante, mais ne jouent aucun rôle politique. La masse des courtisans se partage les multiples charges et services, sources d'honneurs et de profits, et deviennent ainsi les ministres du culte monarchique. En les réduisant à ce rôle, Louis XIV entend rehausser son propre prestige et prévenir le retour de troubles comme ceux de la Fronde.

Conseils et personnel ministériel – S'il gouverne et décide seul, Louis XIV ne peut se passer de collaborateurs. Il prend soin de les choisir parmi des robins, fraîchement anoblis ou en marche vers l'anoblissement, qui lui seront d'autant plus attachés qu'ils lui devront tout. A l'issue d'une lente évolution, le **conseil du roi** se trouve, en 1661, divisé en plusieurs sections spécialisées, les trois premières toujours présidées par le roi. Le conseil d'en-haut (dit aussi étroit ou du ministère), dont les membres ont droit au titre de ministres d'État, est le vrai conseil de gouvernement; là sont examinées, en principe deux fois par semaine, les grandes affaires de politique intérieure et extérieure. Au lendemain de la mort de Mazarin, le roi y appelle Fouquet, Le Tellier et Lionne. Mais le 5 septembre 1661, il fait arrêter Fouquet; traduit devant une Commission extraordinaire pour malversations, celui-ci est condamné au bannissement, peine que le roi commue en détention perpétuelle. Dès septembre 1661, Colbert, grand artisan de la perte du surintendant, lui succède comme ministre d'État. En 1671, à la mort de Lionne, Louvois, fils de Le Tellier, entre à son tour au conseil. Le conseil des dépêches regroupe, en principe le samedi, le personnel gouvernemental, notamment les quatre secrétaires d'État; on y lit « toutes les dépêches reçues du dedans du royaume » et on y prépare les réponses. Le conseil royal des finances, créé en septembre 1661 en remplacement de la surintendance et réuni deux fois par semaine, s'occupe de toutes les questions financières. Quant au conseil d'État privé ou des parties, c'est une véritable assemblée présidée par le chancelier et composée, à côté des ministres d'État et des secrétaires d'État, de magistrats professionnels, une trentaine de conseillers d'État assistés d'une centaine de maîtres des requêtes. Il tient des séances distinctes selon qu'il s'occupe d'administration (notamment financière), de législation (il rend les arrêts du conseil et prépare édits et ordonnances) ou de justice (il constitue la juridiction suprême de la monarchie en matière civile et administrative).

Les principaux **collaborateurs** du roi sont le chancelier, inamovible, chef de la magistrature, garde des sceaux; le contrôleur général des finances, dont la fonction est créée en 1665 et qui dirige non seulement les finances, mais toute l'activité économique; les quatre secrétaires d'État (affaires étrangères, guerre, marine, maison du roi), qui possèdent les attributions qu'implique leur titre et conservent de plus un certain droit de regard sur l'administration des provinces selon un « département » ou une distribution d'ailleurs variable. Au conseil d'en-haut et dans les postes gouvernementaux, le personnel est peu nombreux, grâce à la pratique du cumul des fonctions entre les mains d'une même personne, et se renouvelle peu. Le roi, qui n'aime pas les visages nouveaux, favorise l'ascension de deux ou trois dynasties de serviteurs fidèles et éprouvés, les Le Tellier, les Colbert, les Phélypeaux (La Vrillière et Pontchartrain). Deux hommes jouent dans la première partie du règne un rôle de premier plan, Colbert et Louvois. Jean-Baptiste Colbert (1619-1683), d'une famille de bourgeois rémois marchands et officiers du roi, est devenu en 1650 l'homme de confiance de Mazarin. Sur la recommandation de celui-ci, le roi le nomme intendant des finances en 1661, le fait entrer au conseil d'en-haut, lui confie le contrôle général des finances et les deux secrétariats d'État à la marine et à la maison du roi. Son étonnante puissance de travail, son esprit ordonné et méthodique, ses fonctions nombreuses lui permettent de s'occuper pratiquement de toute l'administration du royaume, à l'exception des affaires étrangères et militaires, d'amasser une immense fortune et d'assurer celle de toute sa famille. François-Michel Le Tellier (1641-1691), marquis de Louvois, est associé très tôt à son père, secrétaire d'État à la guerre; c'est un esprit net et précis, aussi grand travailleur que Colbert et aussi avide que lui. Mais quel que soit le rôle joué par les deux hommes, le roi reste à tout moment le maître qui seul décide.

Le renforcement de l'absolutisme – C'est une tâche prioritaire aux yeux de Louis XIV et de Colbert. Le premier aspect en est **la surveillance des grands corps** de l'État, comme au temps d'Henri IV et de Richelieu. Les Assemblées du clergé sont soigneusement contrôlées. La noblesse est « domestiquée » à la cour; les gouverneurs de provinces sont toujours des grands seigneurs, mais ils résident près du roi et non dans leur gouvernement où leurs fonctions militaires sont aux mains de lieutenants généraux de moindre noblesse. Les *cours souveraines, qui ne sont plus dites que « supérieures » à partir de 1665, sont matées pour longtemps; les parlements doivent enregistrer les édits sans délibération ni vote et, comme sous Henri IV, ne peuvent présenter de « respectueuses remontrances » qu'après cet enregistrement; à la moindre velléité de résistance, les parlementaires sont exilés. Les états provinciaux sont maintenus là où ils existent, mais leurs pouvoirs de fait sont réduits. Quant aux villes, plusieurs d'entre elles, foyers d'agitation pendant la Fronde, sont privées du droit d'élire leurs magistrats municipaux désormais nommés par le roi; dans les autres, les élections sont très surveillées; à Paris est créée en 1667 une nouvelle fonction, celle de lieutenant général de police, avec des attributions très étendues. Partout, l'intendant est « le roi présent dans la province ».

Les intendants sont devenus en effet des grands instruments du renforcement de l'autorité monarchique. Rétablis au lendemain de la Fronde, ils ne sont encore que des commissaires départis à titre temporaire. Mais l'évolution, sensible depuis Richelieu, s'accélère et s'achève : vers 1670, il y a, dans toutes les *généralités ou provinces (sauf en Bretagne), un intendant fixe et permanent qui, de simple enquêteur, est devenu administrateur aux pouvoirs énormes. Intendant de justice, il surveille tous les officiers de son ressort et peut présider tous les tribunaux; intendant de police, il maintient l'ordre, encore troublé par des soulèvements populaires (Boulonnais, 1662; Vivarais, 1670; Bretagne, 1675), s'occupe des problèmes de subsistances et de ponts et chaussées, surveille les municipalités; intendant de finances, il veille à la répartition et à la levée de la taille par les élus et les trésoriers de France en *pays d'élections et soumet aux états provinciaux les exigences royales en *pays d'états.

La réforme de la **législation** découle elle aussi de l'application de la maxime de l'ordre. Regrettant la diversité des pratiques juridiques en usage, le roi et Colbert essaient d'établir une certaine unité de législation. L'ordonnance civile de Saint-Germain ou Code Louis (1667), l'ordonnance des eaux et forêts (1669), l'ordonnance criminelle (1670), l'ordonnance commerciale ou Code marchand (1673), l'ordonnance maritime (1681), l'ordonnance coloniale ou Code noir

(1685) s'efforcent, chacune dans leur domaine, de fixer les principes d'une réorganisation méthodique et uniforme. En fait, la distance sera souvent grande de ces textes à leur application.

LOUIS XIV DE 1661 A 1685 :
LES PROBLÈMES FINANCIERS ET ÉCONOMIQUES

Les problèmes financiers – Jusqu'à la guerre de Hollande, Colbert réussit à remettre de l'ordre dans les finances et même à assurer quelques années l'équilibre budgétaire grâce à une comptabilité sévère, une diminution des charges et un meilleur rendement de la fiscalité. Il fait tenir régulièrement, à partir de 1667, un « grand livre » des recettes et un « journal » des dépenses et établir une ébauche de **budget,** avec « état de prévoyance » et « état au vrai ». La diminution des charges est obtenue par le rachat d'un certain nombre d'offices inutiles, des réductions et des annulations de rentes. Une chambre de justice, qui siège de 1662 à 1669 pour la « recherche des abus et malversations commis depuis 1635 », fait restituer à quelques financiers malhonnêtes et maladroits quelque cent millions de livres, mais sans supprimer pour autant le rôle des gens de finance dans l'administration du royaume; Colbert et ses successeurs seront à peine moins dépendants d'eux que Fouquet lui-même. L'augmentation des recettes est obtenue par un meilleur rendement de l'**impôt.** Là encore, Colbert ne fait que reprendre la politique d'un Sully. Sans refondre un système fiscal qui met en cause la structure sociale de l'État, il fait la chasse aux exemptés abusifs, notamment les faux nobles, et rend la perception de la taille plus facile et moins onéreuse. De même, le produit des impôts indirects se trouve substantiellement accru par une étroite surveillance des *traitants auxquels ils sont affermés. Mais avec la guerre de Hollande, le déficit redevient la règle. Pour faire face aux dépenses militaires sans cesse plus lourdes, à la construction de Versailles, à l'entretien de la cour, Colbert se résout à augmenter les impôts et surtout à recourir aux « affaires extraordinaires », c'est-à-dire à la pratique des expédients abandonnée depuis la disgrâce de Fouquet. La création en 1680 de la Ferme générale pour la levée des impôts indirects permet au roi de toucher en bloc les revenus de ces impôts, mais aggrave encore l'arbitraire de leur perception.

La politique économique et les premières réalisations – Colbert partage avec ses contemporains la conviction que la quantité d'or et d'argent en circulation dans le monde est à peu près constante et que la richesse d'un État se mesure en numéraire. Il faut donc, pour enrichir le royaume, acheter peu aux étrangers et leur vendre beaucoup. Ce qui lui est propre, c'est l'effort systématique qu'il entreprend pour diriger l'économie française et la plier à ses vues, transposant ainsi l'absolutisme monarchique dans le domaine économique. Les problèmes agricoles ne l'intéressent que secondairement. D'ailleurs, l'agriculture se serait mal prêtée à l'application de projets trop rigides. Du moins souhaite-t-il qu'elle puisse fournir aux villes pain et matières premières à bon marché. **La production** manufacturière retient par contre toute son attention et il s'efforce de la développer, de la réglementer, de la protéger. Le développement de la production est assuré par l'imitation de certaines fabrications étrangères (dentelles de Hollande, glaces de Venise, soieries d'Italie) et surtout par la création de manufactures privilégiées travaillant essentiellement pour l'exportation, les unes manufactures d'État, telle celle des Gobelins, créée en 1667, les autres manufactures royales, c'est-à-dire appartenant à des particuliers, mais recevant du roi d'importants privilèges (exemptions fiscales, monopole de fabrication, etc.). La réglementation est le fait du conseil du commerce qui publie des règlements généraux sur les manufactures et des édits particuliers sur les divers métiers, fixant les détails techniques de la fabrication et punissant les malfaçons. Pour mieux assurer l'exécution de ces prescriptions, Colbert favorise la multiplication des métiers jurés et fait la chasse aux métiers libres (édit de 1673). La protection de la production française est assurée, en 1664, par un nouveau tarif douanier frappant lourdement les produits étrangers à leur entrée en France; une nouvelle aggravation, en 1667, aboutit à prohiber presque tous les produits anglais et hollandais.

Produire n'est pas tout, il faut **vendre à l'étranger.** Cela suppose d'abord que les produits puissent circuler dans les meilleures conditions à l'intérieur du royaume et notamment en direction des grands ports d'embarquement. Colbert aurait souhaité réaliser l'unité douanière par la suppression de toutes les douanes intérieures; il ne réussit que très partiellement, avec l'unification douanière des provinces du centre du royaume qui constituent en 1664 les « cinq grosses fermes ». Des efforts sont faits pour améliorer la circulation sur les voies d'eau (canal d'Orléans, canal des Deux-Mers), mais seules les routes vers les grands ports (ainsi que les routes stratégiques du Nord-Est) sont l'objet de travaux d'entretien, aux résultats d'ailleurs médiocres. L'essentiel c'est d'augmenter le volume et la valeur du commerce extérieur et surtout de faire en sorte qu'il soit assuré par des bateaux français et non hollandais. Pour ce faire, Colbert favorise la construction navale et surtout crée des compagnies de commerce dotées de monopoles d'exploitation et d'importants privilèges : Compagnies des Indes orientales et des Indes occidentales en 1664, du Nord en 1669, du Levant en 1670. Mais les résultats sont décevants et les positions commerciales des Hollandais en France et dans le monde sont si peu entamées que, dès 1670, le roi et son ministre sont persuadés que l'indépendance économique du royaume et l'essor de son commerce extérieur ont pour préalable la défaite militaire des Provinces-Unies.

Désillusions et réalités – La guerre déclenchée en 1672 n'aboutit pas aux résultats escomptés. Les grandes compagnies de commerce, mal soutenues par des capitaux privés insuffisants, périclitent dès que l'aide de l'État se fait plus chiche, et bientôt disparaissent, à l'exception de la compagnie des Indes orientales. De même, le relâchement du soutien financier apporté par l'État aux grandes manufactures entraîne, après 1674, la disparition de plusieurs d'entre elles, sauf celles qui intéressent l'effort de guerre ou la gloire du roi. Mais d'autres raisons que la guerre de Hollande expliquent le **demi-échec** du colbertisme. L'intervention de l'État et la réglementation systématique sont impatiemment supportées. D'ailleurs une grande partie de l'activité manufacturière échappe aux contrôles colbertistes : métiers libres dans les villes (malgré l'édit de 1673) et surtout artisanat rural. Une partie des milieux d'affaires souhaite même que la liberté soit étendue aux relations commerciales avec les pays voisins. Plus lourde de conséquences est l'indifférence à laquelle se heurtent le roi et son ministre dans leurs efforts pour drainer vers le grand commerce maritime ou les manufactures les capitaux de la bourgeoisie qui préfère investir en placements fonciers, en achats d'offices, en emprunts d'État, en constitutions de rentes entre particuliers. D'autre part, Angleterre et Hollande sont des concurrents trop redoutables pour être évincés facilement. Enfin, les difficultés rencontrées par Colbert s'expliquent par le climat de dépression économique générale dans lequel s'inscrivent ses efforts.

Pourtant, si les réalisations ne sont pas toutes à la mesure des projets, certaines **réussites** de l'économie française entre 1660 et 1680 sont incontestables et riches d'avenir. Le tonnage de la flotte marchande double en vingt ans. Le commerce extérieur s'accroît en volume et est assuré de plus en plus par des bateaux français. Saint-Malo, Rouen, Nantes, La Rochelle, Bordeaux sont en relation avec toute l'Europe et commencent à participer au commerce avec le Nouveau Monde et avec l'océan Indien. Marseille réussit à maintenir et même développer le commerce du Levant malgré la concurrence anglaise. Beaucoup de fabrications stimulées par ces progrès du commerce extérieur sont prospères. Au total, en dépit de difficultés que compense une tranquillité intérieure que le royaume n'avait pas connue depuis longtemps, l'économie française est, vers 1680, dans une situation meilleure que vingt ans plus tôt.

LOUIS XIV DE 1661 A 1685 : LES AFFAIRES RELIGIEUSES

Jansénisme et gallicanisme – Au lendemain de la mort de Mazarin, Louis XIV, très hostile aux **jansénistes** dont il met en doute le loyalisme monarchique, s'applique, selon ses propres termes, à « détruire le jansénisme et à dissiper les communautés où se fomentait cet esprit de nouveauté ». En avril 1661, un arrêt du conseil prescrit impérativement la signature du formulaire aux prêtres, religieux et religieuses. Celles de Port-Royal de Paris s'obstinent dans leur refus. En 1665, elles sont regroupées à Port-Royal des Champs sous la surveillance de la police, cependant que les Solitaires sont contraints de fermer leurs petites écoles et de se disperser. La même année, la querelle rebondit du fait de l'attitude de quatre évêques qui décident de demander la signature du formulaire, mais en introduisant la distinction du droit et du fait. Après de longues tractations, le pape consent tacitement à ce que les signatures soient portées au bas de mandements épiscopaux distinguant le droit et le fait. Cette paix de l'Église (1669) amène une détente provisoire, mais ne règle en rien les problèmes de fond. Ce n'est qu'une trêve au cours de laquelle le jansénisme, dont Port-Royal des Champs reste le bastion, va consolider sans bruit ses positions à Paris et en province, dans la noblesse et la bourgeoisie parlementaire, dans le bas-clergé et certains ordres religieux.

Depuis longtemps déjà, une grande partie du clergé réclame pour l'Église de France un certain nombre de libertés face au pape, tout en s'efforçant de se défendre contre les empiètements du roi. Parallèlement à ce **gallicanisme** ecclésiastique s'est développé, dans la haute administration monarchique et notamment dans les milieux parlementaires, un gallicanisme politique selon lequel le roi, maître absolu en son royaume, a droit de regard sur les affaires religieuses. Mais lorsque, en 1673, éclate l'affaire de la *régale, Louis XIV se heurte au pape Innocent XI, intransigeant sur les droits de la papauté. Le roi décide alors de lui opposer l'Assemblée du clergé qui, en 1682, adopte la déclaration des quatre articles : ceux-ci affirment la pleine indépendance des rois dans le domaine temporel et, dans des termes volontairement ambigus, la supériorité des conciles sur le pape et la nécessité du consentement des Églises nationales pour que les décisions du pape en matière de foi deviennent « irréformables ». Le pape, exaspéré par cette prise de position (qui relevait d'un concile général, non d'une Assemblée du clergé), riposte en refusant l'investiture canonique à tous les nouveaux évêques nommés par le roi. En 1688, 35 diocèses sont ainsi sans évêque. La situation ne peut s'éterniser sans risques graves. La mort d'Innocent XI en 1689 va permettre la réconciliation.

La révocation de l'édit de Nantes – Pour Louis XIV, l'édit de Nantes, revu par celui d'Alès, n'est qu'un compromis provisoire et le retour du royaume à l'unité de foi, une préoccupation majeure; ce point de vue est d'ailleurs partagé par le clergé et par l'immense majorité des catholiques. Vers 1660, les réformés sont plus d'un million et demi appartenant à tous les milieux et répartis en quelque 600 « églises » dans le Midi, dans l'Ouest et à Paris. Jusqu'en 1679, le roi se borne à une **application restrictive** de l'édit de Nantes : tout ce qui n'est pas autorisé à la lettre est interdit. Parallèlement, le clergé s'efforce d'opérer des conversions (Turenne en 1668), mais celles-ci restent trop peu nombreuses, en dépit de la *caisse des conversions, pour que l'on puisse espérer résoudre le problème de cette façon. A partir de 1679, l'attitude, du roi se durcit peu à peu et aboutit en 1685 à la décision de révoquer l'édit de Nantes. Cette attitude conforme à sa conviction profonde, se trouve encouragée par des considérations de politique européenne : l'hostilité des puissances protestantes, notamment les Provinces-Unies, à qui les huguenots demandent appuis et pasteurs, le désir de contrebalancer auprès du pape et des puissances catholiques l'immense prestige que vaut à l'empereur sa victoire contre les Turcs. Par ailleurs, l'influence de Le Tellier et de Louvois, et secondairement celle de Madame de Maintenon, vont dans le sens de l'intransigeance.

Pendant six ans, toute une série d'arrêts vide peu à peu l'édit de Nantes de son contenu : suppression des chambres mi-parties, exclusion des huguenots de tous les offices et de la plupart des professions libérales, interdiction des mariages mixtes, etc. A cette **violence** légale, s'ajoute bientôt la violence militaire. La pratique des dragonnades, c'est-à-dire le logement de dragons chez les huguenots où ils commettent les pires exactions, entraîne des conversions massives, en Poitou, en Béarn, en Languedoc. En fait, le roi n'ignore ni dans quelles conditions ces conversions sont obtenues, ni qu'il subsiste encore de nombreux protestants dans le royaume. Il n'en décide pas moins d'en finir, persuadé que, privés de leurs pasteurs, les derniers huguenots seront contraints à l'abjuration. Le 18 octobre 1685, il signe l'édit de Fontainebleau qui porte **révocation** de l'édit de Nantes : les pasteurs doivent quitter le royaume sous quinze jours, mais l'émigration est interdite aux réformés sous peine des galères; enfin, si la liberté de conscience est en principe maintenue, l'exercice du culte est formellement interdit.

Si la révocation est accueillie dans l'enthousiasme par l'opinion catholique, elle ne résout pas pour autant le problème protestant. En effet, les huguenots sont encore nombreux et, considérés officiellement comme « nouveaux convertis », ils opposent une résistance passive à l'obligation d'assister aux offices catholiques et s'efforcent de pratiquer clandestinement leur culte. Par ailleurs, 200 000 à 250 000 d'entre eux se décident à l'exil, malgré l'étroite surveillance et les rigueurs prévues par l'édit : manufacturiers, banquiers, écrivains, soldats s'enfuient vers les pays de refuge de l'Europe protestante, Hollande, Angleterre, Suisse, Brandebourg. Enfin, la révocation provoque l'indignation de ces puissances et contribue à renforcer leur animosité à l'égard de la France.

L'enracinement de la réforme catholique – Si la tentative de rétablir l'unité de foi se solde dès 1685 par un échec, par contre le mouvement de réforme catholique se poursuit et s'approfondit. La multiplication des **séminaires** diocésains en est l'un des aspects les plus importants : vers 1700, il y aura un séminaire dans la plupart des 130 diocèses du royaume. Ainsi, un clergé intellectuellement et spirituellement mieux armé peut se consacrer à une meilleure instruction des fidèles, avec l'aide des divers ordres religieux. Catéchismes, retraites, missions, confréries constituent autant de formes de pastorale, dont les effets sont sensibles à la fin du siècle : la pratique quasi unanime recouvre une piété plus profonde, plus épurée et mieux comprise qu'un siècle plus tôt. Toutefois, évêques et curés réformateurs ne réussissent qu'imparfaitement à extirper les « superstitions » : ils désignent ainsi tout ce qui, dans les croyances et les pratiques populaires, ne correspond pas exactement à l'enseignement officiel de l'Église ou, plus simplement, échappe au contrôle étroit de celle-ci, c'est-à-dire aussi bien le recours aux sorciers que des divertissements comme les danses, les veillées d'hiver, les charivaris, les feux de la Saint-Jean. Enfin, il existe, en dehors des milieux populaires, d'autres limites à la christianisation : c'est notamment l'immoralité de certains éléments de la cour et la persistance d'un courant *libertin condamné à la clandestinité, mais toujours vivant.

LES DIFFICULTÉS DE LA DERNIÈRE PARTIE DU RÈGNE (1685-1715)

Plusieurs événements contribuent à faire des années 1682-1686 l'un des grands tournants du règne : l'installation de la cour à Versailles en 1682, la mort de Colbert en 1683, la révocation de l'édit de Nantes en 1685, et sur le plan extérieur la trêve de Ratisbonne en 1684 et la formation de la ligue d'Augsbourg en 1686. La dernière partie du règne, la plus longue, est aussi le temps des difficultés et des épreuves.

Le roi et la cour à Versailles – A la cour, installée définitivement à Versailles, les règles de l'étiquette se figent de plus en plus en un cérémonial bien réglé tendant à la glorification de la majesté royale. Le **roi,** qui a 44 ans en 1682, commence à s'assagir et à songer à son salut : au lendemain de la mort de la reine Marie-Thérèse, il épouse secrètement sa maîtresse Madame de Maintenon (1683); celle-ci jouera un rôle politique discret, mais non négligeable, s'efforçant d'orienter le roi vers une politique pacifique et dévote. La famille royale comprend le Grand Dauphin et ses trois fils nés entre 1682 et 1684, les ducs de Bourgogne, d'Anjou et de Berry; Monsieur, mort en 1701 et son fils né en 1674; Condé, mort en 1686. Il y a aussi les bâtards du roi, notamment les deux fils « légitimés » qu'il a eus de Madame de Montespan, le duc du Maine et le comte de Toulouse. Vers 1710, le roi vieillissant peut croire sa succession solidement assurée, en dehors du duc d'Anjou devenu roi d'Espagne en 1700; mais, entre 1711 et 1714, des **deuils** successifs frappent la famille royale : en 1711 meurt le Grand Dauphin; en 1712, à quelques jours d'intervalle, la duchesse et le duc de Bourgogne et, quelques semaines plus tard, leur fils aîné; en 1714, le duc de Berry. Lorsqu'il mourra le 2 septembre 1715, après un règne de 72 ans, Louis XIV aura pour héritier un enfant de cinq ans, dernier fils du duc de Bourgogne, qui deviendra Louis XV. Au milieu de ces deuils familiaux, comme dans les grandes épreuves que connaît le royaume, le roi fait preuve d'un grand courage et d'une grande dignité.

L'**équipe gouvernementale** se renouvelle peu à peu, mais ses membres, presque tous de valeur, continuent à appartenir pour la plupart soit au clan Le Tellier (Louvois mort en 1691, puis son fils Barbezieux), soit au clan Colbert (son frère Croissy, son fils Seignelay, ses neveux Torcy et Desmaretz), outre les Pontchartrain père et fils. Le roi continue à prendre seul les grandes décisions, abandonnant leur exécution à ses collaborateurs et aux grands commis qui dirigent des bureaux spécialisés dotés de personnels nombreux. Cette évolution vers une monarchie de plus en plus administrative est sensible aussi en province. L'intendant est présent désormais partout (la dernière *intendance, celle de Bretagne, est créée en 1689), reste souvent de longues années dans le même poste et a sous ses ordres des *subdélégués.

Les difficultés financières et économiques – La situation financière se trouve terriblement aggravée par l'énorme effort qu'impose l'interminable guerre contre

174

l'Europe coalisée de 1688 à 1714. Les contrôleurs généraux successifs, Le Peletier, Pontchartrain, Chamillart, Desmaretz, ne sont pas indignes de Colbert, mais ils sont aux prises avec une tâche insurmontable : faire soutenir une guerre de plus en plus difficile à un peuple de plus en plus épuisé. Le premier remède au déficit serait évidemment un meilleur rendement de l'impôt. Des réformateurs comme Boisguillebert dans son *Détail de la France* (1699), Vauban dans son *Projet de dîme royale* (1707) dénoncent la malfaisance du système fiscal et préconisent un impôt direct et universel se substituant à la taille. En créant en 1695 la **capitation** pour la durée de la guerre, Pontchartrain reprend certaines de ces idées. L'impôt nouveau veut être un impôt général payé par tous les Français y compris les privilégiés; à cet effet, les sujets du roi sont répartis en 22 classes selon des critères qui font intervenir à la fois la notion de dignité et de hiérarchie sociale et celle de fortune ou de revenus grossièrement appréciés. Cette répartition suscite de vives critiques. Par ailleurs, le clergé et certaines provinces s'affranchissent par *abonnements. Abolie en 1698, la capitation est rétablie dès la reprise de la guerre en 1701. Mais, en octobre 1710, au moment le plus dramatique du conflit, Louis XIV se résout à créer le **dixième,** impôt pesant sur tous les revenus et égal au dixième de ceux-ci. Très vite, le clergé est autorisé à s'en racheter et son exemple sera suivi par d'autres catégories sociales. Au total, capitation et dixième survivent au rétablissement de la paix et, loin de se substituer à la taille, s'ajoutent à elle et sont perçus en même temps; universels et égalitaires dans le principe, ils ne le sont nullement en réalité, du fait des exemptions et des abonnements.

Le rendement des impôts, anciens et nouveaux, est au total trop faible pour que le roi puisse se passer des ressources « extraordinaires » : émission de rentes à des taux de plus en plus onéreux pour l'État, emprunts forcés, créations d'offices, loteries royales, *mutations monétaires. En même temps, pour pallier la disette monétaire et relancer l'économie, on cherche à développer le crédit. En 1709, plusieurs receveurs généraux des finances, dont Legendre, fondent une caisse, dite caisse Legendre, qui met en circulation des billets garantis à la fois par le crédit de l'État et par celui des fondateurs de la caisse. La monarchie est de plus en plus sous la dépendance des gens de finance. Impôts et expédients ne réussissant pas à empêcher l'augmentation accélérée du déficit, la situation financière est catastrophique en 1715 et l'État au bord de la banqueroute.

L'activité économique souffre, elle aussi, de l'état de guerre qui entrave le commerce extérieur, de l'exode des huguenots, de la politique financière, avec son prélèvement fiscal accru et ses mutations monétaires, des graves crises de subsistances qui frappent le pays entre 1692 et 1713, notamment celles de 1693-1694 et de 1709-1710, et qui entraînent surmortalité et misère. Pourtant la plasticité de l'économie d'ancien régime, encore essentiellement agricole, permet de surmonter assez vite les crises cycliques même les plus graves. De plus, si certains secteurs industriels, comme les industries de luxe, sont victimes d'un marasme durable, d'autres connaissent une réelle prospérité. Certains ports atlantiques, notamment Saint-Malo, réussissent à s'adapter aux conditions nouvelles nées de la guerre en tirant de la course contre les bateaux anglais et hollandais des profits substantiels. En 1697, profitant de la paix provisoirement retrouvée, les marins français reprennent la route des Antilles et surtout commencent à commercer en contrebande avec les ports hispano-américains du Pacifique : le voyage à la mer du Sud par le détroit de Magellan se révèle une source de très gros profits, malgré les risques de toutes sortes. En 1700, le conseil du commerce, tombé en sommeil, est réorganisé : les représentants des grandes villes marchandes y jouent un rôle de premier plan et dénoncent les excès du colbertisme. La montée de Philippe V sur le trône de Madrid se traduit bientôt par l'ouverture des colonies espagnoles au commerce français et par l'octroi à la Compagnie française de Guinée du privilège de l'asiento, c'est-à-dire de la traite des Noirs. En dépit de la reprise de la guerre en 1702, le commerce français tire parti de ces précieux avantages, cependant que les négociants malouins, après accord avec la Compagnie des Indes orientales, lancent de fructueuses expéditions vers l'océan Indien. Les principales régions textiles françaises (Picardie, campagnes de l'Ouest, Languedoc), fortement sollicitées par ce développement commercial, connaissent une grande prospérité. Il est vrai que les clauses des traités de 1713 qui ferment l'Amérique espagnole aux négociants français portent un coup à une partie de leurs activités, mais dans le même temps Bordeaux et Nantes continuent à développer leurs relations avec les Antilles, qui seront la base de leur prospérité au XVIIIᵉ siècle.

Les affaires religieuses – La mort du pape Innocent XI facilite la recherche d'une formule de transaction entre la papauté et le roi. C'est chose faite en 1693 : le pape accepte l'extension du droit de *régale et investit les évêques nommés depuis 1682; en revanche, le roi et l'épiscopat français rétractent la Déclaration des quatre articles. Cette solution qui marque un recul sensible du **gallicanisme** s'explique en partie par l'évolution de Louis XIV qui veut se rapprocher de Rome dont il a besoin pour lutter contre les diverses dissidences religieuses. C'est le cas notamment dans l'affaire du ***quiétisme** qui, entre 1695 et 1699, trouble une partie de la cour et de l'opinion et oppose notamment Bossuet et la majorité de l'épiscopat à Fénelon gagné aux idées quiétistes. Louis XIV obtient de Rome la condamnation des propositions émises par Fénelon. Celui-ci se soumet et l'affaire n'a pas de prolongements.

Il n'en est pas de même du **jansénisme.** En effet, à la faveur de la paix de l'Église de 1669, les jansénistes ont consolidé leurs positions, sous la direction d'Arnauld exilé en 1679, puis, après sa mort en 1694, sous celle du père Quesnel, auteur de *Réflexions morales sur le Nouveau Testament.* Ce second jansénisme, ou quesnellisme, diffère quelque peu du premier : c'est un ensemble assez confus de jansénisme proprement dit, de gallicanisme et de *richérisme, ce qui explique son succès dans les milieux parlementaires et dans le bas clergé. En 1701, le conflit se rallume à propos de l'affaire dite du cas de conscience. Quarante théologiens de la Sorbonne répondent par l'affirmative à la question de savoir si l'on peut accorder l'absolution au lit de mort à un ecclésiastique qui accepte la condamnation des cinq propositions, tout en gardant un « silence respectueux » sur leur attribution à Jansénius. A la demande de Louis XIV, le pape condamne le silence respectueux en 1705 par la bulle *Vineam Domini*. Sommées de signer la bulle, les dix-sept dernières religieuses de Port-Royal des Champs refusent et, en octobre 1709, sont dispersées en divers couvents; quelques mois plus tard, le monastère, l'église et le cimetière sont détruits par ordre du roi. Mais les jansénistes ne désarment pas, forts de l'appui plus ou moins ouvert de quelques évêques dont l'archevêque de Paris, le cardinal de Noailles. Pour essayer d'en finir, Louis XIV s'adresse à nouveau au pape qui, en septembre 1713, par la bulle *Unigenitus* condamne cent une propositions extraites des *Réflexions morales* de Quesnel. Mais la bulle soulève immédiatement en France une vive opposition : le parlement de Paris refuse de l'enregistrer, l'épiscopat se divise, mais aussi le bas clergé et les fidèles. Louis XIV impose l'enregistrement au parlement et relègue les évêques opposants dans leur diocèse par lettres de cachet. En 1715, 112 évêques ont accepté la bulle, mais une quinzaine, dont Noailles, la refusent.

Le protestantisme est pour le roi une autre source de difficultés et de désillusions. Très vite plusieurs évêques et même des laïcs signalent que contraindre les « nouveaux convertis » à l'assistance aux offices et surtout à la réception des sacrements est se rendre complice d'un sacrilège. En 1698, une déclaration royale rappelle toute la rigueur des principes, mais recommande d'éviter toute contrainte, notamment en ce qui concerne la réception des sacrements. Mais ce léger assouplissement ne résout pas le problème et n'arrête pas les violences. Celles-ci provoquent en 1702 la révolte des Cévennes, entre Mende et Alès. Entraînés non par des pasteurs (exécutés ou en fuite), mais par des prédicants et des prophètes (souvent des femmes ou des enfants), encadrés non par des nobles ou des bourgeois, mais par des artisans comme Mazel et Cavalier ou des bergers comme Roland, les paysans cévenols, les Camisards, réussissent pendant près de trois ans (juillet 1702-janvier 1705), en pleine guerre de Succession d'Espagne, à tenir en échec plusieurs armées royales. Finalement, Villars et 20 000 hommes sont nécessaires pour mettre fin à cette guerre impitoyable. La résistance des Camisards, loin de fléchir Louis XIV, le confirme dans sa politique d'intolérance. L'ordonnance de mars 1715 décide de considérer en bloc comme catholiques tous les anciens réformés restés en France depuis 1685. Pourtant, le protestantisme français n'est pas anéanti : un culte public clandestin reparaît en pays cévenol avec les assemblées du désert. En août 1715, le pasteur Antoine Court tient dans une carrière aux portes de Nîmes un synode réunissant les principaux pasteurs du Midi et de nombreux fidèles. L'Église calviniste est « replantée », la politique d'unité religieuse tentée par le roi a échoué.

13

LOUIS XIV ET L'EUROPE (1661-1715)

A partir de 1661, Louis XIV profite de toutes les occasions pour affirmer la gloire du Roi Très Chrétien et la puissance de la France. Pourtant, la guerre qu'il décide contre la Hollande (1672-1679), afin d'abaisser la puissance économique néerlandaise, n'aboutit pas au résultat escompté. Mais il ne s'en lance pas moins dans une politique aventureuse d'annexions en pleine paix et de provocations de toutes sortes qui, en moins de dix ans (1679-1688), réussit à souder contre lui une coalition de nombreux États européens. A peine la paix rétablie, son acceptation du testament du roi d'Espagne en faveur de son petit-fils, Philippe d'Anjou (1700) provoque bientôt une nouvelle guerre, dite de Succession d'Espagne, entre la France et l'Espagne d'une part, la majeure partie de l'Europe d'autre part. Vaincu, Louis XIV doit accepter qu'à la prépondérance française des années 1660-1684 fasse place un équilibre entre trois grandes puissances, France, Angleterre, Autriche.

179

LE TEMPS DE LA PRÉPONDÉRANCE FRANÇAISE (1661-1684)

Les buts et les instruments de la politique de Louis XIV – Conscient de la place de premier plan qu'occupe la France dans l'Europe des années 1660, Louis XIV entend tirer parti de cette situation pour affirmer la puissance du roi de France, premier souverain de la Chrétienté, et s'efforcer de l'accroître encore. Loin d'hésiter devant les risques de la guerre, il considère que « s'agrandir est la plus digne et la plus agréable occupation des souverains » et que le prestige acquis sur les champs de bataille est indispensable à un grand règne. Le souci de sa **gloire** est, en fin de compte, le grand ressort de toute sa politique extérieure, plus que le renforcement des frontières stratégiques du royaume ou le détournement à son profit de la succession espagnole. Pour arriver à ses fins, Louis XIV entend bien, comme il l'écrit lui-même en 1668, « se fortifier chaque jour de finances, de vaisseaux, d'intelligences et de tout ce que peuvent ménager les soins d'un prince appliqué dans un État puissant et riche ».

Il dispose, en effet, d'une **diplomatie** officielle et officieuse (les « intelligences ») que dirige le secrétaire d'État aux Affaires étrangères, Hugues de Lionne jusqu'en 1671, puis Simon Arnauld de Pomponne de 1671 à 1679. Toutefois, en dépit des précieuses informations ainsi recueillies, Louis XIV se fait de l'Europe une idée quelque peu anachronique, minimisant l'importance des grands courants d'opinion et des intérêts économiques. Les erreurs d'appréciation ainsi commises à l'égard des Provinces-Unies et de l'Angleterre seront lourdes de conséquences. Le roi dispose en outre d'une armée et d'une marine à la hauteur de ses ambitions. Michel Le Tellier et son fils Louvois sont les grands artisans de la réorganisation de l'**armée.** Celle-ci, nationale et permanente, est de plus en plus nombreuse : 120 000 hommes en 1672, plus de 200 000 en 1680, recrutés selon le système traditionnel du racolage, c'est-à-dire des enrôlements plus ou moins volontaires. En 1688, devant les besoins accrus, Louvois organisera la *milice qui, malgré la faible valeur militaire des recrues et l'opposition des populations, permettra d'augmenter les effectifs (380 000 hommes en 1702). A cette armée nombreuse est imposée une discipline aussi stricte que possible, en ce qui concerne non seulement les soldats, pourvus d'un uniforme, payés régulièrement, mieux ravitaillés, mais aussi les officiers dont les charges restent vénales, sauf quelques grades non vénaux créés par Louvois, mais dont l'absentéisme est sévèrement réprimé. On abandonne après 1674 l'habitude de lever le ban et l'arrière-ban de la noblesse, sans grand intérêt puisque les meilleurs des nobles servent déjà comme officiers. Le haut commandement lui-même est réorganisé, cependant que Louis XIV a la chance d'avoir à la tête de ses armées jusqu'en 1675 les deux plus grands hommes de guerre du temps, Condé et Turenne. Enfin, l'armement est modernisé. Les fantassins – plus des deux tiers des effectifs – commencent à être dotés du fusil à pierre et, plus tard, de la baïonnette à douille. L'artillerie est organisée peu à peu en compagnies autonomes. Le génie est dirigé à partir de 1672 par Vauban qui va pendant quarante ans justifier la réputation qui lui est faite :

« Ville fortifiée par Vauban, ville imprenable; ville assiégée par Vauban, ville prise. » Bien qu'il ne porte pas à sa **marine** un intérêt égal à celui qu'il porte à son armée, Louis XIV appuie les efforts de Colbert et de Seignelay pour doter le royaume d'une marine de guerre digne de lui. En 1661, presque tout était à faire, et pourtant en 1685 la marine royale compte plus de 250 bâtiments dont les équipages sont recrutés par le système de l'*inscription maritime organisé en 1673.

La politique européenne de 1661 à 1672 – Louis XIV affirme en 1662 la prééminence absolue de la couronne de France dans trois affaires de préséance, l'une avec l'Espagne, l'autre avec l'Angleterre, la troisième avec le pape. En 1664, voulant disputer à l'empereur la gloire de sauver la Chrétienté, il envoie un contingent de 6 000 hommes qui joue un rôle décisif lors de la victoire de Saint-Gothard sur les Turcs. En même temps, il s'efforce de resserrer les liens qui unissent la France à de nombreux États européens, notamment l'Angleterre et la Ligue du Rhin, afin d'isoler l'Espagne et l'empereur dans la perspective de la mort de Philippe IV et de l'ouverture de la succession espagnole : en effet, le seul fils du roi d'Espagne, Charles, né en 1661, est de très chétive santé. Dès 1662, Hugues de Lionne exhume une coutume du droit privé brabançon selon laquelle les enfants du premier lit (c'est le cas de la reine Marie-Thérèse, non de son demi-frère Charles) sont les seuls héritiers et les biens de leurs parents doivent leur être dévolus. Au lendemain de la mort de Philippe IV et de l'avènement de Charles II (17 septembre 1665), Louis XIV, s'appuyant sur ce prétendu droit de dévolution et sur le non-paiement de la dot de la reine, réclame une partie de l'héritage, mais la reine-régente d'Espagne refuse de se rendre à ses raisons. La **guerre** dite **de Dévolution,** qui éclate en 1667, n'est en fait qu'une promenade militaire. Turenne s'empare sans grandes difficultés d'une dizaine de places fortes en Flandre et Condé occupe la Franche-Comté. Mais la constitution d'une Triple-Alliance entre l'Angleterre et la Hollande qui viennent de se réconcilier, et la Suède amène Louis XIV à signer avec l'Espagne le traité d'Aix-la-Chapelle (2 mai 1668) : la France restitue la Franche-Comté, mais annexe, aux Pays-Bas, non un territoire continu, mais douze villes, immédiatement fortifiées par Vauban, ainsi que leurs dépendances, notamment Lille et Douai.

Ainsi, la guerre a permis de prouver la valeur de l'armée française, de renforcer la frontière du Nord et de confirmer les prétentions de la France sur la succession espagnole. Mais Louis XIV ne considère la paix que comme une **trêve** et songe déjà à tirer vengeance des Hollandais, artisans de la Triple-Alliance qui l'a contraint à modérer ses ambitions. De son côté, Colbert a pris conscience que l'essor de l'économie française et notamment de son commerce extérieur exige l'abaissement des Provinces-Unies, première puissance économique de l'Europe : la guerre économique ne peut suffire, il faut songer à la guerre tout court. Elle est soigneusement préparée par Louis XIV pendant près de quatre ans, tant sur le plan militaire que sur le plan diplomatique. Le traité secret de Douvres (1670) avec Charles II d'Angleterre, une nouvelle alliance avec la Suède (1672), l'occupation du duché de Lorraine, la promesse de neutralité de l'empereur et de nombreux princes allemands, l'alliance de l'archevêque-électeur de Cologne qui est en même temps prince-évêque de Liège, sont les principales étapes de ce patient travail d'isolement de l'adversaire, gage, semble-t-il, d'un succès facile.

La guerre de Hollande (1672-1679) – En avril 1672, l'armée française marche sur les Provinces-Unies à travers les évêchés de Liège et de Cologne, traverse le Rhin au gué de Tolhuis le 12 juin et, le 20, entre à Utrecht. Mais le même jour, les **Hollandais** ouvrent les digues aux eaux du Zuiderzee qui bientôt submergent une grande partie de la province de Hollande, stoppant ainsi la marche des Français vers Amsterdam. En même temps, les états généraux demandent la paix en échange de la cession de toute la rive gauche de la Meuse (pays de la Généralité) et d'une lourde indemnité de guerre. Sur les conseils de Louvois, Louis XIV repousse ces propositions et formule des exigences inacceptables : cession de tout le pays entre Rhin et Meuse, rétablissement du catholicisme. Cette intransigeance maladroite provoque la rupture des pourparlers et un sursaut national : le jeune Guillaume d'Orange est élu stathouder en juillet et, le 20 août, Jean de Witt et son frère sont assassinés. En quelques mois, Guillaume, devenu l'adversaire le plus acharné de Louis XIV, réussit à redresser la situation en formant contre la France une redoutable **coalition** comprenant le duc de Lorraine, le roi d'Espagne et l'empereur (traité de La Haye, 31 août 1673). Plusieurs princes allemands se joignent à cette coalition et, en 1674, Charles II d'Angleterre, cédant à la pression de son opinion publique, signe une paix séparée avec la Hollande.

Dès lors, c'est la France qui se trouve isolée et obligée de se battre sur plusieurs théâtres d'opérations. Louis XIV et Vauban s'emparent sans peine de la Franche-Comté (février-juillet 1674). Mais Condé, sur la frontière des Pays-Bas, et Turenne, en Alsace envahie par les Impériaux, sont contraints à la défensive. Ils réussissent pourtant à repousser leurs adversaires, le premier à Seneffe, près de Charleroi, le 11 août 1674, le second à Turckheim, le 5 janvier 1675, à l'issue d'un audacieux mouvement tournant à travers les Vosges enneigées. Mais quelques mois plus tard, Turenne, qui a franchi le Rhin à son tour, est tué à Salzbach (27 juillet 1675). De 1675 à 1678, la **guerre** se poursuit à l'avantage de la France : conquête systématique des principales places fortes des Pays-Bas par Vauban, victoires navales de Duquesne, en Méditerranée, sur la flotte hispano-hollandaise de Ruyter. Dès 1675, un congrès s'est ouvert à Nimègue, mais les négociations traînent, dans la mesure où chacun espère un succès militaire décisif. En 1678, Louis XIV, déçu de la défaite de son allié suédois, inquiet de l'attitude de l'Angleterre prête à intervenir directement contre lui, et surtout conscient des conséquences financières d'une prolongation de la guerre, décide d'en finir; il est fort des victoires remportées et sait que ses adversaires sont las et divisés.

Trois **traités** successifs signés à Nimègue entre la France d'une part, les Provinces-Unies (10 août 1678), l'Espagne (17 septembre 1678) et l'empereur (5 février 1679) d'autre part, aboutissent au rétablissement de la paix. La Hollande ne perd rien de son territoire et obtient même l'abrogation du tarif douanier français de 1667. Par contre, l'Espagne fait les frais de la guerre : elle abandonne à la France la Franche-Comté, le reste de l'Artois (Aire et Saint-Omer), le Cambrésis, une partie de la Flandre et du Hainaut (notamment Valenciennes, Condé et Maubeuge), cependant qu'elle récupère quelques places avancées sans intérêt stratégique. Ainsi, la frontière française du Nord, jusque-là discontinue, devient continue et cohérente, et Vauban s'empresse de la fortifier. L'empereur récupère Philippsbourg, mais cède à la France Fribourg-en-Brisgau. Louis XIV s'engage à restituer à son duc le duché de Lorraine occupé pendant la guerre, mais conserve Nancy et Longwy, ainsi qu'un droit de passage vers l'Alsace. Enfin, l'électeur de Brandebourg est contraint, par le traité de Saint-Germain (juin 1679), de restituer à la Suède la Poméranie conquise après Fehrbellin. Ainsi, à l'issue d'une guerre beaucoup plus longue et beaucoup plus coûteuse pour le royaume qu'il ne l'avait escompté, Louis XIV n'a pu tirer de la Hollande la vengeance éclatante qu'il espérait, mais a réussi, après avoir résisté à la coalition des principales puissances, à consolider la frontière française au nord et à l'est, à agrandir le « pré carré » et à faire figure d'arbitre de l'Europe.

Les réunions et la trêve de Ratisbonne (1680-1684) – Persuadé de ne rencontrer aucune opposition sérieuse sur le continent, le roi de France, qui a remplacé en 1679 Arnauld de Pomponne, jugé trop timide, par Charles Colbert de Croissy, se lance, à l'instigation de celui-ci et de Louvois, dans la politique dite des **réunions.** Ce n'est point là chose nouvelle : elle consiste à réclamer toutes les terres qui, selon le droit féodal, avaient, à un moment quelconque, relevé de territoires cédés à la France, « avec leurs dépendances », par les traités antérieurs, de 1648 à 1679. C'est ainsi que Sarrebourg, Sarrelouis, Pont-à-Mousson et de nombreux villages du Luxembourg sont « réunis à la couronne », comme anciennes dépendances de l'évêché de Verdun. De même, la ville et le comté de Montbéliard, appartenant au duc de Wurtemberg, sont déclarés dépendances de la Franche-Comté et à ce titre réunis et occupés (1680). En Alsace, la petite principauté de Deux-Ponts est « réunie » et les seigneurs alsaciens mis dans l'obligation de rompre tous les liens qui les unissent encore à l'Empire. Enfin, en septembre 1681, sans s'embarrasser de prétexte juridique, Louis XIV envoie Louvois et 30 000 hommes occuper la ville libre de Strasbourg, qui pendant la guerre de Hollande a ouvert à plusieurs reprises le pont de Kehl aux Impériaux. L'annexion est bien acceptée par les Strasbourgeois, dans la mesure où le roi a l'habileté de garantir aux habitants, en majorité luthériens, leurs « privilèges, droits, statuts et coutumes » et la liberté religieuse.

Ces diverses annexions en pleine paix suscitent bientôt **inquiétudes** et protestations en Europe. Il est vrai que l'attaque des Ottomans sur Vienne, la victoire du Kahlenberg (septembre 1683) et la reconquête de la Hongrie détournent l'empereur des affaires de l'Europe de l'Ouest. Mais l'Espagne déclare la guerre à la France en octobre 1683, ce qui provoque le siège et la prise de Courtrai et de Luxembourg par les troupes de Louis XIV. Rien ne semble devoir résister à la puissance française. L'Espagne, incapable de lutter seule, et l'empereur, engagé contre les Turcs, décident de faire la paix avec le Roi-Soleil. Le 15 août 1684 sont signés les deux traités connus sous le nom de **trêve de Ratisbonne.** L'Espagne laisse à la France pour vingt ans la forteresse de Luxembourg et l'empereur reconnaît pour le même temps l'annexion de Strasbourg et les réunions antérieures au 1er août 1681.

L'ÉCHEC DES AMBITIONS FRANÇAISES (1685-1713)

La formation de la Ligue d'Augsbourg – Au faîte de la puissance, Louis XIV, loin de faire preuve de la modération qui aurait peut-être permis de transformer en paix durable la trêve de vingt ans, multiplie les **provocations.** Il fait bombarder Gênes, coupable d'avoir prêté ses galères à l'Espagne, et exige du doge qu'il vienne en personne présenter ses excuses à Versailles (janvier 1685). A la mort de l'électeur palatin (mars 1685), il réclame une partie du Palatinat au nom de sa belle-sœur, duchesse d'Orléans, sœur de l'électeur défunt. En octobre 1685, la révocation de l'édit de Nantes provoque la très vive indignation des puissances protestantes. En mai 1686, Catinat massacre les *vaudois sur les terres du duc de Savoie. Le 9 juillet 1686, l'empereur forme avec plusieurs princes allemands la **Ligue d'Augsbourg,** pour le strict maintien des traités de Nimègue et de Ratisbonne; les rois d'Espagne et de Suède se joignent à la Ligue pour leurs terres allemandes. Quant à Guillaume d'Orange, il suit de très près les affaires anglaises, prêt à exploiter à son profit les difficultés que rencontre son beau-père, le catholique Jacques II, devenu roi d'Angleterre en février 1685. C'est dans ce contexte que Louis XIV poursuit ses provocations. En 1687, le pape ayant voulu supprimer les franchises dont jouissent à Rome les quartiers des ambassades, Louis XIV donne l'ordre à son ambassadeur de s'y opposer, ce qui entraîne une rupture brutale avec le pape. En juin 1688, à la mort de l'archevêque-électeur de Cologne, deux compétiteurs sont sur les rangs, le cardinal de Fürstenberg, candidat du roi de France, Joseph-Clément de Bavière, candidat de l'empereur. Le pape ayant tranché pour ce dernier en septembre, le roi riposte en s'emparant d'Avignon, en installant par la force le cardinal de Fürstenberg à Cologne, en faisant occuper l'évêché de Liège et en commençant en octobre l'invasion du Palatinat. Conformément à l'accord qui les lie, les membres de la Ligue d'Augsbourg rompent immédiatement avec la France. Le 26 novembre, Louis XIV répond aux protestations de la Hollande par une déclaration de guerre. Quelques jours plus tôt, Guillaume d'Orange est arrivé en Angleterre à l'appel des Anglais; la fuite de Jacques II le 25 décembre est suivie, en février 1689, de la proclamation de Guillaume III et de Marie comme roi et reine d'Angleterre. **Guillaume III** réalise ainsi en sa personne l'union des deux grandes puissances maritimes contre la France, complétant la coalition d'Augsbourg. Une nouvelle guerre européenne est commencée.

La guerre de la Ligue d'Augsbourg (1688-1697) – La **guerre,** dite de la Ligue d'Augsbourg par les Français, de Neuf Ans ou du roi Guillaume par les Anglais, du Palatinat ou d'Orléans par les Allemands (à cause de la duchesse d'Orléans, princesse palatine), commence dès octobre 1688. En prenant brusquement l'offensive sur le Rhin à cette date, Louis XIV espère devancer les coalisés et prendre sur eux un avantage décisif. La dévastation systématique du **Palatinat** (novembre 1688-mars 1689), préconisée par Louvois, n'a pas de véritable justification stratégique et provoque, en tout cas, une indignation profonde et durable dans toute l'Allemagne, en même temps qu'elle décide les derniers princes encore hésitants à se joindre à la coalition. Celle-ci se resserre à la suite du traité d'alliance que l'empereur signe avec les Provinces-Unies, l'Angleterre, puis la Savoie, et du rapprochement étroit entre Vienne et Madrid.

Louis XIV essaie d'abord de restaurer Jacques II qui s'est réfugié en France. Grâce à l'appui de la flotte française, celui-ci débarque en **Irlande** le 22 mars 1689, prend Dublin le 3 avril, mais manque bientôt d'hommes et d'argent et perd du temps dans l'Ulster; l'année suivante, il doit regagner précipitamment la France après s'être fait battre par Guillaume III près de Drogheda sur la Boyne, le 11 juillet 1690. Pourtant, la veille, l'escadre française de Tourville a défait la flotte anglo-hollandaise au large du cap Beachy-Head (ou Béveziers). Sur le continent, une guerre longue, difficile et indécise est engagée. Aux **Pays-Bas,** Guillaume III est battu par le maréchal de Luxembourg à Fleurus (2 juillet 1690), puis à nouveau à Steinkerque (3 août 1692) et à Neerwinden (29 juillet 1693) lors de deux tentatives pour envahir la France, cependant que Louis XIV et Vauban prennent Namur en juin 1692. En Italie, Catinat bat le duc de Savoie à deux reprises et occupe une partie de ses États. En Espagne, une armée française pénètre en Catalogne. Au début de 1692, Louis XIV décide de faire une nouvelle tentative pour restaurer Jacques II; mais en juin 1692, l'échec de La Hougue – plusieurs navires de Tourville sont incendiés par les Anglais – est moins grave qu'on ne le dit à Londres, mais a des conséquences importantes : il rend impossible le débarquement en Angleterre et incite Louis XIV à donner la priorité à la guerre de course sur la guerre d'escadre.

Dès 1692, des pourparlers, plus ou moins secrets, ont été engagés par les belligérants épuisés financièrement par leurs efforts de guerre. La défection de la Savoie, qui en 1696, signe la paix avec Louis XIV et récupère ses États et Pignerol, pousse les coalisés à signer la **paix** à Ryswick, près de La Haye, en septembre-octobre 1697. Louis XIV accepte de restituer toutes les réunions des années 1679-1688, à l'exception de Strasbourg, et toutes les conquêtes de la guerre, c'est-à-dire Montbéliard, Fribourg, Brisach, Kehl, Philippsbourg, Deux-Ponts et le Palatinat rendus à l'empereur ou aux princes allemands, la Lorraine, moins Sarrelouis, rendue à son duc, Luxembourg et ses dépendances, Courtrai, Mons, Charleroi et la Catalogne rendus à l'Espagne. La France retrouve donc les frontières de Nimègue, moins Fribourg, Brisach et Pignerol, mais plus Strasbourg et Sarrelouis. Par ailleurs, Louis XIV reconnaît Joseph-Clément de Bavière comme électeur de Cologne, abandonne les prétentions de la duchesse d'Orléans sur le Palatinat et reconnaît aux Provinces-Unies le droit de tenir garnison dans quelques places fortes des Pays-Bas espagnols (places dites de la barrière). Enfin, il rend à l'Angleterre les conquêtes faites à ses dépens en Amérique du Nord et surtout accepte de reconnaître Guillaume III et de ne plus soutenir les prétentions des Stuarts. La paix de Ryswick marque donc, par rapport à la trêve de Ratisbonne, un important recul que le roi de France, converti à la modération, a accepté sans avoir été vraiment vaincu. Certes, il a réussi à conserver l'essentiel, c'est-à-dire l'Alsace et Strasbourg, et le prestige de ses armées est intact. Mais le temps de la magnificence et de l'hégémonie françaises est bien révolu; celui de l'équilibre commence dans une Europe où l'ouverture imminente de la succession d'Espagne représente le souci majeur.

La succession espagnole et la Grande Alliance de La Haye – A partir de 1696, l'état de santé du roi Charles II, qui n'a pas d'enfant de ses deux mariages successifs, devient de plus en plus alarmant. Or Louis XIV et l'empereur Léopold ont des droits très comparables, puisqu'ils sont l'un et l'autre fils et époux d'infantes; il s'agit, dans le cas de Léopold, d'infantes cadettes, mais qui contrairement à Anne d'Autriche et à Marie-Thérèse n'ont pas été tenues, lors de leur mariage, de renoncer à leurs droits. Dès 1668, Louis XIV a arraché à l'empereur son accord pour un partage de l'héritage espagnol. Mais plus tard, Léopold en vient à l'idée d'user de ses droits pour réclamer, le moment venu, l'ensemble de la succession pour son second fils, l'archiduc Charles, né en 1685. Par contre, au lendemain de Ryswick, Louis XIV comprend que les puissances européennes ne toléreront pas que la totalité des possessions espagnoles reviennent soit à un Bourbon, soit à un Habsbourg. Aussi prend-il l'initiative d'entamer des négociations avec ses deux grands adversaires de la veille, l'Angleterre et la Hollande, particulièrement intéressées à l'équilibre européen et au sort futur des Pays-Bas et des colonies américaines. Aux termes d'un premier **traité de partage** (octobre 1698), la couronne espagnole et l'essentiel de l'héritage reviendraient au fils de l'électeur de Bavière, enfant de six ans, neveu de Charles II par sa mère, Naples, la Sicile et le Guipuzcoa au Grand Dauphin, et le Milanais à l'archiduc Charles. Le petit prince bavarois étant mort le 6 février 1699, un second traité de partage (mars 1700) prévoit que l'archiduc Charles deviendra roi d'Espagne, sous la double réserve qu'il s'engagera à ne jamais réunir son royaume aux possessions autrichiennes et que la part prévue pour le Grand Dauphin en 1698 se trouvera augmentée du Milanais, avec possibilité d'échanger Naples et la Sicile contre la Savoie et Nice, et le Milanais contre la Lorraine. Mais ni l'empereur ni le roi d'Espagne n'acceptent de reconnaître ces deux traités successifs, Léopold parce qu'il veut tout pour son fils, Charles II parce qu'il veut maintenir à tout prix l'intégrité de son héritage. Tiraillé entre des influences contradictoires, ce dernier se décide enfin pour la solution Bourbon, comptant sur la supériorité française en cas de conflit. Par son **testament** du 2 octobre 1700, il interdit tout partage de l'héritage espagnol et désigne comme son successeur Philippe, duc d'Anjou, second fils du Dauphin, à condition qu'il renonce à ses droits à la couronne de France; à défaut du duc d'Anjou, la couronne reviendra à son cadet le duc de Berry, et en cas de refus de l'un et de l'autre, à l'archiduc Charles. Charles II meurt quelques semaines plus tard, le 1er novembre.

Le testament est connu en France le 9. Louis XIV, alors à Fontainebleau, se trouve devant un choix d'une exceptionnelle gravité : soit refuser le testament et s'en tenir au traité de partage de 1700, soit accepter le testament et violer ce même traité. Dans les deux cas, c'est la certitude d'une guerre avec l'empereur; mais, dans le premier cas, la France pourra compter sur l'appui de l'Angleterre et de la Hollande; par contre, les Impériaux installés en Espagne et aux Pays-Bas menaceront directement le royaume. Dans le second cas, les puissances maritimes risquent fort de se ranger aux côtés de l'empereur; en revanche, l'Espagne ne sera plus adversaire, mais alliée. De plus, selon la décision prise, ou bien la France s'assure l'annexion de la Savoie et de la Lorraine, ou elle renonce à ces agrandissements, mais se procure l'avantage considérable de voir régner à Madrid un Bourbon et non un Habsbourg. Le 16 novembre, Louis XIV rend publique sa décision **d'accepter** le testament, escomptant que les puissances européennes prendront leur parti de la situation.

De fait, en dehors de l'empereur qui rompt immédiatement avec la France, la plupart des États reconnaissent le duc d'Anjou comme roi d'Espagne, sous le nom de Philippe V, notamment l'Angleterre et les Provinces-Unies, en dépit de l'extrême méfiance du roi Guillaume et du grand pensionnaire Heinsius. Mais en quelques mois, une série de **maladresses** de Louis XIV renverse la situation. Le 1er février 1701, il fait enregistrer par le parlement de Paris le maintien des droits de Philippe V à la couronne de France. En même temps, il envoie des troupes françaises dans les places de la barrière et se fait bientôt accorder par son petit-fils le gouvernement de fait des Pays-Bas. Plus grave encore, à la demande de Louis XIV, Philippe V octroie aux marchands français des privilèges importants dans les colonies espagnoles, notamment l'asiento, ou monopole de l'introduction des esclaves noirs. Les marchands hollandais et anglais, directement menacés dans leurs intérêts économiques, se rangent à l'idée de la guerre préconisée par Heinsius et Guillaume. Moins d'un an après la mort de Charles II, l'Angleterre et les Provinces-Unies signent le 7 septembre 1701 le traité de la **Grande Alliance de La Haye** par lequel ils conviennent d'accorder une « satisfaction juste et raisonnable aux prétentions de l'empereur à la succession d'Espagne » et donnent deux mois à Louis XIV pour négocier avec eux à cet effet; passé ce délai, ils entreront en guerre contre la France. Par une dernière maladresse, Louis XIV répond en reconnaissant comme roi d'Angleterre le fils de Jacques II le jour même de la mort de celui-ci, à Saint-Germain, le 16 septembre 1701. La mort de Guillaume III, le 19 mars 1702, n'entame pas la détermination des coalisés, dirigés désormais par un triumvirat composé par le Hollandais Heinsius, l'Anglais Marlborough et le prince Eugène de Savoie au service de l'empereur. Le 15 mai 1702, les trois signataires de la Grande Alliance de La Haye, auxquels se joignent bientôt le Danemark, le Brandebourg et la plupart des princes allemands, déclarent conjointement la guerre à la France et à l'Espagne qui, de leur côté, n'ont pour alliés que les ducs de Bavière et de Savoie.

La guerre de Succession d'Espagne (1702-1713) – Après quelques succès éphémères (victoire française de Villars à Höchstädt, en Bavière, le 20 septembre 1703), les Franco-Espagnols connaissent une série de revers, cependant que le duc de Savoie fait défection en 1703 et se joint à la coalition, de même que le roi de Portugal. Le 1er août 1704, une flotte anglaise s'empare de Gibraltar. Le 13 août, les Français, vaincus à Blenheim, près de Höchstädt, par Marlborough et le prince Eugène, sont obligés d'abandonner la Bavière et de se replier au-delà du Rhin. L'année suivante, la Catalogne se soulève contre Philippe V et, en octobre 1705, les Anglais, qui utilisent le Portugal comme base de départ, occupent Barcelone où l'archiduc Charles se fait proclamer roi d'Espagne sous le nom de Charles III. En juin 1706, celui-ci entre à Madrid, mais un soulèvement en faveur de Philippe V permet à ce dernier de rentrer dans sa capitale quelques semaines plus tard. A la fin de 1706, Charles III n'en continue pas moins à tenir la Catalogne, le sud de l'Espagne, le Milanais et les Pays-Bas évacués par les Franco-Espagnols après la victoire de Marlborough sur Villeroy à Ramillies le 23 mai 1706. En 1707, Philippe V réussit à reconquérir la plus grande partie de l'Espagne, mais perd le royaume de Naples. En 1708, Marlborough et le prince Eugène pénètrent en France et s'emparent de **Lille,** en octobre. Le terrible hiver de janvier-février 1709 aggrave encore, en France, la misère du peuple accablé d'impôts et menacé de famine; la monarchie française, aux abois, est de plus en plus sous la dépendance des financiers.

En mai 1709, Louis XIV envoie à La Haye son ministre Colbert de Torcy, fils et successeur de Croissy, pour ouvrir des **négociations** de paix. Mais les exigences des coalisés, trop sûrs d'eux, sont exorbitantes : reconnaissance de Charles III comme roi d'Espagne, cession de l'Alsace et de Strasbourg à l'empereur, de Lille, Maubeuge et Valenciennes aux Provinces-Unies, destruction du port de Dunkerque, expulsion du prétendant Stuart. Il est même question un moment de demander l'aide militaire de la France pour chasser d'Espagne Philippe V. Louis XIV, outré, rappelle Torcy, puis après le demi-succès de Villars à Malplaquet, le 11 septembre 1709, essaie de renouer les négociations. Mais lors des conférences de Geertruydenberg (mars-juillet 1710), Heinsius renouvelle les exigences antérieures et demande, en outre, que la France conduise elle-même les opérations militaires contre Philippe V. Louis XIV déclare préférer « faire la guerre à ses ennemis qu'à ses enfants » et rompt les pourparlers. Le triumvirat n'allait pas tarder à regretter son obstination.

En effet, pendant que les armées françaises, épuisées, mais s'appuyant sur les forteresses de Vauban, réussissent à préserver à peu près le territoire national, en Espagne, Vendôme, envoyé au secours de Philippe V (qui a dû pour la seconde fois abandonner Madrid à Charles III en septembre 1710), remporte le 10 décembre 1710 sur les Anglo-Autrichiens la victoire décisive de **Villaviciosa;** une fois de plus, Charles III se replie sur Barcelone. Or, la mort de l'empereur Joseph Ier sans héritier mâle, le 17 avril 1711, modifie complètement les données du problème espagnol. En effet, son frère Charles – Charles III d'Espagne, pour les coalisés – lui succédant comme souverain des possessions autrichiennes et bientôt comme empereur sous le nom de Charles VI, aucune puissance européenne, l'Angleterre moins qu'aucune autre, ne peut envisager qu'il reste en même temps roi d'Espagne, reconstituant ainsi l'« empire » de Charles Quint. Les exploits des corsaires français (prise de Rio par Duguay-Trouin en 1711) et la lassitude engendrée par une guerre interminable achèvent de déterminer l'Angleterre qui signe avec la France, le 8 octobre 1711, les préliminaires de Londres sur la base de la reconnaissance de Philippe V, en échange d'avantages politiques et commerciaux, et propose l'ouverture de négociations générales à Utrecht en janvier 1712. Devant les atermoiements d'Heinsius, l'Angleterre rappelle ses troupes et signe le 17 juillet 1712 un armistice avec la France. Au même moment, le prince Eugène tente un dernier effort : à la tête de 130 000 soldats impériaux et hollandais, il met le siège devant Landrecies, dernière place forte protégeant la vallée de l'Oise, mais est battu à **Denain** le 24 juillet 1712, par Villars à qui Louis XIV a confié le commandement des dernières troupes françaises disponibles. Cette victoire décisive de la dernière chance va permettre à la France d'obtenir la paix dans des conditions honorables qu'elle n'aurait pu espérer quelques années plus tôt.

LES TRAITÉS DE 1713-1714 ET LE NOUVEL ÉQUILIBRE EUROPÉEN

Les négociations – Ouvertes à **Utrecht** dès le 29 janvier 1712, les négociations sont facilitées par la détermination de l'Angleterre d'aboutir à un règlement rapide et par la lassitude de la Savoie, du Portugal et du Brandebourg-Prusse. A son tour, après Denain, la Hollande se résigne à traiter. Seul l'empereur Charles VI, qui s'obstine à ne pas vouloir reconnaître Philippe V, décide de continuer la guerre. Louis XIV qui, en février 1713, a contraint le prétendant Stuart à quitter la France, signe, le 11 avril 1713, une série de **traités** avec l'Angleterre, les Provinces-Unies, le Portugal, la Savoie et la Prusse. De son côté, Philippe V traite le 13 juillet avec l'Angleterre et la Savoie. Enfin, après deux succès de Villars (prise de Landau en août et de Fribourg en octobre), l'empereur se résout lui aussi à traiter avec la France. Les négociations entre le prince Eugène et Villars commencent en novembre et aboutissent au traité signé à **Rastadt**, le 6 mars 1714, et complété par celui de Baden (en Suisse) entre la France et l'Empire, le 7 septembre. Bien que Philippe V, qui en juin a signé la paix avec les Provinces-Unies, refuse de traiter avec l'empereur qui, de son côté, ne veut pas le reconnaître comme roi d'Espagne, l'ensemble des textes signés à Utrecht et à Rastadt n'en met pas moins fin au conflit qui a déchiré l'Europe pendant plus de dix ans.

Les clauses des traités – Les clauses **politiques** visent surtout la succession espagnole. Philippe V est reconnu comme légitime successeur de Charles II par toutes les puissances signataires, sauf l'empereur, sous la réserve de renoncer formellement à tous ses droits à la couronne de France. En échange, Louis XIV s'engage à ne plus soutenir les Stuarts et à accepter l'ordre de succession établi en Angleterre par l'Acte d'établissement de 1701. Par ailleurs, les puissances reconnaissent le titre de roi au duc de Savoie, comme roi de Sicile, et à l'électeur de Brandebourg, comme roi de Prusse. Enfin, le duc de Hanovre reçoit la dignité électorale et le duc de Bavière, fidèle allié de Louis XIV, recouvre ses États et son titre d'électeur.

Les clauses **territoriales** enregistrent le démembrement de la monarchie espagnole, que Charles II avait voulu éviter. Philippe V ne conserve que l'Espagne (moins Gibraltar et Minorque cédés aux Anglais) et ses domaines coloniaux. Malgré ses protestations, il doit abandonner à Charles VI le royaume de Naples, la Sardaigne, les *présides de Toscane, le Milanais et les Pays-Bas, et au duc de Savoie la Sicile. Les Provinces-Unies n'obtiennent comme prix de leur long effort dans la guerre que le droit de replacer leurs garnisons dans les places de la barrière. De son côté, la France abandonne à l'Angleterre le territoire de la baie d'Hudson, l'Acadie, Terre-Neuve et l'île de Saint-Christophe, et s'engage à détruire le port de Dunkerque. Elle consent également à restituer au nouveau possesseur des Pays-Bas quatre villes dont Tournai. Par contre, elle conserve définitivement toutes les autres acquisitions du règne de Louis XIV dans le cadre des traités de Westphalie, de Nimègue et de Ryswick, et obtient du duc de Savoie une légère rectification de frontière (acquisition de Barcelonnette).

Les clauses **commerciales** des traités intéressent directement l'Angleterre et lui accordent des avantages de premier ordre. Elle obtient de la France le retour au tarif douanier de 1664 et la renonciation aux avantages commerciaux consentis par Philippe V aux marchands français. En fait, dès mars 1713, elle s'est fait accorder par le roi d'Espagne ces mêmes avantages, encore augmentés : conditions privilégiées pour ses navires à Cadix, asiento pour trente ans, droit d'envoyer une fois par an en Amérique espagnole un vaisseau de 500 tonneaux, dit de permission, pour y trafiquer librement. Ces diverses clauses des traités d'Utrecht et de Rastadt montrent que, si la victoire de la Grande Alliance de La Haye n'est pas totale puisqu'un Bourbon règne à Madrid, elle n'en est pas moins incontestable : la séparation des deux couronnes de France et d'Espagne est solennellement reconnue par tous, la monarchie espagnole est démembrée, la France de Louis XIV se trouve ramenée à ses frontières de 1697. En dépit des réticences et des arrière-pensées de Philippe V et de Charles VI, les traités de 1713-1714 marquent une date importante dans l'histoire de l'Europe, dans la mesure où ils établissent un nouvel équilibre des puissances.

Le nouvel équilibre européen – Alors que l'Europe de 1600 se caractérisait par l'existence de deux grandes puissances, Maison de France et Maison d'Autriche, et l'Europe de 1660 et de 1684, par la prépondérance française, l'Europe de 1714 est celle de l'équilibre entre des puissances dont aucune ne peut prétendre imposer son hégémonie sur le continent. C'est vrai même des trois plus importantes, la

France, l'Autriche et l'Angleterre. **La France,** agrandie de Lille, Strasbourg et Besançon, a des frontières beaucoup moins vulnérables qu'un demi-siècle plus tôt et a réussi à briser définitivement le vieil encerclement des Habsbourg en plaçant un Bourbon à Madrid; de plus, le prestige de sa langue, de ses écrivains et de ses artistes continue à lui assurer dans le domaine de l'esprit une primauté incontestée. Mais épuisée par une interminable lutte de vingt-cinq ans, elle doit renoncer aux rêves de domination du Roi-Soleil, cependant que ses alliés traditionnels en Europe de l'Est sont eux-mêmes vaincus et affaiblis. La monarchie **autrichienne** doit à ses victoires sur les Turcs et sur les Franco-Espagnols de substantiels agrandissements en Hongrie, en Italie, aux Pays-Bas, qui en font l'État le plus vaste et le plus peuplé de l'Europe, mais souffrant d'une profonde absence d'unité. **L'Angleterre** est devenue en 1714 une puissance de premier plan, dont la grandeur est avant tout maritime et coloniale. Les avantages que, dans ce domaine, elle tire du traité Methuen avec le Portugal (1703) et du traité d'Utrecht, viennent confirmer et accélérer une ascension spectaculaire depuis les années 1660.

A côté de ces trois grandes puissances, les autres États font figure de puissances **secondaires.** La richesse des Provinces-Unies reste grande, mais connaît un déclin relatif du fait de l'essor économique de la France et surtout de l'Angleterre; de plus, la république n'a retiré aucun avantage du règlement du conflit, épuisant pour elle, dans lequel Guillaume III l'a entraînée à la remorque de l'Angleterre. Plusieurs États ont perdu une grande partie de leur splendeur passée : c'est le cas de la Suède après Poltawa (1709), de la Pologne qui s'enfonce peu à peu dans l'anarchie, de la Turquie minée de l'intérieur et menacée de l'extérieur, de l'Espagne démembrée et épuisée. Par contre, trois États sont en pleine ascension : la Savoie de Victor-Amédée, roi de Sicile, et surtout la Prusse de l'électeur de Brandebourg Frédéric, premier roi en Prusse, et la Russie qui, sous la poigne de Pierre Iᵉʳ, commence à participer plus étroitement à la vie économique et politique du continent.

Rayonnement intellectuel et artistique de la France, puissance de la monarchie autrichienne en Europe danubienne, prépondérance de l'Angleterre sur toutes les mers du globe, montée de la Prusse et de la Russie, décadence de l'empire ottoman, telles sont, au début du XVIIIᵉ siècle, les principales composantes de l'équilibre européen.

14

LA CIVILISATION EUROPÉENNE AU XVIIe SIÈCLE

L'art baroque, né à Rome vers 1600, est un art du mouvement et de l'ostentation; c'est aussi un art catholique. Il triomphe surtout en Italie, dans la péninsule ibérique, dans les Pays-Bas espagnols et, à un moindre degré, en France. Mais d'autres pays, comme l'Angleterre et les Provinces-Unies, le refusent à peu près complètement. La France de 1660 voit triompher l'idéal classique fait de clarté, de mesure et d'obéissance aux règles, aussi bien dans les lettres que dans les arts. Non sans certaines survivances de l'esthétique baroque, Versailles symbolise cet art classique à la gloire de la monarchie louis-quatorzienne. Cependant, dans le reste de l'Europe catholique, notamment dans les États des Habsbourg de Vienne, l'art baroque s'épanouit et donne certains de ses chefs-d'œuvre. A partir de 1680 environ, sous l'influence du cartésianisme, quelques esprits mettent en question, au nom de la raison, le principe d'autorité, fondement de l'ordre établi.

193

L'AGE BAROQUE (1600-1660)

Caractères et naissance du baroque – Mouvement artistique profondément original, le baroque, au sens étroit du terme, naît en Italie vers 1600 et de là gagne les pays voisins selon des modalités différentes, à des dates diverses et avec plus ou moins de succès. Trois traits essentiels le caractérisent. Art du **mouvement,** il donne en architecture des façades ondulées ou décrochées, des colonnes torses, des balcons et des tribunes combinant courbes et contre-courbes. En peinture et en sculpture étroitement associées, le goût pour le mouvement apparaît dans le choix même des sujets, dramatiques et tourmentés, et dans des techniques où l'emploi du stuc, les possibilités de la perspective et les effets de trompe-l'œil, les jeux des ombres et des lumières et la débauche des couleurs sont utilisés avec le maximum de virtuosité. Art du **spectacle** et de l'ostentation, le baroque s'intéresse moins aux constructions durables qu'aux décors éphémères : catafalques et pompes funèbres, décors de théâtre, arcs de triomphe provisoires pour les entrées de souverains. Adversaire de toute règle, il refuse l'équilibre, la mesure, la raison et prône le pathétique, l'excessif, l'irrationnel. Art **catholique** enfin, le baroque est inséparable de l'évolution de l'Église romaine depuis le concile de Trente. A l'esprit de controverse et aux consignes d'austérité qui avaient caractérisé l'art de la Contre-Réforme de la seconde moitié du XVIe siècle, fait place vers 1600 l'affirmation triomphante d'une foi redevenue sûre d'elle-même : les églises, théâtres du sacrifice de la messe, sont décorées avec somptuosité, depuis leur façade jusqu'aux retables de leurs autels. Rien n'est trop beau ni trop riche pour glorifier le Créateur et son Église. L'exaltation du Christ, de la Vierge et des saints, la mise en image des dogmes réaffirmés à Trente sont les grands thèmes de ces décorations. Mais au-delà de ces caractéristiques, l'art baroque apparaît, là où il triomphe, comme le reflet d'une société non seulement monarchique, mais surtout seigneuriale et rurale, pour qui la pompe et le merveilleux comptent plus que le raisonnement. Par contre, les goûts de la bourgeoisie commerçante, attachée aux valeurs sûres du travail et de l'épargne, sont très éloignés de l'esprit du baroque.

C'est à **Rome** que naît l'art baroque, avec Francesco Borromini (1599-1667) et surtout Lorenzo Bernini (1598-1680). Le Bernin, comme on l'appelle en France, à la fois architecte, sculpteur, peintre, metteur en scène, contribue plus que quiconque au succès de l'interprétation baroque des éléments légués par la Renaissance : colonnes, frontons, rotondes, coupoles. L'aménagement de la place Saint-Pierre et de sa grandiose colonnade entre 1656 et 1667, la décoration de la basilique, avec notamment le baldaquin de bronze et la chaire de saint Pierre, la construction de la fontaine des Quatre-Fleuves, place Navone, constituent ses œuvres majeures. En peinture, le Caravage (1573-1610), par la vigueur de son inspiration et la brutalité de ses effets d'éclairage, exercera une influence considérable sur toute la peinture européenne du XVIIe siècle.

La diffusion du baroque – De Rome, l'art nouveau gagne peu à peu d'autres centres italiens, notamment Venise. Mais nul pays n'est davantage touché par le baroque que l'**Espagne** catholique, pays de l'exaltation religieuse, de la violence et du pathétique. Les sculpteurs de retables aux statues polychromes en bois, les grands peintres, tels Ribera (1591-1652), Zurbaran (1598-1664) et surtout Murillo (1617-1682) sont, chacun avec leur tempérament, les interprètes de cette sensibilité. Mieux encore, Lope de Vega (1562-1635) et Calderón (1600-1681), tous deux prêtres et auteurs dramatiques d'une étonnante fécondité, donnent, dans leurs *autos sacramentales et leurs comédies, l'image même de la société espagnole de leur temps. Sans avoir d'artistes de premier plan, le **Portugal,** lié à l'Espagne de 1580 à 1640, connaît la même floraison baroque, préparée ici par le succès du style manuélin. Cette floraison éclate moins dans l'architecture, qui reste simple, que dans l'ornementation des églises et des cloîtres, avec la technique des azulejos, revêtements de faïence blanche et bleue. Le baroque ibérique se propage bientôt en Amérique latine où, se combinant avec de vieilles traditions de l'art indigène, il aboutit à un baroque colonial encore plus véhément et coloré que celui de la péninsule.

Dans la partie méridionale des **Pays-Bas,** restée catholique et espagnole, Pierre-Paul Rubens (1577-1640) est le plus grand des peintres baroques. Après un séjour en Italie, il s'installe en 1609 à Anvers, citadelle avancée du catholicisme face aux Provinces-Unies. Il y déploie une extraordinaire activité et connaît jusqu'à sa mort un succès qui prouve que sa production s'accorde avec le goût de ses compatriotes. Grand ami des jésuites d'Anvers, il réalise parfaitement dans son œuvre leur idéal d'humanisme catholique. Son goût pour les compositions tourmentées et les couleurs somptueuses, sa chaude sensualité, son amour de la vie s'expriment dans les sujets les plus divers : scènes de kermesse populaire ou de simple bonheur familial, fictions mythologiques, sujets religieux, grandes compositions historiques. Rubens est en même temps le maître incontesté de tous les peintres flamands de l'époque, qu'ils aient travaillé un moment dans son atelier comme Jan Brueghel dit de Velours (1568-1625) ou Antoine van Dyck (1599-1641), qui devient en 1632 le peintre officiel de la cour d'Angleterre, ou qu'ils aient subi son influence, comme Jordaens (1593-1678). Cette même influence se fait sentir aussi en architecture : dans ce domaine, les grandes réalisations sont le fait des jésuites d'Anvers, sans qu'il soit possible de parler ici plus qu'ailleurs d'un style jésuite.

Moins nettement que l'Italie, le monde ibérique ou les Flandres, la **France** de Louis XIII et de Mazarin connaît elle aussi son âge baroque. Les courants artistiques venus d'outre-monts répondent ici à des aspirations à la liberté, à la fantaisie, à l'exubérance, à une certaine forme d'anarchie. Mais ce puissant courant baroque et la préciosité qui en découle sans se confondre avec lui se heurtent à un contre-courant fait de mesure, de rigueur, d'attachement aux règles. En ce premier XVIIe siècle, les deux courants très souvent se mêlent. En littérature, les poèmes de Saint-Amant ou de Théophile de Viau relèvent de l'esthétique baroque, de même, à certains égards, que l'*Astrée* d'Honoré d'Urfé, les tragi-comédies imitées de l'Espagne, les opéras à l'italienne, les ballets de cour. Malherbe lui-même, le premier des classiques, a parfois des accents baroques, de même que le jeune Corneille des premières pièces. Plus que les architectes, ce sont les peintres et les décorateurs qui adoptent en France le goût nouveau. En effet, si les nombreuses églises construites alors le sont de moins en moins selon les traditions gothiques et de plus en plus selon l'exemple romain, c'est plutôt le style de la Contre-Réforme, harmonieux et austère, qui est imité dans la chapelle de la Sorbonne par Lemercier ou dans celle du Val-de-Grâce par François Mansart (1598-1666). Par contre, tout un courant de la peinture et de la décoration relève typiquement du baroque : œuvres de Jacques Callot (1592-1635) ou de Simon Vouet (1590-1649), décor de la vie quotidienne, constructions éphémères comme les arcs de triomphe réalisés pour l'entrée à Paris de Louis XIV et de Marie-Thérèse le 26 août 1660.

Quant à l'Europe centrale, Allemagne et pays danubiens, elle est, entre 1618 et 1648, déchirée par la guerre de Trente Ans, et ce n'est vraiment que dans la seconde moitié du siècle que l'art baroque pourra s'y épanouir et y trouver sa terre d'élection.

Les résistances au baroque – L'art baroque ne triomphe pas également dans toute l'Europe. Même dans les pays où il semble l'emporter, certains artistes peuvent difficilement lui être rattachés. C'est le cas de l'Espagnol Diego **Velasquez** (1599-1660), le plus grand peintre du XVIIe siècle avec Rubens et Rembrandt, qui échappe à toute classification. Ses grands tableaux, comme la *Reddition de Breda,* ou ses nombreux portraits de cour témoignent d'un sens très subtil de la composition et d'un art incomparable de la couleur. D'autres pays opposent au baroque, alors même qu'ils l'accueillent, une esthétique toute différente. Ainsi, en **France,** les efforts de Vaugelas et de l'Académie française, fondée en 1635, l'œuvre de Malherbe vieillissant, celle de Corneille après 1640 préparent le triomphe du classicisme littéraire. En architecture, les châteaux et manoirs de style Louis XIII représentent, avec leurs hautes toitures et leurs alternances de pierre et de brique, une solution typiquement française; et si, en construisant le palais du Luxembourg pour Marie de Médicis, Salomon de Brosse (1561-1626) s'inspire d'exemples italiens, il emprunte ceux-ci à la Florence renaissante, non à la Rome baroque. En peinture, Nicolas Poussin (1594-1665) est le premier des grands classiques : dessinateur plus que coloriste, il peint des tableaux savamment construits et équilibrés, où tout est statique et harmonieux. C'est ce même équilibre que l'on trouve dans les toiles de Claude Gellée dit le Lorrain (1600-1682). Georges de La Tour (1593-1652), les frères Le Nain, Eustache Le Sueur, Philippe de Champaigne (1602-1674) sont à la fois « peintres de la réalité » et poètes, et refusent toute grandiloquence et toute ostentation.

Enfin, il est des pays qui refusent à peu près complètement le baroque. Dans l'**Angleterre** des premiers Stuarts, le grand architecte Inigo Jones (1573-1652), disciple enthousiaste de Palladio, introduit le palladianisme. C'est donc sous cette forme que l'influence italienne se fait sentir, non sous la forme du baroque, en dépit des efforts des deux souverains et d'une partie de l'aristocratie, soucieux de prestige et de somptuosité. Mais le puritanisme était trop radicalement incompatible avec l'esprit du baroque pour que l'influence de celui-ci pût dépasser le cercle étroit de la cour. C'est la même raison qui explique sans doute largement que les **Provinces-Unies** aient été, elles aussi, à peu près fermées à l'art nouveau. Il n'est pas indifférent que la religion réformée ait exigé des lieux de culte nus, sans ornement, simples centres de prière et de réunion, alors que les églises catholiques sont conçues comme des hymnes triomphants à la gloire de Dieu et de ses saints. Les bourgeois hollandais, attachés à leur foi protestante, fiers de leur réussite économique et politique, s'intéressent surtout à la peinture et demandent à leurs artistes de leur restituer l'image de leur vie quotidienne : paysages, intérieurs, natures mortes, portraits individuels ou collectifs. A travers ces thèmes s'expriment, dans la diversité de leur tempérament, de très nombreux artistes parmi lesquels se dégagent trois des plus grands noms de toute la peinture : Franz Hals (1580-1666), Jan Vermeer de Delft (1632-1675), qui, avec des moyens très simples, atteint aux plus hauts sommets de la poésie, enfin Rembrandt (1606-1669), autre exemple de génie inclassable; ayant subi comme beaucoup de ses contemporains l'influence du Caravage, il fonde sur le clair-obscur une grande part de son style; à la fois peintre et graveur, il joint à l'acuité du dessin une étonnante maîtrise de la couleur.

CLASSICISME ET BAROQUE (1660-1715)

L'idéal classique – Lentement élaboré dans la première moitié du XVIIe siècle, l'idéal classique l'emporte en France à partir de 1660. Il répond à la fois au souci d'ordre et d'unité de Louis XIV et aux goûts d'une bourgeoisie de plus en plus riche et influente depuis la défaite de l'aristocratie au cours de la Fronde. Le classicisme s'appuie, comme toute la civilisation de l'Europe depuis le Quattrocento, sur le **culte de l'Antiquité,** modèle inégalé. Ce culte se retrouve en littérature dans l'imitation des genres et des manières d'écrire des Anciens. En architecture, on en revient, par-delà la fantaisie qu'avait pu y introduire, ici ou là, le baroque, aux formules antiques revues par la Renaissance : fronton triangulaire, ordres superposés, colonnades, coupole, terrasse. En sculpture et en peinture, les allégories mythologiques sont plus que jamais à la mode, de même que les portraits à l'antique. Le souci de clarté et de rigueur, grâce au contrôle de la raison, caractérise plus encore l'idéal classique. La **raison,** qui doit l'emporter sur l'imagination, faculté réputée inférieure et dangereuse, est le fondement même des règles qu'il convient de suivre pour atteindre le « beau idéal ». Obéir à la raison et aux règles qu'elle dicte, c'est rejeter tout ce qui est exceptionnel, excessif, spontané, irréfléchi, et rechercher au contraire ce qui est clair, sobre, vraisemblable et qui a valeur générale.

L'idéal classique vise aussi le grandiose et le **majestueux,** sans jamais tomber pour autant dans la démesure. Le « grand goût » établit une hiérarchie dans les genres et dans les sujets : la tragédie à personnages historiques s'exprimant en alexandrins l'emporte sur la comédie, surtout si elle est en prose ; l'éloquence sacrée est un genre noble par excellence ; en peinture, les portraits et les tableaux de mythologie et d'histoire passent avant les paysages et les natures mortes, genres réputés « bas ». Cette recherche de la grandeur se trouve accentuée par l'action personnelle de Louis XIV qui, aidé de Colbert, entend faire servir la littérature et les arts à la glorification de son règne. Il fait travailler directement, à Paris et à Versailles, les plus grands architectes, peintres et sculpteurs de son siècle ; il encourage et pensionne écrivains et artistes, qui de leur côté sont soucieux de plaire à ce public que constituent le roi, la cour et la ville ; il soutient les Académies qui contribuent au succès de l'idéal classique et donnent à tout le mouvement littéraire et artistique l'unité de direction nécessaire.

Enfin, le classicisme est plus largement un idéal de vie : l'**honnête homme** dépasse la morale chevaleresque du héros cornélien de l'âge précédent et propose un idéal de mesure, de raison et de maîtrise de soi.

La littérature classique – Dans les années 1660-1685, une floraison de grands écrivains assure en France le triomphe, éclatant mais fragile, de la littérature classique, dont Boileau (1636-1711) se fait le théoricien dans son *Art poétique* (1674). Le **théâtre,** manifestation de la vie sociale, est un des genres les plus prisés du public. Corneille (1606-1684), vieillissant, continue à écrire des tragédies toujours applaudies, mais doit bientôt s'incliner devant la gloire d'un rival plus jeune et plus heureux, Jean Racine (1639-1699). Celui-ci, ancien élève des petites écoles de Port-Royal, rompt avec ses maîtres jansénistes et se consacre au théâtre : d'*Andromaque* (1667) à *Phèdre* (1677), il fait jouer sept tragédies qui joignent à la pureté de la forme la profondeur de l'analyse psychologique. Molière (1622-1673), d'abord comédien ambulant, s'installe à Paris au Palais-Royal en 1661 ; sa compagnie devient troupe du roi en 1665 ; il est l'auteur comique préféré du jeune Louis XIV qui le défend contre les ennemis que lui valent les audaces de *Dom Juan* (1665) et du *Tartuffe* (1664-1669). Dans ses diverses comédies, qui veulent « corriger les vices » en divertissant, il s'en prend aux travers de ses contemporains, mais au-delà dépeint l'avare, le misanthrope, le malade imaginaire de tous les temps. De même, La Fontaine (1621-1695), dont les *Fables* inspirées de Phèdre et d'Ésope sont autant de petites comédies, fait œuvre de moraliste d'une prudente sagesse et, en croquant la société de son temps, atteint une vérité universelle.

L'**éloquence** sacrée a en Bossuet (1627-1704) son représentant le plus éminent. De 1662 à 1670, il est le prédicateur officiel de la cour et prononce de nombreux sermons et oraisons funèbres qui sont autant de discours bien construits, développant des idées simples et animés d'un puissant lyrisme. Dans ses *Pensées* écrites à la fin de sa vie et publiées par ses amis jansénistes en 1670, Pascal (1623-1662) essaie de convaincre les *libertins de la vérité du christianisme ; il se montre, dans cette apologie inachevée, un logicien serré et surtout un admirable écrivain.

Madame de Sévigné (1626-1696) dans ses *Lettres* et Madame de La Fayette (1643-1693) dans ses romans, notamment *La Princesse de Clèves,* se montrent, elles aussi, de grands écrivains classiques, alliant les qualités du style à une profonde connaissance du cœur humain.

Le classicisme littéraire, phénomène essentiellement français, touche les autres pays européens, surtout grâce à l'influence des écrivains français, lus, traduits et imités dans la seconde partie du siècle, en Italie, en Allemagne, en Angleterre; l'Espagne elle-même se mettra à l'école de la France après l'avènement de Philippe V.

Versailles et l'art classique – En 1665, Louis XIV et Colbert, qui veulent achever la construction du Louvre, font venir de Rome le Bernin, qui repart quelques mois plus tard sans avoir pu faire accepter ses plans jugés trop coûteux; et c'est une équipe d'architectes français, dont Claude Perrault, qui est chargée en 1667 d'édifier la façade du Louvre qui, avec ses grandes lignes horizontales, sa colonnade, son fronton triangulaire et son attique, résume dans sa sobriété les grandes données de l'architecture classique. Mais le roi délaisse de plus en plus Paris et, malgré les obstacles de toutes sortes, s'attache à faire du modeste pavillon de chasse construit pour son père à Versailles entre 1624 et 1632 une somptueuse résidence. En 1661, il enlève à Fouquet les artistes qui ont construit pour ce dernier le château de Vaux-le-Vicomte, l'architecte Louis Le Vau (1612-1670), le peintre et décorateur Charles Le Brun (1619-1690), le jardinier André Le Nôtre (1613-1700), et les charge de transformer Versailles. Outre la constitution d'un immense parc giboyeux et d'un jardin dessiné par Le Nôtre, les premiers remaniements de **Le Vau,** entre 1661 et 1668, consistent à embellir extérieurement le château, à en modifier l'aménagement intérieur et à édifier, de chaque côté d'une avant-cour plus large que la cour elle-même, des communs en brique et en pierre dans le même style que le château. Puis sur l'ordre de Louis XIV qui songe à faire de Versailles la résidence définitive de la cour et du gouvernement, Le Vau aidé de son élève François d'Orbay « enveloppe » alors le château de Louis XIII, du côté des jardins, de deux vastes pavillons d'ordonnance italo-antique, reliés entre eux par une terrasse à l'italienne. A la mort de Le Vau en 1670, l'œuvre est presque achevée, mais l'aménagement intérieur, conçu par Le Brun à la gloire du Roi-Soleil, ne fait que commencer.

En 1678, la fin de la guerre de Hollande permet à Louis XIV de donner aux travaux un nouvel essor. Il charge Jules **Hardouin-Mansart** (1646-1708), petit-neveu de François Mansart, d'ajouter au palais de Le Vau deux ailes immenses, au midi et au nord, qui sont édifiées au prix de travaux considérables entre 1678 et 1689. En même temps, sur la terrasse ménagée par Le Vau entre les deux pavillons de « l'enveloppe », est édifiée une grande galerie, traditionnelle dans les demeures princières et qui sera décorée de glaces sur les murs et de peintures de Le Brun au plafond. Lorsqu'en 1682 Versailles devient officiellement la résidence de la cour, c'est encore et pour longtemps un immense chantier. En 1689, Hardouin-Mansart et son neveu Robert de

Cotte commencent la construction de la chapelle qui, interrompue par la guerre de la ligue d'Augsbourg, ne sera achevée pour le gros œuvre qu'en 1702 et pour la décoration qu'en 1710.

Vers 1700, Versailles est bien le **cadre** magnifique qu'avait souhaité Louis XIV. Majesté, symétrie, mesure, tels sont les caractères d'un ensemble où tout concourt à la gloire du souverain dont la chambre sert de centre au palais comme le Soleil à l'Univers. Bâtiments et jardins s'ordonnent autour d'un grand axe qui part de la statue du roi dans la cour d'accès, passe par sa chambre et se prolonge par le Tapis vert et le Grand Canal. Les jardins participent directement à la réussite de l'ensemble et contribuent à faire de Versailles la grande manifestation de l'art classique; les arbres et les parterres, les eaux et les sculptures jouent leur rôle dans leur ornementation. Les plus grands sculpteurs de l'époque, Pierre Puget (1622-1694), François Girardon (1628-1715), Antoine Coysevox (1640-1720) multiplient les nymphes, les Neptune, surtout les Apollon, dieu maître du Soleil et protecteur des arts. Ainsi, galerie des glaces, salons et appartement du roi, chapelle, jardins sont les théâtres successifs où se déroulent les journées du souverain et les fêtes profanes et religieuses qui constituent la grande occupation de la cour.

La **musique** joue dans ces fêtes un rôle de premier plan. Au moment où l'opéra créé au début du siècle par Claudio Monteverdi avec son *Orfeo* (1607) triomphe en Italie, Jean-Baptiste Lulli (1632-1687), d'origine florentine, est le rénovateur du genre introduit en France à l'époque de Mazarin : nommé surintendant de la musique du roi en 1661 et directeur de l'Académie royale de musique, il donne en 1673 le premier opéra français, *Cadmus et Hermione,* sur un livret de Quinault, et compose dans les années suivantes une dizaine d'opéras. En même temps, il écrit, pour les fêtes de Versailles, d'innombrables ballets de cour et compose de la musique religieuse, motets et oratorios. L'influence de Lulli est considérable sur tous les musiciens de son temps, non seulement français comme Marc-Antoine Charpentier (1636-1704), Michel-Richard Delalande (1657-1726), André Campra (1660-1744) ou François Couperin (1668-1733), mais aussi étrangers comme l'Anglais Henry Purcell (1658-1695), l'Allemand Buxtehude (1637-1707) ou, à un moindre degré, les Italiens Arcangelo Corelli (1653-1713) et Giuseppe Torelli (1658-1709).

La réussite de Versailles et des autres résidences royales, Trianon et Marly, ne doit pas faire oublier celle des grandes constructions **parisiennes** de la même époque, qui illustrent chacune à leur manière l'esthétique classique : portes Saint-Denis et Saint-Martin construites par Blondel; collège des Quatre-Nations (aujourd'hui Institut) édifié entre 1663 et 1684 sur les plans de Le Vau; hôtel des Invalides, œuvre des architectes Libéral Bruant (1639-1716) et Hardouin-Mansart; places Louis-le-Grand (aujourd'hui Vendôme) et des Victoires, *places royales dessinées en 1685 par Hardouin-Mansart. L'influence sur l'art européen de ce grand art classique français est sensible dès la fin du XVIIᵉ siècle.

Si éclatant qu'il soit, le triomphe en France de l'art classique s'accompagne de la survivance de certains éléments **baroques.** L'aménagement intérieur de nombreuses églises parisiennes et provinciales ornées de retables richement sculptés et polychromes, la vogue des constructions éphémères traitées avec somptuosité, quelques réalisations provinciales sans lien direct avec le grand art monarchique témoignent de cette survivance. A Versailles même, les multiples frises, alcôves, trophées d'un Lepautre, les tapisseries d'un Berain, certains aménagements du parc, telle statue de Puget (son *Milon de Crotone* notamment), voire la musique de cour d'un Lulli ou d'un Delalande ont, dans le cadre rigoureux et classique voulu par Le Brun, toute l'exubérance et la fantaisie de l'art baroque.

L'art baroque en Europe méditerranéenne et centrale – L'art baroque continue à s'imposer, dans la seconde moitié du XVIIe siècle, à presque toute la péninsule **italienne.** A Rome même, Pierre de Cortone et le jésuite Pozzo transforment peu à peu en la décorant l'église du Gesu, si caractéristique à l'origine de l'esprit sévère de la Contre-Réforme, et en font un des ensembles les plus représentatifs du baroque romain. A Venise, Longhena achève l'église Santa-Maria della Salute. En Italie du Sud, le baroque triomphe dans la construction et la décoration de maintes églises et palais, par exemple dans les petites villes de Lecce, dans les Pouilles, et de Noto, en Sicile. Dans la péninsule **ibérique,** l'art churrigueresque est l'aboutissement du baroque : dans le grand retable de San-Esteban de Sala-manque, José de Churriguera (1665-1723), aîné de trois frères architectes et décorateurs, multiplie à l'infini les motifs d'ornementation, ne laissant sans sculpture aucun espace, accumulant anges dorés et enroulements végétaux. Ce caractère luxuriant et somptuaire se retrouve dans toutes les productions chur-rigueresques, notamment dans le Transparent de la cathédrale de Tolède.

C'est entre 1650 et 1730 que le baroque s'épanouit vraiment en **Europe centrale** et plus spécialement dans les États des Habsbourg, pays de civilisation catholique, monarchique et seigneuriale, largement ouverts à l'influence italienne. Commencé après le retour à la paix en 1648, le mouvement se trouve confirmé et accéléré par la victoire sur les Turcs en 1683. De très grands architectes, Johann Fischer von Erlach (1656-1723), Lucas von Hildebrandt (1668-1745), édifient à Vienne l'église Saint-Charles-Borromée, le palais du Belvédère pour le prince Eugène, les palais Schwarzenberg et Schönbrunn, à Prague l'église Saint-Nicolas de Mala Strana, sur le Danube l'abbatiale de Melk. Sculpteurs et décorateurs animent de statues, de peintures, de boiseries sculptées, de retables, tous ces édifices qui, loin d'être des imitations serviles du Bernin ou de Borromini, sont des variations originales sur les thèmes baroques. Il en est de même en Pologne catholique, où les traditions locales donnent sa coloration particulière à l'art polonais, comme dans le palais construit pour Jean Sobieski à Wilanow entre 1684 et 1696.

LE MOUVEMENT DES IDÉES A LA FIN DU XVIIᵉ SIÈCLE

La diffusion du cartésianisme – Bien que René Descartes (1596-1650), croyant sincère, ait été persuadé que sa philosophie était conciliable avec les données de la Révélation et l'enseignement de l'Église, l'opposition des milieux ecclésiastiques traditionnels aux idées cartésiennes éclate au lendemain de la mort du philosophe en 1650. De nombreuses universités dénoncent le danger pour la foi du doute méthodique et du rationalisme cartésien. Les jésuites eux-mêmes, par attachement à saint Thomas et à Aristote, attaquent à leur tour, d'abord discrètement, puis ouvertement, les idées de leur ancien élève de La Flèche. **Condamné** par l'université de Louvain en 1662, par la Sorbonne en 1669-1672, Descartes est mis à l'index en 1663, et l'enseignement du cartésianisme dans les universités françaises est interdit à plusieurs reprises par Louis XIV à partir de 1667; les oratoriens et quelques congrégations qui l'enseignaient doivent s'incliner, non sans murmurer, en 1675-1678. En fait, ce n'est plus à cette date que combat d'arrière-garde : en dépit des condamnations, le cartésianisme s'est **répandu** partout; les œuvres du philosophe sont publiées, lues, voire enseignées, dans toute l'Europe, en France comme en Allemagne, en Angleterre comme en Hollande, en Italie comme à Genève. Ce que l'on applaudit sous le nom de cartésianisme, c'est moins un mécanisme bientôt dépassé par la physique de Newton, que la grande leçon du rationalisme. A ce titre, tous les grands penseurs de la seconde moitié du XVIIᵉ siècle et du siècle suivant sont plus ou moins directement disciples de Descartes, dont l'influence a d'ailleurs été facilitée par la survivance discrète, en France et en Angleterre, de la tradition *libertine.

La critique des croyances traditionnelles – L'oratorien français Nicolas Malebranche (1638-1715) est le disciple le plus direct de Descartes, et ses adversaires, tels Bossuet ou Arnauld, lui reprochent ses hardiesses de pensée et taxent de panthéisme sa conception d'un Dieu omniprésent et soumis à l'ordre universel. Autrement plus redoutable pour la foi chrétienne apparaît le message de Baruch **Spinoza** (1632-1677), juif d'Amsterdam, auteur du *Traité théologico-politique* (1670) et de *l'Éthique* (1677); résolument rationaliste, Spinoza montre que les religions révélées et les croyances traditionnelles, simples instruments du despotisme des rois, sont impuissantes à résoudre le problème de Dieu et de l'âme; seules la raison et la réflexion personnelle permettent d'accéder à la connaissance de Dieu et par là au salut.

C'est surtout à partir des années 1680 que se développent les attaques des « rationaux » contre les croyances traditionnelles. Certes, l'oratorien français Richard Simon (1638-1712) se contente, dans son *Histoire critique du Vieux Testament* (1678), d'étudier la Bible en philologue, fondant l'exégèse biblique; mais précisément, le seul fait de traiter l'Ancien Testament, livre inspiré et dépôt de la parole de Dieu, comme n'importe quel document historique, suscite les violentes réactions des catholiques et des protestants : Simon est exclu de l'Oratoire et ses livres mis à l'index. L'œuvre de Pierre **Bayle** (1647-1706), protestant français réfugié en Hollande, va plus loin encore. Déjà ses *Pensées à l'occasion de la comète* (1683) tournent en ridicule la croyance selon laquelle les comètes sont les présages de calamités, ce qui l'amène à nier toute valeur au consentement universel et à la tradition, au miracle et au surnaturel. Son *Dictionnaire historique et critique,* publié en 1695-1697, est un des ouvrages les plus importants du XVIIe siècle ; érudit passionné d'exactitude, Bayle s'y donne pour tâche de redresser les erreurs de fait et les omissions des autres dictionnaires ; mais ce faisant, il dénonce les falsifications de la tradition et défend la raison, la morale naturelle séparée de toute métaphysique, la tolérance fondée sur l'impossibilité où se trouvent les théologiens d'apporter des certitudes absolues. Pierre Bayle est peut-être resté pour sa part un chrétien authentique, mais les deux tomes de son *Dictionnaire* lus dans toute l'Europe n'en contribuent pas moins à semer le doute, à ruiner les dogmes et à miner la religion révélée. De leur côté, les libres penseurs anglais, comme John Toland (1670-1722) et Anthony Collins (1676-1729), se rallient au rationalisme et à un déisme vague qui exclut les dogmes et les miracles. Quant à John Locke (1632-1704), s'il se montre toute sa vie protestant sincère, il favorise pourtant lui aussi les progrès du déisme par le rationalisme et l'empirisme dont témoigne son *Essai philosophique concernant l'entendement humain* (1690).

Devant ces attaques, encore indirectes, mais multipliées, contre le principe d'autorité, la Révélation et les dogmes chrétiens, catholiques et protestants essaient d'opposer un **barrage** efficace. Fénelon, Arnauld, les jésuites, Bossuet surtout luttent la plume à la main. Le protestant allemand Gottfried-Wilhelm Leibniz (1646-1716), l'un des plus grands savants et des plus grands penseurs de son temps, examine un moment avec Bossuet la possibilité d'une union des Églises romaines et réformées, et expose, dans ses *Essais de théodicée* (1710) et dans sa *Monadologie* (1714), une philosophie idéaliste et optimiste qui veut être une apologie du christianisme et qui s'efforce de concilier l'existence du mal et la bonté de Dieu, les exigences de la science et celles de la Révélation.

La critique de la monarchie absolue – En Angleterre, John **Locke,** tirant les leçons de la « Glorieuse Révolution » de 1688-1689 qui a substitué en fait le droit de la nation au droit divin des rois, formule une théorie du gouvernement civil répondant aux nouvelles conditions de la vie politique anglaise, bien différentes de celles dans lesquelles son compatriote Thomas Hobbes (1588-1679) avait écrit son *Léviathan* (1655), théorie absolutiste de l'État. Dans son *Essai sur le gouvernement civil* (1690), Locke montre qu'à l'état de nature les hommes sont libres et égaux entre eux et se dirigent par la raison, mais que la nécessité les oblige à se constituer en société ; celle-ci, qui ne peut résulter que d'un libre contrat, doit respecter les droits naturels de l'homme : la vie, la liberté, la propriété. De plus, il préconise la séparation des pouvoirs législatif et exécutif, la séparation de l'Église et de l'État, et la liberté de conscience et de culte. Les idées politiques de Locke, appuyées sur l'exemple anglais, ont très vite un retentissement considérable.

La monarchie absolue est également critiquée en **France,** mais dans un tout autre contexte et dans un esprit bien différent. Quelques grands seigneurs, groupés dans les années 1700-1712 autour du duc de Bourgogne et de Fénelon, souffrent impatiemment l'autorité de Louis XIV vieillissant. Ils rêvent d'une monarchie dans laquelle l'aristocratie retrouverait ses anciennes prérogatives; le pouvoir du roi serait tempéré par des états généraux et provinciaux où les nobles auraient la majorité et qui voteraient les impôts et contrôleraient les affaires; des conseils formés de nobles aideraient le roi dans l'exercice du gouvernement; la vénalité des charges serait abolie et les intendants supprimés; l'économie serait essentiel-lement agricole. Ce programme rétrograde inspirera certaines réalisations éphé-mères de la Régence (la polysynodie) et nourrira, jusqu'à la fin de l'Ancien Régime, tout un courant d'opposition aristocratique à la monarchie absolue.

15

LES PROGRÈS SCIENTIFIQUES ET TECHNIQUES EN EUROPE AUX XVIIe ET XVIIIe SIÈCLES

Avec Galilée, Descartes et Newton, le XVIIe siècle voit la naissance de la science moderne, basée sur la méthode expérimentale et l'utilisation du langage mathématique, cependant que l'appui accru des autorités et l'intérêt du public favorisent le travail des savants. Les mathématiques et l'astronomie font des progrès décisifs, Lavoisier fonde la chimie moderne, les sciences de la vie connaissent un grand développement. Parallèlement aux progrès des sciences, mais le plus souvent sans rapport direct avec eux, les progrès des techniques (fonte au coke et machine à vapeur notamment) permettent la révolution industrielle du XVIIIe siècle. Ainsi, en dépit de leurs limites, les progrès des sciences et des techniques contribuent à renforcer la primauté de l'Europe dans le monde.

LA NAISSANCE DE LA SCIENCE MODERNE

L'éveil de la mentalité scientifique – Le XVIIe siècle est d'une importance capitale dans l'histoire de la pensée. C'est à ce moment, en effet, que se fonde, non sans luttes ni tâtonnements, la science moderne dont, au siècle précédent, Copernic ne fut que le timide précurseur. Trois grands noms jalonnent cette histoire, ceux de l'Italien Galilée (1564-1642), du Français René Descartes (1596-1650) et de l'Anglais Isaac Newton (1642-1727).

En utilisant de façon systématique l'expérimentation et le langage mathématique, **Galilée** se révèle le premier fondateur de la science moderne, beaucoup plus que son contemporain l'Anglais Francis Bacon (1561-1626) qui prône, lui aussi, la méthode expérimentale, mais ne devine pas le rôle fondamental que doivent jouer désormais les mathématiques. Professeur à Pise en 1589, Galilée fait un cours sur le mouvement des projectiles, dans lequel il bat en brèche la théorie d'Aristote sur le mouvement. Sa célébrité s'étend à toute l'Europe après son invention de la lunette astronomique (1609) qui lui permet de remarquables découvertes ouvrant la voie à l'astronomie d'observation. Devenu, en 1610, premier mathématicien du grand duc de Toscane, Galilée va s'attacher à détruire la physique d'Aristote et à faire accepter le système de Copernic. C'est dans ce but qu'il publie, en 1632, son fameux *Dialogue sur les deux grands systèmes du monde* entre deux coperniciens et un aristotélicien, l'entretien finissant à la confusion de ce dernier. Mais plus encore que son adhésion à l'astronomie copernicienne, c'est son *atomisme qui inquiète les milieux romains, dans la mesure où une telle théorie paraît inconciliable avec le dogme de la *transsubstantiation. Pour lui éviter le bûcher que lui aurait valu une condamnation sur un tel sujet, le pape Urbain VIII, qui le protège, le fait traduire devant l'Inquisition comme « véhémentement suspect d'hérésie, ayant tenu cette fausse doctrine contraire à l'Écriture sainte que le Soleil est le centre du monde et qu'il ne se meut pas de l'orient à l'occident et que la Terre se meut et n'est pas le centre du monde ». Au prix d'une rétractation toute verbale, Galilée peut se retirer à Florence où il se consacre à des travaux qui posent les bases de la physique moderne.

Quatre ans après la condamnation de Galilée paraît à Paris le *Discours de la méthode pour bien conduire sa raison et chercher la vérité dans les sciences* (1637), première grande œuvre philosophique et scientifique écrite en français, non en latin. L'ouvrage de **Descartes** jette les bases d'une véritable révolution intellectuelle. A la pensée théologique, au naturalisme magique, à la physique qualitative des gens de la Renaissance, il oppose, en un style clair d'honnête homme, la leçon du doute méthodique, du primat de la raison et de l'expérience, de la nécessité du langage mathématique. Que la physique « mécaniste » de Descartes, trop systématique, ait vite perdu toute valeur est secondaire; ce qui compte c'est le côté révolutionnaire de la méthode scientifique qu'il préconise et qui rencontre bientôt auprès du public cultivé un immense succès, en dépit de certaines résistances qui se feront vives surtout après 1660. La Fontaine sera l'interprète de tous ses contemporains lorsqu'il saluera « ce mortel dont on eût fait un dieu chez les Anciens ».

Plus grande encore est la gloire dont est entouré de son vivant Isaac **Newton.** Mathématicien, physicien, géomètre, il est surtout le créateur d'un nouveau système du monde qui, prolongeant les découvertes de Copernic et de Galilée, se substitue au système d'Aristote définitivement dépassé. C'est en 1687, dans ses *Philosophiae naturalis principia mathematica,* qu'il énonce, comme hypothèse mathématique, la loi de la gravitation universelle : les corps s'attirent en raison directe de leur masse et en raison inverse du carré de leurs distances. En dépit de nombreuses résistances, de la part notamment de certains mécanistes cartésiens, le système de Newton triomphe au XVIIIe siècle et restera, jusqu'à Einstein, le cadre clair, abstrait et mathématique dans lequel s'inscriront toutes les découvertes scientifiques ultérieures.

Les conditions du travail scientifique – Parallèlement, les conditions mêmes du travail scientifique évoluent. A l'époque de Galilée, les savants travaillent en francs-tireurs; tout au plus sont-ils protégés par quelques mécènes. Les autorités les ignorent ou les regardent avec méfiance, voire même les poursuivent, comme Galilée. L'opinion publique ne s'intéresse guère à leurs travaux. Ce sont rarement des professeurs, plus souvent des amateurs, magistrats, hommes d'Église, voire simples mondains. Toutefois, ces amateurs ne travaillent pas isolément : ils entretiennent entre eux d'actives correspondances et se retrouvent dans des académies (comme les Lincei de Rome ou le Cimento de Florence) ou dans des cercles privés (comme celui du père Marin Mersenne à Paris).

A partir des années 1660, de nouvelles conditions vont contribuer peu à peu à faciliter le travail des savants. Ceux-ci peuvent compter désormais sur l'appui intéressé des **autorités.** C'est sous le patronage du roi Charles II qu'est fondée à Londres, en 1662, la Royal Society qui jouera un rôle moteur dans les progrès scientifiques et techniques en Angleterre. Trois ans plus tard, Colbert fonde à Paris l'Académie des sciences, sur le modèle de l'Académie française, et patronne la parution du *Journal des Savants;* en 1667, il fait commencer la construction de l'Observatoire. Au siècle suivant, les académies se multiplient en Europe, à l'exemple de la Royal Society de Londres et de l'Académie des sciences de Paris : 1725, Académie de Saint-Petersbourg; 1739, Académie royale de Stockholm; 1745, Société royale de Copenhague et réorganisation par Frédéric II de l'Académie de Berlin fondée dès 1701, mais tombée en sommeil. Il importe de noter aussi l'importance que prennent, en France notamment, les académies de province, surtout après 1750, et le rôle qu'elles jouent dans le progrès des sciences grâce aux prix qu'elles décernent aux meilleurs mémoires rédigés sur telle ou telle question mise au concours. La science est maintenant considérée comme essentielle dans un État. Les souverains se disputent les savants : Louis XIV attire à Paris Huygens et Cassini, Frédéric II appelle à Berlin Maupertuis et Lagrange, Catherine II fait venir à Saint-Petersbourg Euler. Les gouvernements prennent l'initiative de grandes entreprises scientifiques : voyage de Bering envoyé par Pierre le Grand en 1725 pour reconnaître le détroit entre Asie et Amérique, missions envoyées par la France au Pérou et en Laponie pour la mesure comparée de deux degrés de méridien (1736-1737).

En apportant ainsi un appui efficace à la science, les autorités ne font que traduire un sentiment général. Dans tous les pays d'Europe, la science a en effet conquis peu à peu, depuis le milieu du XVIIᵉ siècle, un secteur de plus en plus large de l'**opinion publique.** En 1686, Fontenelle publie ses *Entretiens sur la pluralité des mondes,* ouvrage de vulgarisation qui remporte un très gros succès. Il devient de bon ton de parler de sciences dans les salons, tel celui de la duchesse du Maine ou plus tard celui de Madame du Deffand. Les plus grands esprits du XVIIIᵉ siècle, ce siècle de la curiosité, témoignent du plus vif intérêt pour toutes les questions scientifiques : c'est Voltaire qui, vers 1735, fait connaître en France les travaux de Newton; Diderot se passionne pour la physiologie et la chimie, Rousseau pour la botanique, Goethe pour la zoologie. Il existe d'autres témoignages de cet engouement. C'est, par exemple, le succès des premières expériences d'électricité (notamment celles de l'abbé Nollet), la multiplication, dès le XVIIᵉ siècle, des cabinets de physique, souvent bien outillés, dans les châteaux ou les hôtels bourgeois, le progrès de l'enseignement des sciences dans les collèges, enfin l'extraordinaire enthousiasme qui accompagne les débuts de l'aérostation en 1783. Enfin, il est significatif que l'œuvre intellectuelle la plus importante du XVIIIᵉ siècle soit l'*Encyclopédie ou Dictionnaire raisonné des sciences, des arts et des métiers.*

Appuyé par les autorités, soutenu par l'intérêt du public, le savant n'est pas encore enfermé dans une étroite spécialisation. Le développement des différentes sciences n'est pas tel qu'il interdise à un même chercheur de travailler dans plusieurs secteurs différents. Cette **absence de spécialisation,** cette interpénétration des sciences entre elles facilitent le dialogue et se révèlent fructueuses. Certes, les savants restent presque tous des amateurs. Mais l'invention ou le perfectionnement d'instruments de mesure et d'observation les dotent maintenant d'outils sans lesquels la plupart des grandes découvertes n'auraient pu être réalisées : lunette astronomique (1609-1630), télescope (Newton, 1671), microscope (vers 1660), baromètre (1640-1680), thermomètre (vers 1640, puis Fahrenheit, 1714), pendule (vers 1650), machine arithmétique (Pascal, 1644). Longtemps, ces instruments restent, sauf exceptions, de construction simple et de prix abordable. Par contre, à la fin du XVIIIᵉ siècle, Lavoisier ne peut monter son laboratoire, remarquablement outillé, que grâce à sa fortune de fermier général, et Herschel se ruine dans la construction de son télescope géant. Ainsi, à partir des années 1780, les progrès mêmes des sciences entraînant inévitablement la spécialisation, et, pour certaines d'entre elles, la multiplication d'instruments de plus en plus perfectionnés et coûteux, modifient à nouveau, peu à peu, les conditions du travail scientifique.

LES PROGRÈS DES SCIENCES

Les mathématiques et l'astronomie – Les **mathématiques** étant devenues le langage de la science moderne, leurs progrès conditionnent le développement de celle-ci. Le XVIIᵉ siècle est le siècle des découvertes fondamentales : les logarithmes, inventés en 1614 par Neper (1550-1617) et largement diffusés par Kepler; les travaux de Desargues (1591-1622) sur les sections des coniques; l'application par Descartes et par Fermat (1601-1665), en 1637, des processus de l'algèbre à la géométrie, d'où sortira la géométrie analytique; le calcul des probabilités, dont la première systématisation est l'œuvre de Pascal (1654); l'analyse mathématique (ou calcul différentiel et intégral), découverte, vers 1665-1680, simultanément par Newton et par Leibniz (1646-1716). Le siècle suivant apparaît surtout comme une période de développement et d'approfondissement des découvertes antérieures. Ainsi les savants suisses Léonard Euler (1707-1783) et Jacques (1654-1705), Jean (1667-1748) et Daniel (1700-1782) Bernoulli mettent au point le calcul différentiel et intégral. Ainsi, d'Alembert (1717-1783), puis Lagrange (1736-1813) essaient de donner à la mécanique la structure d'une science strictement mathématique. Ainsi, Clairaut (1713-1765) et surtout Monge (1746-1818) se révèlent, dans leurs travaux, les véritables fondateurs de la géométrie analytique.

C'est à partir de 1609 que Galilée, grâce à sa lunette **astronomique,** multiplie les observations directes. Il découvre ainsi quatre satellites de Jupiter, l'anneau de Saturne, les taches du Soleil, les phases de Vénus et de Mars. En même temps, son ami et correspondant l'Allemand Johannes Kepler (1571-1630) contribue à rectifier et à prolonger les intuitions de Copernic en reconnaissant que les trajectoires des planètes ne sont pas circulaires mais elliptiques et en formulant les trois lois qui portent son nom. Un peu plus tard, le Hollandais Christian Huygens (1629-1695), l'un des plus grands savants du XVIIᵉ siècle, à la fois mathématicien, physicien, astronome, étudie le système de Saturne. Mais c'est Newton qui, après Copernic, Galilée et Kepler, fonde l'astronomie moderne. Sa loi de la gravitation universelle lui permet d'expliquer, entre autres, les mouvements elliptiques des planètes, les détails du mouvement de la Lune, l'origine des marées, la forme de la Terre, sphéroïde aplati aux pôles. Les grands astronomes du XVIIIᵉ siècle s'attachent à confirmer le système newtonien, notamment l'Anglais Halley (1656-1742) qui étudie la trajectoire elliptique et le retour périodique de certaines comètes (telle celle à qui il laisse son nom), les Français Bouguer (1698-1758), Maupertuis (1698-1759) et Clairaut qui démontrent l'aplatissement de la Terre aux pôles, enfin Laplace (1749-1827) dont l'*Exposition du système du monde* (1796) et la *Mécanique céleste* (1798-1825) réunissent en un seul corps de doctrine homogène toutes les connaissances acquises en astronomie depuis Newton.

La physique et la chimie – Par ses études sur la chute libre des corps et le mouvement des projectiles, Galilée est le premier à mettre en évidence la structure

209

moderne de la **physique,** expression mathématique des lois expérimentales qui gouvernent les phénomènes. A son tour, Huygens introduit la notion de force centrifuge et entrevoit le principe d'inertie que Newton aura le mérite de formuler. D'autres secteurs de la physique sont peu à peu explorés au cours du XVIIe siècle. Blaise Pascal (1623-1662), reprenant l'expérience barométrique de Torricelli (1608-1647), démontre l'existence du vide et de la pression atmosphérique; ses expériences, menées pendant plus de deux ans (1646-1648) à Paris et au sommet du Puy de Dôme, constituent de véritables modèles de recherche expérimentale. La nature de la lumière, dont la vitesse est calculée en 1675 par le Danois Römer (1644-1710), oppose les savants : Huygens y voit un phénomène ondulatoire, Newton une émission de molécules lumineuses.

Ces spéculations sur la nature des phénomènes physiques prennent, au XVIIIe siècle, une importance excessive. Mais elles sont, en quelque sorte, compensées par le goût de l'époque pour les expériences. Si la théorie du calorique, fluide qui passe pour servir de véhicule à la chaleur, connaît un succès prolongé, il n'en reste pas moins que les perfectionnements apportés au thermomètre par Fahrenheit en 1724, par Réaumur en 1730 et par Celsius en 1742 permettent à l'Écossais Joseph Black (1728-1799) d'établir la chaleur spécifique d'un certain nombre de corps et de fonder la calorimétrie. De même, la conception qui consiste à voir en l'électricité un fluide impondérable n'empêche pas les progrès dans le domaine de l'électricité statique. Les machines à produire l'électricité se perfectionnent, les expériences spectaculaires se multiplient. En 1752, Benjamin Franklin (1706-1790) démontre l'existence de l'électricité atmosphérique en captant celle-ci avec un cerf-volant maintenu par un fil; bientôt le paratonnerre commence à entrer dans l'usage. Mais les découvertes les plus importantes sont celles du Hollandais Musschenbroek (1692-1761) qui, dans son laboratoire de Leyde, invente en 1746 le premier condensateur électrique, dit bouteille de Leyde, et celles du Français Coulomb (1736-1806) sur le magnétisme et l'électrostatique. A la fin du siècle, les travaux de l'Italien Galvani (1737-1798) allaient permettre à son compatriote Volta (1745-1817) de construire, en 1800, la première pile électrique, point de départ des progrès décisifs du XIXe siècle.

Si, dès le XVIIe siècle, le chimiste irlandais Robert Boyle (1627-1691) peut être considéré comme un précurseur, c'est seulement au siècle suivant que la **chimie** constitue vraiment une science. Pourtant, ici comme en physique, une théorie erronée, celle du phlogistique, va longtemps servir de cadre aux travaux des savants. Selon l'Allemand Stahl (1660-1734), les métaux, le charbon et tous les corps susceptibles de brûler sont chargés d'un fluide insaisissable qu'il nomme phlogistique; un corps brûle parce que le phlogistique s'en dégage; ainsi un oxyde chauffé avec du charbon passe à l'état de métal parce que en brûlant le charbon abandonne son phlogistique dont l'oxyde s'empare. Cette théorie, qui fait de l'oxyde un corps simple, est différente de la réalité, sans en être pourtant très éloignée. L'erreur de Stahl vient de ce qu'il s'est préoccupé uniquement des changements de forme des corps brûlés, non des changements de poids : s'il avait utilisé la balance, il aurait constaté que l'oxyde diminuait de poids au lieu d'en gagner et que le métal, dans l'expérience inverse, en gagnait au lieu d'en perdre. Bien que phlogisticiens comme tous leurs contemporains, le Suédois Scheele (1742-1786) et l'Anglais Priestley (1733-1804) font faire à la chimie d'importants progrès en découvrant de très nombreux corps simples, notamment l'oxygène, le chlore, l'azote.

C'est Antoine-Laurent **Lavoisier** (1743-1794), le plus grand savant du XVIIIe siècle, qui a eu le mérite de s'élever au-dessus des idées reçues et de fonder ainsi la chimie moderne sur les ruines de la théorie du phlogistique. Membre de l'Académie des sciences à 25 ans, Lavoisier devient fermier général en 1769 et sera guillotiné, pour ce motif, en 1794. Dès 1772, il réalise des expériences décisives sur la combustion. L'étude très précise de la calcination des métaux sous cloche lui permet de constater que l'augmentation du poids du métal correspond à la diminution du poids de l'air. Un peu plus tard, il démontre que la respiration est une combustion lente. En 1777, il réalise l'analyse et la synthèse de l'air et démontre péremptoirement que le phlogistique n'existe pas et que la théorie de Stahl est dépassée. En 1783, il fait l'analyse et la synthèse de l'eau. Enfin, à partir de 1787, il travaille avec Guyton de Morveau, Fourcroy et Berthollet, à doter la chimie d'un langage propre en créant une nomenclature simple et commode. Savant exemplaire par l'importance qu'il attache à l'expérience et à la mesure, Lavoisier est bien le fondateur de la chimie moderne, expérimentale et quantitative.

Les sciences de la vie – Depuis Aristote, dont la classification zoologique fait autorité jusqu'au XVIIIe siècle, on a eu le souci de classer les différentes espèces végétales et animales. En 1694, le Français Tournefort (1655-1708) propose une classification **botanique** basée sur les espèces et les genres, qui constitue un gros progrès. L'ouvrage du Suédois Linné (1707-1780), *Systema naturae,* rencontre en 1735 un très vif succès et vaut à son auteur une réputation considérable, en partie usurpée. Linné se contente, en effet, d'améliorer la classification botanique de Tournefort et la classification zoologique d'Aristote; de plus, le choix de ses critères de classement est artificiel et l'entraîne à bien des simplifications et des erreurs. Celles-ci lui seront reprochées notamment par les Jussieu, surtout Antoine-Laurent (1748-1836), qui prônent une classification naturelle, et par Buffon (1707-1788), intendant et réorganisateur du Jardin du Roi (fondé à Paris en 1635) dont il fait l'un des plus grands établissements scientifiques d'Europe. C'est en 1739 que Buffon commence la rédaction de sa monumentale *Histoire naturelle;* dans les volumes qu'il consacre aux animaux, il s'en tient à de simples descriptions des diverses espèces et repousse toute explication par les causes finales; du moins, reconnaît-il à Linné le grand mérite d'avoir su simplifier le vocabulaire des naturalistes en introduisant la nomenclature binaire (un terme pour l'espèce, un terme pour le genre) qui allait rendre plus facile l'œuvre descriptive de ses successeurs.

L'idée de la fixité des **espèces** est, jusqu'au XVIIIe siècle, d'autant plus couramment admise qu'elle semble concorder avec le récit biblique de la Création et Linné contribue à lui donner la valeur d'un véritable dogme scientifique (« Nous comptons autant d'espèces qu'il a été créé de formes différentes à l'origine »). Cependant, la découverte de nombreux fossiles correspondant à des espèces disparues, les progrès de l'anatomie comparée, les observations de mutations d'espèces végétales amènent quelques savants à la notion de variabilité des espèces et d'évolution. En 1749, Buffon, tout en s'entourant de précautions qu'explique une condamnation par les théologiens de la Sorbonne quelques années plus tôt, semble adopter un tel point de vue. Dans la seconde moitié du siècle, les idées transformistes gagnent peu à peu du terrain, mais c'est en 1809 seulement que Lamarck (1744-1829) donnera le premier exposé systématique du transformisme qui mettra encore bien du temps à triompher du fixisme. L'autre grand problème biologique qui passionne savants et opinion publique, est celui de la génération. La mise au point du microscope par le Hollandais Leeuwenhoek (1632-1723) permet à celui-ci de découvrir, en 1677, les spermatozoïdes. Au siècle suivant, l'Italien Spallanzani (1729-1799) se livre à de remarquables expériences sur la fécondation chez les animaux. Pourtant, la plupart des savants continuent à croire à certaines formes de génération spontanée, et les principaux problèmes de la génération ne trouveront leur solution qu'au XIXe siècle.

Du fait de la vogue constante des systèmes et des théories a priori et du respect exagéré des Anciens, l'**art de guérir** ne fait que très peu de progrès. Pourtant d'importantes découvertes sont faites en anatomie et en physiologie. Au début du XVIIe siècle, l'Anglais William Harvey (1578-1658), médecin de la cour des rois Stuarts, démontre la grande circulation du sang et met en lumière le rôle du cœur, des veines et des artères. La généralisation et l'amélioration des techniques de dissection permettent, au siècle suivant, à l'Italien Morgagni (1682-1771) de fonder l'anatomie pathologique et au Français Bichat (1771-1802) de fonder l'histologie ou étude des tissus. A la fin du XVIIIe siècle, le corps humain est, dans son ensemble, assez bien connu, sauf le cerveau. En physiologie, les travaux les plus importants sont ceux de Réaumur (1683-1757) et de Spallanzani sur la digestion et ceux de Priestley et de Lavoisier sur la respiration. Toutefois, le médecin n'en est guère plus efficace dans son œuvre au chevet du malade, bien que le Hollandais Boerhaave (1668-1738), dont la réputation est immense dans toute l'Europe, se fasse l'ardent défenseur de la médecine clinique : « Le but de la médecine, rappelle-t-il, est de soigner le patient, et la théorie doit s'incliner devant le lit du malade. » La chirurgie, et notamment l'obstétrique après 1770, tirent quelque parti des progrès de l'anatomie. La thérapeutique utilise, à côté des remèdes traditionnels, quelques médicaments nouveaux, notamment le quinquina et l'ipécacuana. La technique de l'inoculation se répand timidement à partir de 1750, en dépit des dangers qu'elle représente; mais le fléau de la variole ne reculera véritablement qu'après que l'Anglais Jenner (1743-1829) se soit livré en 1796 à la première vaccination.

LES PROGRÈS DES TECHNIQUES

Science et technique – Parallèlement aux succès remportés par la science, on assiste à une **réhabilitation** des techniques de la part des grands esprits du temps. Francis Bacon, Descartes, Pascal, Leibniz insistent sur la valeur de ces « arts mécaniques » si méprisés par certains et pourtant si utiles à tous. Plus tard, Voltaire s'indigne : « Thomas et Bonaventure ont des autels, et ceux qui ont inventé la charrue, la navette, le rabot et la scie sont inconnus ! » De son côté, l'*Encyclopédie* contribue puissamment à mettre les « arts et métiers » sur le même plan que les sciences. Pourtant, la liaison entre la science et la technique se fait encore de façon très épisodique. Les grandes découvertes du XVIIIe siècle (le XVIIe est assez pauvre en ce domaine) découlent plus souvent de l'ingéniosité d'artisans et de professionnels confrontés à un problème pratique que de l'application à ce problème de données scientifiques. Tout au plus peut-on citer le paratonnerre dérivé directement des travaux de Franklin sur l'électricité atmosphérique, et l'aérostat des frères Montgolfier inspiré par les connaissances nouvelles sur les propriétés des gaz. En fait, Voltaire a raison quand il écrit : « C'est à l'instinct mécanique qui est chez la plupart des hommes que nous devons tous les arts, et nullement à la saine philosophie. » Certes, les inventions du XVIIIe siècle profitent, elles aussi, de cet esprit nouveau fait de curiosité pratique et de croyance au progrès qui favorise les découvertes scientifiques, mais ce n'est vraiment qu'à la fin du siècle que la technique commencera à devenir ce qu'elle n'a cessé d'être depuis, l'ensemble des applications de la science à la vie quotidienne.

Les nouvelles techniques agricoles – Sous l'influence des Hollandais et des Anglais, un certain nombre d'innovations dans le domaine de l'agriculture commencent à se répandre en Europe, surtout dans la seconde moitié du XVIIIe siècle. La plus importante de ces innovations réside dans l'introduction des **cultures** fourragères (trèfle, sainfoin, luzerne) dans le cycle de la production, ce qui permet la suppression de la jachère et le développement de l'élevage. De plus, on s'efforce d'améliorer la qualité du bétail, notamment par la sélection des races, cependant que la pomme de terre, remarquable aliment d'appoint, gagne peu à peu les terrains sableux ou les sols pauvres. Quant à l'**outillage** agricole lui-même, il n'évolue encore que lentement; tout au plus peut-on noter l'apparition de la charrue brabant dans les Pays-Bas au XVIIe siècle et l'invention du semoir par l'Anglais Jethro Tull en 1711. Toutefois, il convient de ne pas exagérer la diffusion de ces nouvelles techniques agricoles. A la fin du siècle, seules l'Angleterre, la Hollande et quelques régions privilégiées d'Europe occidentale sont touchées par elle. En fait, la révolution agricole ne se fera qu'au XIXe siècle.

Les nouvelles techniques industrielles – Dès le XVIIe siècle, l'industrie anglaise, stimulée par l'essor du grand commerce maritime et par l'esprit d'entreprise de la bourgeoisie, s'oriente vers une production de masse. De ce fait, les fabricants vont devoir inventer, coûte que coûte, les nouveaux procédés et les nouvelles machines susceptibles de faire face à ces besoins accrus. Les premières inventions apparaissent dans l'**industrie textile,** notamment dans le secteur jeune et dynamique des cotonnades. En 1733, un artisan inventif, John Kay, imagine de lancer la navette de tissage à l'aide de leviers, au lieu de la passer à la main à travers la trame; on peut ainsi élargir les pièces d'étoffe et en produire davantage. L'adoption de cette « navette volante » permet la croissance rapide du tissage des cotonnades après 1740, mais entraîne de ce fait même une augmentation de la consommation en fils. Ainsi sollicités, divers filateurs mettent au point des machines à filer capables de produire le fil plus vite et à meilleur compte que le rouet ou le dévidoir : c'est la « spinning jenny » de Hargreaves en 1765, le « water-frame » de Richard Arkwright en 1769, et surtout la « mule-jenny » de Samuel Crompton qui, en 1779, réalise la synthèse des deux machines précédentes : la « mule » permet de produire en grande quantité un fil à la fois fin et résistant. Cette fois, c'est le tissage qui est en retard. Mais ce retard est comblé dès 1785 par l'invention du pasteur Edmund Cartwright qui met au point une machine à tisser, le « power-loom », qui, mûe par la vapeur, permet de réaliser par rapport au tissage manuel des gains de productivité de l'ordre de 5 à 1.

En **métallurgie** aussi, les Anglais sont talonnés par la nécessité : la disparition progressive des forêts, jointe à la présence de houille ou charbon de terre, abondante et facile à exploiter, force les maîtres de forges à chercher une solution au problème de la substitution du charbon de terre au charbon de bois pour la fonte du minerai de fer; jusqu'au XVIIIe siècle, on n'obtenait encore par ce procédé qu'une fonte cassante et poreuse, pratiquement inutilisable. C'est le maître de forges Abraham Darby qui, après de longs efforts, met au point, en 1735, la technique de transformation préalable de la houille en coke, ce qui lui permet d'obtenir dans ses hauts fourneaux une fonte d'excellente qualité. Toutefois, la conversion en fer de cette masse croissante de fonte exige encore le recours au charbon de bois, ce qui continue à faire problème. Ce problème est résolu en 1784 par Henry Cort qui met au point le procédé du « puddlage » : la fonte est affinée par brassage à haute température sur feu de coke dans un four à réverbère, le fer en fusion ainsi obtenu étant ensuite travaillé au laminoir entre des cylindres.

Mais l'invention capitale est celle de la **machine à vapeur.** Ici la technique a en quelque sorte anticipé sur la science : même si les ultimes mises au point de Watt doivent beaucoup aux travaux de son compatriote et ami le chimiste Black, il n'en reste pas moins que la thermodynamique est postérieure à la machine à vapeur et que celle-ci résulte essentiellement des longs tâtonnements d'expérimentateurs de génie. Le Français Denis Papin, le premier, réalise, vers 1690, une machine utilisant la force d'expansion de la vapeur d'eau et la pression atmosphérique. Améliorée peu de temps après par les Anglais Savery (1698) et surtout Newcomen (1706), la pompe ou machine à feu, comme on l'appelle en France, est utilisée en Angleterre pour vider l'eau d'infiltration dans les mines, mais elle reste d'un usage délicat, coûteux et limité, en dépit des ambitions de Savery qui définissait ainsi les buts de sa pompe : « Élévation de l'eau et mise en marche de machines par le moyen de la force mouvante du feu, utilisable pour assécher les mines, alimenter les villes en eau et faire travailler tous les types de machines partout où l'on ne dispose ni d'eau ni de vents constants. » Quant à la tentative du Français Cugnot pour utiliser la machine à vapeur dans la traction des pièces d'artillerie, elle se solde par un échec (1769). C'est à l'Écossais James Watt (1736-1819), aidé financièrement par le riche manufacturier John Boulton, que revient le mérite d'avoir su apporter à la machine de Newcomen deux améliorations décisives : en 1769, le condenseur, qui supprime l'appel à la pression atmosphérique; en 1781, le double effet, qui crée un mouvement alternatif et rend moteur chaque coup de piston. Ainsi, vers 1785, la machine de Watt constitue une nouvelle source d'énergie, souple, régulière, indépendante des conditions naturelles, applicable à toutes les activités industrielles utilisant le charbon, combustible abondant et transportable. C'est, de ce fait, une des inventions les plus importantes de l'histoire de l'humanité.

Toutefois, il convient de ne pas se méprendre. Quelle que soit l'importance considérable des découvertes techniques des deux derniers tiers du XVIIIe siècle, vers 1790-1800, leur diffusion reste encore très limitée. Seule, l'Angleterre, berceau de ces découvertes, a vraiment commencé, à cette date, sa révolution industrielle. La France (sauf dans quelques rares secteurs privilégiés) et la plus grande partie de l'Europe continentale en sont encore à l'époque pré-machiniste : les pratiques artisanales demeurent générales, les machines à vapeur sont d'un emploi exceptionnel, la fonte au bois est toujours de règle dans la métallurgie.

Quoi qu'il en soit, les bases sont jetées sur lesquelles pourra s'édifier solidement la civilisation scientifique et technique des XIXe et XXe siècles. Le fait est d'autant plus important qu'il a pour conséquence l'accélération du **décalage** entre l'Europe et le reste du monde. En effet, pendant des millénaires, l'Europe méditerranéenne d'un côté, l'Extrême-Orient et spécialement la Chine de l'autre n'avaient cessé de perfectionner les éléments de leur civilisation technique, séparément, mais non sans quelques échanges fructueux. Or le XVIIe siècle voit la fin de cet équilibre : cependant que tout progrès se trouve stoppé en Chine à l'époque des Ming, l'Europe, au contraire, met au point la science expérimentale, puis jette les bases, au siècle suivant, de la révolution industrielle. Alors que jusque-là le progrès avait marché d'un même pas, ou à peu près, en Asie et en Europe, celle-ci accentue brutalement, sur le plan de la science et de la technique, l'avance que les grandes découvertes maritimes des XVe et XVIe siècles lui avaient assurée sur le plan économique et politique. C'est là un fait capital qui va commander toute l'histoire du monde au XIXe siècle.

16

LA CROISSANCE ÉCONOMIQUE EN EUROPE AU XVIIIᵉ SIÈCLE

Le XVIIIᵉ siècle est en Europe le siècle de la croissance. La population passe de 92 à 145 millions d'habitants de 1700 à 1800, dans des structures démographiques presque inchangées, mais grâce à l'espacement des grandes crises de mortalité. Si la production agricole se révèle capable de faire face à ces besoins nouveaux, on ne peut parler pour autant de révolution agricole. Par contre, la production industrielle connaît une croissance spectaculaire dans le cadre de la proto-industrialisation, cependant que commence en Angleterre, dans les années 1760, la révolution industrielle qui ne touchera le continent européen qu'au début du siècle suivant. La croissance de la population et celle de la production sont inséparables de l'essor des échanges commerciaux des États européens entre eux, mais surtout avec le reste du monde, pays de l'océan Indien et Amérique coloniale.

LA CROISSANCE DÉMOGRAPHIQUE
ET L'ÉVOLUTION DE L'AGRICULTURE

La croissance de la population – L'un des faits les plus importants de l'histoire de l'Europe au XVIIIᵉ siècle est la croissance de la population qui, selon des estimations très vraisemblables, serait passée, entre 1700 et 1800, de 92 à 145 millions d'habitants, soit un accroissement de 58 %. Toutefois, cet **accroissement,** qui n'est pas propre à l'Europe, est variable selon les pays : il est très fort (65 % et plus) en Suède, en Angleterre, en Russie, fort (50 %) dans les États italiens et allemands, plus modeste en France (32 %) dont la population passe de 22 à 29 millions d'habitants (28 en 1790), ce qui explique que la part relative de la population française dans l'ensemble européen se réduit de 24 à 20 %. Par ailleurs, à l'intérieur de chaque pays, la croissance est inégale selon les régions et selon les décennies ; ainsi, en France, l'Ouest, durement frappé par des épidémies entre 1770 et 1790, voit sa population légèrement régresser entre ces deux dates. Enfin, cette croissance générale de la population européenne ne constitue pas, en dépit de son ampleur, une véritable révolution démographique, dans la mesure où elle s'opère dans des structures presque inchangées : l'âge moyen au premier mariage est toujours tardif et l'est même de plus en plus dans certains pays ; la natalité reste partout très forte, même en France malgré le début de la limitation volontaire des naissances ; quant à la mortalité, notamment aux premiers âges, elle reste, elle aussi, à un niveau élevé, mais baisse pourtant très légèrement, ce qui suffit à enclencher le processus de croissance. Cette légère baisse ne s'explique ni par des progrès thérapeutiques presque inexistants avant la diffusion de la vaccination dans les premières années du XIXᵉ siècle, ni par des améliorations agricoles qui sont encore limitées et se contentent d'accompagner la croissance de la population, même si ici ou là les hommes mangent mieux qu'un ou deux siècles plus tôt.

C'est l'espacement et l'atténuation des grandes crises de mortalité qui semblent bien être responsables de ce premier et timide **recul de la mort.** Les grandes famines dévastatrices résultant de mauvaises récoltes ont fait place à des disettes plus rares et moins graves, grâce à une meilleure distribution et à une meilleure conservation des grains disponibles. La peste a disparu (la dernière épidémie frappe Marseille en 1720) et même si certaines maladies épidémiques, comme la dysenterie ou la variole, continuent à faire des ravages, il semble que la virulence des agents pathogènes soit relativement moins forte qu'auparavant. La conjonction, naguère si meurtrière, entre disette et épidémie est beaucoup plus rare ; la dernière grande crise de ce type en Europe est celle des années 1740-1742. Au total, le relatif effacement des grandes crises de mortalité et par conséquent le léger repli des taux de mortalité dans le long terme, pour des raisons peut-être d'ordre plus biologique que culturel, suffisent à expliquer la croissance générale du XVIIIᵉ siècle, qui est d'ailleurs comparable, à beaucoup d'égards, à celle qu'avaient connue antérieurement certains pays européens lors de périodes fastes plus ou moins longues, par exemple l'Angleterre des années 1550-1650. Ce qui est nouveau et capital, c'est que cette croissance est générale et durable : bientôt relayée par les progrès économiques et médicaux, elle s'accélérera encore au XIXᵉ siècle dans des structures démographiques qui se transformeront rapidement.

La lente évolution de l'agriculture – Quelle que soit l'importance des progrès techniques réalisés au XVIIIᵉ siècle dans le domaine de l'agriculture, ils ne justifient pas, on l'a vu, que l'on parle de révolution agricole. En effet, la diffusion de ces progrès est très lente avant 1790 et limitée à quelques régions privilégiées. C'est le cas de l'**Angleterre.** Prenant exemple sur la Flandre et la Hollande, les Anglais adoptent peu à peu des plantes nouvelles, de la betterave fourragère à la pomme de terre, en passant par les prairies artificielles, ce qui permet d'éviter la jachère, d'accroître le volume des récoltes grâce à la rotation accélérée des cultures, et d'améliorer l'élevage en quantité et en qualité; cet essor de l'élevage se traduit entre autres par une augmentation du fumier qui provoque à son tour l'amélioration des rendements. En même temps, le mouvement des *enclosures s'accélère, entraînant partage des communaux, remembrement des parcelles et plantations de haies vives. L'adoption de ces nouveautés, encouragée par toute une littérature agronomique (ainsi les ouvrages d'Arthur Young) et par des théoriciens-praticiens tels Jethro Tull (1674-1743) ou lord Townshend (1674-1732), est d'abord le fait de grands propriétaires et de membres de la gentry, puis de petits propriétaires ou yeomen attirés par les bénéfices résultant de la hausse des prix agricoles; par contre, de nombreux petits paysans, chassés de leurs terres et devenus ouvriers agricoles, sont les victimes du progrès. Développé d'abord dans le Sud-Est (Norfolk), le mouvement gagne peu à peu le Nord. L'Angleterre, étant capable d'exporter régulièrement des céréales vers le continent dès la fin du XVIIIᵉ siècle, à une époque où sa population stagne ou ne croît que modérément, n'a pas de problème majeur face à l'accélération brutale de la croissance du nombre des hommes, à partir des années 1760 : les progrès de la production agricole lui permettent de faire face à cette demande intérieure accrue, tout en procurant du travail à une nombreuse main-d'œuvre.

En **France,** l'agronomie est à la mode à partir du milieu du siècle. En réaction contre le mercantilisme colbertiste, les physiocrates, tel François Quesnay, voient dans l'agriculture « la seule base de la puissance des États »; les ouvrages sur le sujet se multiplient et connaissent un grand succès, par exemple en 1750 le *Traité de la culture des terres* de Duhamel du Monceau. Le gouvernement favorise la création de sociétés royales d'agriculture dans la plupart des provinces à partir de 1761 et encourage le défrichement des terres incultes par la déclaration de 1766. Mais cette « agromanie » n'a que des effets très limités. Les terres défrichées à partir de 1766 sont très peu nombreuses et elles le sont souvent à titre temporaire et aux dépens des forêts. Les offensives des grands propriétaires contre les terrains communaux en vue de leur clôture et de leur mise en valeur, se heurtent à la vive résistance des populations. La jachère une année sur deux ou trois reste partout la règle, même si son recul s'amorce ici ou là. Les rendements céréaliers, très variables selon les terres, ne s'améliorent que très peu. Le maïs, qui s'est diffusé dans tout le Sud-Ouest au XVIIe siècle à partir de l'Espagne, ne progresse guère au siècle suivant; quant à la pomme de terre, introduite dans certaines régions dès l'époque de Louis XIV, sa diffusion massive et son utilisation dans l'alimentation humaine ne datent que de la fin de l'Ancien Régime. Au total, même si la diversité des régions françaises interdit tout jugement d'ensemble, un fait est incontestable : la France réussit à nourrir, en 1790, 28 millions d'habitants contre 20 en 1700. Même en supposant que le niveau alimentaire des Français ne s'est amélioré en rien au cours du siècle et en tenant pour négligeables importations et exportations céréalières, il faut bien admettre que la production agricole a augmenté dans la même proportion que la population, soit de 27 %. Cette augmentation est le résultat de quelques micro-progrès, notamment au niveau de l'étendue et des rendements des terres emblavées, mais surtout d'une conjoncture climatique favorable entre 1726 et 1767 qui supprime ou, en tout cas, atténue les terribles à-coups des mauvaises récoltes. Mais rien n'autorise pour autant à parler de révolution agricole.

Il en est de même dans le reste de l'**Europe.** L'agronomie est à la mode en Italie, en Espagne, en Allemagne. Mais, comme en France, le décalage est grand avec la réalité. A côté de quelques rares îlots d'innovation – dans la plaine du Pô, en Rhénanie, en Silésie, en Catalogne –, l'agriculture européenne ne connaît pas de progrès spectaculaires, mais, pour les mêmes raisons qu'en France la production céréalière se révèle pourtant suffisante pour les besoins d'une population en expansion.

L'ESSOR DE LA PRODUCTION INDUSTRIELLE

Les progrès de la proto-industrialisation – La production industrielle, notamment pour les besoins locaux, reste le fait le plus souvent d'un **artisanat urbain** composé de maîtres artisans dans le cadre des corporations de métiers. Toutefois, la grande production, surtout textile, est de plus en plus aux mains de marchands fabricants relevant d'un système très différent de l'artisanat urbain. Ce système constitue ce que l'on appelle alors *putting out system* ou *domestic system* en Angleterre, *Verlag system* en Allemagne, fabrique ou manufacture en France, et que les historiens désignent aujourd'hui sous le nom significatif de proto-industrialisation. Certes, il s'agit toujours d'une production à domicile ou en petits ateliers, et d'une fabrication manuelle, l'outillage toujours médiocre étant le plus souvent la propriété du producteur lui-même. Mais contrairement au maître artisan indépendant, ce producteur dépend totalement du marchand fabricant qui lui fournit la matière première, récupère le produit fabriqué en échange d'un prix de façon et le vend sur le marché national ou international pour son seul profit. Le marchand fabricant est donc un entrepreneur capitaliste et le travailleur un quasisalarié totalement tributaire du premier et d'une conjoncture sur laquelle il n'a aucune prise.

Le système **proto-industriel,** qui existait avant le XVIIIe siècle, connaît alors un grand développement, selon des modalités variées : parfois en ville (ainsi l'industrie de la soie, à Lyon, où 300 à 400 fabricants, les soyeux, font travailler 7 000 ouvriers tisseurs, les canuts), le plus souvent à la campagne où n'existe pas l'obstacle du régime corporatif et où la main-d'œuvre est docile et abondante du fait de la croissance de la population. Toute l'Europe du XVIIIe siècle connaît cette ruralisation du travail industriel, du Lancashire à la Silésie en passant par les Pays-Bas autrichiens et la France du Nord et de l'Ouest : autour des villes, grandes, comme Rouen, ou petites, comme Vitré ou Cholet, se développent, dans un rayon de plusieurs dizaines de kilomètres, des « nébuleuses » où les habitants des campagnes (le plus souvent dans les bourgs et les hameaux) se livrent à un travail industriel, soit de façon quasi exclusive, soit en association étroite avec le travail agricole. Le développement de la proto-industrialisation s'accompagne de la montée d'une bourgeoisie manufacturière de mentalité capitaliste et de l'augmentation très sensible de la proportion de la population active, urbaine ou rurale, impliquée dans la production industrielle. Si l'industrie textile est, de loin, la première activité du système proto-industriel, la métallurgie présente des caractères similaires : domination du marchand sur le producteur, dispersion en multiples ateliers ruraux. La coutellerie de Langres et de Nogent-en-Bassigny en fournit un bon exemple : autour de ces deux centres urbains, une trentaine de marchands distribuent le travail à plus de 6 000 ouvriers couteliers répartis dans tous les villages de la région. Ainsi, dans la plupart des secteurs industriels, sans bouleversement des techniques traditionnelles, la proto-industrialisation, favorisée par la hausse des prix liée à l'arrivée de l'argent mexicain et de l'or brésilien, par l'ouverture de nouveaux marchés extérieurs et par l'augmentation de la population, permet une croissance rapide de la production.

Les débuts de la révolution industrielle – Mais dans le temps même où cette forme d'industrie connaît son plus grand développement se mettent en place les éléments dont la conjonction va constituer la révolution industrielle. Il y a bien, cette fois, **révolution,** dans la mesure où, là où elle se produit, il n'y pas seulement accélération de la croissance, mais mutations radicales dans les modes de production. Le point de départ se trouve dans les découvertes techniques réalisées en Angleterre au cours du siècle : machines textiles, fonte au coke et surtout machine à vapeur. Ce passage de la production manuelle au machinisme – révolution technique sans précédent depuis le néolithique – entraîne bientôt l'apparition d'un nouveau type d'unité de production : l'usine, longtemps appelée encore fabrique en France et *factory* en Angleterre. Elle se définit comme la concentration en un même lieu d'un nombre important de moyens de production (machines à vapeur, machines-outils) et de travailleurs nécessaires à leur utilisation. C'est le passage du *domestic system* au *factory system*. De plus, la nouvelle production industrielle est caractérisée par la séparation, désormais radicale, entre le capital et le travail : d'un côté, le ou les capitalistes, propriétaires de l'usine, des moyens de production et des matières premières, et seuls bénéficiaires du profit; de l'autre, les travailleurs, qui vendent leur force de travail contre un salaire.

Toutefois, loin d'être brutale, cette révolution est un processus très long, s'étalant sur près d'un siècle (1780-1880), et avec d'importants décalages selon les pays européens et les régions à l'intérieur d'un même pays et selon les diverses branches de la production industrielle. En fait, à la veille de la Révolution française, mises à part quelques réalisations exceptionnelles en France, seule l'**Angleterre** a véritablement commencé sa révolution industrielle. C'est l'industrie cotonnière qui est la première concernée, grâce aux découvertes techniques d'artisans dynamiques. Presque entièrement mécanisée et implantée près des ports d'importation du coton, Liverpool et Glasgow, la production des cotonnades connaît une croissance spectaculaire entre 1780 et 1800 : les importations de coton brut sont multipliées par 5, les exportations de tissus par 10, le nombre des emplois par 2 malgré les gains de productivité liés à la mécanisation. La métallurgie connaît aussi des mutations décisives : la production annuelle de fonte passe de 30 000 tonnes en 1760 à 68 000 en 1788 et 258 000 en 1806; le nombre des hauts fourneaux au coke passe de 17 en 1760, à 53 en 1788 et 177 en 1806; la production de charbon passe, de 1700 à 1800, de 3 à 15 millions de tonnes. L'usine de Boulton et Watt à Birmingham fabrique plusieurs centaines de machines à vapeur entre 1775 et 1800. Reposant sur le coton, le charbon, le fer et la machine à vapeur, la grande industrie anglaise a pris un demi-siècle d'avance sur les pays du continent. Les seules réalisations comparables sont en France l'établissement métallurgique du Creusot (1785), avec fonte au coke et machine à vapeur, les forges d'Hayange en Lorraine, les mines de houille d'Anzin qui font travailler en 1789 plus de 4 000 ouvriers.

Que la révolution industrielle se soit développée dans le Royaume-Uni au XVIIIᵉ siècle est, certes, à mettre en **relation** avec la double croissance de la population et de la production agricole. Mais cette croissance conjointe a accompagné, non précédé, la révolution industrielle et n'a donc pu jouer un rôle déterminant dans le développement de celle-ci. De même, l'accumulation capitaliste grâce aux profits du grand commerce maritime, notamment le trafic négrier, n'a sans doute pas eu l'importance décisive qu'on lui a souvent attribuée. En effet, les investissements nécessaires à l'origine, dans l'industrie cotonnière par exemple, sont relativement faibles et entraînent très vite de hauts profits immédiatement réinvestis; aussi peut-on dire que l'industrie anglaise a financé elle-même pour l'essentiel sa propre mutation. La croissance accélérée, surtout à partir de 1750, du marché intérieur et des marchés extérieurs a favorisé cette mutation et, plus encore, la vague d'innovations technologiques, fruit de l'esprit inventif des Anglais et des Écossais, de John Kay à James Watt.

L'ESSOR DES ÉCHANGES COMMERCIAUX

La croissance de la population et celle de la production industrielle sont inséparables d'une intensification des relations commerciales. Cela est vrai non seulement des relations à l'intérieur de chaque pays, mais aussi des échanges des États européens entre eux et surtout avec le reste du monde.

Le commerce intérieur – Dans tous les grands pays – Angleterre, France, Prusse, Autriche – l'amélioration de la circulation par voie d'eau et par voie de terre favorise le progrès des échanges intérieurs et l'acheminement des produits vers les ports d'exportation. Entre 1760 et 1800, une véritable « fièvre des **canaux** » s'empare des Britanniques : en 1761, le Bridgewater's canal reliant la mine de Worsley à Manchester, permet de diminuer de moitié le prix du charbon vendu dans cette ville tant pour les besoins industriels que domestiques. Vers 1790, un réseau cohérent relie les principales voies d'eau anglaises qui jouent ainsi, avant le chemin de fer, un rôle essentiel dans les débuts de la révolution industrielle. Le réseau routier s'améliore également grâce à la multiplication des routes à péage *(turnpike roads)* à partir de 1750. En France, si les réalisations en matière de canaux sont minces (canal du Loing en 1724, canal Crozat entre Oise et Somme en 1738), par contre le pouvoir royal fait faire des progrès décisifs au **réseau routier** grâce au développement de l'administration des Ponts et Chaussées (avec à sa tête les deux Trudaine père et fils de 1743 à 1777) et à l'institution de la corvée royale en 1738. Le résultat, à la veille de la Révolution, est un ensemble de belles routes reliant entre elles les grandes villes du royaume. Mais, hors de ce réseau, les routes secondaires et les chemins sont négligés et restent en fort mauvais état.

Le commerce intra-européen – Sur mer, des progrès décisifs dans l'art de la **navigation** sont réalisés avec la mise au point du sextant, vers 1750, pour une meilleure mesure de la latitude et surtout avec la construction, en 1736, par l'Anglais Harrison, du premier chronomètre perfectionné permettant enfin une mesure précise de la longitude. En même temps, la construction navale sort de l'empirisme et s'efforce de tirer parti des plus récents travaux des géomètres et des physiciens; le mathématicien Bouguer écrit un *Traité du navire et de sa construction*. Dotés d'une voilure beaucoup plus étendue et complexe, carénés de bois doublé de feuilles de cuivre, les navires deviennent plus vastes, plus rapides, plus maniables. Ainsi facilité, le grand commerce européen connaît au XVIIIe siècle un **essor** sans précédent, doublant en valeur entre 1720 et 1780. La France et l'Angleterre assurent la majeure partie du trafic et rivalisent entre elles : en France, où les progrès, très rapides dans la première moitié du siècle, se ralentissent un peu après 1750, le commerce extérieur est multiplié par 5 entre 1715 et 1789, le commerce avec l'Europe par 4, le commerce colonial par 10; en Angleterre, on enregistre le même quintuplement global, avec une croissance relativement lente de 1697 à 1745, puis très rapide entre 1745 et 1763 et surtout entre 1763 et 1800 (la flotte commerciale britannique quadruple entre ces deux dernières dates). Mais cette primauté franco-anglaise n'empêche pas les Provinces-Unies de maintenir certaines de leurs positions, notamment dans l'océan Indien, et des pays comme la Suède, le Danemark ou la Russie de renforcer leur puissance maritime.

Bien que déclinant peu à peu au cours du siècle en pourcentage par rapport au commerce avec le reste du monde, les échanges **intra-européens** restent l'essentiel. En 1716, la France assure avec l'Europe 91 % de ses exportations et 66 % de ses importations et, en 1787, 79 % de ses exportations et 62 % de ses importations. Ces échanges portent, à la vente, à la fois sur les réexportations de produits d'origine coloniale (sucre raffiné, café) dont la part devient prépondérante à la fin du siècle, et sur les produits de l'industrie et de l'agriculture françaises (toiles de l'Ouest, draps du Languedoc, vins et eaux-de-vie). Les grands clients sont les pays méditerranéens, Espagne (pour elle-même et pour ses colonies), Italie, Levant, mais aussi l'Europe du Nord, Scandinavie et Allemagne par Hambourg. En même temps, la France achète aux pays de la Baltique lin, chanvre, fers, goudrons, bois. Le recul relatif de la part européenne dans les échanges britanniques est plus sensible qu'en France, l'Angleterre affirmant de plus en plus sa vocation mondiale : vers 1800, 42 % seulement des exportations se feront vers l'Europe. Cependant, quelque peu supplanté par la France en Méditerranée, le commerce britannique est prédominant en Europe du Nord, avec des importations de fer suédois et russe et de bois norvégien et des exportations constituées aux deux tiers de produits de l'industrie anglaise, pour le reste de réexportations de produits coloniaux.

Le commerce avec le reste du monde – La part de plus en plus grande prise par le commerce avec les autres continents n'en est pas moins le fait capital du XVIII° siècle. Le commerce avec l'**océan Indien** est aux mains de l'Angleterre, de la France et des Provinces-Unies dont les puissantes Compagnies des Indes sont dotées de privilèges exclusifs. Non seulement elles expédient vers l'Europe les cotonnades de l'Inde, les épices d'Indonésie, le thé et les porcelaines de Chine, mais elles assurent aussi un fructueux commerce intra-asiatique dit « d'Inde en Inde ». A partir de 1763, l'Angleterre distance ses rivaux et affirme son hégémonie dans le commerce avec l'Asie grâce au début de son implantation dans la péninsule indienne et au triomphe de la consommation du thé en Angleterre et en Hollande.

Les diverses formes du commerce avec les **Amériques coloniales** sont beaucoup plus importantes encore. La nécessité d'approvisionner sans cesse en main-d'œuvre les plantations, surtout sucrières, des diverses colonies explique l'intensification de la traite négrière. Elle porte au XVIII° siècle sur plus de 6 millions d'Africains, dont 53 % pour les Antilles anglaises et françaises, 31 % pour le Brésil, 10 % pour la Nouvelle-Espagne et 6 % pour les colonies anglaises d'Amérique du Nord. Les bateaux de Liverpool et de Bristol, de Nantes (42 % des expéditions négrières françaises) et de Bordeaux vont chercher sur les côtes du golfe de Guinée et de l'Angola les captifs qu'ils échangent contre de la pacotille, puis transportent en Amérique; ils rentrent ensuite en Europe chargés de produits coloniaux, à l'issue d'un voyage triangulaire dont la durée varie de huit à dix-huit mois et dont les profits, généralement inférieurs à 8 %, exceptionnellement beaucoup plus, sont importants, mais moindres que ceux du commerce en droiture.

A côté de la traite négrière, le commerce européen avec l'Amérique consiste dans l'exportation de vivres et de produits manufacturés, et dans l'importation de produits coloniaux, sucre, café, tabac, indigo, coton. Ce commerce se fait théoriquement dans le cadre de l'*exclusif, chaque colonie ne pouvant en principe commercer qu'avec sa métropole. En fait, la contrebande, ou interlope, est importante, et surtout l'Angleterre s'est assuré, par le traité Methuen (1703) et le traité d'Utrecht (1713), le contrôle du commerce avec les colonies portugaises et espagnoles. Ce contrôle, joint au trafic avec ses propres colonies (Jamaïque et petites Antilles, établissements d'Amérique du Nord), assure à l'Angleterre une place de premier plan dans le Nouveau Monde qui constitue le domaine principal du commerce britannique au XVIIIe siècle. Le commerce français, lui aussi, s'américanise de plus en plus, soit indirectement grâce aux exportations vers l'Espagne dont une grande partie est réexportée par Cadix vers l'Amérique espagnole, soit surtout directement grâce à l'exploitation non du Canada, de peu d'intérêt en dehors des fourrures et perdu dès 1760, mais des colonies antillaises, surtout Saint-Domingue : en 1788, les importations en provenance des Antilles représentent 30 % du total des importations, et aux exportations vers les Antilles qui représentent 15 % du total, il convient d'ajouter les réexportations vers l'Europe de produits antillais qui constituent plus du quart du total des exportations. C'est dire la place prise par les Iles dans le commerce extérieur français à la fin de l'Ancien Régime.

17

LA CIVILISATION EUROPÉENNE AU SIÈCLE DES LUMIÈRES

Siècle de la croissance, le XVIIIᵉ siècle est aussi le siècle des Lumières. Au nom de la raison et de la liberté, les philosophes veulent faire reculer les ténèbres de l'ignorance et du fanatisme, pour le plus grand bonheur de l'humanité. Croyances traditionnelles et absolutisme monarchique sont ainsi battus en brèche. L'Encyclopédie, publiée entre 1751 et 1772, joue un rôle capital dans la diffusion de ces idées nouvelles. En même temps, le mouvement littéraire et artistique se développe, en réaction d'abord contre le classicisme louis-quatorzien, puis contre les excès d'un rationalisme jugé trop desséchant. Le rayonnement de la pensée, de la langue, de la littérature et de l'art français est important dans toute l'Europe, mais se heurte bientôt à des réactions nationales. Quant à la musique, elle connaît un éclat sans précédent grâce à l'essor de la musique instrumentale. Mais dans tous les pays européens, un fossé se creuse de plus en plus entre une élite cultivée et le reste de la population.

LE MOUVEMENT PHILOSOPHIQUE

Les grands philosophes – « Philosopher, écrit Madame de Lambert en 1715, c'est rendre à la raison toute sa dignité et la faire rentrer dans ses droits; c'est secouer le joug de la tradition et de l'autorité. » De tels objectifs ne font que prolonger les leçons du rationalisme cartésien et la critique des croyances traditionnelles et de la monarchie absolue amorcée dans certains milieux intellectuels européens dès les années 1680-1715. Les idées que défendent, principalement en France, les grands écrivains appelés philosophes, tendent à substituer aux « ténèbres » les « lumières » de la raison, pour le plus grand bonheur de l'humanité. Il est significatif qu'un mot semblable – *Enlightment, Aufklärung, Illuminismo* – désigne dans les pays voisins ce grand mouvement intellectuel du XVIIIᵉ siècle. Dès 1721, le baron de **Montesquieu** (1689-1755), président au parlement de Bordeaux, publie les *Lettres persanes* qui, sous la fiction commode et amusante d'une correspondance entre Persans, sont une satire audacieuse des croyances et des mœurs des Français à la fin du règne de Louis XIV. Après un voyage en Europe et un séjour de deux ans en Angleterre (1729-1731) au contact de réalités politiques très différentes de celles de la France, il publie les *Considérations sur les causes de la grandeur des Romains et de leur décadence* (1734) où il dégage une philosophie de l'histoire bien différente de celle d'un Bossuet : « Il y a des causes générales, soit morales, soit physiques, qui agissent dans chaque monarchie, l'élèvent, la maintiennent ou la précipitent; tous les accidents sont soumis à ces causes. » De 1734 à 1748, il rédige *L'Esprit des lois* qui paraît en 1748 et dont le succès est considérable (22 éditions en sept ans) : après une analyse systématique de tous les régimes politiques, il y préconise une monarchie tempérée par l'existence de corps intermédiaires et fondée sur la séparation des pouvoirs exécutif, législatif et judiciaire, vrai rempart contre la tyrannie. Il meurt en 1755.

A cette date, la gloire de **Voltaire** ne fait que commencer. Fils d'un notaire parisien, François Marie Arouet, dit Voltaire (1694-1778), fait, avant Montesquieu, un séjour en Angleterre (1726-1729) d'où il revient enthousiasmé lui aussi par les institutions anglaises qu'il loue sans mesure dans les *Lettres philosophiques* ou *Lettres anglaises* (1734) qui sont par contrecoup une vive attaque des institutions françaises. De même, plus tard, dans *Le Siècle de Louis XIV* (1751), il vante les principaux aspects du règne du Roi-Soleil pour mieux dénigrer la France de Louis XV. Après une vie agitée qui le mène notamment trois ans à la cour du roi de Prusse Frédéric II, il s'installe en 1760 à Ferney, à deux pas de la frontière suisse, donc à l'abri des poursuites, d'où il exerce sur l'Europe une véritable souveraineté intellectuelle, grâce à son énorme correspondance, ses libelles et ouvrages avoués ou clandestins, sa défense des victimes de l'intolérance, notamment Calas qu'il fait réhabiliter en 1763. Toujours prêt à dénoncer le fanatisme et l'intolérance et à préconiser de multiples réformes concrètes, Voltaire n'en est pas moins fort modéré sur le plan politique et social. Il revient mourir à Paris en 1778, en pleine gloire.

Denis **Diderot** (1713-1784), fils d'un coutelier de Langres, est un esprit très hardi qui entreprend à partir de 1751 la publication de l'*Encyclopédie*. Jean-Jacques **Rousseau** (1712-1778), fils d'un modeste horloger de Genève, joue un rôle à part dans le mouvement philosophique. Persuadé que tous les hommes naissent également bons et que l'état de nature est préférable à la civilisation, il rêve dans le *Contrat social* (1762) d'une cité idéale où les droits naturels de l'individu seraient garantis et où le peuple souverain traduirait directement la volonté générale. Mais il exprime aussi dans *La Nouvelle Héloïse* (1761) et dans l'*Émile* (1762) sa méfiance à l'égard d'un rationalisme desséchant et sa préférence pour les « délices du sentiment » et les leçons de la nature.

Les idées nouvelles – Avec toutes les nuances liées aux différences de leurs options personnelles et de leurs tempéraments, les philosophes se livrent à une même critique systématique de la société de leur temps, sur tous les plans, **religieux,** politique, social, économique. A l'exception de Diderot, d'Holbach, d'Helvétius, qui sont incontestablement athées et matérialistes, la plupart des philosophes admettent l'existence d'un Dieu créateur et organisateur de l'univers. Si l'horloge existe et marche, c'est qu'il y a un horloger. Mais ce Dieu n'intervient pas dans l'histoire humaine. Révélation, tradition, Églises, clergé, dogmes n'ont aucune valeur. A l'enseignement de l'Église romaine qui présente la vie terrestre comme une vallée de larmes, simple passage vers la vie éternelle, Diderot oppose l'idée qu'« il n'y a qu'un devoir, c'est d'être heureux ». Le déisme de Rousseau, plus chaleureux, s'accompagne d'un même refus des Églises établies, mais débouche sur une religiosité plus profonde et plus sincère. Il est vrai qu'en même temps, les philosophes, Voltaire en tête, estiment que la religion, garante de l'ordre social, est nécessaire à la « canaille »; mais le moment viendra où le progrès des Lumières permettra cet affranchissement général réservé encore à quelques-uns. La foi dans le progrès indéfini de l'humanité se trouve confortée par les découvertes scientifiques et par la croissance économique. Mais, en attendant, faire progresser l'homme sur le chemin de la raison et du bonheur, c'est d'abord s'opposer de front à l'Église, repaire de l'ignorance et du fanatisme. « Écrasons l'infâme », répète inlassablement Voltaire.

Sur le plan **politique**, l'accord des philosophes, à l'exception de Rousseau, se fait sur le régime monarchique, mais une monarchie tempérée et respectueuse des grandes libertés fondamentales, liberté individuelle, liberté de pensée, liberté d'expression. Le grand prince est celui qui use de son pouvoir pour le bien de son peuple et multiplie les réformes en s'inspirant des idées des philosophes. En fait, ce que l'on appellera au XIXe siècle le despotisme éclairé cache une profonde ambiguïté, car Frédéric II ou Catherine II se servent de Voltaire ou de Diderot pour gagner par eux l'opinion publique, mais ne s'en conduisent pas moins en souverains absolus guidés par la seule raison d'État. Seul, Jean-Jacques Rousseau préconise la démocratie et la république, mais pense qu'elles ne sont possibles que dans les petits États. Il se sépare encore de la plupart des philosophes en prônant l'égalité et en condamnant la propriété individuelle, alors que Montesquieu, Voltaire et les encyclopédistes réservent un rôle politique de premier plan aux classes éclairées et défendent la propriété, tout en réclamant l'égalité civile devant la loi et devant la justice. De même, s'ils comptent en principe sur les progrès de l'enseignement pour diffuser les lumières, beaucoup d'entre eux estiment que l'instruction du peuple est inutile et dangereuse, tel Voltaire déclarant qu'« il faut proscrire l'étude chez les laboureurs ».

Dans le domaine **économique,** les philosophes vantent les bienfaits de la liberté et de la nature, à l'encontre des principes colbertistes de réglementation à outrance et de supériorité de l'industrie et du commerce sur l'agriculture. Pour les physiocrates, dont le médecin François Quesnay (1694-1774) est le chef de file, c'est le travail de la terre qui est le fondement de toute richesse; c'est pourquoi les propriétaires terriens doivent avoir une place privilégiée dans la société. Sans remettre en cause cette primauté de l'agriculture Jean-Claude Vincent de Gournay (1712-1759) et Turgot, futur ministre de Louis XVI, estiment que l'industrie et le commerce ne peuvent prospérer que dans la liberté et lancent la formule « Laissez faire, laissez passer ». « La liberté générale d'acheter et de vendre, écrit Turgot, est le seul moyen d'assurer d'un côté au vendeur un prix capable d'encourager la production, de l'autre au consommateur la meilleure marchandise au plus bas prix. » Enfin, en 1776, l'Écossais Adam Smith (1723-1790) publie ses *Recherches sur la nature et les causes de la richesse des nations,* ouvrage qui assure immédiatement la célébrité de son auteur et en fait le véritable fondateur de l'économie politique. Pour Smith, la source de toute richesse est moins dans la nature, comme l'affirment les physiocrates, que dans le travail sous toutes ses formes, le travail de chacun lui permettant d'accéder au produit du travail des autres; la loi de l'offre et de la demande et l'intérêt personnel permettent aux sociétés de s'organiser harmonieusement sans intervention de l'État et dans la plus totale liberté de la production et des échanges.

La diffusion des Lumières – Si les principales œuvres des grands philosophes sont écrites avant le milieu du siècle, c'est surtout après 1750 que s'accélère la diffusion de leurs idées. Cette diffusion se heurte, surtout en France, à l'**opposition** des autorités civiles et religieuses. Le directeur de la Librairie est le chef de la censure et théoriquement aucun ouvrage ne peut paraître sans permis d'imprimer. Il est vrai que Malesherbes, directeur de la Librairie de 1750 à 1763, est un ami des philosophes. Il est vrai aussi que bien des livres et des brochures réellement ou prétendument imprimés à l'étranger sont diffusés clandestinement en France. Pourtant Voltaire, Diderot, Rousseau connaissent la prison ou sont contraints à l'exil; imprimeurs et colporteurs de livres interdits sont envoyés aux galères. Le livre reste en effet le moyen privilégié de diffusion des idées nouvelles : œuvres d'un Montesquieu ou d'un Rousseau; multiples brochures, libelles ou mémoires sur des sujets d'actualité, dont Voltaire se fait une spécialité; enfin, la grande œuvre collective que constitue l'*Encyclopédie.*

En commençant en 1751 la publication de l'*Encyclopédie,* le libraire éditeur Le Breton et les deux co-directeurs à qui il s'est adressé, Diderot et le mathématicien d'Alembert, entendent d'abord procurer à leurs contemporains un *Dictionnaire raisonné des sciences, des arts et des métiers*, c'est-à-dire le point des connaissances du temps dans le domaine des techniques et l'exposé des transformations envisageables du fait des progrès de la science. Mais ils en profitent pour faire aussi une critique habile et détournée, parfois contradictoire, des institutions politiques et des idées religieuses et une apologie prudente du progrès humain et du bonheur ici-bas grâce au rejet des dogmes, de l'autorité et de la tradition. En dépit des précautions prises, le caractère subversif de la publication lui vaut maintes difficultés : les deux premiers volumes sont saisis en 1752, le privilège est retiré en 1759, les derniers tomes doivent être imprimés et diffusés clandestinement. Mais certaines protections, surtout celles de Madame de Pompadour et de Malesherbes, permettent à Diderot, très aidé par le chevalier de Jaucourt, de mener l'œuvre à bien. C'est d'abord une énorme entreprise éditoriale qui est financée par quelque 5 000 souscripteurs payant chacun près de mille livres et qui fait travailler un millier d'ouvriers pendant plus de 25 ans. Au total, 33 volumes, dont 11 de planches, sont rédigés par une centaine de collaborateurs, dont Voltaire, Montesquieu, Rousseau, d'Holbach, Buffon, Quesnay, Turgot et surtout Diderot et Jaucourt. Leur publication s'échelonne de 1751 à 1772 et est complétée, en 1777-1780, par la parution de 5 volumes de suppléments et 2 volumes de tables. L'*Encyclopédie* a un retentissement considérable et contribue puissamment à la diffusion des idées nouvelles.

La **presse** contribue, elle aussi, à cette diffusion, soit directement grâce aux journaux animés par les philosophes (le *Journal encyclopédique* ou la *Correspondance littéraire* de Grimm), soit indirectement par les vives attaques des journaux hostiles, jésuites (*Les Mémoires de Trévoux*), jansénistes (les *Nouvelles ecclésiastiques*), catholiques (l'*Année littéraire* de Fréron). A côté de la presse, jouent également un rôle, à des titres divers, les salons, celui de Madame de Tencin, vers 1720, ceux de Madame du Deffand et de Madame Geoffrin, vers 1750, les académies provinciales qui sont une cinquantaine en France, les loges maçonniques. La franc-maçonnerie, fondée en Angleterre au début du siècle, prêche la croyance en un Dieu grand architecte de l'univers, la foi dans le progrès humain grâce à la raison, la nécessité de la fraternité. Enfin, au-delà de l'élite cultivée de la société française, la diffusion des « Lumières » dans toute l'Europe est facilitée par l'utilisation de la langue française par les classes supérieures de la plupart des pays européens.

LE MOUVEMENT LITTÉRAIRE

Le triomphe de la raison – Les philosophes français ne sont pas seulement des penseurs, les plus grands d'entre eux sont de remarquables écrivains brillant dans tous les genres. Voltaire, par exemple, utilise, pour exprimer ses idées, l'histoire (*Le Siècle de Louis XIV*), le théâtre (*Zaïre*), le conte (*Candide*), l'épopée (*La Henriade*). Mais alors que l'esprit philosophique se définit comme une critique de l'autorité et de la tradition au plan politique comme au plan religieux, la même rupture ne se retrouve pas au niveau artistique : les philosophes sont des disciples respectueux des grands classiques considérés comme des modèles; ils cultivent les genres consacrés (tragédie, comédie, roman) et font preuve d'une clarté d'expression conforme au génie du classicisme.

Mais quelle que soit leur importance, les philosophes ne représentent pas la totalité du mouvement littéraire. En France, le duc de Saint-Simon (1675-1755) entreprend, dans la retraite, entre 1723 et 1753, la rédaction de ses *Mémoires* sur la fin du règne de Louis XIV et sur la Régence. C'est également dans la solitude que Vauvenargues (1715-1747) écrit ses *Maximes* (1746), d'une inspiration et d'une facture toutes classiques. Lesage (1668-1747) est un peintre réaliste de la société de son temps dans ses pièces de théâtre (*Turcaret,* 1709) et dans ses romans (*Gil Blas,* 1715-1735). Marivaux (1688-1763) est, lui aussi, romancier (*La Vie de Marianne,* 1731-1741) et auteur dramatique (*Le Jeu de l'amour et du hasard,* 1730), « explorateur raffiné des sentiers du cœur humain » et écrivain subtil et délicat. Avec *Manon Lescaut* (1753), l'abbé Prévost (1697-1763) écrit un chef-d'œuvre romanesque dont le personnage central, Des Grieux, préfigure le héros romantique. En Angleterre aussi le classicisme triomphe avec le poète Alexander Pope (1688-1744), l'écrivain aux multiples talents Daniel De Foe (1660-1731), l'auteur de *Robinson Crusoé* (1719) et du *Journal de l'année de la peste* (1722), le romancier satirique Jonathan Swift (1667-1745) dont les *Voyages de Gulliver* (1726) connaissent un immense succès, l'Écossais David Hume (1711-1776), à la fois historien, philosophe et économiste.

La revanche du sentiment – A partir de 1750 environ, en même temps que se diffusent les idées des philosophes, se dessine, au nom des exigences du sentiment, une réaction contre leur rationalisme jugé trop desséchant. En **Angleterre,** les poèmes d'Edward Young (les *Nuits,* 1742-1745) et de Macpherson (les *Poèmes d'Ossian,* 1760, présentés comme la traduction de l'œuvre d'un barde écossais), les romans de Samuel Richardson (*Clarisse Harlowe,* 1748) et d'Olivier Goldsmith (*Le Vicaire de Wakefield,* 1766) sont très représentatifs de cette revanche du sentiment, de l'émotion et de l'imagination. Ils contribuent à répandre le goût des ruines et des tombeaux, des paysages nocturnes et de l'exotisme, de la rêverie et de l'irrationnel. L'influence de ces auteurs anglais est grande en France où ils répondent à l'évolution de la sensibilité du public. En 1761, Jean-Jacques Rousseau publie, avec un éclatant succès, *La Nouvelle Héloïse,* roman d'amour, exaltation du bonheur innocent au sein de la nature. En **Allemagne** où, depuis le début du siècle, une littérature en langue allemande commence peu à peu à l'emporter sur une littérature en latin ou en français, grâce notamment à Lessing (1729-1781), un grand mouvement littéraire en faveur d'une littérature nationale éclate vers 1770 : c'est le *Sturm und Drang* (tempête et élan). Cette école, qui se pose en réaction contre le rationalisme de l'*Aufklärung* et revendique les droits du sentiment, est illustrée notamment par Goethe (1749-1832) et Schiller (1759-1805) à l'époque de leur jeunesse. Goethe publie en 1774 *Götz von Berlichingen,* drame historique, et surtout *Les Souffrances du jeune Werther* dont le héros se suicide, victime d'un amour malheureux. Avec *Werther,* dont le succès est immédiat dans toute l'Europe, Goethe crée le type du héros romantique, atteint du mal du siècle. En 1781, à 23 ans, Schiller fait représenter son premier drame, *Les Brigands.* De son côté, c'est en allemand que le philosophe de Königsberg, Emmanuel Kant (1724-1804), publie sa *Critique de la raison pure* (1781) et sa *Critique de la raison pratique* (1788) dont l'influence sera capitale sur toute la pensée du XIXᵉ siècle.

En **France,** Beaumarchais (1732-1799), aventurier et auteur dramatique, fait applaudir en 1775 *Le Barbier de Séville* et en 1784 *Le Mariage de Figaro,* violentes satires de l'aristocratie, d'une étonnante verve comique. Quant à Bernardin de Saint-Pierre, disciple de Rousseau, il publie en 1787 *Paul et Virginie,* roman d'amour situé dans un paysage exotique. André Chénier (1762-1794) se révèle un grand poète inégal, plus convaincant dans la satire lyrique (les *Iambes*) que dans les idylles à l'antique. Dans les années 1780, le prodigieux succès à Paris de l'aventurier italien Cagliostro, impliqué en 1785 dans l'affaire du collier de la reine Marie-Antoinette, ou celui du médecin allemand Franz Mesmer qui prétend guérir toutes les maladies par magnétisme, témoignent, chacun à leur manière, d'un goût invétéré pour l'irrationnel et, jusqu'à un certain point, de la revanche de l'*illuminisme sur les lumières.

LE MOUVEMENT ARTISTIQUE

Style rocaille et Europe française – Avec Versailles, l'art français du XVIIᵉ siècle était devenu un art monarchique recherchant avant tout la grandeur et la majesté. Au XVIIIᵉ siècle, cette tendance s'atténue. Louis XV, soucieux de préserver autant que faire se peut son intimité, se fait aménager à Versailles de petits appartements. Son exemple est suivi par nobles et riches bourgeois – financiers, armateurs, parlementaires, prélats – qui, dans leurs châteaux et surtout leurs hôtels urbains, de dimensions relativement modestes, s'attachent à l'harmonie de la construction, à la joliesse de la décoration, au confort des aménagements. L'art européen de la première moitié du XVIIIᵉ siècle apparaît ainsi comme une synthèse du **classicisme** architectural et du baroque décoratif. L'architecture reste fidèle aux traditions classiques, avec notamment un souci d'urbanisme qui se manifeste dans l'aménagement de perspectives dégagées ou de *places royales aux constructions programmées. Par contre, le **style rocaille,** ou rococo, qui préfère à la ligne droite le contour déchiqueté et la forme tourmentée, apparaît dans la décoration et l'ornementation : fers forgés contournés des grilles de la place Stanislas à Nancy, par Jean Lamour; boiseries sculptées, commodes galbées, bureaux à cylindre, sièges aux pieds cambrés, signés Boulle, Cressent ou Riesner; bibelots en porcelaine de Sèvres, soieries, indiennes ou toiles de Jouy fabriquées par Oberkampf. En sculpture, les chevaux de Marly de Guillaume Coustou, le tombeau du maréchal de Saxe de Pigalle ou certaines statues de Bouchardon relèvent d'une esthétique purement baroque. La peinture française exprime, elle aussi, le goût nouveau avec Antoine Watteau (1684-1721), dessinateur et coloriste incomparable, traitant les sujets les plus divers, notamment des fêtes galantes; avec François Boucher (1703-1770) qui multiplie les pastorales peuplées de bergères pulpeuses et de moutons enrubannés.

Le prestige de l'**art français** est tel qu'il est **imité** un peu partout en Europe. Rois et princes se font construire des résidences copiées plus ou moins directement sur Versailles. L'urbanisme s'inspire de l'exemple des places royales françaises, à Bruxelles, à Copenhague, à Lisbonne. Mais en Allemagne du Sud et dans toute l'Europe centrale, cette influence française se conjugue avec une tradition baroque qui date du siècle précédent et qui triomphe non seulement dans la décoration intérieure comme le rococo en France, mais aussi dans certains extérieurs, par exemple le pavillon du Zwinger à Dresde. L'Angleterre, beaucoup moins touchée par l'influence française, a de grands artistes originaux, notamment les peintres Reynolds (1723-1792) et Gainsborough (1727-1788), très grands portraitistes alliant au charme de la couleur la pénétration psychologique et la poésie des paysages.

Néoclassicisme et réactions nationales – Dans la seconde moitié du siècle, un double mouvement affecte l'architecture et les arts plastiques : le rococo recule devant le **néoclassicisme** et le rayonnement français devant les réactions nationales. A partir de 1750 environ, l'Antiquité revient à la mode. Les premiers résultats des fouilles d'Herculanum et de Pompéi sont publiés à partir de 1757. L'Anglais Stuart dans ses *Antiquités d'Athènes* (1762) et surtout l'Allemand Winckelmann dans son *Histoire de l'art* (1764) montrent que le véritable art antique est celui des Grecs et non celui des Romains. Sous cette influence, on en revient à un style plus sobre qui donne aux églises une allure solennelle et sévère : portique à hautes colonnes de Saint-Sulpice par Servandoni, péristyle, fronton et coupole de Sainte-Geneviève (actuel Panthéon) par Soufflot. L'architecture civile conserve plus de légèreté, tout en renouant, pour la simplicité des lignes, avec la tradition du XVIIe siècle, comme en témoignent, à Paris, la construction de l'École militaire et l'aménagement de la place Louis-XV par Gabriel. Les hôtels particuliers se multiplient dans la capitale française et dans les grandes villes de province, notamment Bordeaux, Nantes, Montpellier. Le retour à l'antique se traduit aussi en peinture avec Hubert Robert (1733-1808) et Louis David (1748-1825) qui présente au Salon de 1785 son *Serment des Horaces,* composition d'une froideur calculée et véritable manifeste de l'école néoclassique. Par ailleurs, le triomphe du sentiment, tellement perceptible en littérature, se retrouve dans les tableaux intimistes de Chardin (1699-1779) et surtout dans ceux, larmoyants, de Greuze (1725-1805).

Parallèlement, le rayonnement de la France diminue. La France elle-même s'ouvre de plus en plus aux influences étrangères, notamment à l'influence anglaise, très nette depuis le début du siècle, qui devient bientôt prépondérante et tourne à l'anglomanie. En **Allemagne,** le rejet de l'influence française et le retour à l'Antiquité vont de pair : l'architecte Langhans édifie à Berlin en 1788 la porte de Brandebourg en s'inspirant exclusivement de modèles antiques.

Le développement de la musique européenne – Les progrès de l'harmonie et de l'instrumentation (violon, clavecin, piano-forte) permettent le développement au XVIIIᵉ siècle de l'art de la sonate où la musique provient exclusivement de l'**instrument,** alors que dans l'art de la cantate, la voix joue un rôle important. A côté de la sonate proprement dite où sont en jeu un ou plusieurs instruments, apparaissent le concerto et la symphonie. La musique classique européenne résulte du développement de ces formes instrumentales nouvelles venant après la naissance, au siècle précédent, de l'oratorio et de l'opéra. Les compositeurs **italiens** continuent à jouer un rôle essentiel. Vivaldi (1678-1741) fixe les cadres du concerto, tandis que Pergolèse (1710-1736) crée l'opéra bouffe qui emprunte ses sujets non aux thèmes de la mythologie classique, mais aux scènes de la comédie populaire ; la représentation à Paris de sa *Serva padrona* en 1752 suscite la querelle dite des bouffons. La majorité des musiciens français, notamment Jean-Philippe Rameau (1683-1764), auteur des *Indes galantes* (1735), restent fidèles à l'opéra français dans la tradition de Lulli.

Mais c'est dans les pays **allemands** qu'apparaissent les grands musiciens du siècle. L'œuvre de Jean-Sébastien Bach (1685-1750), le « cantor de Leipzig », est considérable et va de la musique vocale (chorals, cantates, oratorios dont les deux *Passions,* selon saint Jean en 1723 et selon saint Matthieu en 1729) à la musique instrumentale (pièces pour orgue, pour clavecin et pour instruments solistes, concertos dont les six *Concertos brandebourgeois* en 1721). Cette œuvre, tombée dans l'oubli à la mort de Bach et ressuscitée au début du XIXᵉ siècle grâce à Beethoven et à Mendelssohn, domine toute la musique européenne. Né en Saxe, Georges-Frédéric Haendel (1685-1759) se fixe définitivement en Angleterre en 1726 ; il est l'auteur de 40 opéras, de plusieurs dizaines de concertos, de 28 oratorios dont *Le Messie* en 1742. Gluck (1714-1787) est surtout un auteur d'opéras, notamment *Orphée* représenté à Paris en 1774. Joseph Haydn (1732-1809), né en Autriche, mort à Vienne, contribue de façon décisive à fixer les règles de la symphonie, de la sonate et du quatuor à cordes. Génie précoce né à Salzbourg, mort à Vienne à 35 ans, Wolfgang-Amadeus Mozart (1756-1791) est l'auteur d'un immense répertoire de sonates, de quatuors, de concertos, de symphonies, d'opéras, notamment *Don Giovanni* (1787) et *La Flûte enchantée* (1791) ; avec lui, la musique atteint une perfection échappant à l'analyse.

CULTURE DES ÉLITES, CULTURES POPULAIRES

La culture des classes dominantes – Les développements qui précèdent portant sur le siècle des Lumières et le mouvement littéraire et artistique ne doivent pas faire illusion : ils ne concernent qu'une très petite minorité de la population européenne. Il existe à l'intérieur de l'Europe une frontière au moins aussi importante que celles qui séparent les États entre eux. C'est la frontière culturelle qui isole de plus en plus une petite minorité du reste de la population. Jusqu'au XVIIᵉ siècle, l'élite cultivée était très proche du peuple, dans sa conception du monde, dans ses croyances magico-religieuses et dans ses pratiques festives. Mais l'action des deux réformes, protestante et catholique, et la naissance de la science moderne, de Galilée à Descartes et à Newton, ont peu à peu creusé le **fossé** entre une culture savante fondée sur le primat de la raison et de l'expérience et une culture populaire restée fidèle aux vieux schémas. En même temps, les classes dominantes, méprisant désormais cette culture populaire qui était encore largement la leur au XVIᵉ siècle, s'efforcent d'imposer au peuple certaines de leurs propres valeurs. Cette tentative d'acculturation, tantôt brutale, tantôt insidieuse, répond à la fois aux prétentions centralisatrices et absolutistes de la plupart des États et à la volonté des Églises – surtout l'Église romaine – d'épurer la religion de tous ses éléments jugés douteux. Mais le succès de cette tentative est limité et c'est pourquoi continuent à coexister deux niveaux culturels différents et possédant leurs propres moyens de transmission.

Dans chaque pays européen, une minorité de clercs, de nobles et de bourgeois détient pouvoir et richesse et en même temps participe à une culture **fondée** sur les principes chrétiens et le legs de l'Antiquité remise à l'honneur à l'époque de la Renaissance. Même le succès des Lumières ne remet pas vraiment en cause ces deux fondements de la culture classique, transmise dans les collèges, notamment les collèges jésuites en pays catholiques : la connaissance de la langue latine, les références constantes aux grandes œuvres, aux grands faits et aux grands hommes de l'histoire gréco-romaine font partie du bagage de tout Européen cultivé; et, en dépit d'une incontestable laïcisation de la culture au XVIIIᵉ siècle, le christianisme, qu'il soit catholique, protestant ou orthodoxe, avec ses dogmes et ses pratiques, continue à être la grande référence intellectuelle et morale. Mais à ces deux fondements s'ajoute la conquête des XVIIᵉ et XVIIIᵉ siècles : la croyance dans le progrès indéfini de l'humanité vers le bonheur, grâce à la raison et à la science. Désormais, à quelques rares exceptions près, les membres des classes dominantes, sûrs de la supériorité de leur propre culture faite de moralisme chrétien et de foi dans le progrès, dédaignent ou ignorent toutes les autres cultures, aussi bien celles des peuples des autres continents avec lesquels les Européens sont en contact direct depuis le XVIᵉ siècle que celle des classes populaires au milieu desquelles ils vivent.

Les cultures des classes populaires – En effet la culture populaire réussit à survivre et à maintenir en partie sa cohérence; mais sans doute vaut-il mieux dire *les* cultures populaires, pour tenir compte des différences existant entre villes et campagnes et surtout entre les divers pays européens et même entre les régions à l'intérieur d'un même pays. Toutefois, ces cultures ont en commun une même interprétation ***animiste** du monde, alliant les données du christianisme à des éléments pré- ou para-chrétiens. Les classes populaires étant très largement analphabètes, leur culture s'exprime surtout dans des gestes et dans des pratiques, notamment des jeux et des fêtes, et elle se transmet oralement au sein même des communautés villageoises, notamment dans le cadre des veillées. Partout, la classe des jeunes célibataires, organisée ou non en groupement structuré, joue un rôle essentiel dans l'organisation des fêtes collectives, dans la défense de l'intégrité de la communauté, dans la conservation et la transmission des croyances et des pratiques.

Cependant, pour orale qu'elle soit, cette culture n'est pas totalement fermée à l'**écrit**, d'abord parce qu'il existe très tôt, même très minoritairement, une semi-alphabétisation basée sur la seule lecture et que le fait de lire à haute voix permet de doubler l'obstacle de l'analphabétisme quasi général; ensuite parce que les lents progrès de l'instruction, à partir du XVIe siècle et de la réforme protestante, augmentent peu à peu, non sans à-coups et très inégalement selon les pays et les régions, le nombre des sachant-lire et des sachant-écrire. Or la littérature de colportage et l'imagerie avec ses textes écrits souvent importants (prières, chansons), qui pénètrent peu à peu les campagnes, ne sont que très partiellement populaires par leurs auteurs, semi-lettrés des villes, et par leur contenu, en partie emprunté à la culture savante. Ainsi s'amorce au XVIIIe siècle – avant de s'accélérer au siècle suivant – la lente désintégration des cultures populaires, du fait non seulement de l'action répressive venue d'en-haut, mais aussi des progrès de l'instruction et du glissement imperceptible, qui en est la conséquence, d'une civilisation de l'oral à une civilisation de l'écrit.

18

LA FRANCE DE LOUIS XV ET DE LOUIS XVI (1715-1789)

La régence exercée au nom du jeune Louis XV par le duc d'Orléans est marquée surtout par la tentative de rétablissement des finances menée par Law; mais l'expérience aboutit à une banqueroute. A partir de 1726, le cardinal Fleury a les pouvoirs d'un premier ministre: il pratique à l'extérieur une politique de paix et à l'intérieur une saine gestion qui favorise l'essor économique du royaume. Louis XV, qui a 33 ans en 1743, à la mort de Fleury, est longtemps sous l'influence de Madame de Pompadour et, par indolence, laisse le plus souvent la réalité du pouvoir aux divers ministres, notamment Machault, puis Choiseul. Une telle attitude encourage les parlements dans leur opposition, notamment aux réformes fiscales tendant à établir l'égalité devant l'impôt. En 1774, Maupeou brise cette opposition par une réforme radicale. Mais dès son avènement, Louis XVI, bien intentionné, mais faible, restaure les parlements qui reprennent immédiatement leur opposition systématique. Les efforts des ministres réformateurs, surtout Turgot, échouent et en 1788 le roi est contraint de convoquer les états généraux.

LA RÉGENCE DE LOUIS XV (1715-1723)

La réaction – A la mort de Louis XIV, le 1ᵉʳ septembre 1715, son arrière-petit-fils le duc d'Anjou, âgé de cinq ans, devient Louis XV. En prévision de cette éventualité, le feu roi avait rédigé un testament tenu secret par lequel il créait un conseil de régence que présiderait, avec le titre de régent, le plus proche prince du sang, le duc **Philippe d'Orléans,** et dans lequel siégeraient, entre autres, ses deux bâtards légitimés, le duc du Maine et le comte de Toulouse; de plus, le duc du Maine recevrait la surintendance de l'éducation du futur Louis XV et le commandement des troupes de la Maison du roi. Dès le 2 septembre, le parlement de Paris casse le testament après que le régent eut déclaré ne pouvoir l'accepter et, lors du lit de justice du 12, confère à celui-ci la régence sans conditions. En échange de cette complaisance, l'édit du 15 septembre rend au parlement le plein droit de remontrances que Louis XIV avait pratiquement réduit à néant. Ambitieux, intelligent et cultivé, mais indolent et débauché, Philippe d'Orléans, poussé par ses amis qui détestent comme lui la vieille cour, le parti dévot et les princes légitimés, prend la tête d'une réaction dans tous les domaines, que symbolise bien le transfert de la cour de Versailles à Paris : depuis sa résidence du Palais-Royal, le régent surveille de près le jeune roi installé aux Tuileries.

La **réaction** est d'abord politique. A côté du conseil de régence, sans pouvoir réel, sept conseils, de dix membres chacun, tous grands seigneurs, remplacent les ministres et secrétaires d'État : conseils de conscience, du dedans, des affaires étrangères, des finances, du commerce, de la guerre, de la marine. Certes, des conseillers d'État et des maîtres des requêtes font le travail effectif, mais très vite le système, baptisé polysynodie, sombre dans l'impuissance et le ridicule, et dès septembre 1718 le régime ministériel antérieur est presque totalement rétabli. La réaction est également religieuse, avec la nomination à la tête du conseil de conscience du très janséniste cardinal de Noailles : tous les adversaires de la bulle *Unigenitus,* qui en appellent au concile – d'où leur nom d'« appelants » – s'agitent et relèvent la tête. La réaction est aussi sensible, nous le verrons, au niveau de la politique extérieure : poussé par son ancien précepteur, l'abbé, puis cardinal Dubois, le régent se rapproche de l'Angleterre contre l'Espagne de Philippe V. La réaction est enfin intellectuelle et morale : dans les arts comme dans les lettres triomphent la grâce, la fantaisie et la liberté (les *Lettres persanes* paraissent en 1721), cependant que Philippe d'Orléans et son entourage de « roués » donnent l'exemple de la licence la plus débridée. Mais cette licence, favorisée par les bouleversements liés au système de Law, ne doit pas faire illusion : elle n'est le fait que d'une partie de la cour et de la haute société parisienne; l'ensemble de la société française n'est pas touchée et connaît au contraire, dans les années 1720-1740, un degré de christianisation sans doute jamais atteint, avec les effets concrets de la généralisation des séminaires diocésains entre 1670 et 1700, avant l'essoufflement de la réforme catholique, sensible à partir de 1740.

240

Le système de Law – Le gros problème qui se pose au régent et au duc de Noailles, président du conseil des finances, dès septembre 1715, c'est la situation financière catastrophique laissée par Louis XIV. Le régent refuse une banqueroute, car il veut ménager rentiers et financiers. Il laisse donc le duc de Noailles recourir aux **expédients** classiques, dont certains ne sont que des banqueroutes partielles : refonte des monnaies, suppression d'offices, réduction des rentes constituées et des billets d'État. Il s'y ajoute la création d'une chambre de justice qui, de mars 1716 à mars 1717, taxe lourdement, pour leurs « friponneries », * traitants et receveurs (en fait, seul le quart environ des 200 millions de livres d'amendes est effectivement perçu). Mais au-delà de ces expédients qui permettent de vivre au jour le jour et de diminuer un peu la dette, le régent voudrait restaurer les finances publiques tout en se libérant de la tutelle des financiers, grâce à une relance de l'économie appuyée sur le crédit de l'État. C'est pourquoi il se laisse séduire par les propositions de l'Écossais John **Law**.

Cet **aventurier,** grand voyageur et joueur impénitent, a étudié à Londres, à Amsterdam, à Gênes, les mécanismes bancaires. Établi à Paris, il y crée le 2 mai 1716, avec l'autorisation du régent, une banque privée, la Banque générale, qui est non seulement une institution de dépôt et de change, mais qui émet des billets de banque garantis par les dépôts et remboursables à vue contre leur valeur en argent. Ces billets, qui circulent dans le public comme une véritable monnaie beaucoup plus pratique que la monnaie métallique, connaissent un grand succès et sont bientôt acceptés par les caisses royales. L'année suivante, Law crée en août 1717, la compagnie d'Occident, au capital de cent millions de livres, sous forme de 200 000 actions de 500 livres chacune. La compagnie, dite bientôt du Mississippi, reçoit le monopole de la mise en valeur de la Louisiane. Banque et compagnie constituent les deux piliers du système qu'a conçu Law et qu'il propose au régent : une banque d'État émet, en échange de l'or et de l'argent des particuliers, un papier qui devient monnaie légale et facilite la croissance de la production et des échanges. Le stock métallique ainsi drainé est investi dans une compagnie, en plus des actions lancées par celle-ci dans le public. La compagnie met en valeur les colonies françaises et contrôle peu à peu, directement ou non, toutes les grandes activités productrices du royaume. Les bénéfices réalisés permettent non seulement d'éteindre très vite les dettes de l'État, mais de garantir, au-delà du stock métallique, le papier émis par la banque et même, à terme, de supprimer les impôts pour les remplacer par un impôt unique sur les revenus des terres et perçu directement par la banque.

Séduit par le succès de la Banque générale, le régent tente l'aventure. L'**expérience** qui dure deux ans (décembre 1718-décembre 1720), se termine en catastrophe après des débuts encourageants. En décembre 1718, la Banque générale devient Banque royale, cependant que la Compagnie d'Occident absorbe peu à peu les autres compagnies de commerce (Sénégal, Chine) et devient Compagnie des Indes, avec création du port de Lorient. Le succès de la compagnie répond à la réclame étourdissante qui est faite dans le public et qui présente le Mississippi sous la forme d'un Eldorado. L'engouement du public est tel que chacun veut posséder des actions dont on attend des bénéfices prodigieux. L'émission de nouvelles actions ne suffit pas à répondre à la demande et l'agiotage bat son plein : des titres émis 500 livres trouvent preneur à 15 000, 18 000 livres. Il aurait fallu que les bénéfices tirés de la Louisiane soient eux-mêmes exorbitants pour que les acheteurs d'actions puissent toucher des dividendes à la mesure de tels prix. Or la mise en valeur de la basse vallée du Mississippi où l'on ne réussit à envoyer que vagabonds et prostituées, est un échec. Par ailleurs, Law, qui s'est fait attribuer en août 1719 l'adjudication de la ferme générale des impôts et le monopole des tabacs et qui est nommé en janvier 1720 contrôleur général des finances, commet l'imprudence de faire émettre par la Banque royale, pour stimuler le commerce, une masse de billets sans rapport ni avec l'encaisse métallique ni avec les bénéfices escomptés des diverses entreprises de la compagnie.

Au début de 1720, à l'annonce des très maigres dividendes à distribuer par la compagnie (2 %, au cours de 18 000 livres l'action émise 500 livres), le public commence à prendre peur. Plusieurs grands seigneurs, dont le duc de Bourbon et le prince de Conti, se font rembourser en numéraire leurs billets et leurs actions, déclenchant la **panique** en février. En ce qui concerne les actions, la spéculation joue en sens inverse, encouragée par tous les ennemis de Law, en particulier les financiers et banquiers mis à l'écart par l'application du système : après la course à l'achat, c'est la course à la vente, chacun voulant se débarrasser des actions qu'il possède à quelque prix que ce soit. En même temps, les guichets de la Banque sont pris d'assaut par les porteurs de billets voulant se faire rembourser en numéraire; très vite, l'encaisse est épuisée et les remboursements interrompus. Law essaie de résister en faisant racheter en sous-main les actions pour relever les cours et en imposant le cours forcé des billets de banque. Rien n'y fait. Il doit se cacher en octobre, puis en décembre 1720 s'enfuir à Bruxelles. Il mourra à Venise dans la misère en 1729.

Les **conséquences** du système ne sont pas toutes désastreuses. Certes, un certain nombre de particuliers (moins qu'on ne l'a dit à l'époque) et surtout de collectivités (communautés religieuses entre autres) en sortent partiellement ruinés. Certes – et c'est peut-être le plus grave –, l'opinion publique en garde pour longtemps une défiance générale pour le papier-monnaie et pour les institutions de crédit. En revanche, à la suite de l'opération de liquidation menée par les frères Pâris, financiers adversaires de Law (les porteurs d'actions et de billets doivent les soumettre à un visa qui en réduit considérablement la valeur), la situation est brutalement assainie au bénéfice de l'État dont la dette a été sensiblement diminuée. Par ailleurs, le système a constitué un véritable coup de fouet pour l'économie : une richesse plus mobile a favorisé la production et surtout le grand commerce maritime, contribuant ainsi à la prospérité du XVIIIe siècle.

La fin de la régence – Les dernières années de la régence sont marquées par un **retour** plus ou moins net aux options ou aux pratiques du règne précédent. Dès 1718, le régent restreint l'exercice du droit de remontrances par le parlement de

Paris et la polysynodie est abandonnée. En 1720, Dubois, qui vise le chapeau de cardinal, incite le régent à imposer la bulle *Unigenitus* comme loi du royaume : le parlement exilé à Pontoise doit accepter l'enregistrement et les jansénistes sont poursuivis et certains emprisonnés. En juin 1722, – geste symbolique – la cour se réinstalle à Versailles. Enfin, le 16 février 1723, Louis XV, qui a 14 ans, devient majeur, ce qui met fin officiellement à la régence. Le cardinal Dubois meurt le 10 août et le duc d'Orléans, devenu premier ministre, meurt à son tour le 2 décembre 1723.

LE RÈGNE PERSONNEL DE LOUIS XV DE 1723 A 1757

La France du cardinal Fleury (1723-1743) – Hercule Fleury (1653-1743), évêque de Fréjus, précepteur du futur Louis XV dès 1714, a gardé une grande influence sur son élève. C'est sur son conseil que celui-ci choisit pour remplacer le duc d'Orléans comme premier ministre **le duc de Bourbon,** premier prince du sang, arrière-petit-fils du Grand Condé, âgé de 31 ans. En fait, sous Monsieur le duc, la réalité du pouvoir est aux mains de sa maîtresse Madame de Prie et du financier Pâris-Duverney. En 1725, Bourbon redoutant que Louis XV, dont la fiancée espagnole n'a que 7 ans, meurt sans héritier, renvoie la petite infante à Madrid à la grande colère de Philippe V et fait épouser au roi Marie Leszczyńska, fille du roi détrôné de Pologne Stanislas. Mais la politique antiespagnole et belliqueuse de Bourbon inquiète Fleury qui obtient du roi la disgrâce de Monsieur le duc le 11 juin 1726. Louis XV s'en remet alors à son ancien précepteur. Celui-ci, fait cardinal en août 1726, devient ministre d'État et exerce jusqu'à sa mort, à 90 ans, en 1743, les fonctions de premier ministre, sans en avoir le titre officiellement. Sous des dehors modestes et affables, **Fleury** cache une grande ambition et le goût du pouvoir. S'appuyant à Versailles sur des ministres expérimentés et en province sur d'excellents intendants, il gère pendant près de 20 ans les affaires du royaume, soucieux de maintenir la paix à l'extérieur, l'ordre et la prospérité à l'intérieur. Il doit faire face notamment à l'agitation **janséniste** soutenue par les parlements. En effet, la déposition en 1726 de l'évêque de Senez – l'un des quatre derniers évêques appelants – et la chasse aux curés jansénistes menée par certains évêques relancent l'agitation entretenue par le journal clandestin publié par la « secte » à partir de 1728, les *Nouvelles ecclésiastiques*. A Paris, au cimetière Saint-Médard, la tombe du diacre François de Pâris, appelant notoire, mort en 1727, est le théâtre, au début de 1729, de guérisons inexpliquées, accompagnées de manifestations étranges chez les témoins dont beaucoup sont agités de convulsions. Devant l'ampleur de ces manifestations, qui bientôt drainent des foules considérables, Fleury décide la fermeture du cimetière en février 1731. Entre-temps, la déclaration de mars 1730 impose à nouveau la bulle *Unigenitus* comme loi du royaume, mais ouvre par là même une crise parlementaire : en effet, le parlement de Paris refuse l'enregistrement, imité par les parlements de province. Fleury répond par des enregistrements forcés en lits de justice. Mais selon un schéma classique, les parlements ripostent par des arrêts annulant les enregistrements forcés, auxquels répond un arrêt du conseil cassant ceux des parlements et exigeant l'arrestation des principaux meneurs, d'où la grève judiciaire des parlementaires parisiens. Fleury les fait alors exiler à Pontoise et à Troyes, mais soucieux de ne pas envenimer les choses, il rappelle les exilés après qu'ils se furent engagés à ne plus s'occuper des affaires religieuses (1732).

Sur le plan **financier,** le contrôleur général Le Peletier des Forts voulant en finir avec les perpétuelles variations de la période précédente, stabilise la monnaie en juin 1726 en fixant le louis d'or à 24 livres et l'écu d'argent à 6 livres, mais se rend impopulaire en reconstituant la même année la Ferme générale des impôts indirects. Son successeur, Philibert Orry (1730-1745), nouveau Colbert, administre le trésor avec rigueur et réussit même à équilibrer le budget trois années consécutives (1738-1740). Les procédés qu'il emploie sont classiques : sévères économies; emprunts et loteries royales; augmentation de la taille, du bail de la Ferme, du * don gratuit du clergé; rétablissement du dixième, impôt de guerre, entre 1733 et 1737, puis à nouveau entre 1741 et 1749. En même temps, Orry favorise le développement **économique** selon les principes éprouvés du colbertisme : mise au point de la corvée royale pour l'entretien et l'accroissement du réseau routier, contrôle étroit de la production par les inspecteurs des manufactures, mesures en faveur du grand commerce, entre autres la réorganisation du conseil du commerce en 1730 et la prohibition des tissus anglais. De son côté, Maurepas, secrétaire d'État à la Marine, renforce la puissance de la Marine royale. Mais en dépit de son pacifisme, le vieux cardinal se trouve entraîné en 1740 dans la guerre de Succession d'Autriche. Les difficultés qui en résultent provoquent son impopularité croissante, ce qui n'empêche pas Louis XV, qui lui reste très attaché, de le laisser gouverner jusqu'à sa mort en janvier 1743. Même si, selon le mot de Voltaire, Fleury n'avait eu que le mal de laisser la France se guérir toute seule, il n'en laissait pas moins le royaume plus riche et prospère que vingt ans plus tôt.

La « France Pompadour » (1745-1757) – Tel Louis XIV en 1661, Louis XV annonce, au lendemain de la mort de Fleury, son intention de gouverner sans premier ministre de titre ou de fait. **Le roi,** âgé de 33 ans, ne manque pas de qualités. Beau, séduisant, brave (il le montrera en Flandre en 1744-1745), il est intelligent, sensible et plus cultivé qu'on ne l'a dit; ces qualités expliquent la popularité qu'il connaît un temps et qui lui vaut le surnom de Bien-Aimé en 1744. Mais l'éducation qu'il a reçue a développé chez lui timidité, vanité et indolence. Des sentiments religieux superficiels quoique sincères, une dévotion toute extérieure ne constituent pas des freins suffisants à sa paresse et à sa sensualité. Dans de telles conditions, **la cour** est le centre de toutes les intrigues. Si la reine Marie Leszczyńska ne joue aucun rôle politique, leurs six filles – Mesdames de France – et le dauphin Louis, qui mourra en 1765, se font les porte-parole d'un parti dévot dont l'influence à certains moments n'est pas négligeable, sans jamais contrebalancer réellement celle des favorites. Après avoir été à partir de 1733 l'amant des quatre filles du marquis de Nesle, dont la dernière faite duchesse de Châteauroux joue un certain rôle mais meurt en couches en 1744, Louis XV prend pour maîtresse, l'année suivante, Jeanne Poisson, épouse du fermier général Lenormant d'Étioles, et qui est faite marquise de **Pompadour.** Pendant vingt ans, elle exerce une influence considérable : en effet, maîtresse du roi pendant cinq ans seulement, elle garde ensuite jusqu'à sa mort, en 1764, la faveur de son ancien amant, qu'elle pourvoit en maîtresses, et un crédit intact. Intelligente et cultivée, elle protège le parti philosophique et joue un rôle de mécène en faisant travailler pour son compte, grâce aux sommes énormes dont elle dispose, tous les grands artistes de son temps et en faisant nommer son frère Marigny directeur général des Bâtiments. Mais faisant et défaisant les ministres au gré de ses sympathies, elle contribue ainsi à cet « absolutisme flottant » qui caractérise l'exercice par Louis XV de son métier de roi. En effet, l'intervention intermittente de celui-ci dans les affaires publiques, bien qu'il préside les conseils, et l'absence de premier ministre aboutissent à un manque d'homogénéité du gouvernement et à une sorte de despotisme ministériel, chaque ministre agissant seul dans son domaine jusqu'au moment où il est remercié. C'est le cas des frères d'Argenson, le marquis, secrétaire d'État aux Affaires étrangères de 1744 à 1747, et surtout le comte, secrétaire d'État à la Guerre de 1743 à 1757, ami des jésuites et des dévots. C'est le cas de Machault d'Arnouville, contrôleur général des finances de 1745 à 1754.

L'agitation parlementaire de 1749 à 1757 – En face des difficultés financières réapparues avec la guerre de Succession d'Autriche (80 millions de déficit en 1745), Machault, petit-fils et fils d'intendant, ancien intendant lui-même, très au fait des réalités, ami des philosophes et de Madame de Pompadour, est conscient qu'au-delà des expédients classiques le seul remède en profondeur est une réforme fiscale introduisant l'égalité devant l'impôt. C'est pourquoi il crée par l'édit de mai 1749, à la place du dixième, un nouvel impôt, le **vingtième** : c'est une taxe sur tous les revenus, établie par des officiers royaux, même en pays d'états, d'après les déclarations des contribuables. Son produit devait alimenter une caisse d'amortissement indépendante du trésor et consacrée au remboursement de la dette publique. Devant cette atteinte aux privilèges, les réactions sont immédiates. Les parlements, usant de leur droit de remontrances, refusent l'enregistrement. Les états de Languedoc, d'Artois, de Bretagne protestent en invoquant leurs libertés traditionnelles. L'Assemblée du clergé de 1750 s'élève avec véhémence contre le fait que le « premier ordre » soit astreint à ce nouvel impôt. Si les parlements sont contraints à l'enregistrement et les états provinciaux au silence, par contre l'opposition du clergé, appuyé à la cour par le parti dévot, est telle que Louis XV prend peur et, soucieux de garder l'appui de l'épiscopat contre les parlements jansénisants, décide, par arrêt du conseil du 23 décembre 1751, de dispenser le clergé du vingtième qui perd ainsi toute portée révolutionnaire.

   Il est vrai que le gouvernement royal est en même temps aux prises avec un rebondissement de l'affaire **janséniste** dont prennent à nouveau prétexte les parlementaires pour se poser en rempart contre le despotisme. En 1752, l'archevêque de Paris ordonne à ses prêtres de refuser les derniers sacrements et la sépulture religieuse à tout mourant qui ne présenterait pas un billet de confession prouvant qu'il adhérait à la bulle *Unigenitus*. Le parlement de Paris condamne deux curés de la capitale pour refus de sacrements, ordonne la saisie des biens de l'archevêque de Paris et rédige en avril 1753 de grandes remontrances à destination du roi, cependant qu'il décide la grève judiciaire. Pris entre la robe et le clergé, Louis XV exile les parlementaires à Pontoise en mai 1753, puis les rappelle en octobre et tente d'obtenir des deux parties le « silence sur la bulle ». Devant la mauvaise volonté de l'épiscopat, il exile un moment trois évêques dont celui de Paris. Enfin, il obtient du pape en 1756 une encyclique modérée supprimant les billets de confession et interdisant le refus des sacrements. Cette interminable querelle qui ne réjouit que les philosophes, contribue à affaiblir l'autorité royale et à entamer un peu plus la popularité du roi. Le 5 janvier 1757, un déséquilibré, Damiens, frappe Louis XV avec un canif; il est écartelé vif comme l'avait été Ravaillac. Quant au roi, il décide, à l'instigation de Madame de Pompadour, de se séparer de Machault d'Arnouville et du comte d'Argenson, ses deux ministres les plus impopulaires, mais aussi les plus compétents.

LE RÈGNE PERSONNEL DE LOUIS XV DE 1758 A 1774

Choiseul et la politique générale (1758-1770) – Le vide ainsi créé et les premières difficultés nées de la guerre de Sept Ans incitent Louis XV à faire appel en octobre 1758 au duc de **Choiseul,** sur la recommandation de Madame de Pompadour. Ce gentilhomme lorrain est intelligent et travailleur, mais léger et trop sûr de lui. Secrétaire d'État aux Affaires étrangères, à la Guerre et, un moment, à la maison du roi, il va jouer jusqu'en 1770 un rôle de premier plan. Toutefois, par nonchalance et opportunisme, il se garde bien d'exercer les pouvoirs d'un véritable premier ministre, laissant, en fait, une grande liberté à ses collègues. Comme chef de la diplomatie française, il s'efforce, lors de l'élaboration du traité de Paris, de réduire les conséquences de la défaite face aux Anglais. Puis il prépare une revanche en apportant tous ses soins à l'**armée** et surtout à la **marine.** Il rétablit la discipline à tous les niveaux, complète les effectifs, installe à La Flèche en 1764 une école préparatoire à l'École militaire de Paris créée en 1760. Il adopte le matériel d'artillerie légère de l'ingénieur Gribeauval, assurant ainsi à la France une supériorité durable en ce domaine. Il réorganise les cadres de la marine par la grande ordonnance de 1765 qui favorise le « grand corps » des officiers « rouges », d'origine noble, au détriment des officiers « bleus », roturiers venus du commerce ou de la course, mais impose aux premiers une formation plus scientifique. Il crée de nouveaux arsenaux, encourage les constructions navales, améliore les ports.

Si Choiseul n'est pour rien dans l'annexion officielle de la Lorraine, au décès du roi Stanislas en 1766, puisque celle-ci était réalisée dans les faits depuis 1735, c'est lui par contre qui prend l'initiative d'intervenir en **Corse** pour faire pièce à l'influence anglaise en Méditerranée occidentale. Vassale théorique de la république de Gênes, l'île est devenue en fait indépendante grâce à Pascal Paoli qui est élu général en chef en 1755 et dote la Corse d'une véritable constitution. En 1768, Gênes cède tous ses droits à la France. Alors que l'île s'était soulevée toute entière contre Gênes, une large partie de l'opinion est favorable à la France. C'est pourquoi Paoli, en dépit de quelques succès initiaux, doit s'avouer vaincu en mai 1769 et chercher refuge en Angleterre. Le maintien des institutions traditionnelles et la création d'états provinciaux assurent à l'île une certaine autonomie et facilite l'assimilation, de même que la politique prudente menée par le premier gouverneur, Marbeuf.

Pendant ce temps, au contrôle général et dans les intendances, des esprits éclairés s'efforcent d'appliquer des idées libérales et réformatrices dans le cadre des nouveaux principes physiocratiques. Avec Bertin, contrôleur général de 1759 à 1763, puis son successeur L'Averdy de 1763 à 1768, la liberté triomphe en matière **économique** : divers édits autorisent le partage des communaux (1767, 1773); le privilège de la Compagnie des Indes est supprimé (1769); surtout, la liberté du commerce des grains est instituée à l'intérieur du royaume en 1763, et même à l'exportation en cas de belle récolte, en 1764. Cette dernière mesure entraîne une hausse des prix qui favorise les producteurs de grains, mais une série de mauvaises récoltes aggravées par les manœuvres des spéculateurs et la difficulté structurelle des communications provoquent des révoltes populaires : les stocks que L'Averdy constitue par prudence font naître la légende du « pacte de famine » et du roi affameur du peuple.

Choiseul et la reprise de l'agitation parlementaire (1761-1770) – Soucieux de flatter l'opinion publique et notamment les milieux parlementaires, jansénistes et gallicans, Choiseul sacrifie les **jésuites**. L'occasion est fournie par la faillite, en 1761, d'un jésuite de la Martinique, le père Lavalette, qui s'était lancé dans des opérations commerciales malheureuses. La Compagnie de Jésus, condamnée par le parlement d'Aix comme solidaire d'un de ses membres, commet l'erreur de faire appel devant le parlement de Paris. Non seulement celui-ci confirme la condamnation, mais il déclare les constitutions de la Compagnie contraires aux lois du royaume et expulse les jésuites de son ressort en août 1762. La plupart des parlements de province prennent des mesures similaires, notamment celui de Rennes à l'instigation de son procureur général La Chalotais. En dépit des efforts du dauphin et du parti dévot, Louis XV poussé par Choiseul et Madame de Pompadour abolit en France la compagnie de Jésus par l'édit de novembre 1764, mais autorise ses membres à demeurer en France à titre privé. La centaine de collèges que dirigeait la Compagnie sont remis aux autorités ecclésiastiques qui les confient soit à des prêtres séculiers, soit aux ordres rivaux (oratoriens, eudistes). Ce remaniement est l'occasion d'un grand mouvement d'opinion sur les problèmes d'enseignement, certains, tel La Chalotais, jetant les plans d'une « éducation nationale » à base de langues vivantes et de sciences plus que de langues anciennes.

Enhardis par leur victoire sur les jésuites, les **parlementaires** ne cachent plus leur prétention à jouer le rôle politique de premier plan qu'ils estiment leur revenir. A Paris comme en province, ils usent de leur droit de remontrances pour s'opposer notamment à toutes les mesures fiscales, cachant la défense égoïste de leurs privilèges sous le masque de l'intérêt général. Dans les années 1760, l'affaire de **Bretagne** aboutit à une véritable révolte des parlements contre l'autorité royale. Depuis 1753, le duc d'Aiguillon, allié au parti dévot, est commandant en chef de la province pour le compte du gouverneur en titre, le duc de Penthièvre. En 1760, le pouvoir royal voulant à nouveau augmenter les impôts pesant sur la Bretagne, les états provinciaux, soutenus par le parlement de Rennes, s'opposent à cette prétention. Animé par La Chalotais, le parlement critique sévèrement l'administration du commandant en chef qui a multiplié les initiatives utiles à la province, mais sans toujours consulter les états. Convoqué et semoncé à Versailles, le parlement démissionne en masse en mai 1765. Accusé d'être l'auteur de lettres injurieuses pour le roi, La Chalotais est arrêté, emprisonné, puis exilé. C'est alors que les parlementaires de Paris et de Rouen se solidarisent avec leurs collègues de Rennes et déclarent que les parlements du royaume ne forment qu'un parlement unique pouvant seul donner force de loi aux décisions royales. Le 3 mars 1766, lors d'un lit de justice au parlement de Paris, Louis XV réaffirme en termes très durs la doctrine de la monarchie absolue (« C'est en ma personne seule que réside l'autorité souveraine »), mais la fermeté dont il témoigne dans cette séance de la « flagellation » est sans lendemain : il révoque d'Aiguillon et rétablit les magistrats de Rennes qui décident aussitôt d'ouvrir le procès de l'ancien commandant en chef. Celui-ci demande à être jugé, comme duc et pair, par le parlement de Paris qui le prive de sa pairie et commence à enquêter sur tous les actes de son administration en Bretagne. Sur les conseils de Maupeou, parlementaire devenu chancelier en 1768, et de Terray, contrôleur général en 1769, Louis XV réagit contre cette prétention inacceptable : il invite d'Aiguillon à Marly et casse toute la procédure rennaise (27 juin 1770). Quelques mois plus tard, le 24 décembre 1770, il disgracie brutalement Choiseul qui continuait à soutenir les parlements, préconisait une guerre contre l'Angleterre pour soutenir l'Espagne et avait contre lui Madame du Barry, maîtresse du roi depuis 1768.

Le triumvirat (1770-1774) – Maupeou et Terray constituent avec d'Aiguillon, nommé aux Affaires étrangères en 1771, un triumvirat qui dirige les affaires jusqu'à la mort de Louis XV. Intelligent et énergique, **Maupeou** décide, en plein accord avec le roi, d'en finir avec l'agitation parlementaire. Le parlement de Paris ayant riposté par la grève à un nouveau lit de justice, chaque magistrat est invité, dans la nuit du 19 au 20 janvier 1771, à reprendre son service ou à abandonner sa charge. La grande majorité refuse de s'incliner et est exilée en province. L'édit du 23 février jette alors les bases d'une profonde **réforme judiciaire.** Le parlement de Paris voit son ressort amputé au profit de dix conseils supérieurs créés à Arras,

Blois, Châlons, Lyon, Poitiers, Clermont; il ne conserve plus que l'enregistrement des lois et la juridiction sur Paris et la région parisienne. La vénalité des charges est abolie, les magistrats nommés par le roi seront payés par lui et ne toucheront plus d'*épices. La réforme s'étend aux parlements de Rouen et de Douai, transformés en conseils supérieurs, et aux autres parlements de province. Dès le lendemain, la cour des aides de Paris proteste, mais elle est immédiatement supprimée, ainsi que toutes les autres * cours souveraines de Paris et de province. La réforme, qui est autant politique que judiciaire, se heurte aux violentes récriminations des anciens parlementaires et de leur clientèle. Mais Maupeou tient bon, en dépit des difficultés qu'il rencontre pour recruter les nouveaux magistrats.

Quant à l'abbé Terray, débarrassé de l'opposition stérile des parlements, il s'efforce de faire face à une très grave situation **financière** (aggravation de la dette, gages des nouveaux juges). Après avoir eu recours aux expédients classiques, ce qui lui vaut une solide impopularité, il tente une œuvre de redressement par extension des vingtièmes à tous les contribuables, l'élévation du bail des fermes et du produit de la paulette. En matière économique, la crise de subsistances des années 1770-1771 l'incite à revenir, par prudence, à une politique de réglementation en ce qui concerne le commerce des grains, à nouveau étroitement surveillé (1771). Mais la mort de Louis XV, le 10 mai 1774, compromet l'œuvre entreprise par Maupeou et par Terray.

LE RÈGNE DE LOUIS XVI DE 1774 À 1789

Turgot (1774-1776) – Petit-fils de Louis XV, le nouveau **roi** a 20 ans. Lourd et timide, il n'est pas dénué de qualités et a reçu une éducation soignée, mais il manque d'aptitudes pour le métier de roi et témoigne très tôt d'un caractère faible et irrésolu face à un entourage divisé et peu sûr : sa femme, Marie-Antoinette d'Autriche, fille de Marie-Thérèse, intelligente, mais impulsive, ses frères, les comtes de Provence et d'Artois, égoïstes et hostiles aux réformes, son cousin, le duc Philippe d'Orléans, ambitieux sans scrupules. Le jeune roi fait appel, pour le conseiller, au vieux Maurepas, disgracié en 1749. Celui-ci fait immédiatement renvoyer Maupeou et rappeler les parlements, décision prise dans un but d'apaisement, mais lourde de conséquences désastreuses pour la monarchie : les parlements ne tardent pas en effet à reprendre leur opposition systématique par le biais du droit de remontrances. Mais en même temps, Maurepas appelle aux affaires des hommes de premier plan, acquis aux idées de ce que l'on appellera plus tard le « despotisme éclairé » : aux Affaires étrangères, Vergennes; à la maison du roi, Malesherbes, protecteur des philosophes, qui prépare des mesures, appliquées ultérieurement, sur le régime des prisons, l'usage de la torture, l'établissement de l'état civil des protestants (1787); à la Guerre, Saint-Germain, et à la Marine, Sartine, qui poursuivent l'œuvre de Choiseul; enfin, au contrôle général des finances, Turgot.

Petit-fils et fils d'intendant et de prévôt des marchands de Paris, **Turgot** (1727-1781) a été lui-même, de 1761 à 1774, intendant en Limousin où il a pu expérimenter ses idées d'économiste disciple de Quesnay et de Vincent de Gournay; il a collaboré à l'*Encyclopédie* et publié en 1770 des *Lettres sur la liberté du commerce des grains*. D'emblée, il propose au roi de résorber le déficit sans recourir aux expédients habituels (« point de banqueroute, point d'augmentation d'impôts, point d'emprunts »), mais grâce à de sévères économies et surtout à un meilleur rendement de la fiscalité résultant d'un enrichissement général. Il réalise les économies annoncées en supprimant des offices inutiles, en diminuant certains traitements, en contrôlant plus étroitement les dépenses. Mais surtout il prend une série de mesures susceptibles à ses yeux de favoriser l'accroissement de la richesse nationale. L'édit du 13 septembre 1774 rétablit la liberté du commerce des grains. Malheureusement, la mauvaise récolte de 1774 provoque, au printemps de 1775, disette et cherté du pain, aggravées par la spéculation. Une partie de l'opinion publique rend Turgot responsable, la légende du pacte de famine reprend corps, des émeutes éclatent en avril et mai 1775 notamment dans la région parisienne. Turgot réprime durement cette « guerre des farines ». En janvier 1776, il supprime la corvée royale et la remplace par la subvention territoriale, impôt en argent sur les propriétés foncières, et supprime également les jurandes et maîtrises, rendant ainsi le travail libre. Le ministre a d'autres projets, entre autres la mise en place de municipalités, c'est-à-dire d'assemblées paroissiales, provinciales et nationale élues par les propriétaires, mais les mesures déjà prises heurtent trop de privilèges. Le roi résiste d'abord en imposant au parlement de Paris l'enregistrement des édits de janvier, puis cède à une cabale menée par la reine et disgracie Turgot le 12 mai 1776.

Le premier ministère Necker (1776-1781) – Dans les semaines qui suivent, la corvée royale et les corporations sont rétablies. C'est alors que le vieux Maurepas suggère de faire appel au banquier d'origine genevoise Jacques **Necker** qui, étant protestant, n'aura que le titre de directeur général des finances. Ami des philosophes, il joue au réformateur, mais n'est en fait qu'un habile technicien des finances, jouissant d'un large crédit dans les milieux bancaires. Par ailleurs, c'est un partisan du colbertisme traditionnel et un adversaire du libéralisme économique. Pour faire face aux grosses dépenses liées à l'intervention française en Amérique, Necker multiplie les emprunts à des taux intéressants, ce qui amène des millions de livres dans les caisses de l'État et assure la popularité du ministre, mais aggrave les charges pour l'avenir. En même temps, soucieux de diminuer le pouvoir des intendants, Necker reprend à son compte l'idée de Turgot en proposant à Louis XVI la mise en place d'assemblées provinciales formées de représentants des trois ordres (un tiers d'entre eux serait nommé par le roi et désignerait les deux autres tiers) et chargées de répartir les impôts directs et de participer à l'administration de la province. Pour ne pas effrayer les parlements, l'expérience est d'abord tentée dans deux provinces, à Bourges pour le Berry (1778) et à Montauban pour la Haute-Guyenne (1779). Mais cette réforme inquiète nobles et parlementaires, cependant que la prolongation de la guerre d'Amérique coûte de plus en plus cher, que la politique d'emprunts se révèle de plus en plus insuffisante et que le crédit de Necker baisse peu à peu. Celui-ci essaie de répondre aux diverses critiques en publiant en février 1781 un *Compte rendu au roi* dont le but est de démontrer les heureux effets de sa politique. Pour la première fois, les comptes de la nation sont publiés. En fait, l'équilibre budgétaire qui apparaît n'est dû qu'au gonflement factice des recettes et à l'omission des dépenses extraordinaires. Par contre, le montant des pensions annuelles versées aux courtisans (plus du dixième des recettes) est dûment mentionné. Violemment attaqué de toutes parts, Necker démissionne le 19 mai 1781.

Calonne et Brienne (1781-1788) – Joly de Fleury (1781-1783), puis Lefèvre d'Ormesson (1783), qui se succèdent au contrôle général, s'efforcent de faire face à la situation grâce à des économies et à des emprunts. En 1781, Ségur, secrétaire d'État à la Guerre, réserve les grades d'officier dans l'armée (sauf dans l'artillerie et le génie, armes savantes) aux nobles pouvant prouver quatre quartiers de noblesse. En octobre 1783, à l'instigation de la reine, Louis XVI nomme contrôleur général des finances l'intendant du Hainaut, Charles de **Calonne**. Persuadé que la richesse du pays ne peut qu'entraîner la richesse de l'État, il mène une politique de dépenses couvertes par des emprunts. Une telle expérience n'est rendue possible que par la prospérité consécutive à la paix de Versailles et à la provisoire euphorie qu'elle entraîne. Calonne lance de grands travaux d'urbanisme, développe le port de Cherbourg, ressuscite, en 1785, la Compagnie des Indes, mais sans monopole, et la même année, signe avec l'Angleterre un traité de commerce libre-échangiste. Mais, dès 1786, la fièvre retombe, les prêteurs se font rares, la légère relance économique n'est qu'une courte pause dans la crise que connaît toute l'économie française depuis 1770 environ et surtout depuis 1776, marquée par la stagnation, puis la dépression de la production, des prix et des revenus : affaissement des prix du vin et du blé, difficultés de l'industrie textile. Calonne est alors amené à proposer au roi un vaste plan de réformes qui reprend certains projets de ses prédécesseurs : création d'une subvention territoriale, impôt unique pesant sur tous les propriétaires et réparti par des assemblées provinciales élues; suppression de la corvée; libre exportation des grains. Pour tourner l'opposition prévisible des parlements, Calonne présente son projet à une assemblée de notables choisis par le roi, presque tous nobles. L'assemblée repousse le principe de l'égalité devant l'impôt et critique violemment la gestion du ministre que le roi renvoie le 8 avril 1787 et remplace par l'archevêque de Toulouse, Loménie de Brienne, avec le titre de premier ministre d'État.

Brienne renvoie les notables et, par l'édit du 17 juin 1787, met en place une importante réforme administrative des *pays d'élections en y instituant des assemblées paroissiales, départementales et provinciales, avec pour ces dernières une commission intermédiaire siégeant entre les sessions. Mais, en juillet 1787, le parlement de Paris refuse d'enregistrer les édits fiscaux créant la subvention territoriale et demande la convocation des états généraux, ce qui donne lieu, le 6 août, à un lit de justice déclaré illégal par certains parlementaires. Louis XVI riposte en exilant le parlement à Troyes. Un compromis permet son retour en octobre, aux applaudissements de l'opinion qui voit dans les magistrats les adversaires du despotisme ministériel et les pères de la patrie. Pour briser cette obstruction, le garde des sceaux Lamoignon tente en mai 1788 une réforme inspirée de celle de Maupeou : création de 47 grands bailliages, mais maintien de la vénalité des charges. L'opposition à cette réforme est générale, mais ambiguë, chacun revendiquant pour son compte le contrôle du pouvoir royal. L'alliance est donc fragile entre les parlementaires défendant leur pouvoir et leurs privilèges, les nobles soucieux de continuer à dominer les états provinciaux là où ils existent, et les patriotes du tiers réclamant une monarchie tempérée et la suppression des privilèges. Des émeutes contre les édits de Lamoignon éclatent à Paris, à Rennes, à Grenoble. Le 8 août, Brienne convoque les états généraux pour le 1er mai 1789 et, le 25, remet au roi sa démission.

Vers les états généraux (1788-1789) – Dès le lendemain, **Necker,** plébiscité par l'opinion, est nommé ministre d'État et directeur général des finances. Il rappelle les parlements et abandonne les réformes de Lamoignon. Mais le grand problème qui passionne l'opinion et bientôt divise irrémédiablement l'opposition est celui de la forme des futurs états généraux. Alors que les patriotes, partisans de réformes profondes et pas seulement fiscales, réclament que le tiers ait autant de députés que les deux autres ordres réunis et que le vote ait lieu par têtes et non par ordres, le parlement de Paris demande, le 25 septembre, que les états se réunissent « suivant la forme observée en 1614 », chaque ordre ayant une voix et le même nombre de députés; du jour au lendemain, le voile se déchire et la popularité des pères de la patrie s'effondre. Enfin, le 27 décembre 1788, sur proposition de Necker, le roi décide le doublement du tiers; ce n'est qu'une demi-mesure, puisque aucune décision n'est prise concernant le vote par têtes ou par ordres.

Dans les premières semaines de 1789, alors que se multiplient brochures, libelles, feuilles plus ou moins périodiques, les Français prennent la parole dans toutes les paroisses de France, à l'occasion de la rédaction des cahiers de doléances, et préparent les **élections** dans le cadre des bailliages, le tout dans une atmosphère d'agitation et de crise frumentaire consécutive à la mauvaise récolte de 1788 et à l'hiver exceptionnellement rigoureux qui suit. Enfin, le 4 mai 1789, les états généraux s'ouvrent à Versailles par le défilé solennel des 1139 députés en trois groupes bien distincts : les 291 députés du clergé, les 270 députés de la noblesse, les 578 élus du tiers, dernière représentation que la société d'Ancien Régime se donne d'elle-même.

19

L'ANGLETERRE ET LES ÉTATS DE L'EUROPE DU NORD-OUEST AU XVIIIe SIÈCLE

Les deux premiers rois de la dynastie hanovrienne, George Ier (1714-1727) et George II (1727-1760), sont des Allemands qui ne s'intéressent que de loin au travail de leurs ministres. Cette situation facilite l'évolution de la monarchie anglaise vers un régime de type parlementaire : les ministres, formant le cabinet, exercent en fait le pouvoir exécutif, sous le contrôle du parlement. Les tories étant compromis par leur jacobitisme, les whigs se maintiennent au pouvoir jusqu'en 1760, notamment avec Robert Walpole (1717-1742). Le pays traverse alors une crise morale et nationale que dénonce, entre autres, William Pitt qui se fait le champion de la guerre contre la France. Devenu roi en 1760, George III entend exercer pleinement la prérogative royale. Mais cette tentative échoue et, à partir de 1783, le second Pitt exerce la réalité du pouvoir. Le roi Gustave III de Suède (1772-1792) règne en roi philosophe, mais meurt assassiné. Les Provinces-Unies, en dépit d'un déclin relatif, restent une grande puissance économique.

L'ANGLETERRE DES DEUX PREMIERS GEORGE (1714-1760)

Hanovriens et jacobites – **George Ier** (1714-1727), nouveau roi de Grande-Bretagne, a 54 ans à son avènement en 1714. Cet Allemand séjourne le plus souvent dans son électorat de Hanovre et s'intéresse médiocrement aux affaires de l'Angleterre, ne faisant rien pour être populaire. Comme les tories sont, en majorité, partisans des Stuarts, il s'appuie exclusivement sur les whigs dont il assure la domination par tous les moyens. S'il prend une part active à la politique extérieure, contribuant en 1717 à la signature de la Triple Alliance avec la France et les Provinces-Unies, il laisse ses ministres whigs Stanhope (1717-1721) et surtout Walpole (1715-1717 et 1721-1742) diriger la politique intérieure, d'autant qu'il n'assiste même pas aux réunions des ministres du fait de son ignorance de l'anglais. Son fils **George II** (1727-1760) qui lui succède en 1727, né en Hanovre en 1683, a appris l'anglais, mais le parle mal. Mieux intégré à son royaume, il est d'abord populaire, ainsi que sa femme la reine Caroline, mais ses sujets lui reprochent bientôt ses manières grossières et son attachement excessif aux intérêts de son électorat, parfois au détriment de ceux de l'Angleterre.

L'enracinement difficile de la dynastie hanovrienne semble laisser leurs chances aux **jacobites,** partisans du prétendant Jacques Stuart, fils de Jacques II, surtout au début du règne de George Ier. Mais le refus obstiné du prétendant d'abandonner le catholicisme pour l'anglicanisme, comme le lui conseillent certains tories, condamne à l'avance la tentative de restauration. Débarqué en septembre 1715 dans les Highlands, le prétendant se fait proclamer roi à Aberdeen, mais les Écossais des Lowlands, majoritairement satisfaits de l'Acte d'union de 1707, refusent de le suivre; en août 1716, il regagne le continent, après la dispersion de ses partisans. En 1722, une nouvelle tentative se solde par un nouvel échec (complot d'Atterbury). En 1745, c'est son fils Charles-Édouard, dit le jeune prétendant, qui tente l'aventure, avec l'appui du gouvernement de Louis XV, alors en guerre contre l'Angleterre. Débarqué en Écosse, « Bonnie Charlie » prend Édimbourg où il se fait couronner, envahit l'Angleterre, entre à Manchester et menace Londres, mais devant l'indifférence de la population anglaise, il doit battre en retraite et son armée est écrasée dans les Highlands à Culloden, le 16 avril 1746, par le duc de Cumberland, troisième fils du roi George II. Charles-Édouard réussit non sans mal à regagner la France, cependant que Cumberland exerce en Écosse une sanglante répression. Plus que les qualités personnelles des deux premiers George, c'est l'opposition des Anglais au papisme et à l'absolutisme des Stuarts qui explique cette victoire de la dynastie hanovrienne sur les jacobites.

Les progrès du régime parlementaire et le gouvernement de Walpole (1715-1742)
L'effacement et la médiocrité des deux souverains ont des conséquences considérables dans la mesure où ils conduisent, de fait, le parlement d'une part, les ministres d'autre part, à jouer les premiers rôles au détriment du roi. Ainsi,

peu à peu, les acquis de la révolution de 1688-1689 se trouvent consolidés, le régime politique anglais évoluant vers un véritable régime parlementaire où le pouvoir réel est exercé par un **ministère** choisi dans le groupe qui possède la majorité au parlement. Au sein de celui-ci, la chambre haute, ou chambre des lords, est formée de lords spirituels (26 archevêques et évêques anglicans) et de lords temporels (par naissance ou désignation par le roi); elle partage le pouvoir législatif avec la chambre des communes dont les membres sont élus. Les tories, partisans de la prérogative royale, mais suspects de jacobitisme, perdent la majorité en 1715 au profit des whigs. Ceux-ci, représentant à la fois les grandes familles aristocratiques et les milieux d'affaires, font voter en 1717 l'Acte de septennalité, grâce auquel les députés sont élus pour sept ans au lieu de trois. Majoritaires aux communes jusqu'en 1760, les whigs imposent définitivement l'idée que la confiance des députés est indispensable aux ministres; le principe de la responsabilité ministérielle devant le parlement entre ainsi dans les mœurs. En même temps, le conseil privé *(privy council)* qui regroupe de nombreux membres est en fait supplanté par un organisme plus restreint qui en émane, le conseil de cabinet *(council cabinet)*. Formé de quelques grands dignitaires aux responsabilités ministérielles importantes (lord chancelier, premier lord de la trésorerie, chancelier de l'Échiquier), il constitue le véritable pouvoir exécutif. En l'absence presque constante du roi sous les deux premiers George, le conseil de cabinet est présidé par l'un des ministres qui rend compte au souverain des décisions prises et joue ainsi le rôle de premier ministre sans en avoir encore le titre. Pour éviter toute difficulté, le roi désigne le leader de la chambre des communes comme chef du cabinet et celui-ci recrute lui-même ses collègues. Pourtant si la notion de solidarité ministérielle prend corps, elle ne va pas jusqu'à la démission collective du cabinet en cas de disgrâce ou de démission d'un de ses membres.

Cette évolution vers le régime parlementaire, que constatent avec admiration Voltaire en 1726, Montesquieu en 1730, ne doit pas masquer que la **chambre des communes** ne représente que fort imparfaitement la nation britannique et que la corruption y sévit à tous les niveaux. Ne sont électeurs dans les comtés (les campagnes) que les propriétaires fonciers et dans les bourgs (les villes) que quelques centaines de notables. Chaque comté ou bourg élit deux députés, mais la liste des bourgs, qui a été fixée sous Élisabeth Ire, ne correspond plus toujours à la réalité : certains centres, au développement récent, n'ont pas de députés, tandis que des localités dépeuplées continuent à en élire deux (ce sont les bourgs de poche et les bourgs pourris). Par ailleurs, le caractère public du scrutin favorise les pressions de toutes sortes et le petit nombre des électeurs facilite la corruption : en fait, beaucoup de députés achètent leur siège. A cette corruption électorale s'ajoute la corruption gouvernementale : places et pots-de-vin permettent au cabinet de s'assurer éventuellement la majorité dont il a besoin aux communes.

Robert **Walpole** (1676-1745) symbolise parfaitement le régime politique anglais sous les deux premiers George. Député whig en 1701, il est chef du cabinet de 1715 à 1717, puis cède la place à Stanhope, mais revient au pouvoir à la suite de la crise de la Compagnie des Mers du Sud. Selon les principes que

Law applique en France au même moment, Stanhope a cherché à résorber la dette publique en chargeant la compagnie en 1719 de l'amortissement de la dette grâce aux bénéfices futurs de ses activités commerciales. Mais la fièvre de la spéculation joue le même rôle à Londres qu'à Paris, entraînant la chute de la compagnie, dès 1720, dans la corruption et le scandale. De 1721 à 1742, Walpole nommé chancelier de l'échiquier, est le premier à jouer le rôle de premier ministre avant la lettre. Plein de bon sens, excellent tacticien parlementaire, personnellement honnête, il développe cyniquement la pratique de la corruption aux communes. Par ailleurs, il s'entend bien avec George Iᵉʳ et réussit à vaincre les préventions de George II. Sa formule préférée – « Ne pas troubler le calme » – résume assez bien sa politique. A l'extérieur, il se montre résolument pacifique, en accord avec Fleury en France et en dépit des menaces pour la paix que constituent les ambitions de Philippe V d'Espagne et de l'empereur Charles VI. Cette politique satisfait les milieux d'affaires anglais, de même que des mesures fiscales comme la suppression de tous les droits à l'exportation et des droits à l'importation sur les denrées coloniales destinées à la réexportation. En même temps, Walpole donne satisfaction à la gentry en diminuant le taux du land tax, impôt sur les propriétés foncières, et en renforçant les pouvoirs des magistrats locaux.

La crise morale et la chute de Walpole – L'époque de Walpole qui s'ouvre avec le scandale de la compagnie des Mers du Sud est caractérisée par la prospérité, la vulgarité des mœurs et l'affairisme. La prospérité résulte du nouvel essor du grand commerce maritime et colonial consécutif aux avantages obtenus à Utrecht et du développement sans cesse accru de l'activité industrielle. Elle s'accompagne d'une lente dégradation des valeurs morales sur lesquelles a vécu l'Angleterre du XVIIᵉ siècle. Comme le note sévèrement Montesquieu en 1730 : « L'argent est ici souverainement estimé; l'honneur et la vertu, peu. » L'affairisme et la corruption s'étalent au grand jour. L'ivrognerie, au porto dans l'aristocratie, au gin dans le peuple des villes, devient un fléau national, la cour et Walpole lui-même donnant l'exemple de la débauche la plus vulgaire. Les croyances et les pratiques religieuses déclinent, de même que le sentiment national. Quelques esprits lucides dénoncent cette **démoralisation** générale : « L'Église anglicane est devenue un squelette sans âme »; « l'Angleterre n'est plus une nation. » Le théâtre, en plein développement, la presse, la littérature, la peinture se font l'écho de cette situation. Dans ses *Voyages de Gulliver* (1726), Swift se livre à une satire amère de son pays et de son temps. En 1728, l'*Opéra des gueux (Beggar's opera),* de John Gay, présente la cour comme une caverne de voleurs et compare la moralité de la classe dirigeante à celle de la pègre londonienne. En 1736, la pièce de Fielding, les *Annales historiques de 1736,* violente satire de Walpole, provoque la création, l'année suivante, d'une censure préalable sur les pièces de théâtre. Le peintre et graveur William Hogarth publie à partir de 1730 des séries de gravures qui sont autant d'études des mœurs contemporaines où la verve caricaturale s'allie au souci moralisateur.

La manière dont Walpole se pérennise au pouvoir en fait la cible de tous les critiques qui dénoncent en lui le grand responsable de la crise morale que traverse le pays. De plus, dans les milieux politiques, on lui reproche de plus en plus un autoritarisme qui grandit avec l'âge et surtout un pacifisme excessif, notamment face à l'Espagne qui, en Amérique, cherche à échapper aux obligations du traité d'Utrecht. A partir de 1738, Walpole doit faire face à une **opposition** qui regroupe à la fois les tories, adversaires de toujours, des whigs mécontents qui forment la cabale des « patriotes », des hommes d'affaires de plus en plus hostiles, et même le prince de Galles Frédéric, brouillé avec son père. Parmi les « patriotes » (« des gamins », disait dédaigneusement Walpole), l'adversaire le plus redoutable est le jeune William Pitt (1708-1778), élu député whig en 1734. Grand orateur, il attaque violemment Walpole dénonçant ses méthodes de corruption et sa faiblesse vis-à-vis de l'Espagne. En 1738, l'affaire Jenkins, contrebandier anglais à qui les Espagnols ont coupé une oreille par représailles, exaspère l'amour-propre national et est habilement exploitée par l'opposition. En 1739, Walpole se décide à déclarer la guerre à l'Espagne, mais la lutte débute par un échec, cependant qu'une mauvaise récolte en 1739 et une agitation dans le Yorkshire compliquent encore la situation du ministre. La majorité dont il dispose aux communes se trouve très réduite après les élections de 1741 ; cédant aux attaques incessantes de Pitt, Walpole offre sa démission au roi le 13 février 1742.

Le réveil national et religieux (1742-1760) – En fait, les intrigues qui suivent la démission de Walpole témoignent de l'ambiguïté de l'opposition qui a obtenu cette démission, et du malentendu existant entre elle et la plus grande partie de l'opinion publique. Pour celle-ci, le départ du vieux ministre doit signifier la fin d'un régime de corruption et d'abandons. Pour les whigs, qui détiennent toujours la majorité au parlement, il s'agit seulement, une fois Walpole éliminé, de garder le pouvoir par les mêmes moyens. C'est parmi eux que George II choisit le chef du cabinet, d'abord lord Carteret, de 1742 à 1744, puis, de 1744 à 1754, Henry Pelham, frère du très influent duc de Newcastle. Mais en 1746, le roi doit accepter l'entrée dans le ministère Pelham de **William Pitt,** qui n'a pas ménagé ses critiques à l'égard de la politique trop hanovrienne de Carteret, mais dont le prestige est considérable non seulement au parlement, mais surtout dans le pays. C'est que Pitt incarne mieux que quiconque ce réveil national souhaité par beaucoup : il s'oppose à la corruption avec d'autant plus d'autorité qu'il est lui-même d'un désintéressement absolu ; s'il approuve l'abandon de la politique pacifiste menée jusque-là, il dénonce les dangers d'un engagement trop continental à la remorque des intérêts hanovriens du roi et préconise d'abattre les Bourbons de Versailles et de Madrid non en Europe, mais sur mer et aux colonies. Profondément nationaliste et insulaire, il incarne parfaitement les préjugés et les ambitions de la majorité de ses compatriotes. Après que Newcastle a succédé à Pelham comme chef du cabinet (1754), Pitt, qui désapprouve la politique menée sur le continent, quitte le ministère en 1755. Mais l'émotion provoquée par les premières défaites subies dans la guerre de Sept Ans (perte de Minorque et de Calcutta) contraint le roi à rappeler Pitt. Immédiatement, celui-ci, qui devient chef du cabinet en décembre 1756, prend la guerre en charge : tout en soutenant loyalement Frédéric II en Europe, il donne la priorité à la lutte sur mer et aux colonies. Le courage et la confiance en soi qui l'animent contribuent à restaurer la puissance britannique : dès 1760, la victoire est acquise aussi bien en Amérique que dans l'Inde.

Dans le même temps que Pitt incarne le réveil national, **John Wesley** (1703-1791) incarne le réveil religieux. Fils de pasteur anglican, pasteur lui-même, Wesley dirige à Oxford, dans les années 1730, avec son frère Charles et son ami George Whitefield, une société pieuse que ses camarades baptisent par ironie le " club des saints " ou, à cause de la régularité méthodique de certains des exercices, le club des méthodistes. En 1738, il trouve la paix de l'âme au contact de *frères moraves rencontrés à Londres. Dès lors, sans rompre officiellement avec l'Église anglicane, mais estimant que les procédés d'apostolat de celle-ci sont inefficaces, il décide de s'adresser directement aux masses en un langage simple et approprié. Fidèle quant à lui au calvinisme arminien, mais évitant tout dogmatisme et pratiquant l'indifférence à l'égard des formes cultuelles, Wesley se donne pour but essentiel d'apporter à tous la promesse du salut personnel par la foi, sans omettre pour autant les œuvres. Lui et ses disciples prêchent les foules en plein air, dans les champs et dans les rues, sollicitant la participation de l'auditoire par le chant des psaumes. Ils s'adressent de préférence aux pauvres de l'Angleterre minière et manufacturière que délaisse le clergé anglican et ils multiplient en même temps les initiatives sociales (création de dispensaires et de sociétés de prêt gratuit, par exemple). Les conversions se multiplient à tel point que Wesley peut organiser en 1744 une première conférence générale. Jusqu'à sa mort, il considère le **méthodisme** comme un simple rameau de l'anglicanisme. Mais en 1784, la consécration de prélats méthodistes entraîne une rupture de fait avec l'Église établie. A cette date, il y a en Angleterre quelque 80 000 méthodistes. Bien que le clergé anglican et les notables aient dénoncé en Wesley un perturbateur de l'ordre social, le méthodisme est rien moins que révolutionnaire : en prêchant aux misérables la résignation et la conversion personnelle, il rend difficile une révolte organisée contre la situation dont ils souffrent. Mais en mettant l'accent sur les devoirs de charité des nantis à l'égard des plus pauvres, il crée un courant de fraternité active et de responsabilité qui tranche avec l'égoïsme et le laisser-aller de la période précédente. A cet égard, le méthodisme et le réveil religieux qu'il incarne ont joué un rôle essentiel dans l'évolution de la société anglaise, de même que les loges maçonniques qui se multiplient à la même époque. La littérature et l'art s'en font l'écho : les romans de Richardson ou de Goldsmith, les écrits de Samuel Johnson, les peintures de Reynolds ou de Gainsborough chantent les vertus d'une « vieille Angleterre », mélange d'austérité puritaine, d'esprit pratique et d'orgueil national.

LE DÉBUT DU RÈGNE DE GEORGE III (1760-1793)

George III et l'exercice de la prérogative royale (1760-1782) – Le 25 octobre 1760, à la mort de son grand-père George II, George, prince de Galles depuis la mort prématurée de son père en 1751, devient roi de Grande-Bretagne. Le nouveau **roi,** qui a 22 ans, entend en finir avec la domination exercée par les whigs depuis 46 ans et se rapprocher des tories maintenant ralliés aux Hanovre, mais il veut d'abord signer la paix au plus vite. Pitt, partisan de la continuation de la guerre, démissionne le 6 octobre 1761 et le roi le remplace comme premier ministre par son ancien précepteur, lord Bute, Écossais et tory. Mais l'animosité des vieilles familles whigs et surtout l'impopularité que lui vaut le traité de Paris contraignent Bute à démissionner en avril 1763. Jusqu'en 1770 règne la plus grande instabilité ministérielle : en effet, le parti whig étant déchiré par les rivalités personnelles, George III appelle, successivement et à son gré, pour former le ministère, les principaux chefs whigs, sans trouver l'homme capable de s'imposer. En fait, le roi, Anglais, né en Angleterre, plein de bonnes intentions, mais nerveux et instable, entend restaurer le prestige de la monarchie et exercer **la prérogative royale** que ses deux prédécesseurs ont laissé tomber en désuétude. Suivant la doctrine tory, il prétend assumer la pleine responsabilité du pouvoir exécutif et, à ce titre, choisir ses ministres comme il l'entend, sans être tenu de s'incliner systématiquement devant le parlement. C'était revenir au temps de Guillaume III et d'Anne, par-delà l'évolution du temps des deux premiers George. L'opposition à une telle conception du pouvoir ne vient pas du parlement où George III peut compter sur les « amis du roi » qui regroupent les tories et ceux des whigs dont le souverain achète les suffrages, mais elle vient de l'opinion publique. En 1763, le journaliste John Wilkes se livre dans le numéro 45 de son journal, le *North Briton,* à une très vive critique de l'action du roi. Poursuivi, il devient l'objet d'une énorme popularité et le symbole même des libertés anglaises. Il est élu député à trois reprises, son élection étant régulièrement annulée par les communes. L'opinion se passionne pour l'affaire qui met en jeu la liberté de la presse, l'inviolabilité parlementaire et le droit des électeurs à choisir leurs députés. En 1769, une nouvelle campagne de presse se déclenche avec la publication de virulents pamphlets anonymes, les *Lettres de Junius.* Par ailleurs, le parlement vote en 1771 le principe de la publicité des discussions parlementaires, ce qui contribue à associer aux affaires publiques un bien plus grand nombre de gens.

Pourtant, sûr de son bon droit, George III décide, en 1770, de faire appel comme premier lord de la trésorerie, au tory **lord North.** En fait, celui-ci laisse le roi diriger les affaires, pendant douze ans, sans opposition du côté du parlement où les « amis du roi » restent majoritaires, grâce aux traditionnelles distributions de places et de pensions. Par ailleurs, le roi est ouvertement soutenu par le clergé anglican et par la gentry. Dans le pays, l'opposition s'exprime dans certains journaux et dans le développement du radicalisme avec la création en 1779 du Mouvement du Yorkshire. Ce mouvement politique lance une intense campagne de meetings et de pétitions pour réclamer des allégements fiscaux, la limitation de la prérogative royale, l'annualité des élections, le mandat impératif pour les députés, une meilleure représentation par la création de nouveaux sièges aux communes. Mais ce sont les événements d'Amérique qui mettent un terme à la situation. Alors qu'au début la majorité des Anglais approuve l'intransigeance manifestée par le roi et son ministre à l'égard des treize colonies, l'issue malheureuse de la guerre provoque un violent revirement : c'est « l'influence de la couronne », c'est-à-dire la politique du roi, qui est tenue pour directement responsable. En juin 1780, de violentes émeutes dans Londres (les *Gordon riots*) prouvent le mécontentement populaire et la faiblesse du pouvoir. En Irlande, l'agitation reprend et n'est calmée que grâce à l'abolition du bill du Test et des lois pénales et à la création d'un parlement à Dublin (1782). Finalement c'est l'annonce de la capitulation de Yorktown (19 octobre 1781) qui entraîne la démission de lord North et de ses collègues le 20 mars 1782, après que le parlement eut voté une motion de défiance : premier exemple de démission collective du ministère.

Les débuts du second Pitt (1783-1793) – La démission de lord North signifie aussi la fin du pouvoir personnel du roi. Après un très court ministère Fox-North, George III fait appel pour diriger le cabinet, en décembre 1783, à William Pitt (1759-1806), fils du premier William Pitt devenu lord Chatham. Le **second Pitt,** entré aux communes en 1781 comme « whig indépendant », est partisan d'un gouvernement fort et au-dessus des partis. Il se rapproche des tories dont il partage le goût de l'ordre social et la crainte du radicalisme politique. Sûr de l'approbation du public, il dissout en 1784 le parlement en majorité whig et obtient aux nouvelles élections une substantielle majorité tory grâce à laquelle il va pouvoir rester en place jusqu'en 1801. La santé du roi qui, après une courte crise en 1765, est victime de graves accès de démence intermittente à partir de 1788, contribue à son effacement progressif de la vie politique et au développement du rôle du premier ministre sous le contrôle du parlement. L'équilibre entre l'autorité du roi et les droits du parlement se trouve ainsi rétabli. Intelligent, travailleur, très attaché au bien public, le second Pitt est un économiste averti, ce que n'étaient pas ses adversaires whigs, tel George Fox ; c'est un grand lecteur d'Adam Smith dont il partage le libéralisme. Après la défaite américaine, les négociants et manufacturiers anglais souhaitent la reprise des affaires. Soucieux d'ouvrir au commerce britannique de nouveaux débouchés pour compenser la perte des colonies américaines, Pitt obtient du gouvernement français, en 1786, la signature d'un traité de commerce qui réduit fortement les tarifs douaniers entre les deux pays et dont l'Angleterre tire le principal avantage. En même temps, il s'efforce de résorber la dette publique qui a doublé du fait de la guerre en Amérique : il crée une caisse d'amortissement, il diminue les dépenses de l'État, il profite de l'augmentation des revenus tirés des droits de douane et des taxes à la consommation grâce à la prospérité économique générale. Le papier-monnaie est substitué aux espèces dans les paiements de la Banque d'Angleterre.

Cette œuvre de redressement est interrompue en 1793 par la guerre qui commence avec la France révolutionnaire. Mais ces douze années ont déjà permis à Pitt de stabiliser les institutions parlementaires, de restaurer, par son intégrité personnelle, la fonction gouvernementale, d'assurer à son pays, après la malheureuse guerre américaine, une prospérité sans précédent grâce à la poursuite de la mise en œuvre de la révolution industrielle.

LES PAYS SCANDINAVES ET LES PROVINCES-UNIES

La Suède – Au lendemain de la mort de Charles XII en 1718, sa sœur Ulrique-Éléonore (1718-1720), puis l'époux de celle-ci, Frédéric Iᵉʳ de Hesse (1720-1751) doivent accepter la constitution de 1719 qui laisse la réalité du pouvoir au riksdag, dominé par la noblesse, et au rad (conseil d'État) dont les membres sont désignés par le riksdag. On aboutit, en fait, à un régime aristocratique dans lequel des factions rivales se succèdent au pouvoir : c'est l'ère dite de la liberté. **Gustave III** (1771-1792) monte sur le trône au moment où le pays semble sombrer dans l'anarchie. Prince francisé, grand lecteur des philosophes, le nouveau roi de Suède est décidé à mettre fin au désordre et recourt pour cela au coup d'État : en août 1772, soutenu par l'armée et par le peuple, il fait arrêter les membres du rad et réduit les pouvoirs de celui-ci, ainsi que ceux du riksdag. Il règne alors en despote éclairé, réorganisant la justice et les finances, abolissant la torture, encourageant l'enseignement primaire, établissant la tolérance religieuse, améliorant la condition paysanne par un début de remembrement du sol, instituant la liberté du commerce des grains. Devant l'opposition tenace de la noblesse, il renforce l'absolutisme par l'Acte d'union et de sécurité de 1789 qui accorde en même temps à tous les Suédois l'égalité des droits, notamment celui de l'accès aux fonctions publiques. Victime de l'aristocratie, ce « démocrate couronné » est assassiné lors d'un bal en mars 1792.

Bien que repliée territorialement sur elle-même depuis le début du siècle, la Suède n'en reste pas moins **ouverte** économiquement sur l'extérieur et connaît une prospérité que n'a pas interrompue l'ère de la liberté. L'industrie, protégée par des droits élevés, continue à se développer, ainsi que le grand commerce maritime, avec la création en 1731 d'une compagnie suédoise des Indes orientales. De même, la Suède participe aux grands courants culturels du XVIIIᵉ siècle européen par l'apport de ses savants (Linné, Scheele, Celsius) ou d'un penseur comme Swedenborg (1688-1772) et par son ouverture à l'influence française et aux idées des Lumières.

Le Danemark – La position du Danemark à l'entrée de la Baltique et le contrôle qu'il exerce sur les détroits expliquent que Copenhague reste une des grandes places commerciales de l'Europe. La longue période de paix qui s'ouvre en 1720 favorise le développement économique du pays. En Norvège, province danoise où grandit un sentiment national antidanois, les forêts et les mines de fer sont exploitées activement. Au XVIIe siècle, les rois de Danemark avaient peu à peu reconquis le pouvoir qu'avait accaparé la noblesse. Au siècle suivant, Frédéric V (1746-1766) et Christian VII (1766-1808) lance un programme de réformes inspiré des idées de l'époque. C'est surtout l'œuvre du ministre d'origine allemande **Struensee,** admirateur des encyclopédistes, qui, en 1768, devient le médecin de Christian VII, atteint de maladie mentale, et l'amant de la reine. Il réalise en quelques mois toute une série de réformes : adoucissement du code criminel et abolition de la torture, liberté de la presse, suppression des corporations et des derniers vestiges de servage, réorganisation de l'administration. Mais il est victime de sa précipitation et des divers mécontentements qu'il suscite, notamment à la cour : inculpé de complot contre le roi, il est condamné à mort et décapité en 1772. Si la plupart de ses réformes sont immédiatement annulées, elles seront reprises dix ans plus tard.

Les Provinces-Unies – Jusque vers 1730, les Provinces-Unies réussissent à maintenir à peu près, face à la France et surtout à l'Angleterre, leur place de grande puissance économique. Après 1740, la concurrence anglaise se fait de plus en plus vive, entraînant un incontestable **déclin.** Encore ne s'agit-il longtemps que d'un déclin relatif, car les positions des Provinces-Unies sur toutes les mers du monde restent fortes et leurs industries actives. Ce n'est qu'à la fin du siècle que la quatrième guerre anglo-hollandaise (1780-1784) a des conséquences catastrophiques pour le commerce néerlandais, tant en Europe qu'en Asie. Pourtant, les Hollandais d'Amsterdam restent maîtres du commerce de l'argent et grands prêteurs dans toute l'Europe : de rouliers des mers, ils se sont transformés en banquiers de l'univers. Au point de vue politique, la république reste sans stathouder de la mort de Guillaume III, en 1702, à la prise de Berg-op-Zoom par les troupes françaises, en 1747 : l'événement suscite un mouvement populaire qui oblige les états généraux à nommer stathouder Guillaume IV, chef de la maison d'Orange-Nassau. Entre les partisans du stathouder et ceux de l'oligarchie bourgeoise des villes, se crée un tiers parti de « patriotes » qui, en 1787, cherche, avec l'aide de la France, à se débarrasser du stathouder Guillaume V. Mais la Prusse et l'Angleterre imposent le maintien du stathoudérat. Quelques années plus tard, l'onde de choc de la Révolution française allait atteindre la république des Provinces-Unies.

20

LES ÉTATS DE L'EUROPE CENTRALE, ORIENTALE ET MÉDITERRANÉENNE AU XVIIIe SIÈCLE

La monarchie autrichienne, centrée sur le Danube, est un ensemble disparate que Marie-Thérèse, après la crise de succession ouverte par la mort de son père en 1740, et surtout Joseph II s'efforcent de transformer en un État fortement centralisé. En Allemagne du Nord, les progrès de la puissance prussienne, fondée sur l'armée, s'accélèrent avec Frédéric-Guillaume Ier, dit le Roi-Sergent, et surtout Frédéric II, dit le Grand. En Russie, Catherine II poursuit la politique de Pierre le Grand d'ouverture vers l'Europe et de transformation de l'État et de la société russes. Ces souverains – de même que plusieurs de ceux qui sont à la tête des États de l'Europe méditerranéenne – s'inspirent dans leur action des idées des Lumières : despotes éclairés, comme l'on dira au XIXe siècle, ils entendent renforcer leur autorité absolue pour mieux faire le bonheur de leurs sujets, au besoin malgré eux.

LA MONARCHIE AUTRICHIENNE DE 1711 A 1790

Forces et faiblesses de la monarchie autrichienne sous Charles VI (1711-1740)
– En 1711, à la mort de Joseph Ier sans descendant mâle, son frère l'archiduc
Charles hérite des États de la Maison d'Autriche, en vertu de la décision de son
père, dite disposition léopoldine (1703), qui maintenait la succession exclusivement
en ligne masculine. En outre, comme tous ses prédécesseurs depuis le XIVe siècle,
Charles VI est élu empereur, mais depuis 1648 il ne s'agit plus que d'une dignité
dépourvue de pouvoirs réels. Quelques années plus tard, les traités d'Utrecht et
de Rastadt (1713-1714) et le traité de Passarowitz (1718) accroissent considérablement, aux dépens de l'Espagne et de la Turquie, les **États de la Maison
d'Autriche,** improprement appelés Autriche par commodité. Vers 1720, cet ensemble
constitue, avec 600 000 km² et 25 millions d'habitants, l'État désormais le plus
vaste et le plus peuplé de l'Europe, avec les domaines patrimoniaux des Habsbourg
(archiduché d'Autriche, duchés alpins), le royaume de Bohême et ses dépendances
(Moravie, Silésie), le royaume de Hongrie entièrement reconquis sur les Turcs,
ainsi que la Transylvanie, le banat de Temesvar, la Croatie et une partie de la
Serbie. Au-delà de ce bloc au cœur de l'Europe centrale, la monarchie autrichienne
possède aussi les Pays-Bas, le Milanais, le royaume de Naples et la Sicile (celle-
ci acquise en 1720 en échange de la Sardaigne).

Cette puissance territoriale considérable recèle, en fait, une **faiblesse** fondamentale : le caractère multinational et l'absence d'unité et de cohésion. Non
seulement les différentes composantes sont dispersées, mais elles sont constituées
de peuples que tout sépare, l'histoire, la langue, voire la religion, même si le
catholicisme est la religion du plus grand nombre : Allemands en Autriche et en
Silésie, Tchèques en Bohême, Magyars en Hongrie, Roumains en Transylvanie,
Serbes et Croates en Serbie et en Croatie, Flamands et Wallons aux Pays-Bas,
Italiens en Milanais et à Naples. Politiquement, la plupart des différents États
conservent leur organisation distincte et leur assemblée d'états ou diète qui
nomme les principaux fonctionnaires et est associée à l'administration. A Vienne,
les organismes centraux – conférence secrète pour la politique générale, conseil
aulique pour les affaires judiciaires, chambre des comptes pour les affaires
économiques – doivent tenir compte de cette situation de fait. Économiquement,
chaque région a ses activités propres et témoigne d'un développement très inégal :
les Pays-Bas, le Milanais, la Silésie, la Bohême sont évolués et prospères, mais
un peu partout le régime seigneurial se renforce, avec l'existence de grands
domaines aux activités agricoles et manufacturières qui enrichissent les seigneurs.

Par ailleurs, Charles VI est un souverain chimérique et sans énergie. Il tente
de renforcer l'unité politique de ses États et institue un conseil supérieur du
commerce pour stimuler la vie économique. Mais devant le mécontentement des
diverses assemblées d'états, il renonce à augmenter les impôts, ce qui le force à
multiplier les emprunts et à réduire de moitié les effectifs de l'armée. Cette
réduction explique en partie les échecs de sa politique extérieure : en 1738, il

abandonne Naples et la Sicile au profit du Bourbon don Carlos, fils de Philippe V d'Espagne; en 1739, à la suite d'une guerre malheureuse contre les Turcs, il doit accepter, au traité de Belgrade, la perte de la Serbie du Nord et de la Valachie occidentale. Il est vrai que, dès le début de son règne, il a entrepris, par la **pragmatique sanction** de 1713, d'annuler la disposition léopoldine et d'assurer l'indivisibilité et la succession de l'héritage habsbourgeois dans sa propre descendance, fût-elle féminine. La mort de son fils unique en 1716 et la naissance de sa fille Marie-Thérèse en 1717 l'incitent à faire reconnaître officiellement la pragmatique sanction non seulement par les membres de sa famille, notamment ses deux nièces, filles de Joseph Iᵉʳ, indûment écartées, et leurs maris, l'électeur de Saxe et l'électeur de Bavière, mais aussi par les peuples de ses divers États, par les princes de l'Empire et par les puissances étrangères. Mais les garanties qu'il a ainsi obtenues au fil des années et au prix de laborieuses négociations et de divers abandons vont se révéler illusoires.

Le règne de Marie-Thérèse (1740-1780) – La mort de Charles VI, le 19 octobre 1740, ouvre en effet une grave crise de succession débouchant sur une guerre européenne. Toutefois, les divers compétiteurs ont compté sans l'énergie de cette jeune femme de 23 ans qu'est Marie-Thérèse. Elle réussit à s'imposer dans ses propres États, gagnant à sa cause les Hongrois en leur garantissant leurs privilèges (1741). Elle fait élire empereur en 1745 son mari François de Lorraine et grâce à l'appui de l'Angleterre résiste aux troupes françaises. La guerre lui coûte pourtant la Silésie dont s'est emparé Frédéric II de Prusse dès 1740 et qu'elle essaie en vain de récupérer lors de la guerre de Sept Ans. Avant même la paix de 1748, prenant son parti de la relative autonomie de ses possessions périphériques (Hongrie, Milanais, Pays-Bas), elle s'efforce de faire de ses **États héréditaires** d'Autriche et de Bohême un État fort et centralisé. Elle est aidée dans sa tâche par des ministres remarquables, notamment Kaunitz. A l'instigation de celui-ci, elle décide en 1749 l'union de la chancellerie de Bohême à la chancellerie d'Autriche, mettant fin aux derniers vestiges de l'autonomie tchèque. Cette chancellerie unie d'Autriche voit son rôle renforcé et son chef, le chancelier d'Autriche, devient un personnage de premier plan. Le rendement de l'impôt est amélioré par l'établissement d'un cadastre. L'armée, négligée par Charles VI, est réorganisée et renforcée.

Marie-Thérèse cherche à améliorer le sort des paysans en régularisant en 1767 la corvée dont le poids s'est alourdi depuis le milieu du XVIIᵉ dans le cadre de ce que l'on a appelé le second servage. Fidèle au mercantilisme de ses prédécesseurs, elle s'efforce de stimuler l'activité **économique** pour accroître les exportations. L'industrie est réglementée et encouragée : filatures et tissages, quincaillerie, fabriques de cristal et de porcelaine sont en plein essor. Le commerce extérieur se développe, notamment par Trieste que Charles VI avait déclaré port libre et qui est relié directement à Vienne par une route à travers les Alpes. Ainsi se développe peu à peu une classe bourgeoise. Pour répondre aux souhaits de celle-ci, mais aussi pour former les fonctionnaires dont elle a besoin, Marie-

Thérèse développe l'enseignement. Très attachée au catholicisme, elle multiplie les tracasseries à l'égard des juifs et des protestants, tout en surveillant de près le clergé catholique. En Hongrie, la reine, liée par ses promesses de 1741, doit user de ménagements. Toutefois, la diète est réunie le moins souvent possible et les fonctionnaires de la couronne multiplient leurs empiétements. Mère de cinq fils et de dix filles, Marie-Thérèse songe à quitter le pouvoir en 1765, au lendemain de la mort de son mari François Ier et de l'élection de son fils Joseph II comme empereur. Mais craignant les initiatives de celui-ci, qu'elle nomme seulement co-régent des États héréditaires, elle reste sur le trône jusqu'à sa mort en 1780.

Joseph II et le joséphisme (1780-1790) – **Joseph II** est alors libre d'appliquer le programme de **réformes** qu'il a conçu. Intelligent et cultivé, disciple des philosophes, il croit à la toute-puissance de la raison et déteste le fanatisme et la superstition; plein de bonnes intentions, il veut travailler au bonheur de ses sujets, au besoin malgré eux, mais son esprit trop systématique et son activité réformatrice souvent brouillonne vont très vite susciter de violentes oppositions. Il s'attache d'abord à réaliser l'unification administrative et linguistique de ses États d'Europe centrale, c'est-à-dire non seulement l'Autriche et la Bohême, mais aussi la Hongrie et la Galicie annexée en 1772. Voulant faire de cet ensemble un État homogène à la française, il le divise en provinces et en cercles, avec à leur tête des fonctionnaires qui sont nommés par Vienne et prennent la place des agents des états locaux. C'est ainsi qu'il supprime en Hongrie les comitats, circonscriptions administratives dirigées jusque-là par la noblesse magyare. La justice, les finances, l'administration reçoivent partout une organisation uniforme. L'allemand est déclaré seule langue officielle à la place du latin, y compris aux Pays-Bas et en Milanais. Sur le plan social, Joseph II désireux d'améliorer la condition paysanne, promulgue, en novembre 1781, un décret abolissant le servage personnel là où il subsistait encore et prévoyant le rachat des corvées à partir de 1790. Il fait rédiger un code nouveau proclamant l'égalité de tous devant la loi et songe à un impôt foncier unique qui pèserait sur toutes les terres. Enfin, il poursuit la politique de sa mère en faveur de l'expansion économique.

En matière **religieuse,** Joseph II est influencé non seulement par les Lumières, mais aussi par le jansénisme et le gallicanisme. A la fois franc-maçon et catholique pratiquant et sincère, il est convaincu que la religion doit être d'abord socialement utile et que l'Église catholique doit être soumise à l'État et ses immenses moyens matériels mis à la disposition du prince et de ses sujets. Dès 1781, un édit de tolérance accorde la liberté de culte aux luthériens, aux calvinistes et aux orthodoxes; des mesures sont également prises en faveur des juifs. En même temps, avec l'appui du chancelier Kaunitz, il commence à appliquer à l'égard de l'Église catholique une politique systématique, appelée ultérieurement **joséphisme,** sans aucune entente préalable avec le pape. En 1781, il supprime les ordres religieux non socialement utiles, c'est-à-dire qui ne se consacrent ni à l'enseignement ni aux soins hospitaliers, et leurs biens, sécularisés, sont utilisés notamment pour l'entretien des écoles paroissiales. Il interdit la publication sans son autorisation des bulles pontificales et des mandements épiscopaux, ainsi que toute correspondance directe entre les évêques de ses États et la cour de Rome. Il réorganise les séminaires et impose aux futurs clercs plusieurs années d'études dans les universités. Il crée de nouveaux diocèses et de nouvelles paroisses pour assurer un meilleur encadrement de la population. Il supprime les confréries, interdit les pèlerinages et les processions, simplifie le culte qu'il entend élaguer de toutes les cérémonies ou pratiques qu'il juge superstitieuses et va jusqu'à réglementer les sépultures. Très inquiet, le pape Pie VI vient lui-même à Vienne en 1782, mais en vain : Kaunitz et Joseph II se refusent à toute négociation.

Une telle politique de réformes menée sur tous les fronts et sans précaution suscite de très vives **résistances** dans presque tous les milieux. La majorité des nobles et du clergé sont hostiles aux réformes, et le peuple catholique des campagnes, pourtant bénéficiaire de beaucoup d'entre elles, est profondément heurté dans sa foi traditionnelle par la politique religieuse. En Carinthie, en Tyrol, les paysans se soulèvent contre les curés suspects de collaborer avec les autorités. En Hongrie et aux Pays-Bas, l'opposition tourne à la révolte ouverte. Les nobles hongrois refusent d'appliquer les réformes administratives. Craignant une insurrection générale alors qu'il est engagé dans une guerre contre les Turcs, Joseph II abandonne en 1789 l'application en Hongrie de la plupart d'entre elles. Aux Pays-Bas, les Belges, très attachés aux libertés urbaines et aux traditions catholiques, décident la grève de l'impôt et multiplient les manifestations jusqu'à la « révolution brabançonne » d'août-décembre 1789 : les Autrichiens sont chassés de Bruxelles et les états généraux, réunis pour la première fois depuis 1632, proclament les États belges unis le 12 janvier 1790. Mais très vite les Belges se divisent et les Autrichiens réoccupent le pays dès novembre. Lorsqu'il meurt le 20 février 1790, Joseph II a cruellement conscience de son échec. Pourtant, s'il n'a pu réaliser l'unification de ses possessions, il a par ses mesures économiques et sociales œuvré pour le bien de ses divers États et préparé, par les excès mêmes de sa centralisation, les résurrections nationales du XIXe siècle.

LA PRUSSE DE 1713 A 1786

Frédéric-Guillaume Ier, dit le Roi-Sergent (1713-1740) – Devenu roi en 1713 à 25 ans, **Frédéric-Guillaume Ier** est un homme d'intelligence médiocre, plein de mépris pour les choses de l'esprit, de surcroît irascible et brutal; mais c'est un grand travailleur, méthodique et réaliste, ayant au plus haut degré le souci de la grandeur de l'État prussien. Pour lui, cette grandeur est liée avant tout à une **armée** puissante. Soldat dans l'âme, il a la passion de la chose militaire, ce qui lui vaudra son surnom de Roi-Sergent. Sous son règne, l'armée absorbe les trois quarts des revenus et ses effectifs augmentent considérablement, atteignant plus de 80 000 hommes en 1740 pour une population de 2 millions d'habitants. Les soldats sont soit des volontaires racolés dans toute l'Europe, soit des paysans brandebourgeois ou prussiens astreints théoriquement au service armé entre 18 et 40 ans et effectivement enrégimentés en fonction des besoins. Les officiers, tous nobles, passent par l'Académie des cadets fondée à Berlin en 1722. Soldats et officiers sont soumis à un entraînement intensif et à une discipline de fer. Pourvue en outre d'un armement moderne, notamment le fusil avec baïonnette à douille de modèle français, l'armée prussienne devient ainsi un instrument de premier ordre dont le Roi-Sergent se garde d'user inutilement, préférant la diplomatie à la guerre. Son intervention tardive contre Charles XII lui permet, sans beaucoup de risque, d'annexer en 1720 la Poméranie occidentale et Stettin.

La grandeur du royaume de Prusse nécessite aussi une **administration** et des finances solides. Voulant renforcer l'unité de ses États dispersés, le roi crée en 1722 le directoire général des finances, de la guerre et des domaines qui devient l'organe suprême du gouvernement. Il est composé du roi qui le préside, de cinq ministres et d'une vingtaine de conseillers, et se réunit quatre fois par semaine. L'administration locale est confiée à des fonctionnaires dépendant étroitement de la bureaucratie royale : les états provinciaux et les municipalités des villes perdent pratiquement tout pouvoir. Un meilleur rendement des impôts, grâce à un nouvel impôt foncier mieux réparti, et de sévères économies permettent un budget excédentaire. Soucieux d'une bonne mise en valeur de ses États, le roi facilite la poursuite de la colonisation intérieure de la Prusse orientale et du Brandebourg, en faisant venir plus de 50 000 colons, protestants quittant les principautés ecclésiastiques de l'Empire. Il s'intéresse au développement de l'industrie, surtout en fonction des besoins de l'armée. Enfin, calviniste convaincu, il rend l'enseignement primaire obligatoire.

Les dix dernières années de sa vie sont marquées par ses démêlés avec son **fils,** le kronprinz Frédéric. Né en 1712, celui-ci révèle très vite des dons exceptionnels. Remarquablement intelligent, passionné de littérature et de culture françaises, artiste et musicien, il s'oppose en tout à son père. Les relations entre les deux hommes se détériorent au point qu'en 1730 Frédéric projette de s'enfuir en Angleterre avec son ami Katte. Le projet échoue, Frédéric est jeté en prison et Katte exécuté sous ses yeux. Son père ne le relâche que pour lui imposer des fonctions subalternes dans l'administration, puis dans l'armée. En 1736 enfin, il lui permet de vivre selon ses goûts au château de Rheinsberg. Endurci par cet exceptionnel apprentissage, Frédéric attend alors avec patience de devenir le maître de la Prusse, en s'adonnant aux sciences, aux lettres et à la musique et en correspondant avec Voltaire.

Frédéric II, dit le Grand (1740-1786) – **Frédéric II** devient roi de Prusse le 31 mai 1740 à la mort de son père. Quelques mois plus tard, au lendemain de la mort de l'empereur Charles VI, il envahit la Silésie que Marie-Thérèse doit lui abandonner en 1742, puis en 1745. Pendant la guerre de Sept Ans, il échappe à plusieurs reprises au désastre grâce à son génie militaire, mais aussi grâce à la chance, notamment celle que constitue pour lui la mort de la tsarine Élisabeth en 1762. Un an plus tard, le traité d'Hubertsbourg lui laisse la Silésie, mais ses États sont en partie ruinés. Reprenant la politique traditionnelle de ses prédécesseurs, il intensifie la **mise en valeur** et la colonisation des campagnes en faisant appel à l'immigration étrangère. Deux agences qu'il établit hors de ses États, à Francfort-sur-le-Main et à Hambourg, recrutent près de 300 000 immigrants, notamment hollandais, qu'il installe sur les terres du domaine royal et à qui il accorde de substantiels avantages. Il favorise l'assèchement des marais, l'introduction des prairies artificielles et de la pomme de terre, le développement de l'élevage bovin, tout en incitant les seigneurs à l'imiter sur leurs propres domaines. Il veille aussi aux progrès de l'industrie : toiles et laines, métallurgie à Spandau près de Berlin, exploitation de la houille dans la Ruhr, raffineries de sucre, industries de luxe (porcelaines, faïences, soieries). La construction de routes et de canaux (entre Vistule et Oder) facilite le commerce, de même que la stabilisation du thaler et la création en 1765 de la Banque de Berlin sur le modèle de celle d'Angleterre. Cet essor de l'industrie et du commerce ne va d'ailleurs pas sans contradiction puisqu'il permet l'enrichissement d'une classe bourgeoise qui est en même temps écartée des responsabilités de l'État réservées à la noblesse. L'armée reste pour le roi le premier des impératifs. A cet égard, il ne fait que continuer la politique du Roi-Sergent, tant en matière de recrutement que de formation et de discipline. A la fin du règne, les effectifs comptent 160 000 hommes, à peu près autant que l'armée française, et l'armée prussienne, préparée à la stratégie offensive et à la tactique de l'ordre oblique et de l'enveloppement, est considérée comme la première d'Europe.

Les relations qu'il entretient avec Voltaire et ses théories sur le pouvoir – que le prince doit exercer dans le seul intérêt de ses sujets – valent à Frédéric la réputation de **roi philosophe** (on dira « despote éclairé » au XIXe siècle). De fait, il supprime la torture et fait rédiger un code fondé sur l'égalité de tous devant la loi qui sera promulgué après sa mort; il abolit le servage dans ses domaines propres (mais non dans le reste de la Prusse où il renforce, au contraire, le pouvoir des seigneurs sur leurs paysans); il établit la liberté religieuse d'autant plus aisément qu'il est lui-même totalement sceptique (mais il n'en est pas moins violemment opposé à l'émancipation des juifs); il proclame la liberté de la presse (mais maintient la censure des livres); il accorde une grande importance à l'enseignement, théoriquement obligatoire jusqu'à treize ans, et accueille les jésuites chassés des États catholiques pour leur confier la direction de collèges; il transforme en 1745 la Société des sciences fondée à Berlin en 1701 en une puissante Académie des sciences et belles-lettres. Il n'en reste pas moins que sa conduite, tant à l'intérieur de son royaume que dans ses relations avec les États voisins, n'est inspirée que par la seule raison d'État, sans aucune considération morale : le maintien du servage, l'annexion de la Silésie ou le partage de la Pologne en sont des illustrations parmi d'autres. Quoi qu'il en soit, lorsqu'il meurt le 17 août 1786, enfermé dans son scepticisme et son mépris des hommes, usé par une vie d'épreuves, le « vieux Fritz », le « guerrier joueur de flûte », laisse un

État agrandi – 6 millions d'habitants sur 200 000 km² –, susceptible d'imposer un jour sa loi à toute l'Allemagne.

Les Allemagnes – La situation politique de l'Allemagne reste au XVIIIe siècle ce qu'elle était depuis les traités de Westphalie. L'empereur élu par les neuf électeurs n'a pratiquement aucun pouvoir, pas plus que la diète. Sur les quelque 350 **États** allemands, seuls comptent une douzaine de principautés ecclésiastiques, dont les trois électorats de Trèves, Cologne et Mayence et l'archevêché de Salzbourg, et une vingtaine de principautés laïques : c'est le cas, en Allemagne du Nord, du Brunswick, des deux Hesse, du Hanovre, dont le prince électeur est roi d'Angleterre, et de la Saxe, dont les deux électeurs successifs Auguste II et Auguste III sont rois de Pologne et font de leur capitale Dresde une des cours les plus fastueuses d'Europe; c'est le cas, en Allemagne du Sud, du Palatinat, du Wurtemberg et de la Bavière.

La plupart de ces princes s'efforcent de mener une **vie de cour** copiée de Versailles, mais qui obère leurs finances et les oblige à solliciter subsides et pensions auprès des grandes puissances. Après les guerres du milieu du siècle (1740-1763), certains d'entre eux essaient de réformer leurs États en s'inspirant à la fois du modèle français et de l'activité du roi Frédéric II de Prusse. C'est le cas de Frédéric-Auguste Ier, électeur de Saxe (1763-1827) et de Maximilien-Joseph, duc électeur de Bavière (1745-1777). Mais à l'intérieur même de l'Empire, deux souverains jouent un rôle exceptionnel et de plus en plus concurrent, le Habsbourg, moins à cause de sa dignité impériale que de l'importance de ses États en Europe centrale, le Hohenzollern, devenu roi de Prusse, dont les possessions en Allemagne du Nord et le prestige sont devenus considérables avec Frédéric II. Ces deux puissances ne peuvent manquer de s'affronter un jour ou l'autre pour une éventuelle unification des Allemagnes.

Par ailleurs, celles-ci participent à l'**essor économique** du XVIIIe siècle. Francfort, Leipzig, Hambourg surtout sont des centres commerciaux d'importance européenne, cependant que les industries textiles (Rhénanie, Saxe, Silésie) et les industries minières et métallurgiques (Ruhr, Silésie) sont en plein essor. Si l'influence culturelle de la France reste prépondérante, au moins jusque vers 1760, tant au point de vue de la langue que de la pensée, de la littérature ou de l'art (sans que l'on puisse parler pour autant d'imitation servile), elle est peu à peu battue en brèche par le rayonnement du modèle anglais et surtout par le réveil de l'esprit national allemand, fait de réaction antifrançaise, d'assurance retrouvée dans la valeur de la langue et de la culture germaniques, d'aspiration encore vague à l'unité.

LA RUSSIE DE 1725 A 1796

De Pierre le Grand à Catherine II (1725-1762) – Pour écarter du trône le fils du tsarevitch Alexis et éviter ainsi de voir l'emporter les partisans d'un retour aux traditions de la vieille Russie, Pierre le Grand avait décidé, en 1721, que seul le tsar régnant pourrait désigner son successeur; mais c'était faire dépendre le sort de la Russie des intrigues de cour. De fait, de 1725 à 1741, **cinq tsars** ou tsarines se succèdent, non sans violences : Catherine Ire (1725-1727), deuxième épouse du tsar défunt, qui maintient l'essentiel de l'œuvre de celui-ci; Pierre II (1727-1730), enfant de douze ans, fils du tsarevitch Alexis, dont le court règne est marqué par la réaction redoutée par son grand-père; Anna Ivanovna (1730-1740), fille d'Ivan V et nièce de Pierre le Grand, qui revient à la politique de son oncle, mais introduit à la cour une pesante influence allemande; Ivan VI (1740-1741), un enfant de quelques mois, arrière-petit-fils d'Ivan V, bientôt écarté par un coup de force de la garde au profit d'Élisabeth, fille de Pierre le Grand et de Catherine Ire.

Très russe et attachée à la religion orthodoxe, **Élisabeth** (1741-1762) n'en a pas moins reçu une éducation française et son règne est marqué à la fois par la pénétration durable de l'influence culturelle de la France dans les élites et par une réaction nationale russe qui s'exprime notamment dans la politique anti-prussienne et par la création, en 1755, de l'université de Moscou à l'initiative du grand savant et écrivain russe Lomonossov. En même temps, l'industrie connaît un essor remarquable : à côté de l'artisanat local, très actif, les manufactures textiles se multiplient autour de Moscou et l'Oural devient un centre minier et métallurgique de première importance, la Russie exportant désormais du fer semi-ouvré, surtout vers l'Angleterre. Mais cet essor se fait au profit de la noblesse, seule propriétaire de la terre. Grâce aux monopoles accordés par le souverain, les nobles créent et exploitent mines et manufactures en y employant la main-d'œuvre de leurs serfs. D'ailleurs, l'obligation pour tout paysan de se donner un maître renforce à nouveau le servage. L'héritier d'Élisabeth à la mort de celle-ci, le 4 janvier 1762, est un prince allemand, Pierre de Holstein, petit-fils, par sa mère Anna, de Pierre le Grand et de Catherine Ire. Grand admirateur de Frédéric II, **Pierre III** sauve celui-ci en opérant un brutal renversement des alliances aux dépens de l'Autriche et de la France. Mais très vite, il se fait détester des Russes, alors que sa femme, une princesse allemande, Sophie d'Anhalt-Zerbst, s'est rendue populaire en apprenant le russe et en se convertissant à la religion orthodoxe. Avec l'aide des frères Orlov, elle se fait proclamer tsarine sous le nom de Catherine II par les régiments de la garde, le 10 juillet 1762. Contraint d'abdiquer, puis emprisonné, Pierre III est assassiné quelques jours plus tard.

Le règne de Catherine II (1762-1796) – Très intelligente et cultivée, la **tsarine** est également travailleuse et autoritaire. Elle assume entièrement la direction des affaires, sans se laisser dominer par ses nombreux favoris – tels Grigori Orlov et Potemkine – qui l'aident dans sa tâche sans se substituer à elle. Très dissimulée et rusée, elle assure sa propre publicité en Europe en entretenant d'excellentes relations avec les philosophes français, notamment Diderot, qui célèbrent en elle la Sémiramis du Nord et le modèle du roi philosophe. De fait, elle se montre mécène éclairé; elle favorise l'enseignement (mais dans le but très utilitaire de former des techniciens); elle fait preuve de tolérance religieuse, faisant cesser les persécutions contre les dissidents du raskol, accueillant les jésuites chassés des pays catholiques, accordant la liberté de culte aux musulmans des pays conquis sur les Turcs. Mais son attachement aux Lumières et son libéralisme sont surtout de façade. Seules comptent pour elle – comme pour Frédéric II – la raison d'État et la tâche qu'elle s'est assignée : poursuivre l'œuvre de Pierre le Grand en ouvrant toujours davantage la Russie vers l'Ouest et vers le Sud aux dépens de la Pologne et de la Turquie et en achevant la construction d'une monarchie autocratique et bureaucratique appuyée sur la noblesse terrienne.

En 1767, Catherine réunit une grande Commission formée de députés élus par la population (sauf le clergé et les serfs) et chargée de lui présenter des propositions de réforme du gouvernement et de la société. Elle rédige elle-même, à l'intention de la Commission, une instruction pour la confection du nouveau code, inspirée par les écrits des philosophes et remplie d'intentions libérales. Mais après 200 séances de délibérations houleuses et inopérantes, la Commission est congédiée par la tsarine prenant prétexte de la guerre contre la Turquie; elle ne sera plus jamais réunie. C'est après le premier partage de la Pologne (1772) et la victoire sur les Turcs (1774) que Catherine s'applique à des **réformes** d'enver-gure. La première est la grande réforme administrative de 1775. Le nombre des gouvernements, toujours subdivisés en provinces et districts, passe de 12 à 50. Dans chaque gouvernement sont institués des tribunaux, différents selon les classes sociales, nobles, bourgeois, paysans libres (les serfs ne relèvent que de leur maître). La noblesse contrôle les divers pouvoirs locaux, mais ceux-ci sont étroitement subordonnés aux gouverneurs qui sont nommés par le souverain et ne dépendent que de lui.

La réforme sociale de 1785 complète la réforme administrative. En effet, c'est dans la mesure où il n'existe pas une bourgeoisie suffisante pour lui fournir les administrateurs nécessaires que Catherine favorise systématiquement la noblesse et aggrave l'assujettissement des serfs. Une charte de la noblesse définit le statut légal de celle-ci, en codifiant tous les privilèges qui lui ont été antérieurement concédés. L'accès à la noblesse par l'exercice de certaines charges cesse d'être automatique. Par contre, la tsarine refuse de limiter, par une charte de servage, les droits des propriétaires sur leurs serfs et aggrave la condition de ceux-ci qui peuvent désormais être vendus et achetés. De plus, elle étend le **servage** aux régions de la Russie du sud où il n'existait pas encore. Mais les nobles refusant de laisser partir leurs serfs, il faut pour coloniser les terres nouvelles de l'Ukraine, de la Crimée et des pays de la basse Volga faire appel à près de 800 000 immigrants, surtout allemands; malgré les efforts de Potemkine, cette colonisation n'avance que lentement. Quant aux progrès de l'industrie, ils se poursuivent pour le plus grand profit de la noblesse. La politique menée à l'égard des paysans suscite de fréquents soulèvements dont le plus grave est celui de Pougatchev, cosaque du Don qui se fait passer pour Pierre III échappé de prison (1773-1775). A la fin de son règne, la Grande Catherine a achevé le rassemblement des terres russes, commencé le démembrement de l'Empire ottoman, fait de son empire, plus peuplé et plus vaste, une grande puissance européenne. Mais en renforçant les pouvoirs de la noblesse – beaucoup plus ouverte, il est vrai, aux influences occidentales qu'au milieu du siècle –, elle a pris la responsabilité d'aggraver la condition paysanne.

LES ÉTATS DE L'EUROPE MÉDITERRANÉENNE

Les États italiens – Pendant la première moitié du XVIIIe siècle, la péninsule italienne est, une fois de plus, le théâtre et l'enjeu des **rivalités des grandes puissances,** en l'occurrence les Habsbourg de Vienne et les Bourbons de Madrid. Finalement, en 1748, l'équilibre établi en 1713-1714 est modifié au profit des seconds, puisque les deux fils de Philippe V et d'Élisabeth Farnèse deviennent l'un roi de Naples et de Sicile (sans unification administrative des deux royaumes) et l'autre duc de Parme. Repliée au nord, la domination des Habsbourg se consolide : outre le Milanais qui, mieux administré que sous les rois espagnols, devient le pays le plus riche de l'Italie, ils tiennent la Toscane depuis 1737; si Florence n'est qu'une ville musée, Livourne est un port très actif. En dehors des Habsbourg et des Bourbons, le roi de Sardaigne-Savoie-Piémont joue toujours un rôle diplomatique important, ce qui n'est le cas ni des États du pape, ni des deux républiques marchandes, Gênes et Venise, repliées sur leur glorieux passé.

Dans la seconde moitié du siècle, l'ensemble de la Péninsule est profondément marquée par le mouvement des **Lumières** (Illuminismo), auquel elle contribue de façon originale : à Milan, Beccaria enseigne l'économie politique et publie en 1764 le célèbre traité *Des délits et des peines* dans lequel il rejette la peine de mort et définit une refonte du système pénal en fonction de la seule utilité sociale; à Parme, Spallanzani renouvelle la biologie; à Naples, où l'œuvre de Vico, mort en 1744, ne sera guère lue et comprise qu'au XIXe siècle, Galiani publie en 1770 ses *Dialogues sur le commerce des blés*. Dans plusieurs États, les souverains essaient de mettre en pratique une politique réformatrice inspirée des Lumières. C'est le cas notamment des Habsbourg Joseph II en Milanais et son frère Léopold, grand-duc de Toscane de 1765 à 1790, et des Bourbons fils de Philippe V, Charles (don Carlos), roi de Naples de 1738 à 1759, et Philippe, duc de Parme de 1748 à 1765. Ils renforcent le pouvoir de l'État aux dépens de l'Église, de la noblesse et des privilèges locaux, améliorent l'organisation administrative et fiscale (cadastre, régie des impôts), abolissent la torture, mais échouent à promouvoir une réelle transformation économique et sociale.

L'Espagne et le Portugal – Sous les trois premiers Bourbons, l'Espagne connaît un redressement général après le déclin du siècle précédent. **Philippe V** (1700-1746), très influencé par sa seconde femme Élisabeth Farnèse qu'il épouse en 1714, se lance dans une politique dynastique aventureuse, mais il réussit en même temps à renforcer l'unité espagnole et le pouvoir du roi en s'inspirant de l'exemple français. En 1718, des intendants de justice, police et finances deviennent, face aux autorités locales traditionnelles, les agents efficaces du pouvoir central. Le conseil du roi est réorganisé, les attributions des quatre secrétaires d'État et de l'intendant général des finances, précisées. Philippe V qui, neurasthénique, abdique durant quelques mois en 1724, puis son fils Ferdinand VI (1746-1759) s'appliquent à rendre à l'Espagne sa place de grande puissance maritime : ils développent le commerce avec l'Amérique et s'opposent aux empiétements des Anglais qui abusent du vaisseau de permission; ils amorcent le relèvement de la marine militaire.

En 1759, à la mort de son demi-frère Ferdinand VI, sans enfant, don Carlos laisse le trône de Naples à l'un de ses fils et devient roi d'Espagne sous le nom de **Charles III** (1759-1788). Roi philosophe, bien secondé par de grands ministres, Aranda, Campomanès, Florida-Blanca, il poursuit en Espagne la politique « éclairée » qu'il a menée à Naples. Il développe l'absolutisme royal, réforme les finances, met l'Inquisition sous le contrôle de l'État, réduit les privilèges et les effectifs du clergé, expulse les jésuites en 1767, modernise l'enseignement et s'applique à favoriser le relèvement économique, sensible depuis le début du siècle. La lutte contre les privilèges de la Mesta et les encouragements apportés aux défrichements de terres incultes et aux travaux d'irrigation permettent un redressement de la production agricole susceptible de faire face à l'accroissement de la population qui passe, au cours du siècle, de 8,5 à 12 millions d'habitants. Outre la création de manufactures d'État fabriquant des produits de luxe, l'industrie progresse en Biscaye, avec la métallurgie de la région de Bilbao, et surtout en Catalogne avec l'industrie lainière et les cotonnades grâce aux capitaux provenant des bénéfices du grand commerce maritime. En effet, la reprise du commerce est également très sensible, avec le rôle nouveau joué par Barcelone et les ports méditerranéens dont l'activité était limitée jusque-là au cabotage et au trafic en Méditerranée et qui se lancent dans les échanges avec l'Amérique. Le siège de la Casa de contratacion est transféré de Séville à Cadix en 1717 et, en 1778, son monopole est supprimé, le commerce américain étant déclaré libre pour tous les ports espagnols. De belles routes sont ouvertes dans toute la péninsule et les douanes intérieures sont supprimées. En 1782 est créée la banque de Saint-Charles. Le redressement économique est, certes, très inégal selon les régions – avec l'avance prise par la Catalogne –, il n'en est pas moins incontestable.

Le **Portugal** qui a vu, depuis la fin du XVIe siècle, se réduire son empire colonial, vit essentiellement de l'exploitation du Brésil dont il partage les bénéfices avec l'Angleterre. Après le long règne de Jean V (1706-1750), le faible Joseph Ier (1750-1777) confie le gouvernement au tout-puissant marquis de **Pombal**. Celui-ci applique avec brutalité un programme inspiré des Lumières, ce qui lui vaut l'approbation chaleureuse des philosophes français. Il diminue les privilèges de la noblesse et du clergé, expulse les jésuites dès 1759, ferme de nombreux couvents, développe l'enseignement laïc. Grâce à l'or brésilien, il reconstruit rationnellement Lisbonne détruite en 1755 par un terrible tremblement de terre et réorganise l'armée sur le modèle prussien. Il s'efforce aussi de secouer la tutelle anglaise et de rendre au Portugal son indépendance économique en créant des compagnies de commerce et en fondant des manufactures protégées par des droits de douane. Mais une telle politique, qui bouscule traditions et privilèges, et surtout l'autoritarisme policier avec lequel elle est mise en œuvre suscitent à Pombal de multiples ennemis qui, à la mort du roi, obtiennent de la reine Marie la démission et le procès du ministre ; celui-ci est condamné à l'exil sur ses terres, cependant que la plupart des mesures qu'il avait prises sont rapportées.

21

LA POLITIQUE EUROPÉENNE
AU XVIIIe SIÈCLE

Au lendemain des traités d'Utrecht et de Rastadt, les intrigues de l'empereur Charles VI et du roi d'Espagne Philippe V constituent de fréquentes menaces pour la paix. Celle-ci est tout de même à peu près maintenue, en dépit de conflits limités, grâce à l'alliance franco-anglaise et à la volonté de paix de Fleury et de Walpole. Mais la mort de Charles VI en 1740 ouvre la longue guerre de Succession d'Autriche (1740-1748) au cours de laquelle Marie-Thérèse défend son héritage autrichien avec l'aide de l'Angleterre contre le roi de Prusse Frédéric II et la France. En 1756, un renversement des alliances aboutit au rapprochement de la Prusse et de l'Angleterre d'une part, de la France et de l'Autriche d'autre part. La guerre meurtrière qui s'ouvre alors pour sept ans consacre la gloire du roi de Prusse et marque l'entrée de la Russie dans les affaires européennes. En marge de l'Angleterre dont les intérêts sont sur mer et aux colonies, et de la France dont le prestige est amoindri, les trois grandes puissances du continent, Prusse, Autriche, Russie, s'entendent pour s'agrandir sans vergogne aux dépens de la Pologne et de la Turquie.

277

La paix fragile – Les traités d'Utrecht et de Rastadt (1713-1714), qui ont rétabli la paix en Europe, n'ont été acceptés qu'à contrecœur tant par l'empereur Charles VI que par le roi d'Espagne Philippe V qui s'estiment lésés et qui vont s'efforcer par leurs intrigues de revenir sur les concessions qu'ils ont consenties. Charles VI, ancien concurrent de Philippe V pour le trône espagnol, continue à rêver à l'empire de Charles Quint et souhaite en tout cas une domination plus complète en Italie à partir des annexions dont il a bénéficié. **Philippe V**, lui, estime sans valeur sa renonciation au trône de France et entend bien succéder à Louis XV, si le jeune roi vient à disparaître; de plus, sous l'influence de sa seconde femme Élisabeth Farnèse et du conseiller de celle-ci l'Italien Albéroni, il rêve non seulement de récupérer les possessions espagnoles en Italie, mais aussi de trouver à Parme et en Toscane des trônes pour les fils de son second lit. Mais la volonté de paix des deux grands adversaires de la veille, la France et l'Angleterre, empêche que ces diverses intrigues et les crises partielles qui en résultent ne dégénèrent en conflits généralisés. En France, le Régent, qui en cas de décès de Louis XV peut prétendre au trône de France, préfère ne pas soutenir son neveu Philippe V dans sa politique aventureuse et se rapproche au contraire des puissances maritimes, Angleterre et Provinces-Unies, qui désirent avant tout la paix et le maintien des stipulations d'Utrecht. En 1716, Dubois signe avec le roi d'Angleterre George Iᵉʳ et Stanhope une convention secrète qui, après l'adhésion des Provinces-Unies devient la Triple Alliance de La Haye (1717) pour le respect des traités de 1713-1714.

Mais les efforts de Stanhope et de Dubois pour obtenir un rapprochement entre l'empereur et le roi d'Espagne ne peuvent empêcher la **guerre** d'éclater en Méditerranée entre les deux souverains, en mai 1717. Inquiet des succès de Philippe V qui envahit la Sardaigne et la Sicile et intrigue contre lui en Europe orientale, Charles VI adhère en 1718 à la Triple Alliance. Une flotte anglaise bat la flotte espagnole près de Messine et une petite armée française passe la Bidassoa et entre à Saint-Sébastien, cependant qu'est déjouée la conspiration de quelques nobles bretons qui ont pris langue avec l'Espagne (conspiration de Pontcallec, 1719). Vaincu, Philippe V s'incline, renvoie Albéroni et, par le traité de Madrid (janvier 1720), adhère à son tour à l'Alliance, c'est-à-dire accepte définitivement les traités de 1713-1714. La même année, Charles VI, avec l'accord de l'Angleterre et de la France, échange la Sardaigne contre la Sicile, le duc de Savoie portant désormais le titre de roi de Sardaigne. En 1721, les fiançailles de Louis XV avec une fille du roi d'Espagne semblent devoir sceller une complète réconciliation franco-espagnole.

Mais en 1725, le duc de Bourbon, désireux de marier Louis XV au plus vite pour assurer un héritier au trône, renvoie la petite infante, beaucoup trop jeune, et fait épouser au roi Marie Leszczyńska, de sept ans plus âgée que lui. Ulcéré, Philippe V se rapproche de son vieil adversaire Charles VI et signe avec lui le premier traité de Vienne (1725), dirigé à la fois contre la France et l'Angleterre. Celles-ci ripostent par la constitution de la ligue de Hanovre, à laquelle adhèrent la Prusse et les Provinces-Unies. La disgrâce de Bourbon et l'arrivée aux affaires de Fleury (1726) permettent de dénouer la crise. En effet, Fleury, tout aussi pacifique que Walpole à Londres, travaille inlassablement à une **réconciliation** générale, malgré l'existence en France d'un puissant parti belliciste et anti-autrichien qu'anime le secrétaire d'État aux Affaires étrangères Chauvelin. En novembre 1729, par le traité de Séville, l'Espagne renonce à tout projet agressif, moyennant l'attribution du trône de Parme à don Carlos, fils de Philippe V et d'Élisabeth Farnèse. En 1731, Charles VI signe avec l'Angleterre, puis avec l'Espagne, le second et le troisième traité de Vienne, par lesquels, en échange de la garantie par ces deux puissances de sa pragmatique sanction, il reconnaît le nouveau duc de Parme et accepte de supprimer la compagnie d'Ostende (celle-ci avait été créée en 1722 pour tourner ingénieusement la fermeture de l'Escaut imposée à Utrecht, mais son rapide succès n'avait pas tardé à inquiéter les Anglais et les Hollandais). La paix générale est donc rétablie, mais pour peu de temps.

L'affaire de la succession de Pologne – En effet, en février 1733, la mort du roi de Pologne Auguste II, électeur de Saxe, pose la question de sa succession, puisque la couronne est élective. Deux candidats sont sur les rangs : le fils du roi défunt, Auguste, nouvel électeur de Saxe, est soutenu par l'Autriche et par la Russie; le beau-père de Louis XV, Stanislas Leszczynski, élu roi de Pologne en 1704 à la place d'Auguste II et détrôné après Poltawa, est soutenu par la France. Grâce aux subsides français, Stanislas est élu en septembre 1733, mais la réaction de la Russie et de l'Autriche, qui envoient hommes et argent à son adversaire, force Stanislas à quitter Varsovie et à se réfugier à Dantzig en octobre, cependant qu'Auguste de Saxe est proclamé roi sous le nom d'Auguste III. A Paris, le parti anti-autrichien, soutenu par l'opinion publique, obtient que Louis XV déclare la **guerre** à Charles VI « pour venger l'injure que l'empereur venait de lui faire en la personne du roi de Pologne, son beau-père ». Toutefois, Fleury s'efforce de limiter le conflit et de rassurer l'Angleterre en s'engageant notamment à ne pas envahir les Pays-Bas. D'une part, il se contente d'envoyer par mer un petit détachement de 1 500 hommes pour tenter de porter secours à Stanislas assiégé par les Russes dans Dantzig; mais en dépit de l'héroïsme du comte de Plélo qui se fait tuer, le détachement français échoue en mai 1734; Stanislas réussit à s'enfuir, laissant le champ libre à Auguste III. D'autre part, les Français attaquent sur le Rhin, prenant Kehl et Philippsbourg, et en Italie, où ils conquièrent le Milanais, pendant que les Espagnols, dont Fleury s'est assuré l'alliance, occupent Naples et la Sicile (juin-septembre 1734).

Ces succès rapides et décisifs incitent Fleury à engager des pourparlers avec l'Autriche, malgré Chauvelin qui souhaite continuer la guerre. Les préliminaires de paix (octobre 1735) mettent fin aux hostilités, mais n'aboutissent que trois ans plus tard au quatrième **traité de Vienne** (2 mai 1738) du fait des atermoiements de l'empereur et des intrigues de Chauvelin (disgracié en 1737). En échange d'une nouvelle garantie de sa pragmatique sanction, Charles VI accepte que la Lorraine et le Bar, dont le duc François III a épousé sa fille Marie-Thérèse en 1736, soient attribués au roi Stanislas, en compensation de l'abandon du trône de Pologne; à sa mort, la Lorraine et le Bar reviendraient à Marie Leszczyńska et à ses héritiers, donc à la couronne de France. Charles VI accepte aussi de céder à don Carlos, en échange du duché de Parme, les royaumes de Naples et de Sicile. Quant à la Toscane, elle revient à François de Lorraine qui en a pris possession dès 1737, à la mort du grand-duc, dernier descendant des Médicis. Le traité de Vienne, qui voit le triomphe de la vieille politique des trocs appliquée sans tenir aucun compte des vœux ou des traditions des populations concernées, est pour la France un incontestable succès, en dépit de l'échec subi en Pologne : l'acquisition, à terme, de la Lorraine complète à l'est le territoire national, l'établissement à Naples d'un prince Bourbon renforce l'influence française en Méditerranée au détriment des Habsbourg. Par ailleurs, la France tire parti du relatif effacement de l'Angleterre du fait de l'immobilisme de Walpole et, en 1739, en jouant un rôle de médiateur entre l'empereur et les Turcs pour la signature du traité de Belgrade, elle accroît encore le prestige moral dont elle jouit alors en Europe.

LA GUERRE DE SUCCESSION D'AUTRICHE (1740-1748)

La succession de Charles VI et le début de la guerre (1740-1744) – Le 10 octobre 1740, la mort de l'empereur Charles VI ouvre une nouvelle crise européenne, beaucoup plus grave et plus longue que les précédentes. Sa fille **Marie-Thérèse,** âgée de 23 ans, semble pouvoir compter sur les garanties que son père a obtenues de son vivant concernant la pragmatique sanction, mais dès qu'elle veut se faire reconnaître comme souveraine des diverses possessions autrichiennes, plusieurs compétiteurs apparaissent pour lui disputer tout ou partie de son héritage, en dépit des promesses antérieures. C'est le cas des époux de ses deux cousines écartées par Charles VI, Auguste III, électeur de Saxe et roi de Pologne, et Charles-Albert, électeur de Bavière. C'est le cas aussi du roi de Sardaigne Charles-Emmanuel III, du roi d'Espagne qui regarde toujours vers l'Italie, du nouveau roi de Prusse, **Frédéric II,** qui met en avant d'anciennes prétentions des Hohenzollern sur la Silésie. De tous ces adversaires, le plus redoutable est le roi de Prusse qui, dès décembre 1740, envahit la Silésie sans déclaration de guerre, bat les Autrichiens à Molwitz (5 avril 1741) et entre à Breslau.

A Versailles, où Fleury opte pour s'en tenir au respect de la parole donnée, le parti anti-autrichien mené par le maréchal de Belle-Isle ne rêve que de reprendre la vieille politique de lutte contre la Maison d'Autriche. Belle-Isle, envoyé en ambassade en Allemagne en mai-juin 1741, promet à Charles-Albert de Bavière, candidat à la couronne impériale, l'appui militaire et diplomatique de **la France,** et à Frédéric II la garantie de la possession de la Silésie. En juillet, le vieux cardinal doit céder aux arguments de Belle-Isle : celui-ci, à la tête des troupes françaises, passe le Rhin, traverse la Bavière, occupe la Bohême et entre à Prague le 25 novembre 1741. Charles-Albert, qui s'est fait couronner roi de Bohême, est élu empereur à Francfort sous le nom de Charles VII en janvier 1742. Pourtant Marie-Thérèse ne perd pas courage. Elle s'assure l'appui de ses sujets hongrois, signe une paix séparée avec Frédéric II en lui accordant la Silésie (juin 1742), puis lance une contre-offensive austro-hongroise contre les Français engagés en Bohême loin de leurs bases et désormais privés de l'appui du roi de Prusse. Belle-Isle est alors contraint de faire retraite vers la France à travers l'Allemagne, ce qu'il réussit sans dommages en plein hiver, cependant que son lieutenant Chevert capitule dans Prague le 26 décembre 1742. Enfin, en **Angleterre,** George II et Carteret, qui a remplacé Walpole en février 1742, décident d'intervenir dans le conflit. En septembre 1743, la ligue de Worms réunit contre Charles VII et la France, l'Autriche, l'Angleterre, un certain nombre d'États allemands (Saxe, Hanovre), la Savoie-Sardaigne, jusque-là alliée à la France, et plus tard les Provinces-Unies. Les dernières troupes françaises ayant abandonné l'Allemagne, à la suite notamment de leur défaite à Dettingen, sur le Main, par une armée anglo-hanovrienne commandée par George II (23 juin 1743), les coalisés décident d'envahir la France : en juin 1744, ils forcent le passage du Rhin et pénètrent en Alsace par le nord. La France est sauvée de cette situation critique grâce à l'initiative de Frédéric II qui, inquiet du redressement autrichien, conclut un accord avec Charles VII et Louis XV et, en août 1744, envahit la Bohême et entre à Prague, forçant l'armée autrichienne à repasser le Rhin en toute hâte.

La conquête des Pays-Bas par la France (1745-1748) – Le remplacement, à Londres, de Carteret par Pelham, partisan de la paix, en décembre 1744, la mort de Charles VII en janvier 1745, l'élection de François, époux de Marie-Thérèse, comme empereur sous le nom de François Iᵉʳ en septembre 1745, une nouvelle défection de Frédéric II qui se fait confirmer à nouveau la cession de la Silésie par Marie-Thérèse lors de la paix de Dresde en décembre 1745 : tous ces événements semblent préparer la conclusion d'une paix générale. Mais à Versailles, le marquis d'Argenson, secrétaire d'État aux Affaires étrangères, entend poursuivre la guerre jusqu'à l'écrasement de la Maison d'Autriche. L'armée française chargée d'envahir les Pays-Bas est commandée par un grand homme de guerre, Maurice de Saxe, bâtard d'Auguste II. Le 11 mai 1745, à **Fontenoy,** près de Tournai, il bat, sous les yeux du roi, les troupes anglo-hollandaises commandées par le duc de Cumberland. Cette victoire assure la conquête des places du sud et de l'ouest des Pays-Bas. L'année suivante, en février, Maurice de Saxe s'empare par surprise de Bruxelles et, en octobre, bat les Autrichiens à Rocourt, près de Liège. Enfin, en 1747, après la victoire de Lawfeld, près de Maastricht, sur Cumberland, le 2 juillet, il pénètre dans les Provinces-Unies et s'empare de Maastricht et de Berg op Zoom. Maître des Pays-Bas et d'une partie des Provinces-Unies, en même temps que de la Savoie, Louis XV décide de faire la paix, d'autant plus que la situation financière est préoccupante et que la guerre sur mer et en Amérique tourne à l'avantage des Anglais : en 1747, il disgracie Argenson, partisan de la guerre à outrance.

Le traité d'Aix-la-Chapelle (1748) – Les négociations s'ouvrent à Aix-la-Chapelle en janvier 1748. Marie-Thérèse entend ne faire aucune concession territoriale importante, mais souhaite un rapprochement avec la France. L'Angleterre ne songe qu'à conclure une trêve outre-mer, pour se donner le temps d'y obtenir des avantages décisifs. Quant à Louis XV, il recommande la plus grande modération aux négociateurs français, souhaitant seulement apparaître comme l'arbitre de l'Europe et accroître encore de ce fait le prestige de la monarchie française. C'est pourquoi il accepte d'évacuer les Pays-Bas autrichiens, sans aucune contrepartie, laissant ainsi passer la chance d'améliorer la frontière du Nord. Outre-mer, l'Angleterre et la France se restituent réciproquement leurs conquêtes, Louisbourg et Madras, et Louis XV s'engage en outre à chasser de France le prétendant Stuart Charles-Édouard, le vaincu de Culloden. Marie-Thérèse cède le duché de Parme au second fils de Philippe V et d'Élisabeth Farnèse, don Philippe, et une petite partie du Milanais au roi de Sardaigne-Savoie. Surtout, elle doit reconnaître la perte de la Silésie : en effet, bien que n'ayant pas pris part aux négociations, Frédéric II a obtenu la mention de cette cession, placée ainsi sous la garantie des puissances signataires. En échange de ces sacrifices, Marie-Thérèse se voit reconnue comme souveraine des possessions autrichiennes et son mari comme empereur. La **paix** ainsi rétablie en Europe apparaît à tous **précaire,** dans la mesure où aucun des grands problèmes n'est vraiment résolu, ni la rivalité austro-prussienne en Allemagne ni la rivalité franco-anglaise sur mer et aux colonies. En France, le traité, signé à Aix-la-Chapelle le 28 octobre 1748, est particulièrement mal accueilli : l'opinion regrette l'abandon des Pays-Bas et estime que l'« on s'est battu pour le roi de Prusse ».

LE RENVERSEMENT DES ALLIANCES ET LA GUERRE DE SEPT ANS (1756-1763)

Le renversement des alliances – Au cours de la guerre de Succession d'Autriche, l'Angleterre et l'Autriche se sont opposées à la France et, malgré ses volte-face, à la Prusse. En 1756, on assiste à un spectaculaire renversement de ces alliances. Frédéric II, qui sait que Marie-Thérèse n'attend qu'une occasion favorable pour récupérer la Silésie et qui s'inquiète de l'accord anglo-russe de septembre 1755 dirigé en fait contre lui, tente un rapprochement avec l'Angleterre. Or George II et le gouvernement anglais qui, le 8 juillet 1755, ont rompu officiellement avec la France, à la suite de l'attentat de Boscawen, sont soucieux de trouver sur le continent un allié solide susceptible de les aider à assurer la défense du Hanovre : ni Marie-Thérèse, qui ne songe qu'à la Silésie, ni la tsarine Élisabeth ne leur paraissent pouvoir jouer ce rôle. C'est pourquoi les avances de Frédéric II, à la fin de 1755, aboutissent, le 16 janvier 1756, au **traité de Westminster,** alliance défensive par laquelle les deux gouvernements se garantissent mutuellement leurs possessions en Allemagne. De son côté, Marie-Thérèse souhaite, depuis 1748, obtenir la neutralité bienveillante de la France dans l'éventualité d'une guerre contre Frédéric II pour lui reprendre la Silésie. Mais les efforts en ce sens de son ambassadeur à Versailles, Kaunitz, promu chancelier en 1753, ont échoué devant les vieux préjugés anti-autrichiens des milieux politiques français. La tentative de rapprochement anglo-prussien facilite la reprise des négociations en 1755. Le nouvel ambassadeur, Stahremberg, utilise les bons offices de Madame de Pompadour et de l'abbé de Bernis pour transmettre des propositions intéressantes en cas d'accord, notamment la cession des Pays-Bas au duc de Parme, gendre de Louis XV. Celui-ci hésite encore, cependant que le comte d'Argenson et Machault d'Arnouville, très anti-autrichiens, préconisent le renforcement de l'alliance avec la Prusse.

L'annonce du traité de Westminster change totalement la situation. Louis XV, ulcéré par la trahison de Frédéric II qui s'est allié avec l'ennemi de la France, signe avec l'Autriche, le 1er mai 1756, le premier **traité de Versailles :** les deux puissances se garantissent mutuellement contre toute attaque d'un tiers. Il n'est plus question de stipulations territoriales, comme l'année précédente. De plus, l'Autriche n'est pas tenue d'intervenir dans la guerre maritime franco-anglaise déclenchée quelques mois plus tôt. Frédéric II, conscient du danger, décide alors de prendre brusquement les devants en attaquant, sans déclaration de guerre, la Saxe, alliée de l'Autriche, en août 1756, et en faisant capituler, en octobre, la garnison saxonne de Pirna. Cette agression ne fait qu'accélérer la formation de la coalition contre la Prusse et déclenche une guerre générale.

La guerre de Sept Ans – Kaunitz s'emploie avec beaucoup d'habileté à resserrer l'alliance avec la France. La disgrâce de Machault et d'Argenson, après l'attentat de Damiens, et la nomination de l'abbé de Bernis comme secrétaire d'État aux Affaires étrangères, facilitent ses desseins. Le 1er mai 1757, le second traité de Versailles scelle l'alliance offensive franco-autrichienne : la France, en échange de vagues promesses de compensations aux Pays-Bas, s'engage à aider la coalition, militairement (100 000 hommes) et financièrement, jusqu'à la reprise de la Silésie et l'écrasement de la Prusse. A la coalition se joignent bientôt, outre la Saxe, la plupart des États allemands, la Suède et la Russie (sans que celle-ci rompe pour autant avec l'Angleterre). Seule l'Espagne reste à l'écart du grand conflit à la fois continental et maritime. Dans ces conditions, la défaite de la Prusse ne paraît pas douteuse : en dépit de la valeur de l'armée prussienne et de l'appui d'un contingent anglo-hanovrien, Frédéric II ne va-t-il pas devoir se battre sur plusieurs fronts et à un contre trois ?

En 1757, une armée française commandée par le duc de Richelieu envahit le Hanovre et contraint les Anglo-Hanovriens à capituler à Klosterseven (8 septembre). De son côté, **Frédéric II** ne peut empêcher les Suédois d'occuper la Poméranie et les Russes la Prusse orientale. Vaincu en Bohême, il doit se replier en Saxe. Mais alors que sa situation paraît désespérée, son génie militaire et son sens de l'offensive à outrance, aidés par la médiocrité de ses adversaires, lui permettent un redressement spectaculaire dans les dernières semaines de 1757. Le 5 novembre, il écrase à **Rossbach,** dans la vallée de la Saale, en dépit de son infériorité numérique, une armée française commandée par Soubise et appuyée de contingents impériaux. Puis sans perdre de temps, il se retourne contre les Autrichiens qui ont envahi la Silésie et les bat à Leuthen le 5 décembre, un mois après Rossbach. Il entre ensuite à Breslau et envahit la Moravie. Mais l'année suivante, le danger vient de l'est : le 25 août, il écrase difficilement à Zorndorf, non loin de Kustrin, sur l'Oder, une armée russe qui se disposait à envahir le Brandebourg. De leur côté, les Français s'efforcent de reconquérir le Hanovre qu'ils ont dû évacuer en 1758. Mais l'impéritie des chefs militaires empêche d'obtenir des résultats décisifs, malgré une supériorité numérique presque constante et quelques succès, comme à Klostercamp en 1760.

A plusieurs reprises, les Anglais essaient de porter la guerre en France même, notamment en opérant, en juin 1758, à Saint-Cast, près de Saint-Malo, un débarquement qui échoue du fait de la prompte réaction du duc d'Aiguillon et des milices garde-côtes; mais en juin 1761, ils s'emparent de Belle-Ile. Par contre, deux défaites de la flotte française en 1759, près de Lagos, sur la côte portugaise, et aux Cardinaux, entre Le Croisic et Belle-Ile, rendent vains tous les projets français de débarquement en Angleterre. Pendant ce temps, Frédéric II continue à faire face à la fois aux Autrichiens et aux Russes. Le 12 août 1759, il est battu à Kunersdorf, en Brandebourg, à 100 kilomètres au sud de Berlin, par les Austro-Russes. Mais il est sauvé par ce qu'il appellera lui-même « le miracle de la Maison de Brandebourg » : au lieu de marcher sur sa capitale, ses adversaires se séparent; en effet, les Autrichiens ayant voulu entraîner les Russes à la reconquête de la Silésie, ceux-ci, mécontents de ce rôle subalterne, se retirent. Une nouvelle offensive austro-russe en 1760 aboutit à la prise et au pillage de **Berlin** pendant trois jours, mais les alliés, à la suite d'une nouvelle mésentente, se séparent au lieu d'exploiter leur succès; Frédéric poursuit les Autrichiens et les bat à Torgau.

En 1761, la Silésie est envahie par les Autrichiens et la Poméranie orientale, par les Russes. Malgré son indomptable énergie, le roi de Prusse est alors au bord du désastre : ses effectifs s'amenuisent et son trésor est vide en dépit des subsides anglais. L'Angleterre a d'ailleurs ouvert des négociations avec la France en mars 1761 et Pitt quitte le pouvoir en novembre. C'est alors qu'un nouveau « miracle » sauve le roi de Prusse : la tsarine **Élisabeth** meurt le 4 janvier 1762 et son successeur, Pierre III, Allemand d'origine et admirateur passionné de Frédéric, arrête immédiatement ses troupes, ouvre des négociations et, en mai, signe la paix avec la Prusse en lui restituant la Prusse orientale. De son côté, la Suède se retire de la lutte en rendant la partie de la Poméranie qu'elle a occupée. Mieux encore, en juin, le nouveau tsar s'allie, contre l'Autriche, avec l'adversaire de la veille.

La paix de 1763 – Le revirement de la situation en Allemagne orientale et la lassitude générale des belligérants contribuent à hâter la fin du conflit. En France, Choiseul a réussi à se procurer de nouveaux alliés grâce au pacte de famille signé le 15 août 1761 et qui réunit les princes Bourbons, France, Espagne, Naples, Parme ; mais les défaites subies en Europe, sur mer et outre-mer, et la situation financière catastrophique née de la guerre l'incitent à ouvrir dès mars 1761 des **négociations** avec l'Angleterre où George III qui vient de monter sur le trône souhaite la paix, de même que la majeure partie de l'opinion publique anglaise, satisfaite des avantages obtenus aux colonies (prise de Montréal en septembre 1760). Enfin, en Allemagne, Marie-Thérèse est consciente que, livrée à ses seules forces, elle ne pourra reprendre la Silésie, et Frédéric II aspire à la paix indispensable à son pays dévasté, d'autant plus que l'Angleterre, lasse de l'aide financière qu'elle lui fournit depuis sept ans, rompt avec lui en avril 1762.

Les préliminaires, signés à Fontainebleau en novembre 1762 entre la France, l'Espagne et l'Angleterre, deviennent, le 10 février 1763, le **traité de Paris** : la France récupère Belle-Ile, mais rend aux Anglais Minorque, prise par Richelieu au début de la guerre, et surtout perd tous ses territoires en Amérique du Nord, tout en conservant ses Antilles (cf. Chapitre 22). Le 15 janvier 1763, Frédéric II et Marie-Thérèse signent le **traité d'Hubertsbourg** : la Silésie est laissée définitivement à la Prusse. Ainsi, sept années d'une guerre meurtrière et épuisante n'aboutissent, en Allemagne, qu'au maintien du statu quo territorial. Mais elles ont consacré la puissance de la Prusse et l'énorme prestige de Frédéric II. Bien que les Habsbourg-Lorraine détiennent toujours la dignité impériale (Joseph, le fils aîné de Marie-Thérèse, est élu empereur en 1765 à la mort de son père François), c'est le Hohenzollern qui joue désormais le premier rôle en Allemagne, en se posant en défenseur des libertés germaniques. La participation de la Russie au conflit marque véritablement l'entrée de celle-ci dans les affaires européennes. Quant à la France, le renversement des alliances de 1756 ne lui a rapporté que des mécomptes. Pourtant, Choiseul s'estime satisfait d'avoir sauvé les Antilles et, fort du pacte de famille, prépare la revanche contre l'Angleterre, tout en cherchant à faire de l'alliance autrichienne le moyen d'assurer la paix sur le continent.

LA POLITIQUE EUROPÉENNE DE 1763 A 1789

Le premier partage de la Pologne (1772) – Sous les règnes des deux électeurs de Saxe, Auguste II (1696-1733) et Auguste III (1733-1763), la Pologne n'a pas réussi à surmonter ses difficultés intérieures. La guerre contre la Suède (1700-1709) a aggravé l'appauvrissement et le dépeuplement du pays, et le relèvement économique qui s'esquisse après 1740 est freiné par l'**anarchie** politique. Celle-ci résulte des institutions : élection du souverain, liberum veto, privilèges nobiliaires. Cette anarchie facilite l'intervention de plus en plus ouverte des grandes puissances dans les affaires polonaises, comme l'a bien montré la succession de 1733. Certains magnats, tels les Czartoryski, sont conscients des réformes nécessaires, mais tous mènent une politique de clans, grâce à d'importantes clientèles et à des appuis à l'extérieur. Dans de telles conditions, la mort d'Auguste III en 1763 ouvre une très grave crise. Grâce à un accord russo-prussien et à la présence des troupes russes qui pénètrent en Lithuanie, le Polonais **Stanislas Poniatowski,** ancien amant, à Saint-Pétersbourg, de la future Catherine II, est élu roi de Pologne le 7 septembre 1764. Sous l'influence de ses oncles Czartoryski, le nouveau roi décide d'entreprendre des réformes et propose notamment la suppression du liberum veto. Catherine II qui, pas plus que Frédéric II, n'a intérêt à un relèvement de la Pologne, intervient aussitôt : son ambassadeur à Varsovie intrigue auprès des adversaires des Czartoryski et des dissidents religieux, notamment orthodoxes. Ainsi se forme la confédération de Radom qui prie la tsarine d'intervenir. En 1767, en présence de troupes russes, la diète de Varsovie supprime les réformes ébauchées et donne l'égalité des droits aux dissidents religieux. Mais les Polonais partisans des réformes et de l'indépendance nationale, réagissent : appuyés par le clergé catholique, ils forment en 1768 la confédération de Bar, « pour la foi et pour la liberté », qui compte bientôt plusieurs milliers d'hommes armés. Stanislas ayant tenté en vain de s'interposer, les confédérés de Bar doivent faire face à la fois aux troupes russes et à une terrible jacquerie des orthodoxes ukrainiens fomentée par les Russes. Ils sont vite battus, dispersés ou contraints à s'enfuir à l'étranger, et en 1770 les Russes sont maîtres de toute la Pologne.

Si la situation ainsi créée préoccupe le roi de Prusse, ce sont les victoires que les Russes remportent au même moment en Turquie qui inquiètent au plus haut point l'Autriche. **Frédéric II** exploite cette inquiétude en suggérant à Marie-Thérèse et à Joseph II de proposer à Catherine leur médiation commune, afin de détourner ses ambitions de la Turquie sur la Pologne où Prusse et Autriche pourraient faire valoir aussi des prétentions. Ainsi la paix serait rétablie en Europe orientale au prix non d'un démembrement de l'Empire ottoman, dont Frédéric II ne pouvait qu'être exclu, mais d'un partage partiel de la Pologne entre ses trois voisins. Catherine II, qui s'estime l'arbitre de la situation aussi bien en Pologne qu'en Turquie, ne cède aux suggestions de Frédéric II que devant la menace d'une guerre que mèneraient contre elle les Prussiens et les Autrichiens coalisés.

Par les traités de Saint-Pétersbourg, le 25 juillet **1772,** les trois puissances s'attribuent, « pour prévenir la décomposition de l'État polonais », les provinces les plus avantageuses pour elles : la Pomérélie ou Prusse occidentale, moins Thorn et Dantzig, pour la Prusse; la plus grande partie de la Biélorussie, ou Russie blanche, pour la Russie; la Galicie et une partie de la Podolie, pour l'Autriche. Le roi Stanislas et la diète, convoquée à Varsovie l'année suivante ne peuvent que reconnaître le coup de force. Dans toute l'Europe, notamment en France, l'émotion est considérable, mais aucune initiative n'est prise pour venir au secours des Polonais. Le pays, amputé des deux cinquièmes de son territoire, n'est plus qu'un protectorat russe. Quelques réformes trop tardivement tentées ne pourront empêcher ni le deuxième partage de 1793 entre la Russie et la Prusse ni la disparition totale de l'État polonais en 1795.

Les débuts de la question d'Orient – Au milieu du XVIIIe siècle, l'Empire ottoman fait toujours figure de grande puissance, même en Europe où, en dépit des pertes du début du siècle, il possède toujours le littoral septentrional de la mer Noire et la Crimée, les provinces roumaines de Valachie et de Moldavie, et toute la péninsule des Balkans. Mais cette puissance territoriale cache mal une profonde désorganisation intérieure qui s'est poursuivie après une nouvelle tentative de redressement (l'ère des Tulipes, 1708-1730) : sultans sans pouvoir réel, grands vizirs se succédant trop vite pour avoir une action efficace, gouverneurs de province quasi indépendants et rançonnant leurs administrés, janissaires ayant perdu leur valeur d'antan. Or deux **dangers** menacent de plus en plus la présence ottomane en Europe : le réveil des populations chrétiennes organisées en solides communautés villageoises et bien encadrées par le clergé orthodoxe, et les ambitions des grands États voisins. La Russie regarde vers la Crimée et la mer Noire et, au-delà, se pose en défenseur des chrétiens de l'empire turc. L'Autriche, déçue dans ses ambitions allemandes, puis italiennes, entend bien ne laisser personne s'installer à sa place dans les provinces danubiennes à conquérir sur les Turcs. De leur côté, la France et surtout l'Angleterre, soucieuses de maintenir l'équilibre européen, mais aussi de préserver leurs intérêts commerciaux en Méditerranée orientale, suivent de très près, elles aussi, la « question d'Orient ».

En 1768, la France, désireuse d'aider indirectement les Polonais, décide le sultan à déclarer la **guerre** à la Russie. Mais les Russes sont rapidement vainqueurs sur terre et sur mer. Ils occupent la totalité des provinces roumaines entre Dniestr et Danube et une flotte russe qui, depuis la Baltique, a pénétré en Méditerranée par Gibraltar, bat la flotte turque dans la rade de Tchesmé, près de l'île de Chio, le 7 juillet 1770. L'année suivante, les Russes conquièrent la Crimée et acceptent l'armistice demandé par le sultan. Du fait des intrigues prusso-autrichiennes, du partage de la Pologne et des atermoiements des Turcs, le traité russo-turc n'est signé à Kaïnardji que le 21 juillet 1774. Il consacre un nouveau recul de la puissance ottomane. En effet, si Catherine, conformément à ses engagements à l'égard de Frédéric II et de Marie-Thérèse, se contente de l'annexion d'Azov et rend ses autres conquêtes, elle obtient des avantages indirects considérables : les Tatars de Crimée sont déclarés indépendants (dès 1783, l'armée de Potemkine soumettra tout le pays et en fera une province russe) et surtout les chrétiens des provinces roumaines, redevenus sujets turcs, sont placés sous la protection de la Russie.

L'Autriche qui, en 1775, se fait accorder par la Turquie la Bukovine comme prix de ses bons offices, s'inquiète des progrès de la Russie. Après avoir hésité à proposer son aide aux Turcs, Joseph II décide de s'entendre avec Catherine. En 1781, il signe avec celle-ci un traité d'alliance défensive en cas de conflit avec la Turquie. En 1782, la tsarine lui propose un partage de l'Empire ottoman. Lorsqu'en 1787, le sultan, exaspéré par les provocations russes, ouvre les hostilités, il doit faire face à une coalition austro-russe. Heureusement pour lui, le successeur de Joseph II, Léopold II, inquiet des événements de France, signe une paix séparée en 1791. La Russie, à son tour, signe en 1792 le traité de Jassy qui lui assure la portion du littoral de la mer Noire entre Dniepr et Dniestr où quatre ans plus tard est fondé le port d'Odessa. Venant après le premier partage de la Pologne, ces événements, qui marquent une nouvelle étape du **reflux turc** en Europe, témoignent aussi de la solidité de l'alliance de l'Autriche, de la Prusse et de la Russie dans l'équilibre de leurs intérêts respectifs, et de l'affaiblissement du prestige de la France qui n'a pu empêcher que ses alliés traditionnels, Polonais et Turcs, ne soient les victimes de l'ambition sans scrupule de leurs trois puissants voisins.

Vergennes et l'échec des ambitions de Joseph II – Secrétaire d'État des Affaires étrangères de Louis XVI de 1774 à 1787, Vergennes se donne pour but non seulement d'effacer partiellement le traité de Paris en aidant les Insurgents américains contre l'Angleterre (1777-1783), mais aussi de maintenir en Europe un équilibre et une paix constamment menacés par les politiques agressives des trois grandes puissances continentales. S'il ne peut empêcher les victoires des trois complices en Europe orientale, du moins réussit-il à faire échouer les ambitieux projets de Joseph II en Allemagne. Contrairement à sa mère qui s'est détournée des affaires allemandes, Joseph II, empereur depuis 1765, rêve de disputer à Frédéric II le premier rôle en Allemagne. La **succession de Bavière** lui en fournit une première occasion. A la mort du duc électeur de Bavière, sans héritier direct, le 30 septembre 1777, le duché bavarois revient à son cousin l'électeur palatin. Joseph II obtient alors de ce dernier, qui n'a pas d'enfant, la cession du territoire compris entre l'Inn et l'Autriche et la promesse de le désigner comme son successeur, au mépris des droits du duc de Deux-Ponts. Frédéric II se pose immédiatement en défenseur des libertés germaniques et déclare qu'il n'acceptera pas cet état de fait. Joseph se tourne alors vers Versailles pour faire jouer l'alliance française. Mais Vergennes, engagé en Amérique, refuse de se laisser entraîner dans une guerre continentale. En juillet 1778, Frédéric II entre en Bohême. Mais cette guerre dite de Succession de Bavière tourne court, grâce à la médiation de la France et de la Russie. Par la convention de Teschen (mai 1779), l'Autriche renonce à ses prétentions sur la Bavière et reconnaît le duc de Deux-Ponts comme héritier du duc régnant.

Quelques années plus tard, Joseph II, qui est devenu en 1780 souverain des possessions autrichiennes par la mort de sa mère, décide en 1784 d'ouvrir les bouches de l'**Escaut** à la navigation internationale, contrairement aux stipulations des traités de Westphalie et d'Utrecht. Immédiatement, les Hollandais, soutenus par les Anglais, ripostent en bombardant un navire cherchant à entrer à Anvers. Une fois encore sollicité, Vergennes refuse son soutien à Joseph II au nom du respect des traités. L'empereur imagine alors de proposer au duc de Bavière d'échanger son duché, accru de l'archevêché de Salzbourg, contre les Pays-Bas. Mais il se heurte non seulement au veto français, mais à l'opposition de Frédéric II qui invoque, une fois de plus, les libertés germaniques et constitue autour de lui une ligue des princes allemands (Fürstenbund). Sur médiation française, le traité austro-hollandais de Fontainebleau (novembre 1785) écarte toute possibilité d'échange et maintient la fermeture de l'Escaut. La diplomatie de Vergennes a ainsi réussi à déjouer les dangereuses entreprises de Joseph II, mais l'échec de celles-ci a surtout contribué à accroître le prestige de la Prusse en Allemagne.

22

LES PROBLÈMES COLONIAUX AU XVIIIe SIÈCLE ET LA NAISSANCE DES ÉTATS-UNIS D'AMÉRIQUE

Au début du XVIIIe siècle, la France et l'Angleterre sont deux grandes puissances maritimes et coloniales qui s'affrontent aux Antilles, en Amérique du Nord et en Inde. Aux Antilles, leurs positions respectives sont équilibrées; par contre, en Amérique du Nord, si les Français ont l'espace, les Anglais ont le nombre; enfin, en l'Inde, grâce à la politique audacieuse de Dupleix, la France est, vers 1750, en passe d'évincer sa rivale. Mais à l'issue d'un long conflit, sur mer et aux colonies, l'Angleterre impose à la France, par le traité de Paris (1763), la cession du Canada et de la Louisiane, ainsi que l'abandon de sa position privilégiée en Inde. Il est vrai que, vingt ans plus tard, elle doit reconnaître l'indépendance de ses colonies américaines qui, avec l'aide de la France, se constituent en États-Unis d'Amérique. A la fin du siècle, l'Angleterre n'en est pas moins devenue la première puissance maritime et coloniale du monde.

Français et Anglais en Amérique – Pendant la première moitié du XVIIIe siècle, les positions respectives des Français et des Anglais aux **Antilles** restent pratiquement inchangées. Les premiers sont installés à la Martinique, à la Guadeloupe et dans la partie occidentale de Saint-Domingue (que l'Espagne leur reconnaît officiellement en 1697), les seconds, à la Jamaïque, à la Barbade, aux Bahamas. Les Iles connaissent au XVIIIe siècle un développement sans précédent. Ainsi, à Saint-Domingue française, la population passe de 13 500 habitants, dont 9 000 esclaves noirs, en 1700, à 165 000 habitants, dont 148 000 esclaves, en 1751. Le sucre reste la production principale, en croissance constante. Vers 1720, Saint-Domingue et la Jamaïque, chacune à part à peu près égale, supplantent le Brésil comme premier producteur mondial. A côté de la canne à sucre et de l'indigo, le café, introduit vers 1720, le cacao, puis le coton tiennent une place grandissante. Cette exploitation capitaliste et esclavagiste ne va pas sans problèmes. Les planteurs de la Jamaïque ou de Saint-Domingue vivent dans la crainte de soulèvements d'esclaves dont le nombre croît sans cesse grâce aux apports de la traite. De plus, le système de l'*exclusif suscite le mécontentement des colons qui réclament plus ou moins ouvertement l'autonomie et la liberté de commercer avec qui ils veulent. A Saint-Domingue, ce mécontentement se traduit par des révoltes de la part des petits Blancs soutenus par les planteurs contre les représentants locaux de l'administration royale, intendants et gouverneurs. En fait, l'application de l'exclusif ne peut empêcher un important commerce de contrebande, par exemple entre les colons français de Saint-Domingue et les colons anglais de Nouvelle-Angleterre.

Vers 1700, la souveraineté **française** en **Amérique du Nord** s'étend théoriquement à la plus grande partie du continent, de la baie d'Hudson au golfe du Mexique, à l'exception de la Floride, aux mains des Espagnols, et surtout du territoire qu'occupent les colons anglais entre l'Atlantique et les Appalaches. Toutefois, les Français ne sont vraiment présents que dans la vallée du Saint-Laurent. Là sont solidement implantés, entre Montréal et Québec, quelque 15 000 colons qui vivent d'une agriculture d'auto-subsistance et dont le nombre croît régulièrement grâce à une exceptionnelle fécondité qui compense heureusement une immigration dérisoire (2 700 immigrants entre 1680 et 1740). Cependant, aux abords de la baie d'Hudson, dans la région des Grands Lacs et dans les vallées de l'Illinois et du Mississippi, quelques centaines de coureurs de bois français se procurent auprès des Indiens les précieuses fourrures, notamment de castor. En dépit de la création de La Nouvelle-Orléans (1718), la Louisiane ne se relèvera pas de l'échec de Law et sa mise en valeur marquera le pas faute d'une immigration suffisante.

Si l'ensemble de la Nouvelle-France relève directement de la métropole représentée à Québec par le gouverneur et l'intendant, il n'en est pas de même des douze **colonies anglaises** (treize en 1732). En effet, ces diverses colonies, loin de former un ensemble unique, ont des régimes juridiques différents : les unes sont colonies de la couronne britannique, d'autres colonies à charte, d'autres colonies de propriétaires. Mais elles ont en fait des institutions assez voisines : à côté d'un gouverneur qui représente le roi, une assemblée élue représente les colons. De plus, malgré les distances qui les séparent et les différences profondes qui existent entre elles au point de vue économique et social, une certaine solidarité naît du fait qu'elles ont à affronter des problèmes similaires : le péril indien, qui croît à mesure que la colonisation s'enfonce dans l'intérieur; les rapports difficiles avec la métropole qui tient ses colonies dans une étroite sujétion politique et économique; enfin, la menace que font peser les Français, maîtres du cœur du continent, menace immédiate en ce qui concerne le commerce des fourrures et l'âpre concurrence que se livrent auprès des Indiens les coureurs de bois des deux pays, menace future dans la perspective d'une expansion ultérieure vers l'Ouest au-delà des Appalaches. Il est vrai que, dès 1713, au traité d'Utrecht, l'Angleterre se fait céder le territoire de la baie d'Hudson, grande région à fourrures, Terre-Neuve, sous réserve d'un droit de pêche aux Français, l'Acadie que les Anglais appellent Nouvelle-Écosse, à l'exception des îles Saint-Jean et Royale (ou du Cap-Breton où la France commence la construction de la forteresse de Louisbourg). Il est vrai surtout que les Anglais, grâce à une immigration régulière et à une importante fécondité, augmentent constamment l'avantage numérique qu'ils ont sur leurs rivaux : ils sont 450 000 contre 18 500 Français en 1713, 900 000 contre 43 000 en 1740.

Français et Anglais en Inde – Au début du XVIIIᵉ siècle, la compagnie française des Indes orientales, implantée à Pondichéry et à Chandernagor, a réussi à se créer une place enviable en Inde à côté de sa concurrente anglaise qui détient les trois importants comptoirs de Madras, Bombay et Calcutta. Cette situation s'améliore encore entre 1720 et 1740, assurant à la **compagnie française** une place désormais prépondérante. Le mérite en revient surtout à François Dumas, agent, puis gouverneur de la compagnie de 1735 à 1741 : non seulement il crée de nouveaux comptoirs (Mahé, Karikal), réussit à prendre une place de plus en plus grande dans le commerce d'Inde en Inde et accroît ainsi considérablement les revenus de la compagnie, mais il inaugure une politique d'intervention dans les affaires indiennes. En effet, la mort d'Aurangzeb (1707) a aggravé la situation de l'empire Moghol, déchiré par les querelles de succession, menacé par les Perses, livré à l'anarchie, princes locaux et gouverneurs de province (soubabs, nababs, rajahs) se considérant comme pratiquement indépendants et s'opposant les uns aux autres. Dumas profite de la situation pour appuyer certains princes indigènes, notamment le nabab du Carnatic, à proximité de Pondichéry. Il met sur pied une petite armée de soldats indigènes, les cipayes, organisée à l'européenne et mise au service des princes amis en échange d'avantages commerciaux. Lorsqu'il rentre en France en 1741, Dumas, doté par le Grand Moghol du titre de nabab, jouit en Inde d'un prestige considérable. Son successeur, Joseph-François Dupleix, au service de la compagnie, sur place, depuis 1720, poursuit sa politique d'intervention, accroissant l'inquiétude des agents de la compagnie anglaise.

La guerre franco-anglaise et le traité d'Aix-la-Chapelle (1744-1748) – Le départ de Robert Walpole du ministère en 1742, suivi de la mort de Fleury, et le triomphe du parti antifrançais se traduisent en 1743 par l'intervention anglaise dans la guerre de Succession d'Autriche aux côtés de Marie-Thérèse et par l'ouverture des hostilités, sur mer et outre-mer, entre les deux grandes puissances maritimes et coloniales, après la rupture officielle du 15 mars 1744. En 1745, une expédition partie de Boston et appuyée par une escadre venue d'Angleterre s'empare de **Louisbourg** qui, entre l'Acadie et Terre-Neuve, défend l'entrée du Saint-Laurent. Par ailleurs la supériorité maritime de l'Angleterre est évidente : elle peut aligner plus de 300 vaisseaux de ligne montés par 40 000 marins expérimentés, alors que la France ne dispose que d'une cinquantaine de vaisseaux, en dépit des efforts déployés par le ministre Maurepas. Cette supériorité anglaise rend très difficile les liaisons entre les Antilles françaises et leur métropole pendant les quatre années de la guerre; seuls l'octroi de permissions de commercer avec l'étranger et la guerre de course permettent aux colons français de s'adapter aux conditions nées de ce blocus. En Inde, où la compagnie anglaise a refusé la proposition de la compagnie française de laisser la péninsule en dehors du conflit, les cipayes de Dupleix s'emparent de **Madras** en 1746, avec l'appui de la flotte de Mahé de La Bourdonnais, gouverneur de l'île de France. Malgré la brouille qui intervient entre La Bourdonnais et Dupleix, celui-ci réussit à garder Madras et à défendre Pondichéry attaquée par les Anglais en 1747. Mais le traité d'Aix-la-Chapelle, signé en octobre 1748, rétablit le statu quo ante, au Canada comme en Inde, puisque Louisbourg est restitué aux Français et Madras aux Anglais.

LA RIVALITÉ FRANCO-ANGLAISE DE 1748 A 1763

L'entre-deux-guerres (1748-1755) – Le traité de 1748 n'a rien réglé au fond et les causes d'affrontement persistent et se multiplient partout. En **Amérique du Nord,** le gouverneur de la Nouvelle-France, La Galissonière (1747-1749), se propose à la fois de bloquer les Anglais en Acadie, de reconquérir la baie d'Hudson et de renforcer la présence française au sud des Grands Lacs et surtout dans la vallée de l'Ohio. Mais il ne reçoit pas de France les 10 000 immigrants qu'il souhaitait. De plus, la vallée de l'Ohio, route naturelle entre le Canada et la Louisiane et zone d'approvisionnement en fourrures, intéresse de plus en plus les Virginiens voisins qui fondent en 1749 la compagnie virginienne de l'Ohio pour la mise en valeur de la région et la construction de forts. La Galissonière, puis son successeur ripostent en faisant construire plusieurs forts le long du fleuve, notamment Fort Duquesne en 1752. Dès lors, les incidents entre Franco-Canadiens et Virginiens se multiplient. Le plus grave survient le 24 mai 1754, près de Fort

Duquesne, lorsque l'officier français Jumonville est tué alors qu'il venait demander des explications aux Virginiens installés à proximité sous le commandement de George Washington; quelques semaines plus tard, 500 Franco-Canadiens assiègent Washington dans le retranchement improvisé qu'il s'est construit et a baptisé Fort Necessity et le forcent à se rendre. En Nouvelle-Écosse ou Acadie, annexée en 1713, les Anglais qui constatent que les colons français refusent, de fait, l'intégration et bloquent la colonisation en occupant les meilleures terres, décident leur déportation vers d'autres colonies anglaises : ce « grand dérangement », commencé en 1755, mais qui se poursuivra jusqu'en 1762, concerne près de 10 000 Acadiens dispersés dans toute l'Amérique anglaise. En 1755, la guerre apparaît inévitable, moins aux métropoles elles-mêmes qu'aux colons qui ont clairement conscience de l'impossibilité d'une cohabitation : il faut « dominer pour n'être pas dominé ». Or les colons anglais ont pour eux le nombre (1 500 000 contre 85 000 Français) et bientôt, avec William Pitt qui devient premier ministre en décembre 1756, l'appui total de leur métropole : non seulement l'Angleterre dispose d'une supériorité maritime écrasante, mais elle envoie sur place des troupes régulières dès 1754 et enverra au total 35 000 hommes bien commandés, alors que la France, engagée dans une guerre difficile en Europe, se contentera de l'envoi d'un corps de 9 000 hommes pour appuyer les miliciens canadiens et leurs alliés indiens.

Dans l'**Inde**, Dupleix, dont le prestige est considérable dans toute la péninsule, intervient de plus en plus directement dans les affaires indiennes. S'inspirant de l'exemple donné par les Hollandais en Insulinde et poursuivant la politique de Dumas, il utilise son armée de cipayes, commandée par le marquis de Bussy, comme moyen d'intervention. En échange de cette aide militaire, les princes qui la sollicitent accordent à la compagnie des avantages commerciaux, voire des concessions territoriales (Yanaon, Masulipatam), et s'acquittent des frais engagés en cédant les revenus de certaines de leurs provinces. C'est le cas du nabab du Carnatic et du soubab du Deccan. En 1751, Bussy écrase les Mahrattes qui acceptent la tutelle de la compagnie. A cette date, l'influence française est à son apogée : la plus grande partie de l'Inde péninsulaire est plus ou moins sous le contrôle de la compagnie. Certes, il ne s'agit ni de conquête coloniale ni d'administration directe. Il n'en reste pas moins que cette façon de faire oblige Dupleix à jouer de plus en plus un rôle politique, d'autant plus que les Anglais adoptent une ligne de conduite analogue pour sauver leurs propres positions commerciales. Mais, à Paris, les directeurs de la Compagnie des Indes, d'abord séduits, s'inquiètent bientôt de l'engrenage dans lequel ils sont entraînés, car leurs actionnaires sont soucieux davantage de dividendes que de politique à long terme, onéreuse dans l'immédiat. En 1752, Robert Clive, agent de la compagnie anglaise, bat une partie de l'armée de Dupleix dans le sud de l'Inde. L'échec est minime, mais sert de prétexte : en 1754, un des directeurs de la compagnie française, Godeheu, est envoyé en Inde avec mission de destituer le gouverneur et de régler les différends existant entre les deux compagnies. Dès son arrivée à Pondichéry, en août 1754, Godeheu embarque Dupleix pour l'Europe et, en décembre, signe avec le gouverneur anglais de Madras une convention, dite traité Godeheu, aux termes de laquelle les deux compagnies s'engagent à ne plus intervenir dans les affaires intérieures de l'Inde et renoncent aux avantages qu'elles ont pu obtenir en dehors de leurs comptoirs : marché de dupes, puisque la France était pratiquement la seule à avoir obtenu quelque chose. Ainsi, avant même que la guerre franco-anglaise ne rebondisse officiellement, l'œuvre de Dupleix se trouve virtuellement liquidée.

La nouvelle guerre franco-anglaise (1755-1763) – Le 8 juillet 1755, la France et l'Angleterre rompent officiellement leurs relations, à la suite de ce que l'on appelle en France « l'attentat » de Boscawen : en juin, sur l'ordre de son gouvernement, l'amiral anglais Boscawen s'est emparé en pleine paix de plus de 200 bateaux de commerce français naviguant dans l'Atlantique Nord. Arrivé à **Québec** en mai 1756 comme commandant en chef des troupes françaises, le marquis de Montcalm remporte d'abord une série de succès : il s'empare en août 1756 de Fort Oswego, sur la rive sud du lac Ontario, et en juillet 1757 de Fort William-Henry qui commande l'entrée de la vallée de l'Hudson. En juillet 1758, il stoppe à Fort Carillon (Ticonderoga), au sud du lac Champlain, une offensive anglaise de 25 000 hommes sur Montréal. Mais, la même année, il ne peut empêcher la prise de Louisbourg en juillet, de Fort Frontenac, au nord du lac Ontario, en août, de Fort Duquesne (rebaptisé Fort Pitt) en novembre. Montcalm, qui a réclamé en vain des secours à Versailles et qui est mal soutenu par le gouverneur Vaudreuil et l'intendant Bigot, est contraint, en novembre 1758, de regrouper ses forces dans la vallée du Saint-Laurent. En juin 1759, 30 000 Anglais, sous le commandement de Wolfe, viennent mettre le siège devant Québec. La bataille décisive se déroule dans les plaines d'Abraham, aux portes de la ville, le 14 septembre : Wolfe et Montcalm sont tués, les Français battus. Le 18, Québec capitule. Un an plus tard, le 8 septembre 1760, en dépit de la détermination de Lévis, lieutenant de Montcalm, Vaudreuil capitule dans Montréal. C'est la fin de la Nouvelle-France. Aux Antilles, la France abandonne pratiquement les Iles à leurs propres forces, surtout après les deux défaites sur mer de 1759, à Lagos en août, aux Cardinaux, entre Belle-Ile et Le Croisic, en novembre. Dès avril 1759, les Anglais s'emparent de la Guadeloupe et, en février 1762, de la Martinique. Dans les deux cas, les colons, inquiets des conséquences d'une résistance et redoutant la ruine consécutive au blocus, ont fait pression sur les gouverneurs pour qu'ils capitulent sans attendre d'éventuels secours.

Dans l'**Inde,** les Anglais prennent tout de suite l'avantage. Robert Clive écrase à Plassey, le 22 juin 1757, l'armée du soubab du Bengale qui s'était emparé de Calcutta. Il fait exécuter le soubab et impose à son successeur le protectorat de la compagnie anglaise, cependant qu'il chasse les Français de Chandernagor. Dans le sud de la péninsule, le nouveau gouverneur français, le comte de Lally-Tollendal, bon soldat, mais autoritaire et peu au fait des problèmes indiens, échoue devant Madras en 1759 et, bloqué dans Pondichéry en 1760, capitule en janvier 1761. Un mois plus tard, le dernier comptoir français, Mahé, se rend à son tour aux Anglais.

Le traité de Paris (1763) – Dès mars 1761, la France fait des propositions de paix à l'Angleterre, mais les négociations, deux fois interrompues puis reprises, notamment après la démission de Pitt en octobre 1761, n'aboutissent à la cessation des hostilités qu'en novembre 1762 et à la signature du traité de Paris que le 10 février 1763. La France cède à l'Angleterre, outre Saint-Louis du Sénégal, le **Canada** « avec toutes ses dépendances » et tout le territoire américain qu'elle possède à l'est du Mississippi, c'est-à-dire la partie orientale de la Louisiane. Par contre, l'Angleterre rend à la France la Guadeloupe et la Martinique et à la Compagnie française des Indes les cinq comptoirs de Pondichéry, Karikal, Yanaon, Mahé et Chandernagor, à condition qu'ils ne soient pas fortifiés. Par ailleurs, l'Espagne qui, en janvier 1762, en vertu du pacte de famille, a déclaré la guerre à l'Angleterre et qui, vaincue, doit lui céder la Floride, reçoit de la France, en compensation, la partie occidentale de la Louisiane, avec La Nouvelle-Orléans. Le traité de Paris est diversement accueilli de chaque côté de la Manche. A Londres, Pitt et une partie de l'opinion publique estiment que le roi George III et son premier ministre Bute ont cédé trop vite aux négociateurs français en n'exigeant pas davantage. Il est vrai que les colons de la Jamaïque, inquiets d'une éventuelle concurrence du sucre de Saint-Domingue, ont fait pression pour que l'annexion des îles françaises ne soit pas retenue. Bute, devenu très impopulaire, doit démissionner. En France, au contraire, Choiseul estime les conditions de paix presque inespérées. Il est suivi par la plus grande partie de l'opinion pour qui le fait d'avoir conservé **Saint-Domingue** et récupéré la Guadeloupe et la Martinique, au détriment du Canada, constitue, après les défaites subies en Amérique et sur mer, une véritable victoire diplomatique. Il est vrai que la Nouvelle-France n'a jamais intéressé la métropole que pour ses fourrures, alors que la part prise par les Iles à sucre dans l'économie française ne cesse de croître : c'est leur perte, non celle des « arpents de neige » canadiens, qui aurait été un désastre national. Une telle appréciation des choses correspond à la réalité du moment, même si elle aboutit à faire trop facilement son deuil des énormes virtualités que représentaient la politique de Dupleix dans l'Inde et la présence française en Amérique du Nord.

LA NAISSANCE DES ÉTATS-UNIS D'AMÉRIQUE

Les origines du conflit (1763-1773) – *Les treize* **colonies anglaises** échelonnées le long de l'Atlantique sur près de 2 000 kilomètres, regroupent, vers 1763, 1 600 000 habitants et diffèrent les unes des autres par leurs activités et leur composition sociale. Trois groupes peuvent être distingués. Au nord, quatre colonies (Massachusetts, Connecticut, New Hampshire, Rhode Island) constituent la Nouvelle-Angleterre. Dans un cadre presque européen, 500 000 habitants vivent d'activités variées : agriculture et élevage, exploitations forestières, constructions navales, quelques industries métallurgiques, pêche sur les bancs de Terre-Neuve, commerce actif notamment par Boston. Un puritanisme intolérant imprègne fortement les comportements, sans exclure une ouverture aux influences intellectuelles venues d'Europe (Locke, Montesquieu). Les cinq colonies du Sud (Virginie, Maryland, Carolines du Nord et du Sud, Géorgie) comptent 700 000 habitants, dont 300 000 esclaves noirs qui, sur d'immenses plantations, propriétés d'une aristocratie riche, cultivée et en majorité anglicane, produisent tabac, riz, indigo, coton. Entre les deux, les quatre colonies du centre (New Jersey, New York, Delaware, Pennsylvanie) constituent le groupe le moins homogène : la population (400 000 habitants) est d'origine diverse (Suédois, Allemands, Anglais, Français huguenots) et toutes les sectes chrétiennes sont représentées; la majeure partie des habitants travaillent la terre, blé, fourrures et bois étant exportés vers l'Europe par des ports dont le plus important est Philadelphie. Économiquement, les treize colonies sont soumises au même régime de l'*exclusif, mais une tolérance de fait a permis le développement de certaines industries et de relations actives avec l'Amérique espagnole et les Antilles françaises qui fournissent, en échange de bois et de poisson, la mélasse nécessaire à la fabrication du rhum, grand objet de troc dans les relations avec les Indiens. Enfin, la lutte commune contre les Français a fait naître peu à peu un esprit américain.

Or, sous l'impulsion de George III, la **métropole** veut profiter de sa victoire de 1763 pour réaffirmer ses droits politiques et économiques sur ses colonies et pour faire supporter à celles-ci une part des très lourdes dépenses entraînées par la guerre. En 1764, le Sugar Act fixe des droits de douane très élevés sur le sucre et la mélasse entrant dans les ports américains et la nouvelle loi est immédiatement appliquée avec une extrême rigueur. En 1765, le Stamp Act institue, aux colonies comme en métropole, un droit de timbre sur les actes notariés et d'état civil et sur les journaux. L'assemblée de Virginie, bientôt suivie par les délégués de neuf colonies réunis à New York, proteste en déclarant le Stamp Act inapplicable en Amérique, puisque les colons, n'étant pas représentés à Westminster, n'ont pu donner leur consentement; or, selon les principes anglais, « pas de taxation sans représentation ». Le Sugar Act et le Stamp Act sont retirés en 1766, mais le gouvernement de Londres réaffirme sa totale compétence en matière de législation coloniale. De plus, en 1767, les lois Townshend relèvent les droits d'entrée sur une série de produits, notamment le thé, le verre, le papier, ce qui provoque la reprise de l'agitation en Nouvelle-Angleterre et une émeute sanglante à Boston à la suite de l'envoi de deux régiments (le « massacre » de Boston, 5 mars 1770). Devant le boycott des marchandises anglaises soumises aux droits, Londres recule une seconde fois et supprime en 1770 toutes les taxes, sauf, pour le principe, celle pesant sur le thé. Mais deux ans plus tard, le premier ministre lord North provoque le mécontentement des armateurs de Nouvelle-Angleterre en accordant à la Compagnie des Indes orientales le monopole de la vente du thé en Amérique. Le 16 décembre 1773, à Boston, des jeunes gens appartenant au groupement des Fils de la Liberté et déguisés en Indiens, jettent à la mer la cargaison de trois navires de la compagnie.

La rupture et les débuts de la guerre (1774-1778) – La « Tea party » de Boston provoque la vive réaction de Londres qui, ainsi défié, riposte par cinq lois répressives, dont l'une ferme le port de Boston, et frappe la ville d'une lourde amende. En septembre 1774, un congrès, qui réunit à Philadelphie des députés de toutes les colonies (sauf la Géorgie), envoie une adresse au roi d'Angleterre et décide le **boycott** de toutes les marchandises britanniques. En même temps se mettent en place, un peu partout, des comités de correspondance et des milices armées, le Massachusetts et la Virginie prenant la tête du mouvement. Bientôt, les intransigeants l'emportent sur les partisans de la conciliation et la paix est à la merci du moindre incident. Celui-ci se produit le 18 avril 1775 : c'est la fusillade de Lexington au cours de laquelle les troupes anglaises cantonnées à Boston et venues s'emparer d'un dépôt d'armes sont mises en échec par des miliciens. Un second congrès réuni en mai à Philadelphie désigne, le 15 juin, le Virginien George Washington comme commandant en chef. Le roi George et le parlement anglais proclament les colons américains rebelles et, en décembre, interdisent tout commerce avec eux. Pendant ce temps, les miliciens envahissent le Canada, mais se heurtent au loyalisme des Franco-Canadiens et, après avoir mis le siège devant Boston, font capituler les troupes anglaises en mars 1776.

Devant l'exemple donné par la Virginie qui, le 1er juin 1776, s'est constituée en république indépendante et s'est dotée d'une constitution précédée d'une déclaration des droits, le congrès de Philadelphie, le 4 juillet 1776, proclame l'union des treize anciennes colonies et vote la Déclaration d'**indépendance** des États-Unis d'Amérique, précédée d'un préambule rédigé par le Virginien Thomas Jefferson et inspiré des principes de Locke et des philosophes français. Mais il ne suffit pas de proclamer l'indépendance, il faut la conquérir. Or, l'armée des Insurgents, comme on les appelle en France, est formée de miliciens saisonniers, inexpérimentés, mal armés, mal commandés. Washington lui-même est un médiocre stratège, mais qui s'impose bientôt par son énergie et son patriotisme. Dans ces conditions, les Insurgents recherchent l'aide de la France. Mais, en dépit des sympathies de l'opinion française à l'égard de la cause américaine et du succès remporté par Benjamin Franklin dans les salons parisiens, Louis XVI et Vergennes hésitent à intervenir. Des armes et des équipements sont envoyés secrètement outre-Atlantique et des volontaires, tel le marquis de La Fayette, s'enrôlent à titre individuel dans l'armée américaine. Les Anglais, forts de leurs troupes régulières et de leurs auxiliaires allemands, remportent d'abord l'avantage, prenant New York (septembre 1776), puis Philadelphie. Toutefois, la capitulation d'une armée anglaise à Saratoga en octobre 1777 a un grand retentissement et détermine la France à intervenir directement dans le conflit (traité d'alliance du 6 février 1778).

L'intervention française et la défaite anglaise (1778-1782) – L'alliance française n'a pas de conséquence immédiate sur les événements militaires en Amérique même. En effet, en 1778 et 1779, la France n'envoie pas de troupes, mais mène la **guerre sur mer.** La flotte française, reconstituée par Choiseul et ses successeurs, est forte de plus de 80 vaisseaux de ligne et, grâce au traité d'alliance franco-espagnol (1779), peut compter sur l'appoint des vaisseaux espagnols. En 1780, la Hollande, à son tour, entre en guerre contre l'Angleterre. Toutefois, après le combat indécis d'Ouessant (juillet 1778), un projet d'invasion de l'Angleterre est abandonné en septembre 1779 du fait d'une épidémie de dysenterie et des lenteurs de la flotte espagnole. En Méditerranée, les Franco-Espagnols mettent le siège, en vain, devant Gibraltar (1780-1782), mais prennent Minorque (1782). Dans l'Atlantique et aux Antilles, les escadres françaises, commandées successivement par Estaing, Guichen et Grasse, s'assurent la maîtrise de la mer par une série de victoires en 1779 et 1780, la défaite des Saintes, en avril 1782, n'ayant pas d'incidence sur la suite de la guerre. Dans l'océan Indien, Suffren remporte en 1782 plusieurs succès au large de Ceylan et de Pondichéry. Mais, dès la fin de 1779, Vergennes, persuadé que la décision se jouera sur le sol américain, décide l'envoi, sous le commandement du comte de Rochambeau, d'un corps expéditionnaire de 6 000 hommes, qui est débarqué en Rhode Island en juillet 1780. A l'été de 1781, Rochambeau suggère à Washington de cerner dans **Yorktown,** sur la baie de Chesapeake, les troupes anglaises du général Cornwallis, pendant que l'escadre de Grasse fermera le blocus du côté de la mer. La manœuvre réussit et, au bout de trois semaines de siège, Cornwallis, sans secours de la flotte anglaise, se rend aux Franco-Américains, le 19 octobre 1781, avec 6 000 soldats et 1 500 marins. La capitulation de Yorktown entraîne à Londres la démission de lord North et marque, en fait, la fin des opérations militaires en Amérique.

Le traité de Versailles (1783) et la formation des États-Unis – Les Anglais, à qui les Hollandais ont déclaré la guerre en 1780, sont inquiets de l'attitude des neutres qui, Russie et Suède en tête, ont formé en 1780 une ligue dirigée en fait contre eux. Soucieux d'en finir avec une guerre en passe de devenir désastreuse, ils réussissent à négocier séparément avec les Américains et à signer avec eux les préliminaires du 30 novembre 1782 par lesquels ils reconnaissent l'indépendance de leurs anciennes colonies et cèdent au nouvel État tout le territoire situé entre Appalaches et Mississippi. Le **traité de Versailles** confirme ces préliminaires et, en outre, restitue à l'Espagne Minorque et la Floride et à la France Saint-Louis du Sénégal, quelques petites Antilles (Sainte-Lucie, Tobago), Saint-Pierre-et-Miquelon, et lui reconnaît le droit de fortifier Dunkerque et ses comptoirs de l'Inde. Les avantages obtenus par la France sont donc médiocres, en regard de l'énorme effort financier auquel elle a dû consentir. Du moins sa victoire contribue-t-elle à relever son prestige dans le monde.

Quant aux nouveaux **États-Unis,** ils connaissent des débuts difficiles. En effet, l'accord entre les anciennes colonies, qui n'avait jamais été très solide même pendant la guerre, est sur le point de se rompre, les égoïsmes régionaux l'emportant sur l'intérêt général. Aux termes des « articles de confédération » votés en 1777, le congrès, paralysé par la règle de l'unanimité, ne dispose d'aucun moyen pour faire admettre ses prérogatives face aux États reconnus indépendants et souverains. Les problèmes sont pourtant nombreux, importants et urgents : la dette née de la guerre et les moyens d'y faire face, le sort des territoires à l'ouest des Appalaches, la nécessaire élaboration d'une constitution. Enfin, grâce à la ténacité de Washington, une convention avec pouvoirs constituants se réunit à Philadelphie de mai à septembre 1787. Elle décide d'abord de déclarer propriété fédérale les territoires de l'Ouest, puis vote le 17 septembre et publie le 27 la constitution des États-Unis, œuvre, entre autres, de Washington, Franklin et Hamilton. Le texte, compromis entre les tendances fédéralistes et antifédéralistes, affirme l'existence d'une nation américaine formée d'États indépendants, ayant chacun leur gouvernement, mais non souverains. La souveraineté est aux mains de l'État fédéral qui assure, dans le respect de l'indépendance des États membres, la défense commune et la sauvegarde de l'intérêt général. Selon le principe de la séparation des pouvoirs, le pouvoir exécutif fédéral est confié à un président élu pour quatre ans et rééligible, aux pouvoirs très étendus, responsable devant le peuple, mais non devant le congrès; le pouvoir législatif appartient au congrès composé de deux chambres, la Chambre des représentants et le Sénat; le pouvoir judiciaire appartient, en dernier ressort, à une Cour suprême de neuf juges nommés à vie par le président. Après un an et demi d'efforts, la constitution est ratifiée par les États et entre en application : George Washington, élu à l'unanimité premier président des États-Unis, prend ses fonctions le 4 mars 1789.

L'EXPANSION EUROPÉENNE A LA FIN DU XVIIIe SIÈCLE

Les grands voyages de découverte – Les voyages de découverte entrepris par des Européens ont été relativement peu nombreux au XVIIe siècle, les navires ne s'écartant guère des routes commerciales connues. Tout au plus, le Hollandais Abel Tasman découvre-t-il, dans la mer du Sud, en 1642-1644, l'île ultérieurement appelée Tasmanie, la Nouvelle-Zélande, l'archipel des Fidji et la côte septentrionale de l'Australie. Sur les continents, Espagnols, Paulistes, Franco-Canadiens poursuivent l'exploration du continent américain. Par contre, les grands voyages de découverte reprennent au XVIIIe siècle, facilités par les progrès dans l'**art de naviguer** : mise au point du sextant vers 1750 et surtout du premier chronomètre par l'Anglais Harrison entre 1736 et 1757. Les possibilités nouvelles ouvertes par ces progrès et le désir de connaître enfin la configuration du monde en son entier expliquent la multiplication des grands voyages, surtout après le traité de 1763 et la paix entre les deux grandes puissances maritimes. Ces voyages ont des buts essentiellement scientifiques : les équipages sont doublés de véritables états-majors de savants, géographes, astronomes, naturalistes, médecins. Et même la reprise de la guerre entre la France et l'Angleterre en 1778 ne sera pas un obstacle au succès de ces grandes entreprises. Presque toutes ont pour but l'exploration de l'**océan Pacifique** – la mer du Sud – et d'un hypothétique continent austral que l'on croyait s'étendre entre l'Amérique du Sud et l'Australie. En 1766-1768, les Anglais Wallis et Carteret, puis le Français Bougainville découvrent, à peu de mois d'intervalle, Tahiti, les Samoa, les Salomon. Le récit de voyage de Bougainville, paru en 1771, a un immense succès et contribue à entretenir le mythe du « bon sauvage ». Mais c'est l'Anglais James Cook (1729-1779) qui contribue le plus à la découverte du Pacifique. Ses trois voyages successifs (1768-1779), dont le dernier lui coûte la vie, lui permettent d'explorer le grand océan de l'ouest à l'est et du sud au nord, de démontrer l'inexistence du continent austral et de multiplier les observations scientifiques de tous ordres. Quelques années plus tard, le Français La Pérouse complète et rectifie l'œuvre de ses prédécesseurs lors d'une remarquable expédition qui se termine tragiquement au large de l'une des îles des Nouvelles-Hébrides (1785-1788). Au même moment, sur le vieux continent européen, les premières ascensions du mont Blanc (1786-1787) constituent une nouvelle étape dans l'exploration de la terre. Ainsi, à la fin du siècle, seuls le cœur des continents et les zones polaires restent encore à explorer.

L'empire colonial anglais – Au lendemain du traité de Paris, les Anglais prennent conscience des perspectives qui s'ouvrent pour eux dans l'**Inde** du fait de l'éviction des Français. Robert Clive, rentré en Angleterre en 1760, revient au Bengale en 1764 comme gouverneur et commandant en chef. Il s'attache à établir solidement la domination anglaise dans l'Inde du nord. Il obtient du Grand Moghol Chah Alem, en 1765, le droit pour la compagnie anglaise de percevoir les impôts dans le Bengale, le Bihar et l'Orissa, ce qui équivaut à une souveraineté de fait sur ces provinces. De plus, il place sous le protectorat de la compagnie les princes de la vallée moyenne du Gange. Quand il quitte l'Inde définitivement en 1767, plus de 25 millions d'Indiens se trouvent sous la tutelle de la compagnie, mais ce résultat a été obtenu par de multiples brutalités et exactions qui valent à Clive d'être poursuivi, à son retour, pour profits illicites. Pour remédier à ces abus, le parlement anglais vote en 1773 le Regulating Act qui établit le contrôle du gouvernement sur l'administration de la compagnie : le gouverneur général nommé par le roi est assisté d'un conseil de quatre membres avec droit de veto. Toutefois, Warren Hastings, premier gouverneur général (1774-1785), ne se montre guère plus scrupuleux que Clive dans la poursuite d'une politique identique, écrasant les populations sous des impôts énormes. Il annexe les États du rajah de Bénarès, mais au Deccan se heurte au sultan de Mysore, Haïder-Ali, puis son fils Tippoo-Sahib. Aussi, en 1784, l'India Act renforce-t-il encore le contrôle gouvernemental sur la compagnie, en diminuant les pouvoirs du gouverneur général et en créant un bureau de contrôle à Londres. L'année précédente, le traité de Versailles n'a pas remis en cause la place qu'occupe désormais l'Angleterre en Inde et que les successeurs d'Hastings vont contribuer à étendre encore, en s'emparant de Ceylan (1795) et en s'assurant le contrôle de tout le sud de la péninsule grâce à la défaite et à la mort de Tippoo-Sahib (1799). De plus, l'Angleterre possède de précieuses escales sur la route de l'Inde, Gibraltar, la Gambie, Sainte-Hélène, Le Cap (occupé dès 1795).

En Amérique du Nord, elle organise les territoires conquis sur la France. Le **Canada,** devenu officiellement le Québec, est déclaré colonie de la couronne, avec un gouverneur détenant tous les pouvoirs. Cette absence de régime représentatif mécontente moins les Franco-Canadiens (tous restés sur place à l'exception des cadres administratifs et des militaires) que les quelques colons anglais venus de Nouvelle-Angleterre ou de métropole, qui se plaignent de surcroît de la trop lente anglicisation. Pourtant, aux prises avec l'agitation dans ses colonies atlantiques, c'est aux Franco-Canadiens que le gouvernement anglais décide de donner satisfaction : le Quebec Act (1774) leur laisse la législation civile française, l'usage de leur langue et reconnaît les droits de la religion catholique. En 1791, le Québec est scindé en deux provinces distinctes : le Bas-Canada, c'est-à-dire la vallée du Saint-Laurent, peuplé de Canadiens francophones et catholiques, et le Haut-Canada, autour d'York (futur Toronto), occupé par des colons anglo-américains protestants qui, « loyalistes », ont fui les États-Unis. Ainsi, en dépit de la perte de ses treize colonies et de la Floride, l'Angleterre reste solidement implantée en Amérique où elle possède, outre le Canada, les Bermudes et une partie des Antilles.

Les colonies françaises – Totalement éliminée du continent nord-américain en 1763, la France possède toujours ses **Iles à sucre** dont la population, la mise en valeur et la production ne cessent de croître dans les 25 dernières années de l'Ancien Régime. Approvisionnées sans cesse en nouveaux esclaves, les grandes plantations produisent toujours plus de sucre, de café, d'indigo, de coton. Alors qu'en 1767 vivent, au total, dans les trois îles, 392 000 habitants, dont 350 000 esclaves noirs, il y a, en 1789, 730 000 habitants, dont 640 000 esclaves, 35 000 affranchis et métis, 55 000 Blancs, Saint-Domingue comptant à elle seule les trois quarts de la population totale. En 1789, la France occupe le premier rang dans le commerce mondial du sucre et du café et la place des Iles dans l'économie française est devenue considérable. Les grands Blancs, propriétaires des plantations, réclament avec de plus en plus d'insistance, surtout après la révolte des colons américains, l'autonomie et la liberté de commerce, mais ils n'obtiennent que très partiellement satisfaction (mise en place progressive d'un *exclusif « mitigé » en 1763, 1767, 1784). Pourtant, à la fin du siècle, ce n'est pas l'autonomisme colon et les révoltes blanches qui mettent en danger la prospérité de Saint-Domingue, c'est l'explosion des esclaves noirs qui, en 1791, à 17 contre 1, se soulèveront contre leurs maîtres. Quant à la tentative de Choiseul pour créer en Guyane une grande colonie tropicale de peuplement blanc, elle échoue lamentablement : les 10 000 immigrants envoyés de France à Kourou en 1763-1764 (autant qu'au Canada en 150 ans) meurent presque tous, dans les mois qui suivent, de maladie ou de faim, rien n'ayant été prévu pour leur accueil, et la plupart des rares survivants rentrent en France.

Dans l'**océan Indien,** la Compagnie des Indes orientales, en pleine déconfiture, est supprimée en 1769 et ses privilèges passent au roi. Outre les cinq comptoirs de l'Inde, la France possède, dans les Mascareignes, les îles de France et de Bourbon que l'intendant Pierre Poivre commence à mettre en valeur entre 1767 et 1773 en y introduisant de nombreuses épices. Enfin, au Sénégal, les Français sont installés à Saint-Louis, récupéré en 1783, et dans l'îlot de Gorée : la traite des noirs et le trafic de la gomme arabique sont les activités d'un établissement sans réelle ampleur.

Les autres puissances coloniales – En **Indonésie,** la Compagnie néerlandaise des Indes orientales étend peu à peu son influence à presque toute l'île de Java : elle détruit le grand sultanat de Mataram, divisé en 1755 en deux principautés vassales, et exploite l'île à son profit avec l'aide d'intermédiaires chinois. A proximité, dans les Philippines, les Espagnols poursuivent la christianisation et la colonisation agricole de l'archipel, mais la création de la Compagnie des Philippines (1733-1783) ne suffit pas à ranimer l'activité commerciale.

En **Amérique,** la puissance espagnole s'étend de la Californie au cap Horn, Brésil excepté. Toutefois, en dépit de la reprise de l'expansion territoriale (Montevideo, 1726 ; San Francisco, 1776), l'occupation du continent reste très discontinue : d'immenses territoires presque vides parcourus par des Indiens séparent les régions peuplées, grands domaines agricoles ou misérables villages indiens autour des villes coloniales. L'ensemble compte, à la fin du siècle, près de 16 millions d'habitants : 300 000 Espagnols de métropole qui détiennent l'administration, 3 millions d'Espagnols créoles, propriétaires des plantations ou négociants, 5 millions de métis, 6 millions d'Indiens, moins d'un million d'esclaves noirs. Les créoles supportent de plus en plus mal la double tutelle politique et économique de la métropole, en dépit des utiles réformes administratives introduites par les rois Bourbons et des multiples entorses, de droit ou de fait, que connaît le principe de l'*exclusif : outre la contrebande pratiquée à grande échelle, le commerce est officiellement ouvert aux Anglais depuis 1713. Le Brésil portugais connaît une situation politique, économique et sociale assez semblable, avec la même prédominance du commerce anglais. Toutefois, l'importance des plantations tropicales dans le Nordeste explique que les esclaves noirs représentent plus de la moitié des quelque trois millions d'habitants, l'exploitation de l'or du Brésil central (Minas Gerais) entraînant, au cours du siècle, un lent déplacement du centre de gravité de la population.

Mais, en dépit de la concurrence des autres puissances européennes, c'est l'Angleterre qui est devenue, à la fin du siècle, grâce à la position qu'elle occupe dans le commerce ibéro-américain, grâce surtout à ses propres possessions coloniales et à la supériorité de sa marine, la première puissance maritime, commerciale et coloniale du monde.

Si, prenant de la hauteur, on essaie de caractériser l'histoire de l'Europe entre la fin du XVᵉ et la fin du XVIIIᵉ siècle, plusieurs grandes inflexions semblent pouvoir être retenues. La première est incontestablement l'élargissement des horizons européens aux dimensions du monde à la suite des grandes découvertes des dernières décennies du XVᵉ siècle. L'Europe amorce ainsi la domination qu'elle va exercer, directement ou indirectement, sur les autres continents et qui trouvera son apogée à la fin du XIXᵉ siècle. Espagne et Portugal, puis Hollande, enfin France et surtout Angleterre sont les principaux bénéficiaires successifs de cette domination. L'autre grand fait qui, autant que les grandes découvertes, a marqué la fin du Moyen Age et le début de temps nouveaux, est la fin de l'unité religieuse de l'Europe chrétienne. La réforme protestante s'opère en dehors de l'Église romaine : non seulement la rupture n'est pas évitée, mais l'Europe est, durant un siècle et demi, le théâtre de sanglantes guerres de religion. Le scandale de cette déchirure contribue pour une part à la naissance, à la fin du XVIIᵉ siècle, d'une pensée laïque, affranchie des dogmes des Églises, et au progrès des Lumières au XVIIIᵉ siècle.

Le renforcement de l'État apparaît comme le troisième fait majeur de la période. Les grandes monarchies de l'Europe de l'Ouest – France, Espagne, Angleterre – évoluent peu à peu, depuis le XVᵉ siècle, dans le sens d'un renforcement du pouvoir centralisateur du roi, à l'encontre de toutes les forces centrifuges, grands féodaux, clergé, autonomies provinciales s'exprimant dans des assemblées d'états. Des impôts réguliers, une armée permanente, une administration efficace, une justice royale empiétant sur les justices ecclésiastiques et seigneuriales, une économie aussi étroitement surveillée que possible : tels sont les principaux atouts qu'utilisent les souverains. Certes, il y a loin des buts affichés aux réalités, et l'absolutisme du roi de France connaît bien des limites au

XVIIIᵉ siècle, de même que la centralisation du royaume. Mais la tendance est générale, de la France de Louis XIV à la Prusse de Frédéric II, de l'Angleterre des George à la Russie de Pierre le Grand et de Catherine II. En marge de cette évolution vers le renforcement de l'appareil d'État, la marche de la monarchie anglaise vers le régime parlementaire, pour être riche d'avenir, n'en est pas moins d'importance seconde. Au niveau des relations internationales, l'échec des tentatives d'hégémonie d'un Charles Quint, puis d'un Louis XIV, aboutissent à l'émergence de la notion d'équilibre européen, défendue notamment par l'Angleterre qui, au XVIIIᵉ siècle, souhaite la paix sur le continent pour mieux étendre sa puissance sur mer et aux colonies. Enfin, la naissance de la science moderne, de Galilée à Newton, et les débuts de la révolution industrielle en Angleterre dans la seconde moitié du XVIIIᵉ siècle, sont les derniers traits qui caractérisent les trois siècles considérés.

A tous ces points de vue, la Révolution française et l'aventure napoléonienne – quels que soient les profonds bouleversements qu'elles entraînent en France et en Europe – apparaissent comme un accident, non comme une rupture. La domination européenne sur le monde n'en est nullement affectée, la laïcisation de la société s'en trouve accélérée, l'État en sort renforcé, l'équilibre européen, un moment rompu par l'expansionnisme français, est rétabli en 1815, la science moderne poursuit ses conquêtes et la révolution industrielle gagne bientôt le continent. Si l'on ajoute que les structures démographiques et économiques, mais aussi les structures mentales, ne font place que peu à peu à des structures nouvelles tout au long du XIXᵉ siècle, celui-ci apparaît davantage dans la continuité des trois siècles qui l'ont précédé qu'en rupture avec eux. Mais en même temps, il en diffère par une accélération sans précédent de certaines évolutions : croissance démographique, progrès scientifiques et techniques, expansion économique. L'originalité du XIXᵉ siècle réside ainsi dans la coexistence du cheval et du chemin de fer, des petites forges au bois et des grandes aciéries, de la puissance des aristocraties et des progrès de la démocratie, du rôle des Églises et de la montée de la libre pensée. C'est l'histoire des XVIᵉ, XVIIᵉ et XVIIIᵉ siècles qui donnent la clé de ces rémanences.

ANNEXES

LA POPULATION DE QUELQUES PAYS EUROPÉENS
AUX XVIᵉ, XVIIᵉ ET XVIIIᵉ SIÈCLES

	vers 1500	*vers 1600*	*vers 1700*	*vers 1800*
France	16	18	22	29
Espagne	7	9	8,5	12
Angleterre-Galles	3	4,5	5	8,5
Autriche			3	4
Hongrie	4	3,5	2,5	8,5
Bohême-Moravie-Silésie	3	3,5	3	4,5
Pays-Bas du Nord (Provinces-Unies)	1	1,3	1,6	2
Suède		1	1,4	2,3
États allemands	12	16	12	18
États italiens	10	11	12	18
Russie	6	11	12	21

Remarque – Ces chiffres (en millions d'habitants) ne peuvent être que des approximations et il convient donc de ne pas leur accorder une valeur rigoureuse. D'autre part, ils sont fournis pour quatre dates « rondes », sans grande signification; de ce fait, ils masquent certaines des grandes lignes de l'évolution de la population européenne du début du XVIᵉ au début du XIXᵉ siècle, notamment la croissance généralisée entre 1450 et 1560-1580, le début des difficultés démographiques de la plupart des pays dès les dernières décennies du XVIᵉ siècle, les conséquences catastrophiques de la guerre de Trente Ans (1618-1648) pour toute l'Europe centrale et l'évolution en dents de scie de la population de la France de 1560 à 1720.

LES HABSBOURG AU XVIe SIÈCLE

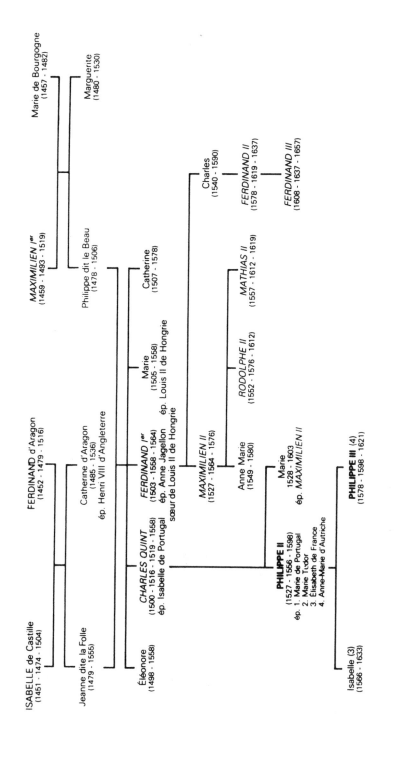

(3) Enfant issu du troisième mariage
(4) Enfant issu du quatrième mariage

Lorsqu'il y a trois dates, la seconde est celle de l'accession au Trône.

PHILIPPE II : Rois d'Espagne
MAXIMILIEN Ier : Empereurs

LES HABSBOURG ET LES BOURBONS AUX XVIIe ET XVIIIe SIÈCLES

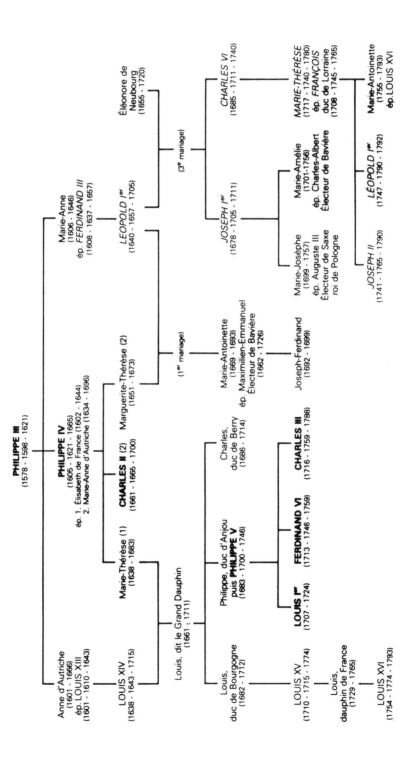

LOUIS XIV : Rois de France
FERDINAND III : Empereurs
PHILIPPE IV : Rois d'Espagne

Lorsqu'il y a trois dates, la seconde est celle de l'accession au Trône.

(1) Enfant issu du premier mariage
(2) Enfant issu du second mariage

LES ROIS D'ANGLETERRE AUX XVIIe ET XVIIIe SIÈCLES

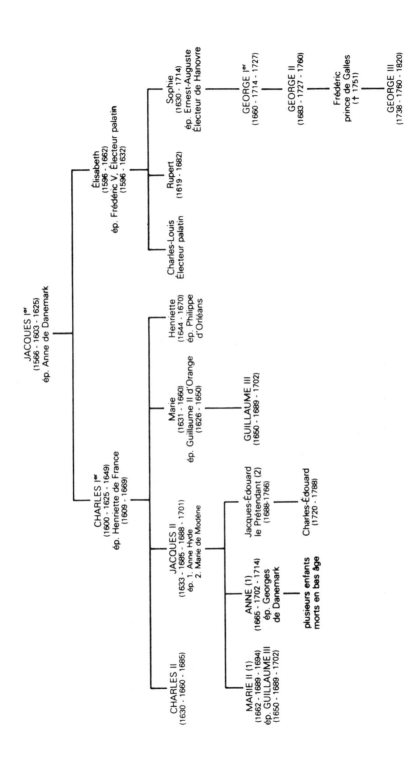

JACQUES Ier
(1566 - 1603 - 1625)
ép. Anne de Danemark

CHARLES Ier
(1600 - 1625 - 1649)
ép. Henriette de France
(1609 - 1669)

Élisabeth
(1596 - 1662)
ép. Frédéric V, Électeur palatin
(1596 - 1632)

Sophie
(1630 - 1714)
ép. Ernest-Auguste
Électeur de Hanovre

Rupert
(1619 - 1682)

Charles-Louis
Électeur palatin

GEORGE Ier
(1660 - 1714 - 1727)

GEORGE II
(1683 - 1727 - 1760)

Frédéric
prince de Galles
(† 1751)

GEORGE III
(1738 - 1760 - 1820)

Marie
(1631 - 1660)
ép. Guillaume II d'Orange
(1626 - 1650)

Henriette
(1644 - 1670)
ép. Philippe
d'Orléans

GUILLAUME III
(1650 - 1689 - 1702)

CHARLES II
(1630 - 1660 - 1685)

JACQUES II
(1633 - 1685 - 1688 - 1701)
ép. 1. Anne Hyde
2. Marie de Modène

Jacques-Édouard
le Prétendant (2)
(1688-1766)

Charles-Édouard
(1720 - 1788)

ANNE (1)
(1665 - 1702 - 1714)
ép. Georges
de Danemark

plusieurs enfants
morts en bas âge

MARIE II (1)
(1662 - 1689 - 1694)
ép. GUILLAUME III
(1650 - 1689 - 1702)

JACQUES Ier : Rois d'Angleterre

Lorsqu'il y a trois dates, la seconde est celle de l'accession au Trône.

(1) Enfant issu du premier mariage
(2) Enfant issu du second mariage

GLOSSAIRE

Attention! Ce glossaire ne regroupe pas tous les termes spécialisés ou difficiles, mais seulement ceux qui, marqués d'un astérisque, ne sont pas expliqués dans le texte.

Abonnement : convention par laquelle, en France, le clergé, les états provinciaux ou certaines villes remplacent un impôt par une somme fixée d'avance, mais toujours inférieure à ce qu'aurait été pour le roi le produit réel de l'impôt.

Animiste : l'animiste voit dans tous les phénomènes naturels dont il ne saisit pas le mécanisme, la résultante de forces surnaturelles, bonnes ou mauvaises; l'animisme débouche sur la magie dont le but est de dominer ou de détourner ces forces surnaturelles.

Atomisme : selon certains philosophes de l'Antiquité, comme Épicure et Lucrèce, la matière est composée de particules indivisibles appelées atomes qui, par leurs divers assemblages dans le vide, constituent les différents corps.

Autos sacramentales : mots espagnols signifiant « actes ou drames du Saint-Sacrement ». Représentations dramatiques qui avaient lieu en Espagne le jour de la Fête-Dieu, ou fête du Saint-Sacrement (c'est-à-dire de l'eucharistie), après les cérémonies religieuses, sur des théâtres dressés dans les rues.

Bénéfice : revenu attaché à une charge ecclésiastique et tiré de biens appartenant à l'Église (domaines fonciers, seigneuries, dîmes). Le terme désigne aussi la charge elle-même. On distingue les bénéfices majeurs (évêchés, abbayes) et mineurs (cures, notamment).

Bullionisme : de l'anglais *bullion,* lingot, le bullionisme, ou métallisme, désigne la politique monétaire suivie par l'Espagne aux XVIe et XVIIe siècles. Un ensemble de lois et de règlements sur les métaux précieux visait à empêcher ceux-ci de sortir du pays.

Caisse des conversions : caisse fondée en 1676 par l'académicien français Pellisson et alimentée par le roi pour aider financièrement les protestants convertis.

Chiites : musulmans se distinguant des *sunnites sur le plan politique (ils voient dans Ali, gendre de Mahomet, le vrai successeur du Prophète) et sur le plan religieux (ils croient à la continuité de la Révélation et attendent l'imam caché).

Commende : attribution d'un *bénéfice ecclésiastique (abbaye) à un simple clerc ou même à un laïque.

Concile : assemblée d'évêques qui décide de questions de doctrine et de discipline ecclésiastique. Le concile est provincial ou national selon qu'il réunit les évêques d'une province ecclésiastique ou d'un État; il est général ou œcuménique si tous les évêques de la Chrétienté sont convoqués.

Cours souveraines : le terme désigne en France les juridictions statuant en dernier ressort, c'est-à-dire le grand conseil, les chambres des comptes, les cours des aides, les cours des monnaies et les parlements.

Don gratuit : contribution financière accordée au roi de France par les assemblées du clergé et par les états provinciaux; elle est fixée par le pouvoir royal et n'est donc gratuite que de nom.

Enclosures : en anglais, clôtures édifiées autour d'un champ. Le mot désigne les transformations qui ont affecté les campagnes anglaises de la fin du XVe au début du XIXe siècle, la clôture des champs accompagnant le passage d'une forme communautaire à une forme individualiste d'économie agraire.

Engagés : volontaires souhaitant s'installer aux colonies; à cet effet, ils signaient, au départ de France ou d'Angleterre, un contrat les livrant à un maître pour trois ans (d'où leur nom de « trente-six-mois ») contre leur transport et leur établissement ultérieur dans la colonie.

Épices : le terme désigne en France, depuis le Moyen Age, les présents que les plaideurs font aux juges; ils consistaient à l'origine en bonbons faits avec des épices, mais sont convertis en argent dès le début du XVe siècle.

Épiscopalien : partisan du pouvoir des évêques dans l'Église. L'Église anglicane est épiscopalienne.

Exclusif : le terme désigne l'ensemble des prescriptions réglementant strictement les échanges commerciaux entre métropole et colonies et aux termes desquelles celles-ci devaient vivre « exclusivement » pour et par la métropole.

Excommunié : retranché de la communion de l'Église, c'est-à-dire privé des sacrements et de la sépulture en terre bénite.

Frères Moraves : V. **Hussites.**

Généralités : en France, circonscriptions financières, dites recettes générales, puis généralités, pour la perception des impôts royaux. Chaque généralité est divisée en élections, avec à leur tête des officiers du roi, dits élus, chargés notamment de répartir la taille. Au XVIIe siècle, la généralité devient la circonscription administrative où réside l'intendant de justice, police et finances.

Grâce : don ou secours surnaturel que Dieu accorde aux hommes pour leur permettre de faire leur salut.

Hussites : partisans de Jean Hus (1369-1415), réformateur religieux tchèque, condamné pour hérésie et brûlé vif. Au début du XVIIe siècle, les hussites qui ne sont pas passés au luthéranisme sont soit utraquistes (hussites modérés réclamant surtout la communion sous les deux espèces), soit Frères Moraves (proches du luthéranisme quant à la doctrine).

Illuminisme : doctrine philosophique et mystique fondée sur la croyance en une « illumination » intérieure inspirée directement par Dieu. Cette doctrine qui fut celle notamment du Suédois Swedenborg (1688-1772) et du Français Claude de Saint-Martin (1743-1803), est à beaucoup d'égards l'antithèse des Lumières fondées sur la raison. Il ne faut donc pas confondre illuminisme et Illuminismo, synonyme italien des Lumières.

Inscription maritime : système de recrutement de matelots pour la Marine royale, institué en France par Colbert. Moyennant certains avantages, tous les hommes des paroisses côtières, pêcheurs et gens de mer, inscrits sur des rôles et répartis en classes selon leurs charges de famille, doivent servir une année sur trois sur les vaisseaux du roi.

Intendance : en France, circonscription administrative sous l'autorité d'un intendant; il s'agit soit d'une *généralité, soit d'une province pourvue d'états provinciaux.

Janissaires : fantassins de métier composant l'infanterie régulière turque. Enlevés dès l'enfance à leur famille chrétienne ou fournis en tribut par les peuples vaincus, élevés pour la vie dans l'Islam et pour le métier des armes, dotés d'un armement moderne, ils sont totalement dévoués au sultan qui leur assure nourriture et solde régulières.

Khalife : en arabe, vicaire, lieutenant. Successeur de Mahomet, chef suprême de l'islam.

Libertins : le terme désigne au XVIIe siècle tous ceux qui mettent en doute, au nom de la raison, les vérités révélées et revendiquent la liberté de pensée et le droit à l'incrédulité. Ce libertinage de la pensée peut s'accompagner, éventuellement, d'un libertinage des mœurs.

Milice : la milice royale est instituée en France en 1688. Chaque paroisse ou groupe de paroisses doit fournir un ou plusieurs hommes tirés au sort parmi les célibataires ou veufs sans enfants de 16 à 40 ans.

Millénarisme : doctrine selon laquelle le Christ doit réapparaître pour régner sur la terre pendant mille ans.

Mission : apostolat destiné soit à évangéliser les païens (missions extérieures ou lointaines), soit à ranimer l'esprit du christianisme chez les fidèles (missions intérieures).

Molinisme : du nom du jésuite espagnol Luis Molina (1563-1600) qui, sans contester le dogme du péché originel, en minimise les conséquences. Selon lui, l'homme n'est pas radicalement corrompu et reste capable de faire le bien avec la grâce de Dieu, celle-ci ne pouvant produire son effet que par la seule décision du libre arbitre de l'homme.

Mutations monétaires : pratique courante, notamment en France jusqu'aux mesures de stabilisation de 1726 et 1733 fixant la monnaie à 24 livres pour le louis d'or et 6 livres pour l'écu d'argent. La mutation se fait, selon l'intérêt du moment (l'État étant à la fois débiteur pour ses paiements et créancier pour les impôts), dans le sens soit de l'affaiblissement, soit plus souvent du renforcement de la valeur de la livre, monnaie de compte, par rapport à l'or et à l'argent.

Népotisme : du latin *nepos, -otis,* neveu. Pratique de certains papes consistant à favoriser systématiquement les membres de leur famille par des titres, charges ou faveurs diverses.

Pays d'élections, pays d'états : dans la France d'Ancien Régime, les premiers correspondent aux *généralités divisées en élections, les seconds aux provinces pourvues d'états provinciaux.

Piétisme : mouvement religieux protestant qui a pour but le renouveau de la piété, en réaction contre le dogmatisme de l'Église luthérienne; il est caractérisé par l'importance donnée au sentiment et à la vie morale.

Place royale : place fermée, de forme géométrique régulière, entourée d'édifices uniformes, et servant de cadre à une statue du souverain.

Presbytérien : partisan du presbytérianisme, d'inspiration calviniste, qui confie le gouvernement de l'Église à un corps mixte de pasteurs et de laïques, dit « presbyterium ». En Écosse, le presbytérianisme triomphe avec John Knox (1560); en Angleterre, il ne triomphe que très provisoirement sous Cromwell (1643).

Présence réelle : pour les catholiques, il y a dans l'eucharistie présence réelle du corps et du sang du Christ, avec transsubstantiation, c'est-à-dire changement de la substance du pain et du vin en la substance du corps et du sang du Christ, et non pas seulement avec consubstantiation, c'est-à-dire maintien de la substance du pain et du vin à côté de celle du corps et du sang (c'est le dogme luthérien).

Présides : postes fortifiés possédés par les Espagnols sur les côtes d'Afrique (notamment Ceuta et Melilla) et sur les côtes de Toscane.

Quakers : membres de la secte protestante anglaise dite « Société des amis » fondée en 1647 par George Fox et implantée en Amérique du Nord grâce notamment à William Penn, fondateur en 1681 de la Pennsylvanie.

Quiétisme : du latin *quies,* repos, le terme désigne les idées d'un mystique espagnol du XVIIᵉ siècle, selon lesquelles il faut accorder beaucoup moins d'importance aux pratiques et aux œuvres qu'à la contemplation du « pur amour » de Dieu. Ces idées sont introduites en France par une dame de la cour, Madame Guyon.

Reconquista : mot espagnol utilisé pour désigner la reconquête de l'Espagne par les chrétiens sur les musulmans, qui s'achève en 1492 par la prise de Grenade.

Régale : ensemble des droits appartenant au roi de France pendant la vacance d'un siège épiscopal (disposition des revenus de l'évêché vacant, nomination aux *bénéfices). La régale n'existait que dans la moitié des diocèses français lorsque Louis XIV décide, en 1673, de sa propre autorité, de l'étendre à tout le royaume.

Richérisme : doctrine due au théologien parisien Edmond Richer (1559-1631), selon laquelle l'autorité suprême dans l'Église appartient à l'ensemble des pasteurs, évêques et curés, représentés par le *concile général. Le richérisme souligne l'indépendance du pouvoir temporel par rapport au pape et exalte le rôle et les droits des curés face aux évêques.

Scolastique : enseignement né au Moyen Age et visant à l'élucidation rationnelle des vérités révélées à l'aide de concepts philosophiques et théologiques; au XIIIᵉ siècle, saint Thomas d'Aquin a tenté la synthèse de la philosophie et de la science d'Aristote et des données de la Révélation.

Simonie : du nom de Simon le Magicien. Trafic des choses saintes, vente de biens spirituels.

Subdélégués : dans la France des années 1670-1789, les subdélégués, nommés et révoqués par l'intendant, aident celui-ci dans sa tâche; ils ont chacun la charge d'une partie du territoire de l'*intendance, dite subdélégation, qui correspond à une élection dans les *pays d'élections, et qui est créée de toutes pièces dans les *pays d'états.

Sunnites : musulmans orthodoxes, par opposition aux *chiites. Ils se divisent eux-mêmes, au point de vue politico-religieux, en quatre rites différents.

Traitants ou **Partisans :** en France, financiers ayant conclu avec le roi un traité, ou parti, leur accordant, contre versement d'une certaine somme, le droit de lever un impôt ou de vendre des offices à leur profit.

Transsubstantiation : V. **Présence réelle.**

Vaudois : membres de la secte fondée à la fin du XIIᵉ siècle par Pierre Valdo et implantée dès le XIIIᵉ siècle dans certaines vallées alpines, appelées depuis vallées vaudoises.

PETIT ATLAS HISTORIQUE

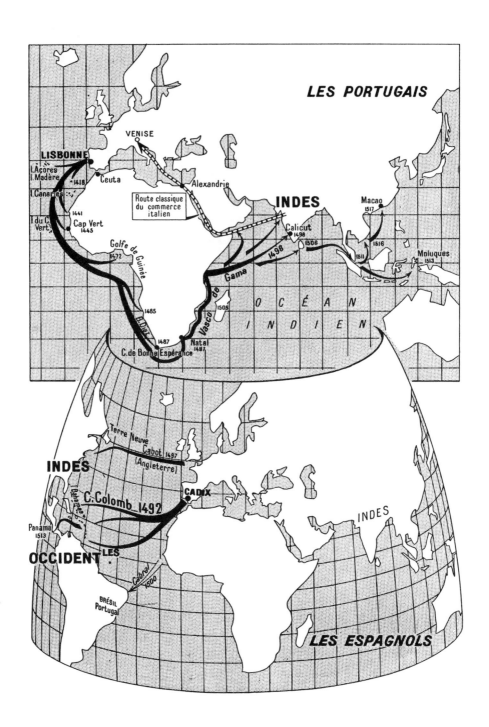

LES GRANDES DÉCOUVERTES

D'après Ch. MORAZÉ et Ph. WOLFF, *Les Temps Modernes*, Paris, A. Colin, 1951, p. 6.

L'EMPIRE DE CHARLES QUINT

D'après Ch. MORAZÉ et Ph. WOLFF, *Les Temps Modernes*, Paris, A. Colin, 1951, p. 44.

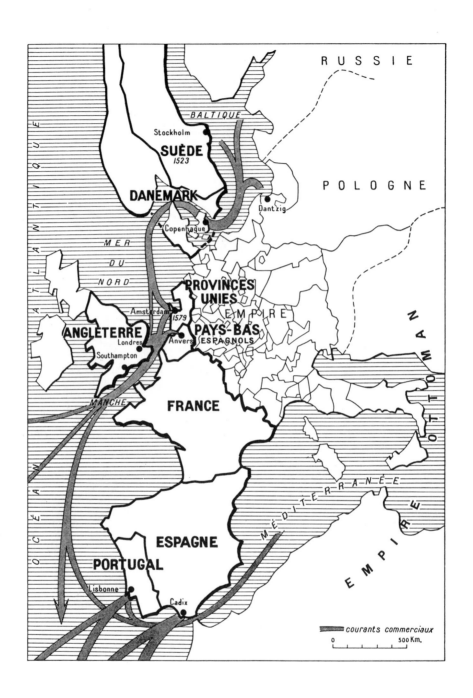

AU XVIᵉ SIÈCLE, ÉVEIL DE LA FAÇADE ATLANTIQUE DE L'EUROPE

D'après Ch. MORAZÉ et Ph. WOLFF, *Les Temps Modernes*, Paris, A. Colin, 1951, p. 84.

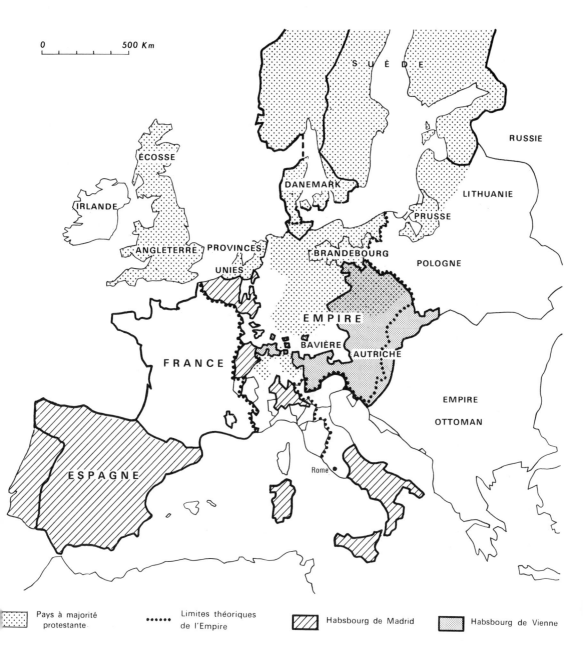

ÉCOSSE

IRLANDE

RUSSIE

ANGLETERRE   PROVINCES

UNIES

DANEMARK

SUÈDE

LITHUANIE

PRUSSE

BRANDEBOURG

POLOGNE

EMPIRE

BAVIÈRE

AUTRICHE

FRANCE

EMPIRE

OTTOMAN

Rome

ESPAGNE

| | Pays à majorité protestante | •••••• | Limites théoriques de l'Empire | | Habsbourg de Madrid | | Habsbourg de Vienne |

L'EUROPE VERS 1600

D'après Ch. MORAZÉ et Ph. WOLFF, *XVIIᵉ et XVIIIᵉ Siècles,* Paris, A. Colin, 1953, p. 14.

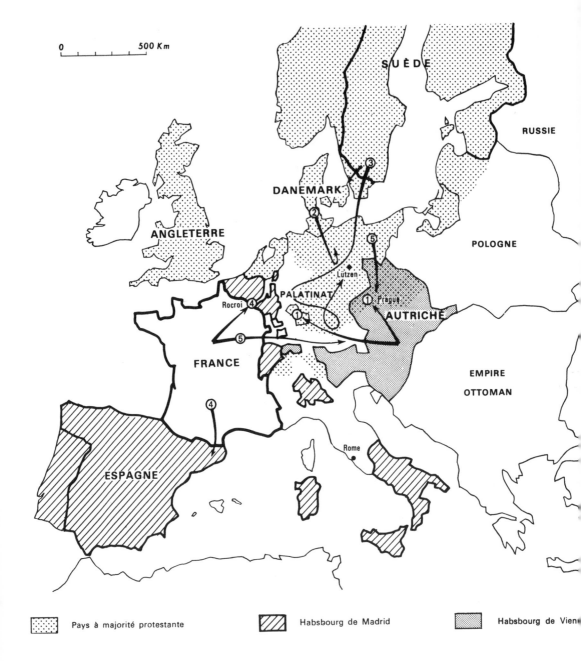

| 0 | 500 Km |

SUÈDE

RUSSIE

DANEMARK

POLOGNE

ANGLETERRE

PALATINAT

Lützen

Rocroi

Prague

AUTRICHE

FRANCE

EMPIRE

OTTOMAN

Rome

ESPAGNE

Pays à majorité protestante   Habsbourg de Madrid   Habsbourg de Vien

LA GUERRE DE TRENTE ANS

1   1620-1623 : Défaite des Tchèques et de l'électeur palatin.
2   1625-1629 : Intervention et défaite du roi de Danemark Christian IV.
3   1630-1632 : Intervention du roi de Suède Gustave Adolphe.
4   1635   : Intervention de la France contre l'Espagne et l'empereur.
       1642   : Occupation du Roussillon.
       1643   : Victoire française de Rocroi.
5   1645-1648 : Campagne en Allemagne de Turenne et des Suédois.

D'après Ch. MORAZÉ et Ph. WOLFF, *XVIIᵉ et XVIIIᵉ Siècles*, Paris, A. Colin, 1953, p. 52.

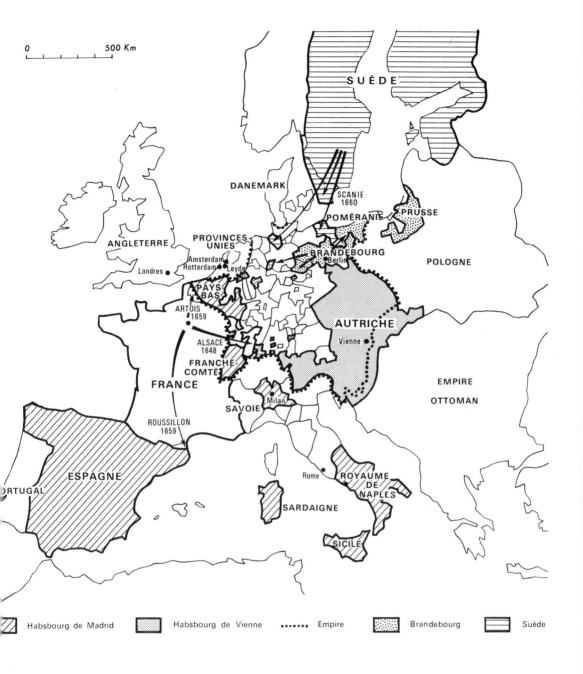

0   500 Km

SUÈDE

DANEMARK

SCANIE
1660

POMÉRANIE

PRUSSE

PROVINCES
UNIES

BRANDEBOURG
Berlin

POLOGNE

ANGLETERRE

Amsterdam
Rotterdam   Leyde

Londres

PAYS
BAS

ARTOIS
1659

AUTRICHE

Vienne

ALSACE
1648

FRANCHE-
COMTÉ

FRANCE

SAVOIE

Milan

EMPIRE

OTTOMAN

ROUSSILLON
1659

Rome

ROYAUME
DE
NAPLES

ESPAGNE

PORTUGAL

SARDAIGNE

SICILE

Habsbourg de Madrid   Habsbourg de Vienne   •••••• Empire   Brandebourg   Suède

L'EUROPE DES TRAITÉS DE WESTPHALIE ET DES PYRÉNÉES

D'après Ch. MORAZÉ et Ph. WOLFF, *XVIIᵉ et XVIIIᵉ Siècles*, Paris, A. Colin, 1953, p. 84.

▦	Conquêtes de Louis XIV (1659-1685)	▨ Habsbourg de Vienne	⧄ Habsbourg de Madrid	▤ Suèd

LES CONFLITS EUROPÉENS DE 1650 À 1685

1   12654-1660, 1672-1679 : Guerres dans le Nord.
2   1652-1654, 1665-1667, 1672-1674 : Guerres anglo-hollandaises.
3   Guerres victorieuses de Louis XIV :
    1648-1659 : Fin de la guerre contre l'Espagne ;
    1667-1668 : Guerre de Dévolution ;
    1672-1679 : Guerre de Hollande.

4   1640-1668 : Guerre d'indépendance du Portugal.
5   1661-1669 : Offensives turques en Crète et vers l'Autrich
6   1683   : Siège de Vienne par les Turcs.

D'après Ch. MORAZÉ et Ph. WOLFF, *XVIIᵉ et XVIIIᵉ Siècles*, Par
A. Colin, 1953, p. 190.

SUÈDE

Narva

RUSSIE

ROYAUME-UNI

DE

DANEMARK

GRANDE-

BRETAGNE

Copenhague

PRUSSE

PROVINCES
UNIES

BRANDEBOURG

POLOGNE

Varsovie

Poltava

PAYS-
BAS

Denain

③

MONARCHIE

FRANCE

BAVIÈRE

③

HONGRIE

AUTRICHIENNE

TRAN-
SYLVANIE

①

SAVOIE

③

MILANAIS

EMPIRE

OTTOMAN

PORTUGAL

③ Villaviciosa

Rome

ESPAGNE

Minorque

SARDAIGNE

NAPLES

Gibraltar

SICILE

BAVIÈRE   France et alliés   ▥ Alliance de la Haye (1701-1703)   ⟶ Campagnes de Charles XII (1700-1709)

▦ Territoires perdus par l'Espagne en 1713-1714   ☰ Suède à l'avènement de Charles XII (1697)

L'EUROPE PENDANT LA GUERRE DE SUCCESSION D'ESPAGNE

1   1697-1699 : Défaite turque et traité de Carlovitz.
2   1700-1709 : Campagne de Charles XII de Suède.
3   1701-1714 : Guerre de Succession d'Espagne.

D'après Ch. MORAZÉ et Ph. WOLFF, *XVIIᵉ et XVIIIᵉ Siècles*, Paris, A. Colin, 1953, p. 220.

L'EUROPE VERS 1740

D'après Ch. MORAZÉ et Ph. WOLFF, *XVIIᵉ et XVIIIᵉ Siècles*, Paris, A. Colin, 1953, p. 276.

0   500km

ANGLETERRE   PRUSSE

Londres   • Maastricht   ②   SILÉSIE

Fontenoy   ③   Prague

Guerre commerciale sur mer   ①   • Paris   Vienne •

AUTRICHE

HONGRIE

• Madrid

• Rome

• Lisbonne

◻ *France et alliés*   ▥ *Autriche et alliés*

LA GUERRE DE SUCCESSION D'AUTRICHE

1	1739	: Guerre maritime
2	1741-1748	: Guerre de Succession d'Autriche Frédéric II prend la Silésie
3	1742	: Prise de Prague, retraite de Belle-Isle
	1745	: Victoire française de Fontenoy

D'après Ch. MORAZÉ et Ph. WOLFF, *XVIIᵉ et XVIIIᵉ Siècles,* Paris, A. Colin, 1953, p. 328.

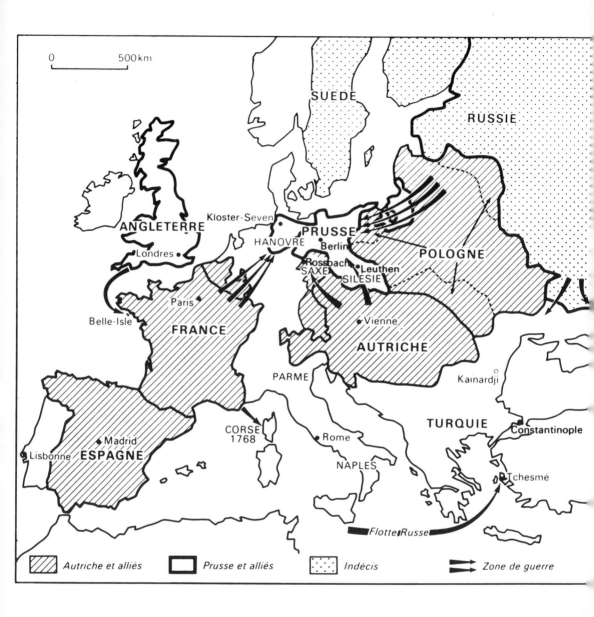

SUEDE

RUSSIE

ANGLETERRE

Kloster-Seven

HANOVRE
Londres

PRUSSE
Berlin

POLOGNE

Rossbach
SAXE   Leuthen
SILESIE

Belle-Isle

Paris

FRANCE

Vienne

AUTRICHE

Kaïnardji

PARME

Madrid

Lisbonne   ESPAGNE

CORSE
1768

Rome

NAPLES

TURQUIE

Constantinople

Tchesmé

Flotte Russe

Autriche et alliés   Prusse et alliés   Indécis   Zone de guerre

LA GUERRE DE SEPT ANS

D'après Ch. MORAZÉ et Ph. WOLFF, *XVIIe et XVIIIe Siècles*, Paris, A. Colin, 1953, p. 352.

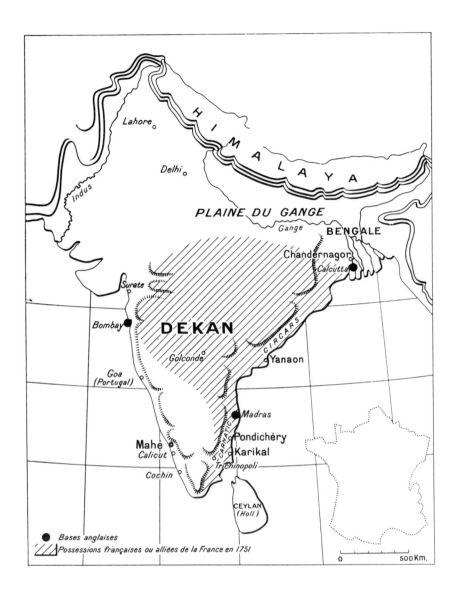

Lahore

Delhi

Indus

H I M A L A Y A

PLAINE DU GANGE

Gange

BENGALE

Chandernagor

Calcutta

Surate

Bombay

DEKAN

Golconde

CIRCARS

Yanaon

Goa
(Portugal)

Madras

Mahé
Calicut

CARNATIC

Pondichéry

Karikal

Trichinopoli

Cochin

CEYLAN
(Holl.)

● Bases anglaises

/// Possessions françaises ou alliées de la France en 1751

0   500 Km.

LES AFFAIRES DE L'INDE

D'après Ch. MORAZÉ et Ph. WOLFF, XVIIᵉ et XVIIIᵉ Siècles, Paris, A. Colin, 1953, p. 370.

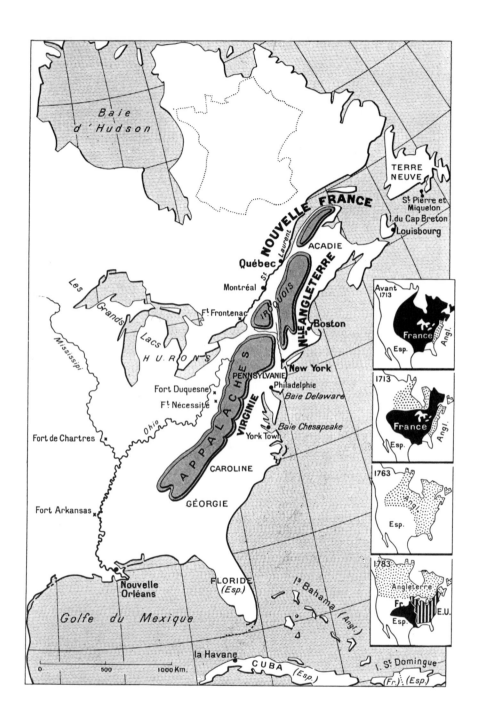

NOUVELLE FRANCE – NOUVELLE ANGLETERRE

D'après Ch. MORAZÉ et Ph. WOLFF, *XVIIᵉ et XVIIIᵉ Siècles*, Paris, A. Colin, 1953, p. 366.

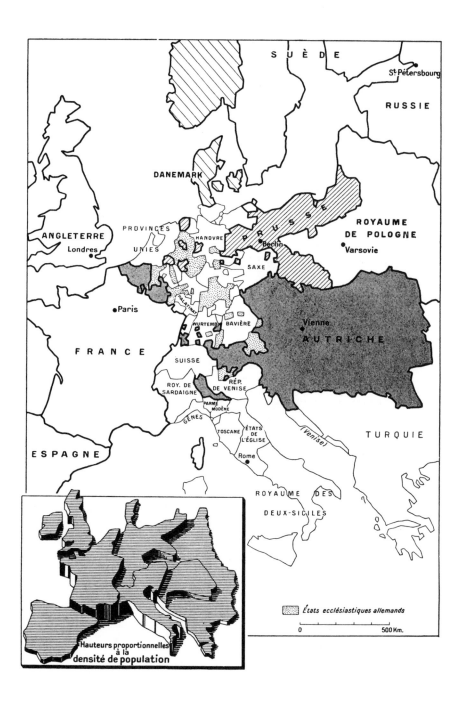

SUÈDE

St Pétersbourg

RUSSIE

DANEMARK

ANGLETERRE

PROVINCES

HANOVRE

Londres

UNIES

ROYAUME
DE POLOGNE

PRUSSE

Berlin

Varsovie

SAXE

PALATINAT

Paris

WURTEMB BAVIÈRE

Vienne

AUTRICHE

FRANCE

SUISSE

ROY. DE
SARDAIGNE

RÉP.
DE VENISE

PARME
MODÈNE

(Venise)

TURQUIE

GÊNES

TOSCANE

ÉTATS
DE
L'ÉGLISE

ESPAGNE

Rome

ROYAUME DES

DEUX-SICILES

░░░ États ecclésiastiques allemands

0   500 Km.

Hauteurs proportionnelles
à la
densité de population

L'EUROPE EN 1789

D'après Ch. MORAZÉ et Ph. WOLFF, *Les Révolutions, 1789-1851*, Paris, A. Colin, 1954, p. 2.

DATES	EUROPE : LES ÉTATS	EUROPE : LES RELATIONS INTERNATIONALES
1490	1492 Prise de Grenade. Mort de Laurent de Médicis.	
		1493 Traité de Senlis.
		1494 Expédition de Charles VIII en Italie.
	1498 Mort de Charles VIII; Louis XII.	
		1499 Expédition de Louis XII en Italie.
1500	1504 Mort d'Isabelle de Castille.	
	1509 Mort d'Henri VII; Henri VIII.	
1510		
	1515 Mort de Louis XII; François Iᵉʳ.	1515 Bataille de Marignan.
	1516 Mort de Ferdinand d'Aragon; Charles Iᵉʳ, roi d'Espagne.	1516 Concordat de Bologne.
	1519 Charles Quint, empereur. Révolte de Gustave Vasa.	
1520	1520-1521 Révolte des *Comuneros*.	
	1521 Diète de Worms.	
	1524-1525 Guerre des paysans.	1525 Bataille de Pavie.
		1526 Victoire turque à Mohacz. Traité de Madrid.
		1527 Prise et sac de Rome.
1530	1530 Diète d'Augsbourg.	
	1531 Ligue de Smalkalde. Henri VIII, chef de l'Église d'Angleterre.	
	1532 Acte d'union de la Bretagne à la France.	
	1534 Affaire des Placards.	
	1536 Révolte du Nord en Angleterre.	
	1539 Ordonnance de Villers-Cotterêts.	
1540		
	1541 Calvin à Genève. Ordonnances ecclésiastiques.	
		1542 Reprise de la guerre entre François Iᵉʳ et Charles Quint.

330

CHRONOLOGIQUE

EUROPE : CIVILISATION	AFRIQUE – ASIE – AMÉRIQUE	DATES
	1492 Premier voyage de Christophe Colomb.	**1490**
1494 Fondation de l'imprimerie d'Alde Manuce à Venise.	1494 Traité de Tordesillas.	
1497 Léonard de Vinci : *La Cène*.	1498 Vasco de Gama à Calicut.	
1500 Érasme : *Les Adages*.	1500 Cabral découvre le Brésil.	**1500**
1508-1512 Michel-Ange : plafond de la Sixtine.		
1509-1512 Raphaël : les chambres du Vatican.	1509-1515 Expéditions d'Albuquerque.	
		1510
	1513 Avènement de Sélim Ier.	
1516 Thomas More : *Utopie*. Machiavel : *Le Prince*.		
1517 Thèses de Luther.	1519-1520 Premier tour du monde.	
	1519 Cortez débarque au Mexique.	
	1520 Avènement de Soliman le Magnifique.	**1520**
1521 Excommunication de Luther.		
1524 Érasme : *De libero arbitrio*. Luther : *De servo arbitrio*.	1526 Baber fonde l'empire Moghol.	
1530 Confession d'Augsbourg.	1530 Mort de Baber.	**1530**
	1531 Pizarre au Pérou.	
1532 Rabelais : *Pantagruel et Gargantua*.		
	1534 Les Turcs à Bagdad et à Tabriz.	
1536 Calvin : 1re éd. de l'*Institutio*.	1535 Fondation de Lima.	
1540 Approbation de la Compagnie de Jésus par le pape.		**1540**
1542 Création de l'Inquisition romaine.	1542 Charles Quint promulgue les « Nouvelles Lois des Indes ».	
1543 Copernic : *De revolutionibus orbis terrarum*. Vésale : *Traité d'anatomie*.		

DATES	EUROPE : LES ÉTATS	EUROPE : LES RELATIONS INTERNATIONALES
		1544 Paix de Crépy.
	1547 Mort d'Henri VIII; Édouard VI. Mort de François Ier; Henri II. Règne personnel d'Ivan IV. Bataille de Mühlberg.	
1550		1552 Expédition d'Henri II en Lorraine.
	1553 Mort d'Édouard VI; Marie Tudor. 1555-1556 Abdication de Charles Quint; Philippe II et Ferdinand Ier. 1555 Paix d'Augsbourg. 1558 Mort de Marie Tudor; Élisabeth Ire. 1559 Mort d'Henri II; François II. Actes de Suprématie et d'Uniformité.	1559 Paix du Cateau-Cambrésis.
1560	1560 Mort de François II; Charles IX. Mort de Gustave Vasa; Éric XIV.	
	1566 Début de la révolte aux Pays-Bas.	1564-1665 Les Turcs assiègent Malte.
1570	1572 Massacre de la Saint-Barthélemy. Fin de la dynastie des Jagellons.	1571 Bataille de Lépante.
	1574 Mort de Charles IX; Henri III.	
	1579 Union d'Arras et Union d'Utrecht.	1578 Expédition du duc d'Anjou aux Pays-Bas.
1580	1584 Mort d'Ivan IV. Assassinat de Guillaume d'Orange. Mort du duc d'Alençon.	
	1588 Journée des Barricades. États de Blois. 1589 Assassinat d'Henri III; Henri IV.	1588 L'Invincible Armada.
1590		1590 Expédition d'Alexandre Farnèse en France.
	1592 Sigismond Vasa, roi de Suède et de Pologne. 1593-1595 Révolte de l'Irlande. 1594 Entrée d'Henri IV à Paris.	1595 Bataille de Fontaine-Française.

EUROPE : CIVILISATION	AFRIQUE – ASIE – AMÉRIQUE	DATES
1545 Première session du concile de Trente. 1546 Mort de Luther.	1545 Mise en exploitation du Potosi.	
	1552 Mort de François Xavier en face de Canton.	**1550**
1552-1553 Ronsard : *Livre des Amours.*	1553 Fondation du comptoir de Macao. 1556 Avènement d'Akbar.	
1559 Premier synode de l'Église réformée de France.		**1560**
1563 Déclaration des **XXXIX** Articles. Clôture du concile de Trente. 1564 Mort de Calvin.		
1568-1575 Vignole : Église du Gesù à Rome.		**1570**
1576 Jean Bodin : *De la République.*	1573 Fin de la dynastie des Ashikaga. 1577-1580 Tour du monde de Drake. 1578 Ahmed El-Mançour, sultan du Maroc.	
1584-1585 *Ratio Studiorum* des collèges jésuites	1582 Hideyoshi au pouvoir.	**1580**
1586 Le Greco : *L'Enterrement du comte d'Orgaz.*	1587 Avènement de Chah Abbas.	
	1591 Premier voyage anglais aux Indes orientales.	**1590**

333

DATES	EUROPE : LES ÉTATS	EUROPE : LES RELATIONS INTERNATIONALES
1600	1598 Édit de Nantes. Mort de Philippe II ; Philippe III. Boris Godounov, tsar.	1598 Paix de Vervins.
	1603 Mort d'Élisabeth Ire ; Jacques Ier Stuart.	
		1609 Trêve de Douze Ans entre l'Espagne et les Provinces-Unies.
1610	1610 Mort d'Henri IV ; Louis XIII. 1611 Mort de Charles IX de Suède ; Gustave Adolphe. 1613 Michel Romanov élu tsar. 1619 Ferdinand II, empereur.	1618 Début de la guerre de Trente Ans.
1620	1621 Mort de Philippe II ; Philippe IV et Olivarès. 1624 Richelieu rentre au Conseil. 1625 Mort de Jacques Ier ; Charles Ier. 1627-1628 Siège de La Rochelle.	1620 Bataille de la Montagne Blanche.
1630		1630-1632 Campagne de Gustave Adolphe en Allemagne. 1635 La France déclare la guerre à l'Espagne.
	1637 Mort de Ferdinand II ; Ferdinand III.	
1640	1640 Frédéric-Guillaume, électeur de Brandebourg. Révolte de la Catalogne et du Portugal. 1642 Mort de Richelieu. 1642-1649 Guerre civile en Angleterre. 1643 Disgrâce d'Olivarès. Mort de Louis XIII. Louis XIV.	1643 Bataille de Rocroi.
	1648-1653 La Fronde en France.	1648 Traités de Westphalie.

EUROPE : CIVILISATION	AFRIQUE – ASIE – AMÉRIQUE	DATES
1596-1613 Œuvre théâtrale de Shakespeare.		
	1600 Fondation de la Compagnie anglaise des Indes orientales.	**1600**
	1602 Fondation de la Compagnie hollandaise des Indes orientales. Guerre perso-turque.	
	1603 Mort d'Ahmed El-Mançour. Début au Japon de l'ère du shogunat.	
1605 Cervantes : *Don Quichotte.*	1605 Mort d'Akbar.	
1607 Monteverdi : *Orfeo.*		
	1608 Champlain fonde Québec.	
1609 Galilée met au point la lunette astronomique. Kepler : *Astronomia nova.*		
1610 Rubens : *La Descente de croix.*		**1610**
	1619 Fondation de Batavia par les Hollandais.	
	1620 Le *Mayflower.*	**1620**
1623-1624 Le Bernin : le *Baldaquin* de Saint-Pierre.	1624 Massacre des Anglais d'Amboine. Les Hollandais à la Nouvelle-Amsterdam. Les Anglais à Jamestown.	
1628 Harvey : *De Motu cordis.*	1629 Mort de Chah Abbas Ier.	
	1630 Fondation de Boston par les Anglais.	**1630**
	1630-1654 Les Hollandais au Brésil.	
1632 Galilée : *Dialogue.* Rembrandt : *La Leçon d'anatomie.*		
1635 Fondation de l'Académie française.		
1636 Corneille : *Le Cid.*		
1637 Descartes : *Discours de la Méthode.*	1638 Le Japon fermé aux étrangers.	
1640 Jansenius : *Augustinus.*		**1640**
	1642 Fondation de Montréal par les Français.	
	1644 Avènement en Chine de la dynastie mandchoue.	
	1645 Début en Asie de la querelle des Rites.	
1648 Expériences de Pascal au Puy-de-Dôme.		

335

DATES	EUROPE : LES ÉTATS	EUROPE : LES RELATIONS INTERNATIONALES
1650	1650 Mort de Guillaume II d'Orange-Nassau. 1652-1654 Première guerre anglo-hollandaise. 1653 Jean de Witt, Grand Pensionnaire.	
	1657 Mort de Ferdinand III; Léopold Iᵉʳ. 1658 Mort de Cromwell.	1659 Traité des Pyrénées.
1660	1660 Restauration de Charles II en Angleterre. 1661 Mort de Mazarin; début du règne personnel de Louis XIV; famine en France.	1660 Traités d'Oliva et de Copenhague.
	1665 Mort de Philippe IV; Charles II. 1666 Incendie de Londres.	1665-1667 Deuxième guerre anglo-hollandaise. 1667-1668 Guerre de Dévolution.
1670	1672 Guillaume III d'Orange, stathouder.	1672-1674 Troisième guerre anglo-hollandaise. 1672-1678 Guerre de Hollande.
	1676 Mort du tsar Alexis.	
1680	1683 Mort de Colbert. 1685 Mort de Charles II d'Angleterre; Jacques II. Révocation de l'édit de Nantes.	1683 Siège de Vienne. 1684 Trêve de Ratisbonne.
	1688-1689 Révolution d'Angleterre.	1689-1697 Guerre de la Ligue d'Augsbourg.
1690	1693-1694 Famine en France.	

EUROPE : CIVILISATION	AFRIQUE – ASIE – AMÉRIQUE	DATES
		1650
	1652 Les Hollandais au Cap.	
1656 Pascal : *Les Provinciales*.	1655 Les Anglais à la Jamaïque. 1656-1676 Les Keuprulu, Grands Vizirs.	
	1659 Aureng-Zeb, Grand Moghol.	
		1660
1661-1670 Travaux de Le Vau à Versailles.	1661 Bombay, comptoir anglais.	
1662 Fondation de la *Royal Society* de Londres.	1664 Création des Cies françaises des Indes orientales et des Indes occidentales. New York aux Anglais.	
1665 Molière : *Dom Juan*.		
1666 Fondation de l'Académie des sciences de Paris.		
1667 Racine : *Andromaque*. Milton : *Le Paradis perdu*. Début du Raskol en Russie.		
1670 Pascal : *Pensées*. Bossuet : *Oraison funèbre d'Henriette d'Angleterre*.		**1670**
	1672 Moulay-Ismaïl, sultan du Maroc.	
1673 Lulli : *Cadmus et Hermione*.	1674 Pondichéry, comptoir français.	
1675 Römer calcule la vitesse de la lumière.		
1677 Racine : *Phèdre*. Spinoza : *Éthique*. Leeuwenhoek découvre les spermatozoïdes.		
1678-1689 Travaux d'Hardouin-Mansart à Versailles.		**1680**
	1681-1682 Exploration de la Louisiane.	
1687 Newton : *Philosophiae naturalis principia mathematica*.		
	1689 Traité russo-chinois de Nertchinsk.	
1690 Locke : *Essai sur l'entendement humain, Essai sur le gouvernement civil*.		**1690**

337

DATES	EUROPE : LES ÉTATS	EUROPE : LES RELATIONS INTERNATIONALES
	1696 Mort de Jean Sobieski. 1697 Mort de Charles XI; Charles XII.	1699 Traité de Carlovitz.
1700	1700 Mort de Charles II d'Espagne. 1701 Frédéric Iᵉʳ, roi de Prusse. 1702 Mort de Guillaume III; Anne.	1700-1709 Campagnes de Charles XII. 1702-1714 Guerre de Succession d'Espagne.
	1705 Mort de Léopold Iᵉʳ; Joseph Iᵉʳ. 1707 Union de l'Angleterre et de l'Écosse.	
1710	1711 Mort de Joseph Iᵉʳ; Charles VI.	1713 Traités d'Utrecht. 1714 Traité de Rastadt.
	1714 Mort d'Anne; George Iᵉʳ. 1715 Mort de Louis XIV; Louis XV. Régence de Philippe d'Orléans. 1716 Échec de l'insurrection jacobite. 1718 Mort de Charles XII.	1717 Triple Alliance de La Haye. 1718 Traité de Passarowitz.
1720	1720 Faillite de la Compagnie d'Occident et du système de Law. Peste de Marseille.	1720 La Savoie obtient la Sardaigne en échange de la Sicile. 1721 Traité de Nystad.
	1723-1726 Le duc de Bourbon premier ministre. 1725 Mort de Pierre le Grand. 1726-1743 Le cardinal de Fleury premier ministre. 1728 Mort de George Iᵉʳ; George II.	1725 Rupture du projet de mariage franco-espagnol.
1730	1730 Orry contrôleur général des Finances. 1732 Fermeture du cimetière Saint-Médard. 1733 Impôt du dixième.	1733 Ouverture de la succession de Pologne; premier pacte de Famille.
		1738 Traité de Vienne. 1739 Traité de Belgrade.
1740	1740-1742 Crise démographique en Europe. 1740 Mort de Frédéric-Guillaume Iᵉʳ; Frédéric II. Mort de Charles VI; Marie-Thérèse. Mort d'Anna Ivanovna; Élisabeth Pétrovna.	1740 Début de la guerre de Succession d'Autriche, invasion de la Silésie par la Prusse.

EUROPE : CIVILISATION	AFRIQUE – ASIE – AMÉRIQUE	DATES
1695-1697 Bayle : *Dictionnaire historique et critique.*		
		1700
	1704 Condamnation des rites chinois.	
	1707 Mort d'Aureng-Zeb.	
1713 Bulle *Unigenitus.*		**1710**
1719 Daniel De Foe : *Robinson Crusoé.*	1718 Fondation de La Nouvelle-Orléans.	
		1720
1721 Montesquieu : *Lettres persanes.* Watteau : *L'Enseigne de Gersaint.*		
	1723 Reconstitution de la Compagnie française des Indes.	
1726 Swift : *Les Voyages de Gulliver.*		
1729 J.-S. Bach : *Passion selon saint Mathieu.*		
		1730
	1732 Fondation de la colonie anglaise de Géorgie.	
1733 Invention de la navette volante par Kay		
1734 Voltaire : *Lettres anglaises.*		
1735 Invention de la métallurgie au coke par Darby. Rameau : *Les Indes galantes.*	1735-1740 La Bourdonnais gouverneur de l'île de France. 1735-1741 Dumas gouverneur général de la Compagnie française des Indes.	
1740-1745 Coustou : *Les Chevaux de Marly.*		**1740**

339

DATES	EUROPE : LES ÉTATS	EUROPE : LES RELATIONS INTERNATIONALES
	1742 Chute de Walpole.	
		1743 Deuxième pacte de Famille.
	1745 Machault d'Arnouville, contrôleur général.	1745 Bataille de Fontenoy.
	1746 Mort de Philippe V; Ferdinand VI. Bataille de Culloden.	
	1749 Impôt du vingtième.	1748 Traité d'Aix-la-Chapelle.
1750		
	1753 Kaunitz chancelier d'Autriche.	
		1755 Reprise de la guerre franco-anglaise.
		1756 Renversement des alliances.
		1757 Batailles de Rossbach et de Leuthen.
	1758-1770 Ministère Choiseul.	
1760	1760 Mort de George II; George III.	1761 Troisième pacte de Famille.
	1762 Catherine II, tsarine.	
	1763 Affaire Wilkes en Angleterre.	1763 Traité d'Hubertsbourg.
		1766 La Lorraine devient française.
	1767 Les jésuites expulsés d'Espagne et de France.	1768 La Corse devient française. Début de la guerre russo-turque.
1770	1770 Lord North premier ministre en Angleterre.	
	1771 Réforme judiciaire de Maupeou.	1772 Premier partage de la Pologne.
	1773-1775 Révolte de Pougatchev en Russie.	
	1774 Mort de Louis XV; Louis XVI. Turgot contrôleur général des Finances.	1774 Traité de Kaïnardji.
	1776 Disgrâce de Turgot.	1778-1779 Guerre de Succession de Bavière.
1780	1780 Mort de Marie-Thérèse; Joseph II.	1780 Ligue des Neutres contre l'Angleterre.
	1781 Disgrâce de Necker.	

EUROPE : CIVILISATION	AFRIQUE – ASIE – AMÉRIQUE	DATES
	1742 Dupleix gouverneur général de la Compagnie française des Indes.	
	1745 Prise de Louisbourg par les Anglais.	
	1746 Prise de Madras par les Français.	
1748 Montesquieu : *L'Esprit des lois.*		
1751 Premier volume de l'*Encyclopédie.* Voltaire : *Le Siècle de Louis XIV,* Gabriel débute la construction de la place Louis XV.		**1750**
	1754 Rappel de Dupleix et traité Godeheu.	
	1756 Montcalm au Canada.	
	1757 Bataille de Plassey.	
1759 Voltaire : *Candide.*	1759 Capitulation de Québec.	
1761 Rousseau : *La Nouvelle Héloïse*		**1760**
1762 Rousseau : *Le Contrat social, l'Émile.*	1763 Traité de Paris.	
1764 Voltaire : *Dictionnaire philosophique.*		
1764-1790 Soufflot construit le Panthéon.		
1765 Invention de la « spinning-jenny » par Hargreaves.		
	1766 Voyages de Bougainville dans les mers du Sud.	
	1768 Premier voyage de Cook.	
1769 Mise au point de la machine à vapeur par Watt. Invention du « water-frame » par Arkwright.	1769 Fin de la Compagnie française des Indes.	
		1770
	1773 Conflit du thé à Boston.	
1774 Goethe : *Werther.*	1774 Congrès de Philadelphie. Québec Act.	
1775 Beaumarchais : *Le Barbier de Séville.*	1775 Combat de Lexington.	
	1776 Indépendance des États-Unis.	
	1778 Alliance franco-américaine.	
1779 Invention de la « mule-jenny » par Crompton.		
		1780
	1781 Capitulation anglaise de Yorktown.	

341

DATES	EUROPE : LES ÉTATS	EUROPE : LES RELATIONS INTERNATIONALES
1783	Le second Pitt premier ministre en Angleterre.	
1786	Mort de Frédéric II; Frédéric-Guillaume II.	1786 Traité de commerce franco-anglais.
1789	Réunion des états généraux en France.	

EUROPE : CIVILISATION	AFRIQUE – ASIE – AMÉRIQUE	DATES
1783 Lavoisier réalise l'analyse de l'eau.	1783 Traité de Versailles.	
1785 Invention du métier mécanique par Cartwright. David : *Serment des Horaces*.	1784 « Bill » de l'Inde. 1785-1788 Expédition de La Pérouse.	
1787 Mozart : *Don Giovanni*.	1787 Constitution des États-Unis d'Amérique.	

TABLE DES MATIÈRES

hyp 1 grande decouvertes revol sci

Armand Colin Éditeur
5, rue Laromiguière
75241 Paris Cedex 05
N° 107932
Dépôt légal : novembre 1995

SNEL S.A.
Rue Saint-Vincent 12 – 4020 Liège
septembre 1995